教育實踐與研究

梁忠銘、侯松茂、黃毅志、熊同鑫、胡齊望◎編著

郭 序

　　近年來世界先進國家為了因應急遽變化的時代潮流，就教育方面而言，莫不期望能以有效果、效率的方法來改善學校的教育。這些做法包括有多樣性（diversity）的推行、自由選擇的擴大、學校自主（自律）經營的強化。台灣在進入二十一世紀時必將走向國際化，如何在日趨緊迫的國際政治困境當中，強化我國的國際競爭力，成為一個不可忽略的課題。同時，我國社會變遷加劇、社會問題日增、財政日益窘困，教育政策不得不因應時勢持續地改革，方能適應所需。在教育鬆綁與學校選擇的自由思潮日益興盛之下，追求教育制度構造之效率性（efficiency）、合理性（rationality）與教育內容卓越性（excellence），為近年來學校教育的主要動向。

　　社會價值的多元化，直接影響課程改革與教學典範的轉移，九年一貫課程及配套措施的實施，象徵著中央權力的下放，促成教育多方面的參與，保障教師專業自主權及家長教育參與權，活化教育體制，發展學校本位的經營與管理。因此，在學校教育中宜注重如何提升教師專業素養、強化教育研究與評鑑、有效運用教育資源，以滿足學生個性發展的需求。因此在強調保障教師的專業自主權的同時，也意味著教師必須不斷地充實自己，以配合新課程教材內容的核心價值的理解與傳授落實。

　　繼《教育實踐與問題》（2001，揚智版）之後，本書為本校教育研究所嘗試透過教師現場的經驗，結合學理來探討學校與教育問題的另外一項研究成果。本書由教育研究所所長梁忠銘副教授策劃，侯松茂、黃毅志、熊同鑫、胡齊望諸教授共同編著，教育現場的校長及主任教師十數人共同執筆，期待能透過教師參與來達成提供經驗分享與

提升教師專業素養的目的。由於付梓時間短促，疏漏與不及之處尚請學者及教育先進予以指正。

　　最後感謝揚智文化出版公司葉總經理忠賢先生及林總編輯新倫先生給予本書的出版協助。

國立台東師範學院校長

郭重吉　謹識

2003 年 3 月 17 日

目　錄

學生對行政與教學單位滿意度調查之研究
——以2001年台東師院為例

黃毅志
台東師範學院教育研究所教授

侯松茂
台東師範學院教授兼副校長

1

本校曾於2000年3月對全校師生做普查，分析師生對各行政單位的服務滿意度，以做為改善行政服務之參考（東師行政服務研究小組，2000）。然而這項調查離今已有一段時日，在調查之後，可能有許多行政單位已做了許多改善，並有許多新的行政單位陸續成立，如通識教育中心；因此本校也就在2001年12月對全校學生，包含大學部學生與研究生（不含進修學生）做普查（N = 2095），且進一步將學生對各教學單位（系所）的行政服務、課程安排與教學品質納入調查，分析學生對各新舊行政與教學單位的滿意度；並以2001年學生對各行政單位滿意度與2000年的滿意度做比較，做為改善行政服務與教學之參考。

壹、研究方法

一、問卷編製過程

最初的問卷設計，請學生就較常接觸的行政單位，列出他們所提供給學生的重要服務項目，以供學生做滿意度調查；然而為了避免有些單位可能只列出自認服務品質較佳的項目，在問卷中，也就將對各單位的整體滿意度，擺在各服務項目滿意度之前，請學生先回答整體滿意度；由於學生在回達整體滿意度之前，尚未看到各單位列出的服務項目，也就不會因為有些單位故意列出服務較佳的項目，使學生覺得這些單位的服務不錯，而給整體滿意度的分數偏高。本研究在比較學生對各單位的滿意度時，也就以學生對各單位的整體滿意度均數為根據。本研究並進一步請學生對所就讀的各教學單位（系所）的行政服務、課程安排與教學品質滿意度納入調查。而為了要精簡調查的人

力與經費，這些問卷都併入本校每年一度的「台東師院學生的昨日、今日與明日問卷調查（二）」之中（黃毅志，2001a）；這份問卷包含以封閉式問卷（含上述滿意度問卷）為主的長卷；此外為了降低學生害怕被查出身分的不安全感，另有不須填寫基本資料，並與長卷分離的一頁開放性短卷，請學生對學校各方面的發展提出看法與建議。

在完成初步問卷編製後，本研究於2001年11月初針對四班大學部共同選修課學生（N＝157）進行預試，並根據整份問卷的預試資料進行百分比次數分布、均數與因素分析結果，將預試問卷做修改，而得到正式問卷。

二、正式調查過程與資料品質

本研究於2001年12月11日上午10:10-11:00藉著全校共同班週會時間做正式問卷調查，各班問卷填答時間大約都在四十分鐘左右；主要由選修「社會調查」課之學生至各班施測。本研究正式調查方式為普查，包括東師所有大學部學生及研究生在內，所調查的班級數共六十班，總人數為2,428人，回收後經剔除明顯無效問卷後，有效問卷2,095份，回收率高達86％；對母體為全東師學生而言，具有很高的代表性，受訪者可說就是母體，也就不必計算P值，以做統計推論。至於進修學生並不納入調查，這是因為他們的生活、求學與工作情況，與大學部及研究生不同，不適合用同一份問卷做調查；而對於最近進修部學生對東師行政滿意度有興趣的讀者，可參黃毅志（2001b）。

本研究在問卷的最後面，要求受訪者填答學號，以便於往後進行長期追蹤調查（參張善楠、黃毅志，1997）；有些受訪者看到要填學號時，曾表示擔心會破壞匿名性，不過在施測人員說明填學號的用意後，受訪者的疑慮降低許多。而本研究根據正式調查資料所做的分析

顯示，高達94.4％的受訪者填有學號，而學號沒有重號發生；可見測量品質良好，如果有許多學生擔心匿名性問題而不填或亂填學號，填有學號的比率就不會如此高，而且填學號者也會出現許多重號。

再就整份正式調查資料所做的百分比次數分布與均數分析，以及因素分析結果而言，大多數變項的分布與因素負荷都很合理，而且少有缺失值（表略），又具有良好的測量品質。

貳、調查結果

一、學生對各行政單位滿意度之量化分析

本節主要說明學生對於各行政單位及其服務項目的滿意程度，以提供各行政單位做為日後改進服務之參考。在計算師生對各行政單位及其服務項目滿意程度時，以回答非常滿意為5，滿意4，還算滿意3，不滿意2，非常不滿意1，來計算平均數；並將回答不熟悉無法作答者視為未作答（missing value）來計算未作答率；而這次（2001年12月）所調查的行政單位可參**表一**。

首先，以最近2001年12月這次調查學生對各行政單位滿意度，與上次2000年3月做比較。由於這次受評的單位較多，要做比較時應取二次都受評的同樣單位做比較。從表一可看到單位1至8為兩次都受評之單位，學生上次對這八個單位的滿意度總平均為3.02，而這次八個單位的總平均為3.16，在短短一年半的時間，平均提高了0.14。

電算中心為滿意度提高最多的單位，由上次2.26（為全校最低者）進步到這次的3.16，已超過這次十一個受評單位的平均數（3.15）。總務處由2.89進步到3.03，也有不少進步，不過仍低於平均數（3.15）。

表一　台東師範學院學生對各行政單位整體滿意度問卷調查結果

	2000年3月		2001年12月	
	平均數	未作答率	平均數	未作答率
1.教務處（課務組、註冊組、出版組）	2.96	11.7％	2.98	17.6％
2.學務處（生輔組、課外組、衛保組）	3.08	34.4％	3.16	23.4％
3.總務處（出納組、文書組、營繕組、保管組、事務組）	2.89	34.6％	3.03	28.3％
4.實習輔導處（輔導組、實習組、研究組、校友服務組）	3.09	47.2％	3.11	37.8％
5.圖書館（閱覽組、資訊組、典藏組、採錄組、編目組）	3.47	2.1％	3.49	5.3％
6.電算中心	2.26	4.7％	3.16	9.2％
7.軍訓室	3.49	11.4％	3.26	21.5％
8.視聽教育中心	2.95	31.9％	3.03	19.4％
9.通識教育中心	-	-	3.07	33.5％
10.體育室	-	-	3.21	29.5％
11.學生輔導中心	-	-	3.20	38.6％
對各單位滿意度總平均	3.02		1-8單位：3.16 1-11單位：3.15	

說明：1.學生對各行政單位整體滿意度，以回答非常滿意為5，滿意4，還算滿意3，不滿意2，非常不滿意1做計算，數字越高代表越滿意；並將答不熟悉無法作答者，視為未作答（missing value）來計算未作答率。

2.「-」表示沒請學生對各行政單位作滿意度調查。

3.樣本不含進修部學生。

不過，軍訓室由上次3.49（全校最高），降到3.26，為全校唯一退步的單位，不過仍居全校第二，僅次於圖書館的3.49。

這次學生對各單位整體滿意度的排序，由高而低依次為：圖書館（3.49），軍訓室（3.26），體育室（3.21），學生輔導中心（3.20），電

算中心、學務處（3.16），實習輔導處（3.11），通識教育中心（3.07），總務處、視聽教育中心（3.03），教務處（2.98）。在學生未作答率方面，個人對學生輔導中心的未作答率最高（38.6％），反映出仍有許多學生不熟悉學生輔導中心。

在說明過這次學生對各行政單位的整體滿意度後，接著說明學生對各單位服務項目滿意度。從**表二**可看到，在教務處的六項服務項目中，加退選（2.32）、網路選課（2.44）、教師教學意見調查（2.50）的滿意度都遠低於全校所有服務項目的平均值（2.99）與中間值（還算滿意＝3），這就導致了學生也對教務處的整體滿意度很低（見表一）；學生證補發（2.69）、各類學分證明（2.92）也偏低，唯一偏高的是註冊手續（3.11）。

至於學生對學務處五項服務的滿意度，偏高的為衛生保健之服務（3.35），意外傷害及緊急傷病處理及送外就醫（3.26），學生拾獲物品處理（3.05）；偏低的則為獎學金申請（2.96），學生社團之申請、經費補助、社團活動、評量及考核（2.88）。

對總務處的五項服務的滿意度，偏高的為學生郵件之分送（3.18），教學區廁所清潔維護（3.01）；偏低的為宿舍生活設備維修（2.85），教學設施之維修（2.83），教學區門禁安全管制（2.82）。

限大三、四學生作答的實習輔導處之三項服務，學生的滿意度都不高。最高的是辦理教育實習課程教學參觀、見習、試教之公文製作（2.90），但還不到中間值（3），辦理交通安全教育專題講座居次（2.88），最低的是特約實習學校之簽訂與分發，只有2.42。由於這三項服務限大三、大四作答，未作答率也就偏高。

而學生整體滿意度最高的圖書館之五個項目中，有四項超過了3，依次為借還書制度（3.60），圖書館工作人員及工讀生的服務態度（3.56），圖書館利用教育與服務（3.30），資訊服務（3.13）；其中「借還書制度」與「圖書館工作人員及工讀生的服務態度」分別居於

表二　2001年12月台東師範學院學生對各行政單位服務項目滿意度

	平均數	未作答率
1.教務處		
網路選課	2.44	2.1%
加退選	2.32	3.6%
教師教學意見調查	2.50	9.9%
學生證補發	2.69	31.3%
註冊手續	3.11	11.9%
各類學分證明	2.92	24.8%
2.學務處		
學生拾獲物品處理	3.05	41.2%
學生社團之申請、經費補助、社團活動、評鑑及考核	2.88	39.4%
獎學金申請	2.96	37.3%
意外傷害及緊急傷病處理及送外就醫	3.26	37.7%
衛生保健之服務	3.35	29.6%
3.總務處		
教學區門禁安全管制	2.82	17.9%
教學區廁所清潔維護	3.01	8.2%
宿舍生活設備維修	2.85	23.6%
學生郵件之分送	3.18	10.5%
教學設施之維修	2.83	15.1%
4.實習輔導處		
特約實習學校之簽訂與分發（限大四作答）	2.42	83.2%
辦理教育實習課程教學參觀、見習、試教之公文製作（限大三、四作答）	2.90	69.6%
辦理交通安全教育專題講座（限大四作答）	2.88	85.4%
5.圖書館		
圖書館工作人員及工讀生的服務態度	3.56	2.8%
借還書制度	3.60	2.9%
館藏（書籍、期刊、視聽資料）	2.86	2.9%
資訊服務（電腦區、網路系統及資料庫）	3.13	5.5%
圖書館利用教育與服務（新生導覽、參考諮詢）	3.30	12.2%

（續）表二　2001年12月台東師範學院學生對各行政單位服務項目滿意度

	平均數	未作答率
6.電算中心		
E-mail帳號服務與密碼修改	3.00	22.6％
列印服務	2.86	16.8％
校園網路管理服務	2.86	16.5％
電腦教室使用之方便性	2.95	11.8％
7.軍訓室		
辦理學生緩徵、儘後召集工作	3.39	72.0％
辦理預備軍官考選作業並實施課輔	3.08	89.9％
8.視聽教育中心		
視聽器材（Hi8攝影機、投影機、幻燈機等）借用管理	2.94	23.6％
視聽教室借用及使用之便利性	2.97	23.3％
9.通識教育中心		
通識教育各領域選修課程多樣性	2.97	30.6％
通識教育講座的宣傳（以海報、傳單或上網公告方式）	2.95	27.6％
10.體育室		
運動場（館）申請使用的便利性	3.02	36.2％
運動器材設備申請使用的便利性	3.22	31.3％
11.學生輔導中心		
學輔中心提供「每週一章」之預防性心理衛生文宣的實用性	3.21	35.4％
學輔中心舉辦之各項輔導活動	3.22	41.6％
對各項目滿意度總平均	2.99	

說明：1.學生對各行政單位各項滿意度，以回答非常滿意為5，滿意4，還算滿
　　　　意3，不滿意2，非常不滿意1作計算，數字越高代表越滿意；並將答不
　　　　熟悉無法作答者，視為未作答來計算未作答率。
　　　2.樣本不含進修部學生。

全校所有服務項目中的第一、二名。不過圖書館也有不足之處，館藏
（2.86）還不到3。

　　進步最快的電算中心之四項服務中，達到3的為E-mail帳號服務
與密碼修改（3.00），其餘三項仍未達到3，依次為電腦教室使用之方

便性（2.95），列印服務、校園網路管理服務（2.86）；雖仍有進步的空間，不過比起上次調查已進步許多了（東師行政服務研究小組，2000，頁167）。

軍訓室的兩項服務都高於3，分別是辦理學生緩徵、儘後召集工作（3.39），辦理預備軍官考選作業並實施課輔（3.08）。不過視聽教育中心的兩項服務都低於3，分別是視聽教室借用及使用之便利性（2.97），視聽器材借用管理（2.94）。通識教育中心的兩項服務也都低於3，分別是通識教育各領域選修課程多樣性（2.97），通識教育講座的宣傳（2.95）。

體育室的兩項服務都高於3，分別是運動器材設備申請使用的便利性（3.22），運動場（館）申請使用的便利性（3.02）。學生輔導中心的兩項服務也都高於3，分別是學輔中心舉辦之各項輔導活動（3.22），學輔中心提供「每週一章」之預防性心理衛生文宣的實用性（3.21）。

二、學生對各教學單位滿意度之量化分析

從**表三**可看到2001年12月，學生對所就讀的各系所（教學單位）在行政服務、課程安排與教學品質這三個項目個別的滿意度，與這三個項目滿意度的平均數。就所有系所學生對這三個項目個別的滿意度之比較而言，最滿意的是行政服務（3.31），教學品質（3.19）居次，最低的是課程安排（3.02）。就各系所學生對三個項目滿意度的平均而言，三個研究所，包含兒研所（3.69）、教研所（3.29）、幼教系碩士班（3.21），都超過各系所總平均（3.17），整體而言，比學生對大學部各系的滿意度爲高。

相形於大學部，各研究所的學生少，教職員的負擔輕，因而必須將研究所與大學部的各系所分開來做比較。就各所之均數而言，兒研

表三　2001年12月台東師範學院學生對就讀系所行政服務、課程安排及教學品質之滿意度平均數

	行政服務	課程安排	教學品質	三項滿意度平均數
1.語教系	3.07	2.87	3.00	2.98
2.體育系	3.47	3.38	3.51	3.45
3.音教系	2.64	2.45	2.70	2.60
4.社教系	3.24	2.91	3.09	3.08
5.美教系	3.01	2.90	3.21	3.04
6.幼教系	3.73	3.47	3.73	3.64
7.初教系	3.43	2.97	3.13	3.18
8.特教系	3.44	2.82	2.80	3.02
9.數教系	3.26	2.98	3.07	3.10
10.資教系	3.73	3.27	3.30	3.43
11.自教系	3.08	2.82	2.99	2.96
12.數理系	3.09	2.81	2.99	2.96
13.教研所	3.51	3.07	3.29	3.29
14.兒研所	3.65	3.62	3.81	3.69
15.幼教系碩士班	3.36	3.00	3.27	3.21
各系所滿意度總平均	3.31	3.02	3.19	3.17

說明：1.學生對就讀各系所各項滿意度，以回答非常滿意為5，滿意4，還算滿意3，不滿意2，非常不滿意1作計算，數字越高代表越滿意；並將答不熟悉無法作答者，視為未作答來計算未作答率。

2.各系所的缺失率都近乎零，也就不列出。

3.樣本不含進修部學生。

所的三項滿意度總平均最高（3.69），這可歸因於兒研所學生對課程安排（3.62）與教學品質（3.81）的滿意度都高出教研所、幼教系碩士班許多。教研所居次（3.29），而幼教系碩士班第三（3.21），可能與剛成立不久，一切都還在發展中有關。

至於大學部各系三項滿意度平均的比較，以幼教系最高（3.64）；幼教系在行政服務（3.73）、課程安排（3.47）與教學品質

（3.73）滿意度上，也都是在各系中最高。體育系居次（3.45），是由於他們在課程安排（3.38）與教學品質（3.51）上，都比全校各系所平均數（3.17）高出許多。資教系第三（3.43），主要可歸因於他們的行政服務滿意（3.73）非常高，與幼教系並列第一。初教系第四（3.18），略高於各系所總平均，是由於行政服務滿意偏高。

以上說明三項滿意度平均高於全校系所總平均（3.17）的大學部四個系，以下說明低於全校系所平均，但高於中間值（3）的四個系。數教系三項滿意度（平均3.10）略低於全校平均，主要是由於教學品質滿意度（3.07）偏低。社教系（3.08）在三項滿意度上都略低於全校系所平均。美教系（3.04）在行政服務滿意度（3.01）上低於全校平均許多。特教系（3.02）則在課程安排滿意度（2.82）與教學品質滿意度（2.80）都低於全校平均許多。

最後說明三項服務滿意度平均低於中間值（3）的四個系。語教系（2.98）、數理系（2.96）與自教系（2.96）在三個項目的滿意度都低於全校平均不少。音教系（2.60）在各系中顯得特別低，他們在三個項目的滿意度上都比全校平均低了很多。

三、質、量化資料綜合分析

本小節綜合前面對量化資料的分析，與受訪者在開放式題目上對本校行政服務的意見或建議（即質化資料），對於這次調查的主要研究發現做進一步討論，釐清研究發現的意義，以提供日後改進服務之參考。而受訪者對本校行政服務的所有意見，我們都已輸入建立電子檔，可供有興趣的讀者查詢。而正文中受訪者代號（編碼）的意義，請參**表四**。

學生對圖書館的整體滿意度平均（3.49）及多項服務滿意度都很高，這可歸因於服務態度良好（如MN4212、EG1119），書法展與畫

表四　開放式問卷的編碼方式

第一、二碼：系所

第三碼：年級（一年級是1，二年級是2，三年級是3，四年級是4）

第四碼：班級（甲班爲1，乙班爲2）

第五、六碼：各班內不同受訪者的編號

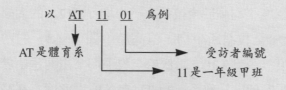

以 __AT__ __11__ __01__ 爲例

AT是體育系　　　　　　　　　受訪者編號

11是一年級甲班

初教系PR	特教系SP	自教系NA
幼教系IE	幼教所IG	社教系SO
數教系MA	資教系IN	美教系AR
教研所EG	體育系AT	語教系LA
音教系MU	數理系MN	兒文所LG

展辦得也不錯（SO4101）。不過仍有一些意見，如圖書館藏書太少（NA1128、EG1111）、太舊（AT2103、LA2113），新書進館太慢（SO1228）；進入圖書館要放袋子也很不便，既已刷條碼就不用防圖書被帶出館外（LA1102）；服務人員借還書經常辦錯（AR4104）；圖書有時亂擺（LA1205），經電腦查詢有些書在館內，卻往往不在架上（LA1224）。並有許多學生建議圖書館延長開館與還書時間（EG1106、SO4108），提高借書冊數（PR1219）；還書過期，寧可停借，也不要罰錢（LA1104、LA2108）。

　　這次調查學生對軍訓室的整體滿意度退居第二（3.26）。許多學生指出，有些教官太兇（LA1227），親和力不夠（AR1105）；不過也有學生指出教官很好（EG1106、PR4202）。

　　學生對體育室的整體滿意度不錯（3.21）。不過有學生指出，服務

態度不佳（IE4109）。學生對學生輔導中心的整體滿意度也不錯（3.20），不過卻不容易看到學生對輔導中心的意見，這可能與許多學生不熟悉輔導中心（表一未作答率38.6％）有關。

　　學生對於學務處整體滿意度（3.16）雖也不低，但對其仍有許多意見：對社團的經費補助太少（LA2209），限制太多（SO3222），社團少又單調（LA2110、PR1118），活動場地也不夠（MU3103），讓學校死氣沉沉（PR1126）；宿舍管理太嚴（NA1102、SO1106）；並建議延長或取消宿舍門禁與熄燈（MU1102、LA1117、MA1222），增加學校工讀機會（MA2103），安排固定時間讓學生從事社團活動（MN4108）。

　　電算中心的整體滿意度雖有很多進步（3.16），學生仍有許多意見：電腦、印表機不足（LA2225、SO2121），開放時間仍太短（AR1115），又常當機、中毒、斷網（AT1217、AR1119、EG1104、LA1114、LA1127），上網速度慢（AT1112）。並建議今後應提供彩色列印（LA2201），延長開放時間（LA3203），加強掃毒（LA1209）。

　　學生對於實習輔導處的整體滿意度（3.11）及三項服務的滿意度都偏低。有學生建議可開放學生自己找學校（MN4102），並儘速公布實習學校（MU4106），與竹苗學校簽約（LG2104）。

　　學生對於總務處的整體滿意度（3.03）及多項服務項目的滿意度都偏低。學生有許多意見，如宿舍不夠，只能住到大一（LA3216），每間宿舍擠太多人（IN1106、LA1209），隔音不良（PR1101），逢雨漏水（PR2106），積水久久未退（SO2119）；中正堂音響太差（SP1102），廁所太少，往往又太髒、有臭味（AT4107、PR1101）；室外球場逢雨必滑，常有人受傷（PR3220）；飲水機太少，品質又不良（NA2106、PR2105），垃圾桶、洗衣機太少（EG1106、LA1220、LA2222）；後車棚附近的廚餘處理中心很臭（IE3115），夜間照明不足，停車位不足又亂（IN2118、LA2103）；文件收發室開放時間太

短（PR1112），服務態度不佳（IN1103），學生往往收到過時太久的信件（LA2229）；出納組的服務態度與效率都不佳，時間不到就要下班了（MU4101、MU4108）。並建議假日晚上球場也開燈（PR1103），後車棚加強燈光與警衛（SO4114、SP1113），宿舍裝空調（LA1206），宿舍熱水全天開放（MA1111），加強綠化環境（LA3125），車棚加蓋遮雨棚（LA3116），學校前安裝紅綠燈、路燈與限時郵筒（SP1121、SO2114、IE1119），新大樓設提款機（PR3211），加速公費分發（LA4128）。

學生對於視聽教育中心的整體滿意度（3.03）及兩項服務項目的滿意度也都很低。可歸因於學生覺得服務人員態度非常不好（MN4212、EG1119、LA3107），學生不易借到器材，特別是初教系以外學生（MN3120、SO3112）。

學生對於通識教育中心的整體滿意度（3.07）及兩項服務項目的滿意度也偏低。可歸因於服務人員態度不佳（SO2207），通識講座的宣傳不足（MU4105），內容偏向文學（AT2113、IN2115），而且往往很無趣（LA2222、SO2224），許多學生又沒座位坐，就在地上睡著了（AT2116、SP2101）；而且聽完講座後要交心得，成績給得很慢（LA2216），對內容有批評者往往得到低分（SO2205）。

學生對教務處整體滿意度（2.98）與多項滿意度很低，而有許多意見：電腦選課往往選不上（IE4108、PR1217），必須到處找老師簽名加選或退選（AR4103），想選的又常衝堂（SO3219），即使辦完加退選，喜歡的往往仍選不上，而被迫選不喜歡的課（AT4106、AT2224），良好的老師與課程不足（LA4113、MN3230）；而教學評量並無法改善某些老師的教學品質（SO2101）；有些服務人員態度不佳，效率又差（AR2113、PR3225）；學生證補發太貴（IN2118）。並建議下午第一堂課時間恢復為1:30，以免妨礙午餐與午修（LA1106、LA1120、LA3218）；週一、週五儘量不要排課（LA1102、

MA1107）：加退選改在網上選課（EG1111），以便利學生；而許多必修課該改為選修，即使是保留的必修課，也不要只由一位老師開，讓學生有選擇的機會（NA1133）；而學生證應改成信用卡式的硬卡（IE3116），也可當提款卡（AR2106）。

至於交誼廳、自助餐與書香亭的問題，雖然不是這次受評行政單位所負責的，不過也有許多學生的意見值得注意：交誼廳太貴、難吃，老闆態度不佳（PR1113）；自助餐又貴、又難吃，菜色又少（LA1221、LA2103）；書香亭太大牌，動不動就不開（LA1106）。學生並建議：假日餐廳開放（MU1105），增加餐廳（LA1223）。

學生除了有以上意見之外，還有許多對學校行政的意見，可歸類如下：

第一，環境設備不佳。校門不夠宏偉（AT2214），校地太小（MN3201），整體建築藝術太雜亂（IE2109），花草樹木又不足（LA2236、SP4108），而不夠美觀，感受不到大學的優雅氣息（PR1108）；而系所間的交流不夠，學校沒向心力（LA4207）；在此內部環境不佳的情況下，卻一直增收學生，造成停車位、床位、電腦、體育設施都不足，有人擠人的壓迫感（MN3201、PR2212、PR3203），而與外面交流卻又太少（AR1109、SO4113）。

第二，服務態度與效率不良。很多處室服務人員態度極差，效率又差（IE4105、LA4205）；有時八點還沒有人到，五點半不到，人都不見了（IE4107）；送公文程序繁複費時（AR3108），有時到各處室問事情，服務人員推來推去（IE2128）。

第三，收費高，罰錢重，經費補助不足。宿網、影印、洗衣機收費太貴（IE1111、IE1115、LA1121），文具部比外面貴（AR1102），電算中心列印與幼教系修小學學程不應收費（LA3213、IE3111、IE3117）；宿舍罰錢過多（AR2120）；球隊到校外比賽，經費補助不足（AT3116）。

第四，多與學生做雙向溝通，提高學生自主性。師生互動太少（AT1204），對學生瞭解不足（AT1204、AT2231）；希望成立學生自治中心（AR1118），多辦公聽會，並讓學生有多發表意見的機會（PR1102、SO3101）；有關學生權益的會議多讓學生參加（LA3212），不要在未知會學生的情況下，訂出令學生反彈的規定；學校看了學生問卷後要做改善（LA4108），並公布數據（PR3108、SP4102）；學校應「一切以學生為政策的出發點」（SP2113）。

至於學生針對所就讀各教學單位（系所）的行政服務、課程安排與教學品質的意見並不多；而這些意見中，往往明指系上的某助教、某主任的惡行，也就顯得太敏感，而且又不一定很客觀公正，本文也就不針對學生針對系所的意見，進行質化分析。

參、結論與建議

根據2001年12月的調查研究結果，在許多行政人員與教師的精心努力下，台東師院有許多行政、教學單位與行政服務項目，以及課程與教學品質，為眾多學生感到相當滿意。就行政單位而言，學生對圖書館的滿意度最高，而電算中心進步最多；就教學單位而言，學生對兒研所與幼教系的滿意度最高。不過也有許多單位與項目，為許多學生感到不滿意，主要如下：

第一，環境設備不佳。如圖書、電腦、印表機、停車位、床位與通識中心教室座位本來就不足，校地又小，卻每年增收許多學生，人潮擠迫，許多設備都不夠用；這主要可歸因於東師的經費不足。

第二，收費與罰錢多，經費補助卻少。如學生反映宿網、餐廳、文具、影印、洗衣機與補發學生證收費太貴；宿舍與圖書館罰錢太多；對於社團與球隊外出比賽的補助卻少。

第三，服務態度與效率不良。如很多處室服務人員態度極差，其中視聽教育中心被反映的次數最多；而遲到早退，效率又差，遇事相互推諉。

第四，制度因素。如選課程序太繁複，學生覺得電算中心、圖書館的開放時間不夠長，宿舍不應門禁與熄燈。

第五，學校與學生溝通不足。師生互動不多，對學生瞭解不足。許多學生希望多辦公聽會，並讓學生有多發表意見的機會，有關學生權益的會議多讓學生參加；校方看了學生問卷後要做改善，應「一切以學生為政策的出發點」，行政與課程應滿足學生需求，如開放選修與上網加退選，週一、五不要排課。其實許多學生反對宿舍門禁與熄燈，這仍可能是學校與學生溝通不足所致。

以上設備不足與收費過多的問題，涉及學校經費的問題，較不易解決。溝通不足，則可先透過調查（如本調查），讓學生表達意見，然後學校再與學生做雙向溝通，如開公聽會，以達成共識，並做適當改革。至於某些服務人員態度不佳，則當為較可能改進的，也是日後改革的當務之急。

不過雖然以上學生的批評與需求，可能大多是基於求好心切，而可作為學校改革之依據；但是有些需求仍可能基於「學校應一切以學生為政策的出發點」之心態，只是為了上課輕鬆、方便，如週一、五不要排課；這不但會降低學習效果，可能也會給學校在週二至週四增加許多負擔，屆時服務的態度與品質可能更差；而在週一、五，也造成學校資源浪費。至於學生選課的問題，根據我們的瞭解，這有時是學生挑時段、挑輕鬆又高分的課，而選不到想上的課，而必須忙著加退選所致；而圖書館、電算中心曾試過延長開放時間，然而有些時段前來的學生卻很少，這些時段也就不再開放。

也有些學生懷疑學校不會根據學生意見做改革，問卷做了也沒用（MN3214、AR3102、LA4108）。然而，從2000年3月，學生對各行

政單位滿意度平均3.02，進步到2001年12月的3.16；再則，根據我們的瞭解，原先滿意度墊底的電算中心主任，勵精圖治以提高滿意度，滿意度也就進步最多；這次滿意度最高的圖書館館長，在看到學生的意見後，仍積極地做了許多改革計畫。我們相信，學校不但會根據學生意見做改革，也會因而有所進步；關於這點，我們將在未來的公聽會中，對學生做說明。至於本學期已開過的師生座談會中，學生所提的問題，學校大致已做改善；希望學生平時也能利用各種管道反映問題，使學校各相關單位能立即改善或解決。

參考文獻

東師行政服務研究小組（2000）。國立台東師範學院師生對各行政單位滿意度調查報告。東師校刊，11期，頁164-175。

張善楠、黃毅志（1997）。1997台灣教育長期研究之先期研究。國科會人文及社會科學彙刊，7卷4期，頁577-596。

黃毅志（2001a）。台東師院學生的昨日、今日與明日：問卷調查初步報告。東師校刊，13期，頁143-162。

黃毅志（2001b）。國立台東師院暑期進修部學生對各行政單位滿意度調查報告。台東師院進修部委託研究報告。

附註：本文原文題為〈台東師院2001年學生對各行政與教學單位滿意度調查之研究〉，原刊於《台東師院學報》，第13期上集，頁243-258。

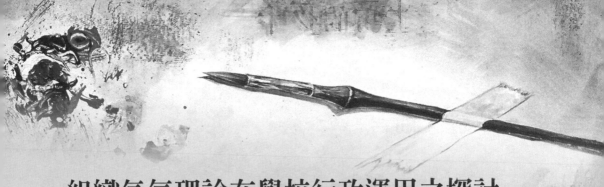

組織氣氛理論在學校行政運用之探討

陳喜水

台東縣立賓茂國中輔導主任

2

壹、前言

　　組織氣氛（organizational climate）的良窳，關係組織效能（organizational effectiveness）之優劣。組織氣氛良好，成員沐浴其中，深受影響，其工作潛能較易發揮；反之，組織氣氛不佳，成員浸潤其中，亦受感染，其工作動機難免受到抑制。故晚近對於組織氣氛的研究，乃漸重視，並已獲得顯著之進展（黃昆輝，1988）。由此觀之，個人以為組織氣氛對組織目標之達成有極大關係，因此，做為一個組織的領導人，一定要營造良好的組織氣氛，方能帶動組織成員達成組織目標。茲就相關文獻分析組織氣氛之意義、組織氣氛理論及評論其理論，並例舉國內對組織氣氛之實徵研究，及組織氣氛理論應用在學校行政及教學之策略分別探討，並針對本研究之結論提供教育機構及學校參考。

貳、組織氣氛的意義

　　對組織之研究有許多不同的方法，因此也就形成不同的理論，茲就國外學者及國內學者，對組織氣氛所下的定義分別敘述，以對何謂組織氣氛有更明確的瞭解。

　　哈佛大學教授李特溫（George L. Litwin）與史春格（Robert A. Stringer, Jr.）倡導以「整體」與「主觀」的環境觀念，來研究組織成員的行為動機及他們所表現的行為，於是形成了所謂的「組織氣氛」理論。他們認為組織氣氛的簡單的定義是：「在一特定環境中個人直接或間接地對於這一環境的察覺（perception）。」（引自馮觀富，1994）

由此可知，組織氣氛是組織人員與環境交互影響所構成的，尤其是人員的心理反應與動機作用是構成組織氣氛的一個主要變數。因此，組織氣氛與人員的士氣、激勵、文化背景、領導態度、溝通等因素皆具有相關的關係和重疊性，甚至可以認定，組織氣氛和存在於周遭環境的某種氣氛狀態相類似。此外，組織氣氛是組織中人員的個性、目標和組織的融合與一致的一種變化過程。

塔基里（Renato Tagiuri）與李特溫（Geroge Litwin）對組織氣氛所下的定義是：「組織氣氛乃是組織內部環境相當持久的特質，而能爲組織成員所體驗，並能影響組織成員的行爲，同時亦能以組織特性的價值加以描述。」（引自黃昆輝，1988）。

從這個定義可得到四點認識；(1)組織氣氛就是組織內部相當持久的特質；(2)組織氣氛雖然抽象，但可以體驗；(3)組織氣氛對於組織成員具有影響力；(4)組織氣氛可予描述，可用組織特性加以表達。以學校爲例，某校師生之間心理距離很大，疏離感很強，此種性質的氣氛，可謂「冰凍三尺，非一日之寒」，恐非一朝一夕所能改變。而此種缺少關懷與溫暖的氣氛，師生之間彼此都會有所感受，不至於渾然無知。再者，這種冷漠、隔閡的組織內在特性勢必影響師生間的交互作用，亦即必會影響師生的行爲。一言以蔽之，這種學校內部的特性是持久的、可體驗的，對師生行爲會有影響，而且可以用學校特性的價值加以衡量與描述。

哈爾品（Andrew W. Halpian）在其〈學校組織氣氛〉一文中曾說：「只要參觀一些學校即可發現各校氣氛有顯著的差異。」例如「有一種學校，校長和教師都幹勁十足，並且對自己的作爲具信心。他們與他人一同工作時覺得頗爲愉快，而這種愉快的感受也會傳達給學生。在第二種學校裡，教師們不滿的情緒顯而易見，而校長只是利用權威企圖掩飾其無能和拙於領導的缺點。教職員之間的這種心理障礙將會影響學生，而學生所遭受的挫折也會將失望的心情回饋於教

師。第三種學校的特徵既非愉快，亦非失望，而是空洞的形式作風，學校中一些措施頗為古怪，並顯得不踏實。」（引自馮觀富，1994）上述這組區別學校間不同處以及影響學校內成員行為的內在特徵，就稱為組織氣氛。

黃昆輝（1988）在《教育行政學》一書中指出：「何謂組織氣氛？簡單地說，就是一個組織有別於其他組織的獨特風格。如作簡單的比喻，人格之於個人，就等於組織氣氛之於組織。如就性質而言，組織氣氛乃是組織內部環境之相當持久的特質，能被組織成員所體驗，並且亦能影響組織成員的行為，尚且亦能以組織特性的價值加以描述。」

馮觀富（1994）在《輔導行政》一書中指出：「所謂組織氣氛是學校中各群體（包括學生、教師、行政人員等）進行工作以平衡學校社會體系中組織與個人層面的最後結果。這些結果包括共同的價值觀、社會信仰以及社會標準等。」

綜合以上學者專家對組織氣氛的定義，「所謂組織氣氛即一個組織獨特的風格，其形成是由組織成員間互動的結果，是持久性的及能體驗的，同時對組織成員的行為會有影響。」

參、組織氣氛的理論與評價

在教育行政有關書籍中，普遍的將組織理論演進分為三個時期（吳清山，1995）：傳統理論時期、行為科學時期、系統理論時期，而組織氣氛概念的出現源於行為科學時期，此時期行為管理人員發現，先注意靜態結構的改善，並不能使組織發揮最大效率，必須兼顧「人員」的問題，才能收事半功倍之效，因此組織氣氛理論應運而生，然而，由於學校的複雜性，至今教育學者尚未研究出何種氣氛是

學校最佳的選擇，因此，在本研究中對組織氣氛的理論加以批判其優劣點，以釐清其可行性。

一、組織氣氛理論

秦夢群（1988）在《教育行政理論與應用》一書中指出，組織氣氛的理論，主要包括下列三個：

（一）組織氣氛描述理論

最早將組織的概念引用到教育組織者，首推哈爾品（Andrew W. Halpian）和克羅夫特（Don B. Croft）兩人，他們二人編製了「組織氣氛描述問卷」（Organizational Climate Description Questionnaire，簡稱 OCDQ），依據「組織氣氛描述問卷」的設計，學校組織氣氛乃是由校長行為與教師行為兩類因素交互作用發展而成；如校長行為包括疏遠（aloofness）、強調成果（production emphasis）、以身作則（thrust）、關懷（consideration）等四個層面，而教師行為包括隔閡（disengagement）、阻礙（hindrance）、工作精神（esprit）、同事情誼（intimacy）等四個層面。

學校氣氛即是校長與教師兩者之間各四種行為層面交互影響而成六種不同程度的學校組織氣氛：開放型氣氛（open climate）、自主型氣氛（autonomous climate）、控制型氣氛（controlled climate）、親密型氣氛（familiar climate）、管教型氣氛（paternal climate）、封閉型氣氛（closed climate）。

以上這六種類型的學校組織氣氛係為相連續，而非個別獨立，彼此只在程度上有所差別而已。

（二）組織氣氛的社會力量理論

以史騰（George G. Stern）與史丹活佛（Carl Steinhoff）兩人所研究修正之「組織氣氛索引」（Organizational Climate Index，簡稱OCI）為工具，社會力量理論認為，組織成員的行為可視為個人的心理需求與環境壓力兩層面交互影響的結果。一個組織的氣氛可用兩個層面加以描述：發展壓力（developmental press）和控制壓力（control press）。

發展壓力包括學術氣氛（intellectual climate）、成就標準（achievement standards）、實用性（practicalness）、支持的程度（supportiveness）、秩序性（orderliness）、團體的效率（organizational effectiveness）等六個層面。

控制壓力包括反智性氣氛、反成就標準、衝動的控制等三個層面。

（三）組織氣氛管理系統理論

管理系統理論以賴克特（Rensis Likert）與萊克特（Jan Gibson Likert）所發展之「學校剖析」（Profile of a School，簡稱POS）為工具，其主張組織氣氛即是組織的內在特徵，亦即是組織內部的功能運作而反映於組織的管理系統者。

1.組織功能的內部運作有六項特徵：領導歷程（leadership processes）、激勵力量（motivational forces）、溝通歷程（communication processes）、決定歷程（decision-making processes）、目標訂定歷程（goal-setting processes）、管制歷程（control processes）。

2.賴克特（Rensis Likert）從他的研究中得到一個很重要的概念，

那就是，組織共有四種可以鑑別的管理系統，每種管理系統都可用組織的氣氛和領導的行爲加以描述，而組織氣氛和領導的行爲則可用上述六項組織的特徵予以測量。四種管理系統的類型：

(1)系統一：「剝削－權威式」（exploitive-authoritative）：又稱「懲罰－權威式」（paternalistic-authoritative），係植基於古典的管理概念，亦即 X 理論，認爲人性本惡，主張採行指示性的領導方式。

(2)系統二：「仁慈－權威式」（benevolent-authoritative）：又稱「管教－權威式」（paternalistic-authoritative），強調領導者與部屬之間一對一的個別關係，每一部屬與其他同事之間相當隔閡，亦即在公務處理上每一成員均相當孤立。

(3)系統三：「商議式」（consultative）：領導者大都採取參與式的領導方式，在作決定的過程中，傾向與個別成員商議。

(4)系統四：「參與式」（participative）：又稱爲團體交互作用式（group interactive），係以 Y 理論爲基礎，認爲人性本善，特別注重在所有關鍵性的組織運作過程中採行團體的交互作用。

　　從以上的敘述，賴克特管理系統理論的基本觀點如下：組織氣氛與組織的效能兩者之關係可以建立；組織的效能可用某些訂定的標準加以測量，而組織的氣氛則可用四種管理系統加以反映；管理系統即是領導行爲，四種管理系統即是四種不同之領導行爲，領導行爲就是管理系統的表徵；管理系統或領導行爲可用領導歷程、激勵力量、溝通歷程、決定歷程、目標訂定歷程及管制歷程等六種功能的運作實況加以表述；欲測量組織的氣氛的梗概，就應調查瞭解組織內部六項功能運作的情況。

二、組織氣氛理論之評價

　　組織氣氛理論，經過不少學者的考驗與應用，雖然有其價值，但亦有其限制，茲就學者專家的看法歸納如下：

(一) 組織氣氛描述問卷方面

　1.優點：

　　(1)「組織氣氛描述問卷」的理論架構，對學校氣氛的發展與形成，確實能提供切要的見解，因為校長之行為與教師之行為兩者交互影響，實是學校組織氣氛形成之最主要因素。

　　(2)在學校組織氣氛連續體上的兩個極端，「開放型」與「封閉型」內涵特質相當清楚，可用以描述一般學校的組織氣氛。

　　(3)如從為瞭解教師與教師或校長與教師彼此間之關係而言，「組織氣氛描述問卷」確為一種相當有用之工具。

　　(4)該八個分測驗所構成之「組織氣氛描述問卷」經過考驗其對學校氣氛之測量信度與效度均高。

　2.缺點：未顧及環境因素施予學校組織壓力，而這種來自環境的壓力，對組織成員的行為具實質性影響。此種研究的本質與設計並非相符，難免相互矛盾，「組織氣氛描述問卷」六種氣氛之類型及效用，亦受到懷疑。

(二)「需要－壓力」理論方面

　1.優點：

　　(1)「需要－壓力」之理論比「組織氣氛描述問卷」，較能說明組織氣氛的形成真相。

　　(2)「需要－壓力」構念實是研究組織氣氛理論中最有趣且較富

發展潛力者。

　　(3)使用「組織氣氛索引」調查學校組織氣氛之有關研究，所得的結果均顯示其具有鑑別的功能。

2.缺點：「組織氣氛索引」之理論，雖然被應用於預測個人在組織內的行為，可是僅有極少數的研究試圖對組織成員的需要和組織壓力加以觀察其測試之題目多達三百題，且資料分析的方法過於複雜。

（三）學校剖析方面

1.優點：

　　(1)「學校剖析」係建立在賴克特的系統理論之上，而以實際調查所得之資料為其來源，這種理論是建立在組織的真實世界之中，針對組織成員的行為及組織功能的運作，系統地蒐集真實資料加以研析發展而成。

　　(2)「學校剖析」的概念得到許多實際調查結果的支持，問卷的信度亦得到肯定，試圖建立組織氣氛與組織效能的關係，為學校氣氛的研究開啟了實用的研究途徑。

2.缺點：

　　(1)這種組織理論，基本上是「管理系統理論」，如將其視為一種領導方式理論亦不為過，僅以管理系統或行政形式與效能之直接關係來析論領導，似較忽略了情境因素的影響。

　　(2)「學校剖析」調查問卷所採取之研究途徑只有在賴克特管理系統理論的架構內才能瞭解，亦即「學校剖析」之組織氣氛的研究如離開了賴克特的管理理論，就無法加以解釋。

肆、組織氣氛理論的實徵研究及應用在學校行政與教學

一、國內有關組織氣氛理論的實徵研究

有關於組織氣氛的國內外研究文獻甚多，但因時間及能力所限，因此，僅就國內八位學者的實徵研究分別予以論述：

曾弘源（1998）：針對淡江大學教職員的〈組織氣氛與工作滿意度之個案研究〉發現，學校組織氣氛與教職員工作滿意度達顯著水準。淡江大學教職員所知覺的學校組織氣氛是：高「工作精神」、高「同事情誼」、低「離心」、中「關懷」、中「阻礙」、中「以身作則」、中「疏遠」、中「強調績效」，而整體學校組織氣氛則偏向於「開放型氣氛」。

邱國隆（2000）：在〈國民小學組織氣氛與教師士氣關係研究〉，以台北縣、桃園縣、新竹縣九十所國民小學1,302位教師為研究對象，結果發現，國民小學「開放型」組織氣氛占五分之四強、「隔閡型」及「封閉型」占十分之一弱。國民小學組織氣氛是高度的「支持」、「同僚」氣氛與中度的「監督」、「親和」氣氛和低度的「干擾」、「疏離」氣氛。國民小學組織氣氛與教師士氣具有密切的相關。屬於「開放型」組織氣氛的國民小學，其教師士氣最高，屬「隔閡型」和「封閉型」者，其教師士氣最低。

陳長士（1999）：針對〈高屏地區國民小學組織氣氛與組織決策關係研究〉指出，高屏地區國民小學組織氣氛類型偏向開放型氣氛。而組織決策參與類型大致分布平均。組織氣氛類型屬封閉型、離心型與投入型時，偏向理性決策；而組織氣氛偏向開放型時，偏向參與式

與政治式決策。

　　杜秋香（1998）：〈國民中小學學校組織氣氛、組織溝通與組織效能之關係研究〉，以越南北部紅河平原地區國民中小學教師為研究對象，結果指出，國民中小學組織氣氛對組織效能有顯著影響。學校組織氣氛與組織溝通在組織效能上未發現有交互作用。

　　姜智武（2001）：〈國民小學校長溝通行為、學校組織氣氛與學校效能關係研究〉，以桃園縣為例，結果發現，國民小學學校組織氣氛多屬開放型氣氛。國民小學校長溝通行為、學校組織氣氛與學校效能具有正向典型相關。國民小學個人背景變項、校長溝通行為、學校組織氣氛等預測變項中，共計六個層面可以有效地預測學校效能，其順序為「支持行為」、「同僚行為」、「訊息行為」、「服務年資一至五年」、「親密行為」、「情感介入」。

　　謝鳴鳳（2001）：〈國民小學學習型組織與學校組織氣氛關係之研究〉，針對桃竹苗地區國民小學校長及教師為研究對象，結果發現，學習型組織與學校組織氣氛關係密切，即學習型組織越好，學校氣氛越積極、正向。

　　李冠儀（2000）：〈國小教師對學校組織氣氛知覺、工作價值觀與專業承諾之相關研究〉，以花蓮地區國小教師為研究對象，研究結果指出，花蓮地區國小教師知覺學校組織氣氛類型以「開放型」（36.0％）與「封閉型」（28.4％）最多。知覺「開放型」氣氛的國小教師，在教師專業承諾預測各層面與整體上，都高於知覺「封閉型」與「離心型」。在學校組織氣氛類型、教師工作價值觀對教師專業承諾預測方面，以「人際關係」最具預測力。

　　Chen Yin-cheong（1986）："School Effectiveness as Related to Organizational Climate and Leadership Style"，研究結果指出，領導風格及組織氣氛均能獨立地影響學校效能。若知覺性組織效能為效標，有效的領導風格是高倡導的，有效的組織氣氛是高開放的。對於學生

的求學態度，中度開放的組織氣氛最可取。

二、組織氣氛理論應用在學校行政與教學之策略

根據以上國內學者所提出的組織氣氛理論，及國內學者對組織氣氛理論的實徵研究，如何將組織氣氛理論應用在學校行政及教學上，營造良好的學校氣氛，實為重要的課題，擬提出幾點淺見供參考：

（一）在學校行政方面

■發展開放的學校氣氛

1. 在積極方面：校長應以身作則，熱心服務，精力充沛，任事負責，準時上下班，如此才能帶動風氣。同時多關懷並體恤教師的辛勞及生活，並不斷地給予適切的激勵。
2. 在消極方面：避免與教師產生心理距離及疏遠的關係，同時對教師避免不信任及過嚴之行政監督。

■建立「以教師為主體、以學生為中心」的行政哲學觀念

校長要處處為教師施教著想，尊重教師，協助教師克服教學的困難，幫助教師排除影響教學之不利因素。對學生而言，無論是課業的或生活的、生理的或心理的，都應在行政上或教學上予以必要的支持。

■採取參與式之行政管理

校長宜採取團體的交互作用，發揮團體的交互影響，從教師參與的過程中，激勵其工作或教學的動機，而不宜動輒訴諸威嚇及懲罰之手段。

■增進教師的專業成長

校長應鼓勵教師不斷進修，倡導各領域的教學研究及課程統整活

動，並舉辦有關教育問題之研討，充實學校各種教學進修之資源，以資利用。

■營造學校成為學習型組織

校長帶動全體師生一起學習，提升學習風氣，並鼓勵家長在參與學校事務中學習。

（二）在教學方面

■發揮教育愛，增強教育動力

教師與學生不宜保持距離，教師要接近學生，才能瞭解學生，也才能影響學生；學生肯接近教師，才樂於接受教誨，師生之間也才易於建立並發展深厚的情誼。

■注重激勵作用，提升成就標準

每個學生都有其長處，教師宜設法使每名學生的長處都有表現的機會，並對其良好的表現給予欣賞與肯定，這樣方足以激勵學生追求進步，因此，積極的鼓勵可激發動機，孕育向上發展的氣氛，學生的成就標準也才得以提升。

■採行「陶冶」與「心理」並濟的教導策略

就學生而言，一方面要輔導他們獲得發展，另一方面又須給予團體的規範，使之循規蹈矩，不致發生逾越之行為，前者與輔導有關，而後者與訓導有關。因此訓導人員應熟諳輔導的原理與方法，而輔導人員亦應隨時把握訓導的目標，兩者相互合作，「陶冶」與「心理」兩種策略彼此配合，方能充分發揮教導的功能。

■強化班級自治組織功能

青少年階段，其血氣方剛，心性未定，易於衝動，獨立性強，最易發生逾越之行為，因此為增強約束力，應發展學生的互助組織，加強自治功能，除全校性社團外，可以每班為單位，按學科組織讀書小組，按興趣組織活動小組等，由功課優異、領導力強之學生負責領

導，彼此切磋，相互勉勵，如能實施有效，可以在教師與學生之間多了一層組織，多了一股約束力，經由自治規範，增強團體規範的約束力，藉以減少學生之逾越行為。

■ 培養教師自我效能感

國民中學學生正值狂飆期，無論在行為上或學習態度上，極為不穩定，因此，學校老師不僅擔負傳道、授業、解惑之角色，而且更要兼負父母的角色，才能協助學生向上發展，而不至於產生偏差行為，因此有效能感的教師無論在生活輔導或學業輔導，均能主動積極，且能有效率的協助學生建立積極的人生觀。

伍、結論

從上述的理論中可知，一個組織的工作效率，受到組織氣氛的影響最大，而強調開放、支持與溝通的學校氣氛，在現今的民主思潮下，似已成為發展的潮流，因此，營造開放型組織氣氛，學校領導者增加支持型行為，減少指示型與限制型行為，以改善學校領導者的開放度，增進教師的專業型與親和型行為，減少疏離型行為，以改善教師的開放度，同時營造良好的人際關係與互動模式，舉辦聯誼活動，增進人際親密關係。

總而言之，做為一個學校的領導者必須要有新的體認，良好的學校氣氛是辦學績效的基礎，學校氣氛的好壞關係到學校效能的良窳，學生的學業成就也受學校氣氛的影響，因此，學校領導者務必要以開放的心胸經營團隊，經營開放的學校組織氣氛，落實校園民主化及實施人性化的管理，並由下而上的建立共識，發展學校願景，作為全體師生努力的方向與標竿。且建立開放的校園溝通管道，讓訊息與意見暢行無阻，同時，瞭解教師的需求，主動協助教師解決教學或工作上

的困難及鼓勵教師組織教學團，增加專業型行為，以因應國民教育九年一貫課程的實施，達成學校教育目標。

參考文獻

杜秋香（1998）。國民中小學學校組織氣氛、組織溝通與組織效能之關係研究。國立政治大學教育研究所碩士論文，未出版，台北。

李冠儀（2000）。國小教師對學校組織氣氛知覺、工作價值觀與專業承諾之相關研究。國立花蓮師範學院國民教育研究所碩士論文，未出版，花蓮。

邱國隆（2000）。國民小學組織氣氛與教師士氣關係研究。國立台北師院國民教育研究所碩士論文，未出版，台北。

吳清山（1995）。學校行政。台北：心理出版社。

曾弘源（1998）。組織氣氛與工作滿意度之個案研究。淡江大學碩士論文，未出版，台北。

姜智武（2001）。國民小學校長溝通行為、學校組織氣氛與學校效能關係研究。台北市立師範學院國民教育研究所碩士論文，未出版，台北。

秦夢群（1988）。教育行政理論與應用。台北：五南圖書出版。

黃昆輝（1988）。教育行政學。台北：東華書局。

陳長士（1999）。高屏地區國民小學組織氣氛與組織決策關係研究。國立屏東師範學院國民教育研究所碩士論文，未出版，屏東。

陳奎熹（1986）。教育社會學。台北：三民書局。

馮觀富（1994）。輔導行政。台北：心理出版社。

謝鳴鳳（2001）。國民小學學習型組織與學校組織氣氛關係之研究。國立新竹師範學院學校行政碩士班碩士論文，未出版，新竹。

Chen Yin-cheong (1986). School Effectiveness as Related to Organizational Climate and Leadership Style. Educational Research Journal, Vol.1 。

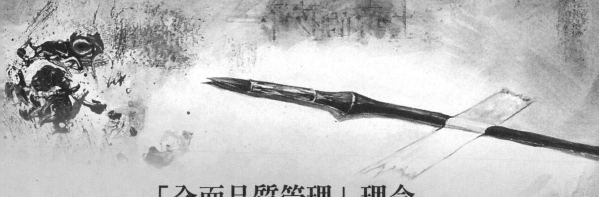

「全面品質管理」理念
在學校行政中的運用

邱華光

台東縣立體育場場長

壹、前言

「全面品質管理」（total quality management, TQM）的由來有許多不同的說法，美國海軍行為心理學家華倫（Nacy Warren）於1985年在其著作*Deming Management at Work*一書中提出，另美國管理學者Bill Creech也曾在1985年對企業界演說時提出TQM的符號，並且指出組織、領導、承諾、流程、產品為TQM的五大擎柱，其中更以組織為核心。儘管各家學者對TQM的說法容有些微差異，然其以「組織為核心」，以領導風格引領組織成員對提升服務品質的承諾，注重整個生產流程以及顧客對產品需求的回饋，持續修正改善的一連串過程，是一套系統取向的管理方法，持續不斷的提供顧客良好品質的服務。「全面品質管理」的管理模式經過十餘年來的理論研究與實地實驗，已經趨於成熟。（引自林天佑，2000，頁229）在八〇年代中期，「全面品質管理」的概念被宣揚，將組織各部門對品質發展、維持、改善的各項作為綜合起來使顧客滿意的一種制度（哲學），也就是從產品（服務）的設計一直到顧客手中皆能使顧客滿意，還持續不斷的改進發展。在可以預見的未來激烈競爭中，所要考慮的是提供顧客最高的價值，追求最高的品質已經是一項刻不容緩的事，「全面品質管理」不是一項口號，或是束之高閣的理論，而是一套實踐力行的管理哲學！學者吳清山、林天佑（1994）指出「全面品質管理」既非事後篩檢，也非將品質交給少數人掌控，而是透過事先審慎安排與設計，使所有部門、人員無時無刻均致力於品質的改進，以持續滿足消費者之需求。

「全面品質管理」是透過領導者對於「品質」的承諾，在系統設計之初就擬定品質計畫，將消費者的期望納入企業的目標內考量，建

立改善產品與服務的堅定目標，透過溝通和組織，清楚的傳達企業的使命、策略和應變方法，使企業保有競爭力和永續經營的能力。如此對企業目標的承諾表現積極肯定，強調研究、設計、生產與銷售活動之間不斷的互動，對提高產品品質、滿足顧客需求有很大的貢獻。這種新的經營哲學領導企業迎接變革，使組織形成一個注重品質的企業文化，爲了激發員工的創意，各級主管、第一線的成員，都應該致力於合作的文化，爲顧客創造出最完美的產品及服務。尤其更要擺脫以往依靠大量「檢查」倚賴經驗以獲得「品質」的念頭，在系統建立之初就要有「一開始就製造出高品質」的承諾，在過程中持續不斷的改進生產和服務系統，以增強「品質」。運用PDSA（plan-do-study-act）循環透過溝通和組織，清楚的傳達企業的使命、策略和應變方法，持續不斷的重複修正，以完成品質改善。

至於「全面品質管理」對於內部成員是以提供在職訓練的機會來追求更高的品質。訓練可以讓成員提高安全意識、價值以及更低的壓力感，領導者協助將「工具」和「人員」整合，使工作做得更好，將組織從傳統轉變爲永無休止的品質改善的推動者。協助、「訓練」和「協商」、瞭解「變異」、消除障礙、注重顧客、明白企業使命、改善系統，更要創造一個溝通良好、充分信任、免於恐懼的優質工作環境，有效率的爲組織工作；各部門間無論是研發、設計、業務、製造部門，都應發揮團隊合作，除了個別單位目標之達成外，更要協力達成整個組織的共同目標。管理者就是鼓勵員工發揮這種與生俱來的原始本能，創造使員工對其工作技能感到驕傲的環境，來改善系統，讓所有人的品質同步提升，對每位成員進行教育，使所有成員樂在工作。一旦整個組織成員學習「全面品質管理」的新觀念哲學之後，才能面臨轉變的挑戰，整個組織遵循PDSA循環，不斷研究，持續改善。

就「全面品質管理」以顧客爲導向、過程導向、持續改善、以事

實為依據、團隊領導、跨部門合作等理念而言，有別於傳統的管理方法，是一種新的管理哲學，更有人認為是二十一世紀的新典範。當然企業的環境與學校教育的環境有相當的差異存在，但是在面臨教育改革的議題受到極端關注的時候，如何提升學校教育品質，來滿足學校教育的對象，實在是刻不容緩的工作。學生家長、學生、社會對學校的期望（需求）日益加重，還有校園內部教師專業自主、民主化、學生家長參與學校行政運作等等都影響學校的管理運作，因此，根據專家研究，參考運用「全面品質管理」的理念來提升學校教育品質是可行的方法，因為學校有提供良好品質的教學環境、優質的教學過程與品質之需要，學校之間更有相互比較競爭的壓力存在，基於專業的道德觀而言，更責無旁貸的提供最具專業的教學品質，這些學校自身生存的壓力，使學校更有形象維護、達成教育目標的使命，透過「全面品質管理」的管理理念持續不斷的提升學校教育品質，賦予學校活力，符合學校的需求，瞭解「全面品質管理」以提升學校教育品質，才是本研究的目的。

貳、「全面品質管理」的意涵與實施原則

「全面品質管理」被定義成一種哲學，一種提高傳統商業績效的方法，也是一種持續改善組織基礎的原則；在競爭激烈的時代，「全面品質管理」是保證企業生存的一種技術，改變管理的態度，將使整個企業全體組織文化和行為態度隨之改變。（引自徐世輝，1999，頁2）美國國防部對「全面品質管理」賦予如下的定義：「全面品質管理，作為持續改進組織的基礎，不斷提升作業過程與產品品質，期能符合顧客現在與未來的需求。」（徐世輝，1999，頁2）

綜合歸納「全面品質管理」的意義界定如下：一個組織中所有成

員、部門和系統大家一起來不斷改進組織的產品及服務過程（全面），以滿足或超越顧客的期望及需求（品質），俾使組織得以永續發展的一套原則與程序（管理）。換言之，「全面品質管理」旨在透過系統的原則與方法，引領組織中所有部門及人員不斷以滿足顧客的需求或超越顧客的期望而努力，以團隊合作達成具有高品質的產品與服務，創造最佳的競爭力，使得組織可永續生存與發展。根據上述的定義，可以歸納出「全面品質管理」的重要理念與實施原則如下：

一、重要理念

（一）管理者的參與及對品質的承諾

　　訂定品質改善計畫，做到「思患預防」，強調事先預防的概念，講「品質」的概念融入，希望能每一次，第一次就做對；「全面品質管理」的過程是一個長期持續的活動，絕非短期間一蹴可成，除了要與全組織成員溝通、協調取得共識之外，有賴上層的承諾，使全體獲得支持，才能形成組織文化。如果缺乏共識及事先周延的思慮驗證，其產品與服務很容易因為無法獲得顧客的滿意以致損及公司及產品的形象，進而失去顧客。因此「全面品質管理」特別重視領導者對於品質的承諾，管理者的參與、積極推動，才能形成組織成員對品質維護的共識。

（二）系統導向

　　「全面品質管理」的另一個重要理念是凡事要從團隊整體來思考，從設計到生產到售後服務，每一部門、每一個人的表現都會影響到品質的好壞。其中的一個環節出了差錯，產品的品質就有問題。因此「環環相扣、相互倚賴」是「全面品質管理」所強調的理念。突破

以往對於產品的管理委由個人或特定的小組成員依賴經驗來負責監控的方法，在「全面品質管理」中，產品的品質是整個組織的成員共同的責任，是整體性、持續的工作。

(三)「全面品質管理」的對象是顧客，以客為尊

強調設計品質和缺失的預防，顧客的滿意才是組織追求的目標。因此，如果要長期掌握顧客，必須傾聽顧客的意見，配合顧客的心理，不斷研究發展，求新求變，才能充分掌握顧客的心理。有學者認為，因為「關心」才有「品質」，如此以客為尊的觀點是推動「全面品質管理」的動力所在。

(四) 主動積極，前瞻導向

產品除不斷求新求變以滿足顧客的需求之外，「全面品質管理」進一步強調要能帶領風潮以「掌握先機」。求新求變雖能滿足顧客的需求，但是在眾多產品也都不斷推陳出新的情況下，產品的競爭力會相對降低。如何推出具有前瞻性的產品，掀起流行帶動風潮，完全掌握顧客，是「全面品質管理」最終的追求目標。

二、「全面品質管理」實施原則

在事先預防、系統、動態以及前瞻導向下，實施「全面品質管理」必須遵守下列原則：

(一) 顧客導向

「全面品質管理」以顧客滿意為核心。由於品質的良窳，顧客最容易感受到，因此組織必須致力於滿足並超越顧客的需求和期望，不斷地與顧客進行溝通與聯繫，蒐集回饋，隨時掌握瞭解顧客實際需

求。「顧客」是指服務的接受者也是參與者。「全面品質管理」強調兼顧內、外顧客的滿足。組織在以「顧客爲導向」的原則下，持續提供符合顧客需求的服務和產品，唯有顧客滿意的產品和服務才有「品質」可言。建立顧客滿意策略，例如與顧客結盟，發現與解決顧客問題，主動與顧客聯繫，服務品質的良窳由顧客來界定，並肯定內部員工的能力，鼓勵員工增進自我信心。

（二）整個組織全員的參與

強調全組織整體的參與，無一置身事外者。「品質」不單僅是品管部門的責任，擺脫以往將「品質」委由少數人監控，或倚賴經驗控管品質的消極作爲，而是由組織整個部門全面參與品質的改進與提升。過去的管理理念強調由「品管部門」專門負責品質管制的工作，所以常發生部門間互爲推諉的情形。「全面品質管理」的組織中所有部門、所有人員都肩負著品管的責任。在全面參與之團隊合作取向下，這種重視內、外部的溝通與協調形成合作的工作團隊，落實職業教育訓練、提升人員士氣、給予充分的授權使成爲「夥伴關係」，是實施「全面品質管理」的重要策略。

（三）事先預防

「全面品質管理」其目標在於提供顧客滿意的需求，因此在作爲上須隨時注意內、外環境的變化，領導者一定要有警覺，擬定詳盡的因應策略步驟，俗語說「防患於未然」，如此可以減少產品的不良率，提升顧客的滿意；唯有主動因應，才能避免被動牽制；就如管理學者克勞斯比（Philip B. Crosby）所提倡：第一次就把事情作對（do it right the first time, DIRFT），以事先預防爲前提，不以事後補救來彌補，這個理念讓組織建立起「未雨綢繆」的觀念，消除潛在的危機。

（四）品質承諾與共識

在「全面品質管理」的理念中，「品質」是整個組織成員共同的責任，而非哪一個人或單獨哪一個單位的責任；因此，在組織中除了上級對確保「品質」的決心與承諾之外，更要形成組織整體成員的共識，進而形成組織堅固的「品質的文化」，建立清楚的信念與目標，發展有效的策略與計畫，確立成功因素，檢視組織管理架構，充分的授權、溝通與激勵等都屬領導層面的內涵，使整個組織成為一個堅實的「品質」服務團體。

（五）持續改善

顧客對品質的期望會隨時變動，因此為掌握顧客長期的需求，對於產品必須不斷地推陳出新，才能獲得顧客的欣賞與符合顧客的期待。持續改善的工作包括兩個部分，第一部分是指組織內部的持續性品質改進（改善），第二部分是指不斷瞭解外部顧客的需求情形，推出新產品（創新）。一件產品或服務措施在尚未正式問市之前，必須不斷徵詢顧客的意見以進行修改，直到大家都滿意為止，一旦上市就能立即獲得顧客的欣賞。在設計、製造、服務的過程以及人員、制度的不斷自我改進等都是內部持續改進的要素。隨著顧客需求的改變，不斷研究改善提供新的產品及服務，則是外部持續改進的重點。

（六）教育訓練

組織應該提供成員教育訓練的機會，「人」才是組織最重要的資產。透過組織提供的教育訓練，發展個人的潛能，增進其解決問題的能力，這是不變的事實，戴明（W. Edwards Deming）（1986）在其十四原則中一再強調員工教育訓練的重要，更指出提供成員訓練，否則沒有優質的人力資源相配合，再好的機器設備也無法達到預期的效

果，反而是一種浪費。教育訓練可以提高組織成員的安全意識、工作品質，這是一項不容否認的事實。

當企業以狹隘的專業或是本身的利益、習慣做爲決策的基礎，而不把決策基礎放在隨著顧客的需要而持續更新的資訊上時，顯然這個企業就是典型的「內部導向」的企業。（引自譚家瑜譯，1995，頁10）在「全面品質管理」之前的經營管理理念，幾乎都是以追求企業最大的利潤爲宗旨，其作法就是設法降低成本、提高利潤，堅持企業本身的既定原則方針，只提供企業自身所擁有的產品服務；對於外界的需求、改變置若罔聞（有什麼，賣什麼）。另外管理學者George與Weimerskirch（1994）在其著作 *Total Quality Management* 中比較「全面品質管理」模式與傳統管理模式主要的差別，在於前者爲顧客導向，管理者必須著眼於創造並提供顧客最佳淨值，而非以投資報酬率、股票市價或存貨價格的最大化來評估企業表現的「利潤導向」。

參、「全面品質管理」在學校行政中運用的困境

「全面品質管理」經產業界實際採用並獲致豐碩的成果之後，一般服務業爲爭取顧客的信賴也相繼採行。非營利事業機構如圖書館、政府機關爲因應市民導向的趨勢，隨之也講求運用「全面品質管理」的理論，積極推動「企業化的政府」。一九九〇年代以來，世界各國教育改革的呼聲日高，產業界以及服務業界使用「全面品質管理」轉型成功的經驗，開始受到歐美教育理論及實務工作者之重視，相關理論探討以及實際的應用也大量的出現。（引自林天佑，2000，頁232）由於社會變遷，自由、民主、開放的社會風氣影響學校行政領導，師資多元化、課程多元化、學生來源多元化等現象，使學校面臨前所未有的挑戰，國際化、資訊化也使得學校不能再自外於變革而故步自

封！國民教育法的施行，使學生受教權受到保障，也使學生家長對於學生受教育的方式有更多的選擇，如此使學校面臨市場的競爭，將以往的保障改變到競爭的過程，需要一連串的變革、調適！教師會、家長會等相繼成立，校務會議法治化，校長的領導風格以及學校與社區、家長、教師之間的互動關係影響學校行政決策。尤其複雜、多元的現象，所涉及的層面更深，這時代已經是到了眾說紛紜的時代，要能繼續因應變革必須有所創新，才能提升學校辦學的效能；廖春文（2000）認為新世紀學校行政領導理念發展趨勢為：學校行政領導原則人性化、概念數位化、視野全球化、發展知識化、典範創新化、模式整合化、過程民主化等等。吳清山（1996）則指出有效的學校行政領導途徑為：增進領導者的素質及修養、建立人性化領導、採用適宜的領導情境理論、實施分層負責方式、用人唯才等原則，與「全面品質管理」的理念頗有相符之處！但是企業界與學校在功能上與組織型態以及管理運作上有著極大的差異，要將「全面品質管理」移植到學校組織中，全盤運用，是會有差異存在。國內學者分別就全面品質管理與學校行政管理做過相關的研究，均發現利用「全面品質管理」的方法來提升學校教育的品質，形成學校品質的文化，滿足顧客的需求是可行的；尤其人性化的領導、授權、團隊領導、跨部門的合作、持續的改善與組織變革等理念，都能賦予學校新生的活力，以因應社會環境的變化，但是仍然指出部分「全面品質管理」在學校管理中所遭遇的挑戰因素，略舉如下：

一、安於現狀，畏懼改革

　　一個全新的管理理念要移植到另外一個環境之中，必須經過一段很長時間的適應、調整，尤其是對於既有的觀念無法揚棄，有先入為主的觀念，排拒新管理理念的融入，就像抗拒改革一般，成員對於未

來無確定感，難免無法全心投入人力及提升人員的素質；在推行新管理理念之際需要不斷的溝通，藉由領導的方式來使上下間形成合作氣氛，捐棄成見，才能使成員投入，提升人員品質，同時在實施「全面品質管理」必須經過長時間的人員訓練（李雅蕙，1999），實在非短時間就能夠有所成效。

二、學校受限行政層級控管，難以啟動領導者熱忱

學校是非營利性機構，長久以來均以執行上級教育行政機關所制定之目標為主，學校的領導者仍然受到上級的監督，在層層的限制之下，受限於行政層級控管，難以啟動領導者的熱忱，一般抱著多一事不如少一事的消極心態，誰也不願多負責任，實在難以要求其主動積極參與改革，而對於推動「全面品質管理」能有所支持。

三、顧客至上的迷思

學校裡的學生是否等同於「全面品質管理」中所定義的顧客，應該是要有所區隔，假設「顧客至上」，顧客永遠都是對的，形成學生自我恣意的發展，而且，「教學的品質」更將淪為以滿足學生好惡為依據的標準，絕非是學校教育之福。

四、缺乏強力的領導

學校內部成效端賴校長的領導作風與整體的組織文化影響所致，在沒有改革誘因、改革壓力不強的公立學校，尤其沒有推動「全面品質管理」的急迫性；如果是校長領導風格趨於保守不願授權、專制又不重視專業的學校，更無法形成「全面品質管理」跨功能團隊與「自

我管理團隊」的條件，各部門各自為政，無法達到「全面」統合的力量，對於推動「全面品質管理」是一大障礙。

五、行政支援的限制

「外控式」的學校管理，仍然受到上級教育行政機關層層的監控與考評，學校以執行上級既定目標為依歸，在學校內行政工作無法全力支援教學，在這樣的情況下，難以「全面品質管理」產生影響力。

六、「品質」的困擾

長期以來國人重視「文憑」，將學生的學習成就侷限於學科學習能力，以考試的結果來評量學生，以致學校把注意力集中在如何運用各種技巧和策略以執行上級既定的政策，這樣會使得學校課程更趨窄化，使學生強化反覆背誦學習方式，而忽略了其他方面的學習發展，如果學校教育的品質，被視同為學生考試升學的能力，如此一來，提升學校教育的品質與學生家長、社會的期望反而背道而馳，何況「品質」的概念是多變、不確定的主觀意識，難有統一、一致的標準，由此看出推動「全面品質管理」是一項重大艱鉅的工作，不但要從上級對品質的承諾開始，更要導正社會各級（包含學生）對於學校教育品質的觀念，才能消除障礙。

七、學校教育的品質難以用片段成就來定義

學校教育是一個漫長的過程，難以用短暫、片段的成就來定義品質的良劣，學生在校所學習的僅僅是生活的一部分，學生所受到的影響是多方面的，任何一件事情的結果，絕非單因素所形成，所以以學

生的行爲表現來斷定學校教育品質良窳，難免過於武斷。

肆、「全面品質管理」在學校管理上的運用

「全面品質管理」的管理哲學雖然是應用在企業管理方面，與學校行政管理雖有性質、程度上的差異，然在政府大力推動「企業化政府」，以「全面品質管理」的作爲來提升服務品質、增加民衆對施政滿意度之際，「全面品質管理」的理念，如過程導向、顧客導向、思患預防、形塑「品質」的組織文化及對人的關懷、講求領導風格、激勵士氣、團隊領導等，在在都可提供學校行政領導之參考，以落實學校行政領導之策略，個人的看法如下：

一、以團隊領導取代科層式管理

在自由、民主的浪潮衝擊下，學校教育已從封閉系統轉變爲開放系統，學校領導者的角色亦必須隨之做適度的調整，預知變革，影響變革。面對瞬息萬變的外在環境以及越來越激烈的競爭，整個組織必須要能夠更靈敏的反映顧客的需要，第一線與服務對象接觸的成員，需要受到充分的「授權」，使其更具處理事情的能力，「團隊」手法提供了因應的彈性。最好的組織依賴「團隊」來保持其靈活與適應性。正因組織自上而下都能立即改變與適應，因此在思考、運作等方面都能超越其現有的處境。（陳子仁譯，1995，頁25）在學校校務的處理上，爲求成效，以「全面品質管理」的理念，運用團隊領導激勵成員養成團隊的認同、充分的授權開拓團隊的才能、尊重專業等方式來來取代科層式管理。因此學校領導者應該掌握多方資訊來源，參酌學校內、外顧客之意見，尋求共識，形成決策；講求人性化的領導，

形成良好的領導風格，激勵成員的士氣，尊重成員專業；並積極營造學校「品質文化」，增加各部門間彼此的互動空間，擴充團隊的才能，發揮功能，在戴明十四原則之「打破部門間的藩籬」中，強調「來自研發、設計、銷售與生產的人員必須形成團隊，才能事先預測到產品與服務之生產或使用上可能遭遇的問題」。藉著每位成員分享知識與技能來提高整體的表現，讓組織裡所有的人有最大的貢獻。

二、善用領導方式凝聚組織成員共識與承諾

　　學校行政的推展，各層級主任、組長各有權責各司其職，行政人員首應建立品質的共識，加強行政層級溝通聯繫，用心盡力去除敷衍、應付、推諉的心態，尤其是依據「環環相扣，相互倚賴」的觀點，學校效能的充分發揮有賴所有部門處室、所有教師、學生以及家長的共同努力——「全面品質管理」型態之學校，消除藩籬，打破學校各處室之間、行政人員與教師之間、教師與學生之間、學校與家長之間各自為政的現象，使部門間相互瞭解，又能合作共事，發揮團隊動力，達成行政目標。為避免行政層級的運作，形成多頭馬車，各自堅持本位立場，加強溝通聯繫，無論是橫向溝通，或是縱向聯繫，正式、非正式溝通多元互動，使各部門在明確的分工之下，又能相互瞭解供需資源，捐棄成見相互支援，分工合作將學校建立成為堅實的教育團隊。

三、以學習型學校為基礎，建構知識創新型學校

　　就學校內部品質提升而言，必須仰賴所有教職員工、學生甚至家長不斷的主動學習、成長，學校更要鼓勵教職員工、學生及家長參與各種正式與非正式的研討進修活動，全面提升學校成員的品質。學校

是永不停止成長和改變的組織，靠隨時回應顧客（學生、學生家長、學校內部教師及行政人員）需求和謹慎處理跨部門作業程序，使學校每天不斷改善，著重知識與資訊蒐集運用，並透過各階層人員不斷的訓練與溝通，使知識和資訊能夠散播到組織各角落。依據古拉德（John Goodlad）的說法，學校對社會肩負道德責任核心，這是文明社會的重心，學校是社會中專責提供學習人類社會知識的機構，要讓每個學生有機會接觸及學習這些知識，學校不能因為任何的態度、信仰或作法，阻礙學生接觸必要知識的機會，教師必須創造出一個知性感應與互動學習的學習環境，學校要不斷的反思、研究、創新，永遠保持開放討論的環境，保證讓所有學生有更好的機會成功的接受教育（引自楊振富譯，2002）。

四、落實辦學績效責任

充分掌握「顧客」需求，表現適切的行政作為；自教育基本法公布施行後，提供家長教育選擇機會，此種教育選擇權允許家長為其子女選擇教育的方式與內容，教育的市場導向已成為教育發展的重要課題（張鈿富，2000）。學校組織必須注意外在環境發生的重大變化，才可以繼續生存，這樣的變化與傳統封閉系統的觀點：只注意內部運作而不注意外部環境變化波動、忽視顧客需求的變化、未能察覺新的競爭壓力以及突發的市場變化，與「全面品質管理」顧客導向、品質導向、全員參與、危機意識等理念，實大相逕庭。學校教育開始重視顧客的需求和期望，為能符合教育的市場導向，必須利用學校評鑑機制，隨時檢視學校辦學成效，瞭解學校運作過程的每個環節，提供學校反省與改進，提升教學績效與學生品質。「全面品質管理」型態的學校，其行政運作時時以顧客至上的理念為先，能充分瞭解教師的反應、學生的感受，並能使相互間瞭解彼此的需要，實施跨部門的教育

訓練與教師進修，提升教師專業能力，消除專業與行政之間的藩籬，培養優質的學校組織文化；對外部顧客而言，符合上級教育行政機關所訂的教育目標，並獲得上一層級學校以及社區、家長的肯定與支持。

五、從事研究發展提升決策品質

藉由參與眞實事件的運作過程中，有系統地思考問題，蒐集資料，分析問題，提出具體可行的改革方案，加以實施之後，再評估改革方案的成效（歐用生，1996）。這種在研究中採取改革行動，在行動中實施研究，適合學校成員所使用，而爲促進學校之「全面品質管理」，領導者應引導成員應用科學的方法，對平日教學或行政上所遭遇之問題，深入瞭解及進行資訊蒐集，經系統分析，建立資料庫，並據之作爲持續改進的依據，藉以發現事實作爲決策基礎，並可適時發掘問題加以改善，將有助於品質的提升及增加決策之客觀性。學校成員在專業能力之下，提升學生教育品質。而學校管理的角色則是不斷的透過行政管理的流程，採用必要的方法完成品質改善，運用PDSA循環，將基於學校內、外顧客的反映，持續不斷的重複修正。

六、建立學校行政預警系統，發揮「思患預防」的功能

「全面品質管理」型態的學校採用「事先預防」的觀念，一方面打破以「危機處理」爲主軸的行政管理模式，改採預防可能問題的發生，在規劃之初就將「品質」的觀念融入，以免造成無可彌補的傷害；另一方面對於任何行政措施，先經過縝密的思考，並經小規模的試行取得共識之後再全面推展，以便能落實實施。對於學生受教育的過程中可能發生變異的關鍵點均須加以列管、控制，要求學校的各部

門對各項事務的實施程序，都應有清楚的認定，期能早期發現，防範變異發生於未然，並儘速予以改善調整，而非一味地事後檢測缺失，強調「每一次、第一次就把事情做對」；以事先預防爲前提，不以事後補救來彌補，在學校行政管理上，實在有值得參考之處。

七、營建學校使成爲推動社區文化中心

學校所在的社區，也是學校的顧客，同樣接受學校提供的各項服務；同時社區由學生家長所組成，往往社區之發展以及社區意識的抬頭，或多或少影響學校行政決策，這是一項不可忽視的現象，由於社區的積極參與有助於學校行政的運作，作爲學校有利的後盾，否則，負面的影響，對於學校行政管理處處掣肘，無形中影響學校教學品質；學校提供社區各項軟、硬體設施，除了與社區「資源共享」之外，更容易凝聚社區意識，協助政府施政，推動社區文化發展，因此「打破藩籬」，凝聚社區意識，共同參與學校經營管理，將是學校永續經營不可或缺的條件。

伍、結論

在一九九〇年代初期，管理學大師彼得·杜拉克（Peter F. Drucker）在其著作《後資本家社會》一書中提到：傳統經濟所依賴的資本、勞工（力）、土地，將被知識所取代，而知識的本質就是「今天斬釘截鐵的事情，明天就成荒謬可笑的話題」。知識社會正在興起，後資本家社會的主管必須隨時放棄一些知識，重新調整對組織、決策與品質的概念。韓默（Michael Hammer）在《改造企業》中鼓吹作業流程革命，強調打破功能式組織，建議依據作業流程成立工作小

組（團隊），以增加決策彈性與性能，提升服務品質；彼得‧聖吉（Peter M. Senge）在其著作《第五項修練》中更斷言，傳統式的思維方式與組織型態將被逐一淘汰，取而代之的將是「學習型組織」來強化個人與組織的決策能力，不斷的提升個人與組織的服務品質；一個優良的組織要求質、量並重，決策迅速且內聚力強，具有優質的組織文化，才能達成品質的目標。《追求卓越》作者湯姆‧畢得士（Tom Peters）更指出，企業要重新思考跨世紀的組織結構與決策程序，方能滿足顧客對品質的新要求；「全面品質管理」以「顧客優先」理念強調「利他」、「外部導向」、「持續改善」的經營方式之外，尚強調「過程導向」環環相扣，這些理念正好與「知識經濟」的時代潮流相互呼應，套用約翰‧衛司本翰（John West-Burnham）的一句話：「對兒童教育而言，很難想像有哪種狀況，可以不認為全面品質管理是適當而且可接受的。」（何瑞薇譯，2002，頁7）

參考文獻

李雅蕙（1999）。全面品質管理在社區學院的應用。成人教育雙月刊。

李茂興譯（2000）。管理概論：全面品質管理取向（Michael J. Stahl. Management: Total Quality in a Global Environment）。台北：弘智。

何瑞薇譯（2002）。全面品質教育（Edward Sallis. Total Quality Management in Education. 2nd ed.）。台北市：高等教育。

吳清山、林天祐（1994）。全面品質管理及其在教育上的應用。初等教育學刊。

吳清山（1996）。全面品質管理在教育上的應用──專訪市立師院初等

教育研究所所長吳清山教授（何文蒂採訪）。台北：教育研究雙
　　月刊。

林天祐（1998）。全面品質管理與學校行政革新。教育資料與研究，
　　22期，頁19-22。

林天祐（2000）。教育行政革新。台北市：心理。

徐聯恩譯（1992）。今井名正著。改善。台北市：長河。

徐世輝著（1999）。全面品質管理。台北：華泰。

陳子仁譯（1995）。T. Q. M.的五大擎柱（Bill Creech. The Five Pillars
　　of T. Q. M.）。台北：台北國際商學。

陳麗鳳。全面品質管理與行銷管理在圖書館之應用。摘自http://www.
　　ncltb.edu.tw/p4-3/pb4-33.htm

張鈿富（2000）。思考九二一重建區學校改造策略。南投文教。

楊振富譯（2002）。學習型學校（Schools that Learn）。台北市：天下
　　遠見。

廖春文（2000）。新世紀學校行政領導的理念與實踐。國教輔導雙月
　　刊。

蔡錚雲（2000）。現代社會的後現代文化。台北：台灣書店。

劉秋枝譯（1999）。品質群像（Louis E. Schultz. Profiles in Quality:
　　Learning from Masters）。台北市：寂天。

歐用生（1996）。教師專業成長。台北：師大書苑。

譚家瑜譯（1995）。卓越領導（John H. Zenger. Mastering the New
　　Role）。台北市：遠流。

學校組織中
公務人員終身學習護照制度之探討

莊文靜

台東師範學院人事室組員

4

壹、前言

　　在現今邁入二十一世紀的開始，國內外社會經濟環境正遭逢巨大的變遷趨勢。在經濟方面，以知識和資訊為基礎的高科技發展能力，使得人類逐漸進入知識經濟時代；為促進全球經濟的成長，知識的創新、整合、移轉及推廣越顯其重要性，由於人力資源是智慧的本源，要發展知識型經濟，就必須強化人力資源的發展；在社會方面，終身學習的觀念將居於社會的中心位置，同時各種組織亦需強調自我創新，培養強大的競爭實力，學習創造、取得、運用及傳遞知識，以改變行為模式，形塑共同發展願景，並促其實現（王惠珠，2001，頁39）。

　　公務人員係指各級政府機關及公立學校組織法規中，除政務人員及民選公職人員外，定有職稱及依法律任用、派用、聘任之人員。工友、技工、約聘僱人員、公立學校教師及公營事業機構人員則非屬本文所探討的對象。公務人員是國家特別選任來推動各項政策、服務人民，不僅是政府組織的主體，也是行政動力的所在，制度的改革運作，或技術方法的改變，均有賴公務人員的觀念與專業知能的更新。唯有經由不斷的學習，以提升公務人員的素質與服務效能，對政府再造與行政革新來說才是根本解決的方法（蔡祈賢，1998，頁39）。且為符應社會環境終身學習的潮流，公務人力發展的策略也應隨之改弦更張，以極力配合倡導終身學習活動，每個人均應尋求多元發展，並達到超越別人也超越自己的境界。各類型的在職訓練與再學習課程中，應強調吸取新知及以知識為基礎的決策模式，並鼓勵創意、想像與冒險的研發。使政府組織能不斷更新體質、轉變體質，即時而正確的調整政府施政方向，追求永續發展。

行政院人事行政局爲推動公務人員終身學習的理念及作法，鼓勵各機關行政人員建構學習型組織，特訂頒了終身學習護照制度，期盼透過正式組織運作方式來帶動公務人員的學習風氣，充實公務體系的行政人員具備未來知識經濟的各項應變能力及創新研發精神。而隸屬公務體系一環的學校行政組織，亦因近年來政府大力推動教育改革政策，致使學校組織機制的調整及再造，也可說是刻不容緩的事情。其中負責學校行政的公務人員，爲因應學校行政生態的轉變及新世紀的來臨，其養成或培訓作法勢必要有所調整，以迎接新的挑戰。但是學校組織具有科層體制、雙重系統及鬆散結構的特性，如何在這特殊性質的組織中，以積極的教育行政手段來達成公務人員自主學習的目標，並因應行政院人事行政局訂頒的終身學習護照制度，來規範學校組織中的公務人員終身學習活動，且有效的瞭解公務人員終身學習護照制度實際執行成效？

　　政府作爲社會的領航者，有必要掌握時代脈動趨勢，以回應人民的期盼。因此，政府各部門配合組織再造策略，積極發展人力資源，以增進公務人員抽象思考、創造及基本操作能力。以建立公務人員的學習機制，來順應社會環境變化，並採行適當措施，以避免公務人員因專業能力退化而落入久任工作的危機。進而鼓勵公務人員因應職業生涯的發展規劃，提升工作所需之溝通表達、問題解決、人際技巧、自我引導、彈性應變及技術能力等核心能力，以及各階層主管所需的多元化人力管理、團隊建立、創新思考、規劃評估、內部管理、財務管理、科技管理及領導遠景等諸多不同層面之管理能力（王惠珠，2001，頁39）。本文特以公務人員終身學習護照制度的基本學理背景說明，作爲建立學習型政府，帶動公務人員終身學習風氣，使公務人力素質能與時俱進的教育訓練時的參考。

貳、文獻探討

一、終身學習理念的源起與發展

　　終身學習的事實與人類歷史是一樣久遠，終身學習的觀念，也是從古迄今皆有之，且不論是東西方國家，大體皆然。例如，我國自古以來即有「活到老，學到老」的說法。古代的波斯教育亦包括個人要終身受訓，直到老死爲止的做法。日本亦早有「修業一生」的觀念。在二十世紀初，美國教育學者杜威（John Dewey）也提出教育和學習是終身歷程的說法。這些古老的終身教育觀念，在現代的歐洲得到了進一步的發展，進而形成理論，成爲衝擊二十世紀教育最重要、最具影響力的一種思潮（黃富順，1999）。以下謹就現代各國針對終身學習法制化的過程來說明其思潮的趨勢：

　　1919年英國重建部成人教育委員會（The Adult Education Committee of the Ministry of Reconstruction）報告書，特別指出教育是終身的過程，是國家的重要工作（Dave, 1976）。這份報告書，可代表終身教育學說的興起，也可說是「終身教育學說的權威性宣示」。

　　1929年英國成人教育學者耶克斯里（B. Yearxlee）出版《終身教育》（*Lifelong Education*）一書，指出教育是終身的歷程，是所有個體普遍的需求。1919年之後，終身教育名詞，在各種文獻和論著中廣泛出現，其所代表的意義並不十分一致。1926年美國學者林德曼（E. Linderman）出版《成人教育的意義》（*The Meaning of Adult Education*）對終身教育的理念大加闡揚。他受杜威的影響甚大，也認爲教育即生活，整個生活就是學習，所以教育是沒有終點的，教育活動不應侷限

在青少年階段。由於這些人士的倡導，而使終身教育的名詞日趨普遍（黃富順，1999）。

　　1944年，英國的教育法令中也反映了終身教育的思想。1956年，法國的議會立法文件中也首次出現了「終身教育」的概念。歐洲於一九五〇年代末、一九六〇年代初，終身教育已在形成一種主要的教育思潮。一九六〇年代以後，終身教育思潮更由於許多國際重要組織的加入推動、重要專著與報告的出版，及主要的學者的大力提倡，而益形發展。重要的國際組織，如聯合國教科文組織（UNESCO）、經濟合作發展組織（OECD）、歐洲議會（Council of Europe）等都扮演了相當積極的角色。

　　1965年，聯合國教科文組織在巴黎召開「第三屆國際成人教育推展委員會」，時任聯合國教科文組織成人教育計畫處處長的法國著名成人教育專家藍格朗（Paul Lengrand）提出「終身教育」的提案，「終身教育」首次正式成為國際會議的議題（黃富順，1999）。1965年，歐洲議會也成立了一個校外教育委員會（Committee for Out-of-School Education），因體認到終身教育日趨重要，建議將「永續教育」列為文化合作會議（Council for Cultural Cooperation）的討論主題，並成立委員會研究有關永續教育和終身教育的問題（黃富順，1999）。

　　1967年，紐西蘭的海利（Hely）發表〈聯合國教科文組織與終身教育概念〉的論文，刊印於印度發行的《成人教育期刊》，引起各國的重視。

　　1968年1月印度發行的《成人教育期刊》又刊載牛津大學發表的〈終身教育的理論與實踐──概論〉；同年2月「國際成人教育會議」（International Congress of University Adult Education）出版《終身教育的構想與大學成人教育》專書，對大學推展成人教育、實現終身教育的理念詳加探討。

　　1970年為「國際教育年」，聯合國教科文組織特別以終身教育為

討論重點。且時任聯合國教科文組織成人教育計畫處處長得法國著名成人教育專家藍格朗（Paul Lengrand）出版了其名著《終身教育引論》（*An Introduction to Lifelong Education*）來闡述其終身教育的理想。這一年教科文組織共進行了四十九項的研究工作，均直接與終身教育有關。1972年聯合國教科文組織由法爾（Edgar Faure）所主持的「國際教育發展委員會」（The International Commission on the Development of Education）所出版的教育計畫報告書中，就以「協助個人的完全實現」（Complete Fulfillment of Man）為主題，將終身教育視為未來教育改革的方向，達成學習社會的主要策略。1972年，教科文組織出版了其國際教育發展委員會的報告書，即所謂的「法爾報告書」（Faure Report）──《學會發展》（*Learning to Be*），該書中提出了二十一條革新教育的建議。其中第一條為：「我們建議把終身教育作為開發中國家和已開發國家在今後若干年內制定教育政策的主導思潮。」（Faure, 1972）也就是說，他要求全世界各國的教育應依終身教育的原則進行全面革新。《學會發展》一書出版後，兩年內相繼被譯成三十三國文字，成為終身教育理論的代表作。在同一年間，聯合國教科文組織發起以終身教育理念重新組織全部教育活動的運動，在全世界各地迅速蔓延（黃富順，1999）。

1973年，歐洲的經濟合作發展組織（Organization of Economic Co-operation Development, OECD）所屬的教育研究中心出版了其研究報告書《回流教育──終身學習的策略》（*Recurrent Education: The Strategy of Lifelong Learning*），強調教育結構應是開放的、靈活的，從學校畢業後工作的成人應在需要時，有機會可以回到學校裡，使教育適應工作的需要，教育計畫與社會經濟、勞動政策相聯繫，使終身教育的理念得以在成人教育的領域中實施。以上七〇年代出版的三本書──《終身教育引論》、《學會發展》、《回流教育──終身學習的策略》，被認為是七〇年代有關終身教育理論最重要的著作（黃富順，

1999）。

　　1975年9月，聯合國教科文組織召開有關終身教育的專題會議
「從終身教育的觀點看教師以外人員對教育活動的貢獻」研討會。
1975年10月聯合國教科文組織召開「從終身教育看教育內容」有關終
身教育的專題會議。1977年12月，聯合國教科文組織召開「使終身
教育成為大學正規活動的一部分」的專家會議。由這些議題的討論，
看出終身教育理念已深入到教育領域的許多層面。1976年美國訂頒
「終身學習法」（Lifelong Learning Act）。1990年日本訂頒「終身學習
振興法」。1994年美國通過「目標2000：美國教育法案」（Goal 2000:
Education American Act），其中之一即將成人教育與終身學習列為規劃
的重點（蔡祈賢，1998，頁36）。1995年歐盟（European Union）發
表白皮書「教與學：邁向學習社會」（Teaching and Learning: Towards
the Learning Society），並將1996年訂為歐洲的「終身學習年」
（European Lifelong Learning）。

　　而在我國，早期雖無終身學習的專責法規，但於相關教育法規中
亦可見其端倪，1980年，我國修正公布的社會教育法第一條條文明
揭：「社會教育以實施全民教育及終身教育為宗旨。」顯示終身教育
為我國未來教育發展的目標之一。1994年所舉行的第七次全國教育會
議，教育部特別提出今後我國的教育將以終身教育為其發展遠景。李
前總統在大會的訓詞中也指出要以建立終身教育體系、邁向學習社會
為未來教育的工作重點。1998年，教育部為推展終身教育更特定該年
為「終身學習年」，並發表「邁向學習社會」白皮書（教育部，
1998）。白皮書中提出邁向學習社會的十四項具體途徑及行動方案。
迄今為止，這十四項行動方案均積極推展中。可見終身教育將為今後
我國各級各類教育改革的指導原則，也是今後我國教育所要追求的願
景與遠景。2000年，教育部提出「終身學習法」草案，明訂終身學習
為我國教育改革的基本方向之一。終身教育法草案另一項重點為建立

「學習成就認證制度」，未來企業機構自行辦理的在職教育課程，將可獲教育部採計、認證並授予學分。2002年，立法院正式三讀通過「終身學習法」，讓我國終身學習理念正式邁入法制化的層面。

二、終身學習的意涵

終身學習（lifelong learning）的名詞已廣泛爲世界各國所接受與使用，但各國對其涵義的理解並不完全一致。至今爲止，尚無一個被普遍接受或公認的定義。我國早期對於其語詞的使用上，究竟爲「終身」或「終生」，莫衷一是。近年來則因政府各項公文書所載多數以「終身」較爲普遍，甚至於「邁向學習社會」白皮書、「終身學習法」等正式法令規章明訂其語詞，故較少再生爭議（黃富順，1999）。以下謹就學者專家對於「終身學習」的意義說明如下：

1976年學者戴維（Dave）出版《終身教育的基礎》（*Foundation of Lifelong Education*）一書，提出了終身教育的定義與理論基礎，頗富盛名。他指出：「終身教育係以整體的觀點來看教育。它包括正規的、非正規的和非正式的教育型態。終身教育從時間和空間的領域來統整貫穿所有的教育階段，在學習的時間、空間、內容和技巧上皆具有彈性。因此，需要自我導向的學習，並採取各種學習方式和策略。」此一定義，頗受一般人所接受，引用者不少（轉引自黃富順，1999）。

學者謝爾（Sell）亦指出：「終身學習係指個人一生中獲得知識與技巧，以便維持或增進職業、學術知能，或促進個人發展的過程，它包括各種成人及繼續教育活動，爲提升職業知能的訓練活動，爲協助企業、公共機構、組織更新與發展的活動，以及因應家庭需要和個人發展所提供的教育活動。」（Sell, 1978；轉引自蔡祈賢，1998，頁37）

從上述意義中導引出終身學習的特質應包含下列四項：(1)從時間的層面來看，教育與個人的一生相始終，自出生開始至個體死亡為止，不限於生命期的某一階段；(2)從型態來看，終身教育在正規、非正規和非正式的教育情境中發生。所謂正規教育，係指在正規學校系統內的教育活動；非正規的教育活動係指正規學校系統外的各種有組織、有系統的教育活動；非正式的教育活動係指在日常生活或環境中所產生的行為或態度的改變，係一種非經特殊安排的教育情境。可見任何單一的教育型態，均無法獲致終身教育的實現。它需要三種教育型態相互統整、協調合作才能完成；(3)從結果來看，終身教育可以導致個人獲得、更新和提升知識、技巧和態度的改變，最終的目的在於促進個人的自我實現；(4)從實施的層面來看，終身教育的成功有賴於個體增進自我導向學習的動機和能力。亦即，終身教育不是要每個人一生都在接受學校式的教育與課堂式的教學，這是不可能的。蓋成人有其工作，各種角色要扮演，有各種責任要履行，要在一生中都在特定的場所接受教育是無法做到的，而且任何國家的財政，也是無法負荷的。克羅伯里的這種終身教育概念，係將終身教育視為助長終身學習的一種方法。他認為終身教育就是一種教育上的改變，用以促進、支持、改進終身的學習。此種看法有其獨特的見解（Cropley, 1980；轉引自黃富順，1999）。

　　而在法規方面的定義則首推終身學習法第三條第一項第一款規定「終身學習：指個人在生命全程中所從事之各類學習活動」最為明確。

三、公務人員的在職教育

（一）在職教育的定義

　　在職教育（in-service education）一詞，係指在職人員利用時間接受教育訓練或自我學習，以充實自己的專業及生活知能（謝文全，1993，頁333）。而知識經濟所強調的「專業化」的標準之一，是不斷的從事在職進修教育。學校公務人員經任用在職之後，仍應不斷的進修，才能適應時代，也才能領導社會，進而能達成學校公務人員的專業使命。日本亦早在其教育公務員特別法中，規定「教育公務員」為執行其職責，須不斷從事於研習與進修（謝文全，1993，頁332-333）。

（二）在職教育的目的

　　謝文全（1993）認為學校人員在職教育的目的有：(1)彌補職前教育之不足；(2)提供學習新專長的機會；(3)學習新知能以適應變遷；(4)提升素質增進工作效率。

（三）在職教育的原則

　　謝文全（1993）認為辦理學校人員的在職教育，宜注意下列原則，才能達到上述的目的：(1)應擬定妥善的實施計畫；(2)要做學校人員需求調查；(3)實施方式宜多樣化及彈性化；(4)進修場所要方便學校人員參加；(5)宜讓學校人員參與設計與輔導；(6)提供誘因以鼓勵人員進修；(7)所有學校人員應給予進修機會。

（四）公務人員參與在職訓練的動機

依據研究調查，對受訓學員的接觸與瞭解發現，常常聽到學員這樣的反映：因為辦公室人員不足，長官只好選派業務輕鬆者，因此造成人員訓練次數太多而被稱為「訓練專家」。這種重訓狀況不但導致需要訓練者無法受訓，已經受過類似訓練者重複使用資源，造成浪費（汪慧芳，2000）。

學員接受訓練的意願與訓練動機有直接關聯，如果受訓者本身有強烈受訓動機，則爭取受訓的意願將增強，願意來接受訓練，培訓機關針對受訓者可提供不同訓練。然而，如何增強受訓意願呢？如果以Easton的系統理論來分析，機關如要吸引受訓學員的熱烈參與，要加強的包括訓練機關、訓練環境、學員需求等及良好訓練成效。環境包括一般環境；訓練機關包括機關本身、硬體及軟體設備。硬體設備方面包括教室、寢室、餐廳、圖書館、運動場、休閒中心等。軟體設備方面包括訓練政策、教育計畫、課程、教材及師資等。至於學員前來接受訓練的主要需求，因為每個人需求不同將會有不同需要（汪慧芳，2000）。

參、現行公務人員終身之學習體制

一、研訂的時代背景

由於當前社會變遷劇烈，知識發展迅速，公務人員在學校所學，實無法滿足所需，是以，積極培訓公務人員自有其必要，然而目前多數公務人員僅接受被動式的訓練，缺乏主動學習之態度，為因應陳水

扁總統所提倡之「創新、速度、價值、進取」四大知識經濟內涵，及奠定公務人力資源發展之基礎，鼓勵公務人員積極學習已是刻不容緩之努力方向（王惠珠，2001，頁39）。

公務人員是國家政策的擘畫執行者，其人力不僅是政府機關的重要資產，其素質更攸關社會與國家的發展。茲值全民正熱切迎接終身學習年，極力推動終身學習之時；又躬逢政府積極推動心靈改革與政府再造之際，公務人員的訓練進修工作如何配合改革，以充分發揮人力培訓的功能，殊值重視；又公務人員如何與時俱進，不斷自我進修、學習，以充分發展潛能，也是當前極為重要的課題（蔡祈賢，1998，頁36）。

由於公務人員的教育訓練往昔均分散於各機關組織中未加以統整，不利公務人員職業生涯之規劃，乃研擬透過發行公務人員終身學習護照之方式，將公務人員的學習過程記錄於學習護照之內，供機關組織與公務人員得以深入分析，並供事先規劃各項學習活動之用。

二、研訂過程

有鑑於終身學習的重要性，行政院於2000年10月17日訂頒「建構完整公務人力發展體系，形塑學習型政府」方案一種，該方案將「規劃發行公務人員終身學習護照，訂定每人每年最低學習時數」列為重要工作目標。為求審慎，經多次邀集產、官、學界專家學者，及全國具代表性之人事機構，研商規劃發行公務人員終身學習護照相關事宜，於2001年5月16日訂定「行政院暨所屬各機關公務人員終身學習護照核發及認證作業要點」（以下簡稱公務人員終身學習護照核發及認證作業要點），作為核發公務人員終身學習護照、認證公務人員得參與之學習機關（構）及推動公務人員終身學習之依據，並於2001年7月1日起實施（王惠珠，2001，頁39-40）。

三、制度內容

（一）發行公務人員終身學習護照

　　行政院為鼓勵公務人員主動、創新，推動公務人員終身學習，充分開發公務人力資源，以因應未來強調知識與技術不斷更新發展的新世紀，以期提升國家行政績效及服務品質，爰規劃發行公務人員終身學習護照。這本護照可以清楚規劃出專屬個人之學習藍圖，評估自己的學習方向，並經由完整的學習紀錄，循序漸進的勾勒出公務人員在職涯中的發展願景，進而開創個人的事業高峰。

　　學習護照之核發對象以行政院及所屬各機關（以下簡稱各機關）編制內之常任公務人員為原則，政務人員及民選公職人員得依其意願核發。至於常任公務人員係指各級政府機關及公立學校組織法規中，除政務人員及民選公職人員外，定有職稱及依法律任用、派用、聘任之人員。工友、技工、約聘僱人員、公立學校教師及公營事業機構人員則不適用。

　　鑑於終身學習具有：(1)主動學習；(2)符合個人心理發展過程；(3)不受時間限制；(4)學習場所極具彈性；(5)減少經費負擔；(6)適應個別學習需要等特性，為落實終身學習理念，發行終身學習護照，鼓勵常任公務人員自行參與經認證之學習機構所開設之學習課程。對公務人員而言，透過終身學習護照之發行，可規劃專屬個人之學習藍圖，評估自我學習方向。學習者依據本身學習需要，擬定學習目標，選擇學習方式，有步驟的進行自我導向的學習，並對學習結果加以評鑑，進而描繪自我發展願景。另外，經由護照中學習歷程之完整記載，服務機關可瞭解公務人員的學習精神及工作潛力，據以統計分析員工的學習需求，作為規劃員工生涯發展訓練活動之參考（王惠珠，

2001，頁40）。

（二）訂定公務人員每年最低學習時數

衡酌我國訓練機構容訓量、機關人力調配、業務推展等因素，初步規定我國公務人員每年每人參加學習最低時數為二十小時。為激勵公務人員主動學習，對於公務人員自行於辦公時間，參加經認證之學習機關（構）所開設與職務相關之課程（活動），每年最多給予二十小時之公假；另考量學習具有自我導向的特性，不能一味地以升遷為學習之誘因，惟公務人員學習時數的多寡，仍得作為各機關辦理升遷、年終考績等人力資源發展管理等事項時之參據，以資激勵（王惠珠，2001，頁40）。

公務人員終身學習護照核發及認證作業要點是自2001年7月1日起生效，其開始生效日期已屆年中，因此，90年度最低學習時數，依行政院人事行政局函釋以實施月數比例，減半為十小時，另規定，奉准至公立學習機構或經認證之民間學習機構參加與職務有關之學習活動，其得請公假之時數最多亦以十小時為限。惟參酌相關函釋公務人員參加學習往返所需時間，尚不宜核給公假（教育部，2000）。

（三）學習期間給假規定

公務人員依公務人員終身學習護照核發及認證作業要點第四點第一項規定：「各機關公務人員參與經認證之學習機關（構）所開設學習課程，每人每年最低學習時數為二十小時。參加學習總時數超過二十小時者，得由各機關視其績效，酌予獎勵。其參加學習時數之多寡，並作為公務人員年終考績及升遷之評分參據。」第二項規定：「經機關指派或核准參加之訓練進修者，依相關規定給假。自行於辦公時間參加與職務相關之課程，經機關同意，其時數未超過最低學習時數者，得給公假。」因此，公務人員除依據「公務人員請假規則」

經機關指派參加各項訓練，或依「行政院暨所屬各機關公務人員國內訓練進修要點」規定，以部分辦公時間進修給予公假外，每年最多給予二十小時之公假，前往參加與職務有關之學習活動。惟須事先簽奉機關核准，並以參加公立學習機關（構）或經認證之民間學習機構所開設與業務性質有關之課程爲限。

另外，公務人員如自行考取與業務有關之研究所，經機關同意前往就讀者，尚不得依公務人員終身學習護照核發及認證作業要點規定給予公假，仍須依行政院人事行政局1986年9月15日（75）局參字第三一二六九號函釋規定，以事、休假登記處理（教育部，2000）。

（四）得認證公務人員參與的學習機關（構）

終身學習之社會，學習管道及內容應多元化及多樣化，公務人員相關訓練及學習活動倘若僅全由政府或公營單位來辦理，恐無法滿足需求，公務人員終身學習護照核發及認證作業要點爰規定相關學習活動採認原則，以結合公民營學習資源，提供更多元之學習管道。經認證之學習機關（構）分爲二類：(1)政府機關及所屬訓練機構、立案之學校、公立社會、教育及文化機構，免經審定，爲當然認證之學習機關（構）；(2)民間學術、社會、教育及文化等機構，須備妥相關資料，依機構處所所在地，向各分區初審機關申請認證。初審合格者，則彙提至行政院人事行政局人力資源發展委員會進行複審。經委員會審定後，即爲經認證之學習機構（王惠珠，2001，頁40-41）。目前均由行政院人事行政局於網站上公告得認證公務人員參與的學習機關（構）名稱。

公務人員參加上述二類學習機關（構）所辦理之訓練、研討會、專題演講等活動後，各學習機構應於其所持之學習護照登錄學習時數，並加蓋登錄章，務使公務人員之學習紀錄在學習護照上都能夠一覽無遺（王惠珠，2001，頁41），不致因機關、職務異動而有所影

響。但如係參與未經認證之民間學習機構舉辦之課程，其學習時數不予採計。

（五）建置公務人員網路學習入口網站

依「公務人員終身學習入口網站建置及維運方案」規定，係將產、官、學、研各類教育學習機關（構）所開設之課程，於入口網站上公告，並要求適時、適質將資料更新；網站並建置有效處理接受報名、審核入學、學習登錄及提供最適講座等相關功能機制，方便各項學習進程安排作業及資訊交流。行政院人事行政局已於2002年6月30日建置完成（網址：http://lifelonglearn.cpa.gov.tw/cpa_b/），逐步辦理人員訓練事宜，屆時將可提供各機關掌握並有效處理公務人員終身學習內涵及時數等學習紀錄資訊，參酌其學習後之績效表現，結合人事考績、升遷、訓練進修等措施，以提升人力資源管理之效能。

肆、學校組織中公務人員終身學習體制之困境與改善策略

一、教育訓練經費的合理編列

訓練機制的建立與執行往往是人力與財力相結合的成果，尤其是在規劃訓練課程部分更是整體教育訓練機制能否成功之關鍵（陳慧嬪，2000，頁33）。然而，隨著全球性經濟不景氣，國家財政負擔的增加，及收入減少，各公務機關近年來所編列的預算經費往往被大幅減縮。在預算經費中較常被提出檢討減列者，首推差旅費及業務費為最多，這二項預算科目確是攸關機關教育訓練經費是否得以合理編列的主要來源。業務費涉及自行舉辦學習活動時之經費來源，差旅費則

涉及派員參與教育訓練時交通膳宿費用的負擔，如未能合理編列時，公務人員面對各類學習活動往往會趨向就近參與、免費、容易取得學習時數等因素加以考量，如此一來，即無法達到「終身學習法」所追求「鼓勵終身學習，推動終身教育，增進學習機會，提升國民素質」的目標。如能改以公務人員終身學習護照所規定的基本時數，加計各項歷年承辦業務所需的專業技能訓練天數，合計編列當年度的固定教育訓練經費，相信必能使得終身學習成為一項可推行的政策。

二、加強提升公務人員參與學習的誘因

　　依「公務人員終身學習護照核發及認證作業要點」第四點規定：「各機關公務人員參與經認證之學習機關（構）所開設學習課程，每人每年最低學習時數為二十小時。參加學習總時數超過二十小時者，得由各機關視其績效，酌予獎勵。其參加學習時數之多寡，並作為公務人員年終考績及升遷之評分參據。」惟二十小時以八小時折算一天，實際上約略為三天，比起德國為四十至九十六小時、義大利為五十至一百小時、新加坡為一百小時，學習時數上明顯減少。另外對於現行公務人員參與訓練除了對委任公務人員晉升薦任官等訓練考核時有加分的實質激勵外，對於參加學習總時數超過二十小時者，得由各機關視其績效，酌予獎勵，務使參與學習訓練對考績、升遷或其他實質的激勵相聯繫，以提升訓練效果。惟獎勵時仍應考量實際學習過程及效益，避免以量取勝的學習效益遞減作用產生。亦可加強公務人員網路學習誘因機制，諸如網路學習時數併入公務人員終身學習時數計算、研議網路學習費用補助等事宜、規劃建置網路學習認證方式等。總之，建置良好環境，鼓勵公務人員網路學習，進而將網路學習納入公務人員終身學習之一環，俾突破公務人員學習時空之限制，實為當前應努力的方向（王惠珠，2001，頁41）。

三、加強學習課程內容的規劃

　　加強學習訓練的內容安排，可從訓練課程內容與授課講座方面來加強，例如英國文官學院所以績效卓著，是因為課程內容吸引受訓者，文官學院所開設課程皆為受訓者所喜愛的課程，雖然採取高收費標準，但仍然受到歡迎；授課講座邀請著名學者、專家及產業界人士授課，這些授課講座俟授課三、五年之後再回原來工作崗位繼續充電，俟學習新知一段時間之後才再到文官學院授課，學員才能學習到跟得上時代脈動的新資訊（汪慧芳，2000）。

　　近年來，資訊科技不斷創新突破，在資訊共享觀念帶動下，網路遠距教學蔚為風潮，藉由網際網路，使學習場所可無限延伸，並做到雙向溝通與同步或非同步進行，學習者可在網路上檢視各種相關課程簡介，選擇自己感興趣的課程；線上學習也可以提供學習者各種討論發問、自我評量等工具，只要利用空檔上網或以視訊會議等方式，隨時隨地進行適時與適量之互動式學習，此種全方位的學習突破時空限制，無遠弗屆，使人人有平等的自我充實機會（王惠珠，2001，頁41）。

　　網路遠距教學既然是不可抵擋的時代趨勢，故應積極推動公務人員網路學習，一方面，建置公務人員網路學習入口網站，整合政府及民間網路學習資源，暢通學習管道，包括連結政府及民間學習網站、規劃製作共同性課程、公布示範網站或優良網站名單、公告課程開班、研討會等活動資訊等（王惠珠，2001，頁41）。

四、首長的支持

　　為鼓勵公務人員學習進修，除由單位首長重視、鼓勵、倡導外，

如能形成明晰的政策制度，則更有利於推展（蔡祈賢，1998，頁40）。首長重視學習訓練工作與學習訓練業務的成敗關係相當密切。有研究指出，針對機關首長對訓練的態度提出問題的問卷調查中發現，長官不支持的占16％，另外於問卷中問到機關選擇受訓人員參與訓練的方式，主要的考量為業務需要，結果44％的機關因業務繁忙不易選派人員參與訓練。以新加坡公務人員訓練的成功案例可知，即是領導者有強烈意識對學習訓練業務的重視，其公務人員的學習效益的確是值得我們深思。且新加坡不但要求員工一定時數的學習訓練，更要求員工必須重訓、重訓、再重訓，以因應快速變遷的社會（汪慧芳，2000）。因此，學校組織中首長的支持是相當重要的，在業務繁忙中為了避免剝奪人員參與訓練機會，應注意落實職務代理制度，才可能使學習訓練得以普遍地實施。

伍、實施現況──以國立台東師範學院為例

一、現況

國立台東師範學院2001年符合公務人員資格者計有五十七人，依規定每人核發予終身學習護照乙冊，交由其個人自行保管。2001年未達規定認證時數者計二十三人，占40％；已達規定認證時數者計三十四人，占60％，經登錄之學習認證總時數為1,220小時。如以課程結構內容分析：一般資訊課程總時數為224小時，占18.4％；專業資訊課程為14小時，占1.0％；專業技能課程為686小時，占56.0％；綜合觀念課程為78小時，占6.0％；進修課程為48小時，占4.0％；一般課程為161小時，占13.0％；其他課程為9小時，占1.0％。如以授

課機關屬性內容分析：本校自行開設者417小時，占34.3％；他校開設者162小時，占13.3％；他機關（構）開設者480小時，占39.3％；其他單位（民間經認驗合格者）開設者159小時，占13.0％。單項課程以他機關（構）開設專業技能課程者425小時最多，占全年總時數38.4％，占他機關（構）開設課程88.5％；本校自行開設一般資訊課程209小時次之，占全年總時數17.1％，占本校自行開設課程49.9％。

二、困境

從以上的現況分析中得知實施過程中有幾點問題：

（一）人員的不配合

從現況分析中得知推動的當年，未達規定認證時數的人數有二十三人，占全校公務人員40％之高，校內學習活動顯然尚未受到人員的重視。

（二）規劃作業期間太短

行政院係於2001年5月16日始訂定「公務人員終身學習護照核發及認證作業要點」以規範公務人員終身學習活動，並自2001年7月1日起開始實施。雖然是學校組織學年度的開始，但是相關的配套措施未能併同實施，因此，多數學校未能將公務人員的訓練課程排入年度訓練課程中，到了年底時，往往為解決校內人員學習時數符合認證的規定，而自行舉辦相關學習課程，從現況分析中校內自行開設的學習課程占全年總時數34.3％可印證出。

（三）開設課程內容有限

　　雖然大專校院擁有較豐富的教學資源，但是基本上仍偏好開設一般資訊課程，以東師為例，校內開設一般資訊課程時數占全年總時數的17.1％，占校內開設課程總時數的49.9％，主要是因校內擁有電子計算機中心，師資來源取得較易，一般資訊課程對校內人員較易學習有關。

（四）開設課程經濟規模限制

　　在大專校院中因具公務人員資格的行政人員數量較多，尚可自行舉辦學習課程，大專校院以下的學校組織中具有公務人員資格之行政人員人數因相當有限，無法以各校自行舉辦學習課程方式解決學習時數的規定，則需仰賴上級主管機關彙整需求共同開設，惟相對所需支付的學習費用亦同樣擴大，尤其是針對專業技能的課程需求更是如此。以東師為例，校內人員參加他機關（構）開設的專業技能課程時數占全年總時數的38.4％，更占他機關（構）開設課程的88.5％，由於參加此類課程，學校必須負擔人員的交通膳宿費用，無法擴大人員參與數量，往往僅限個人參加，加上此類課程時數較長，甚至會發生為避免業務代理問題，而由固定人員參與的現象。

（五）未以公務人員終身學習的角度自行規劃學習課程

　　目前公務人員的終身學習仍以機關業務屬性的角度為主要著眼點，並未如同「公務人員終身學習護照核發及認證作業要點」的要求是由公務人員自行規劃提出，反而是由機關組織視機關特性加以統整規劃學習課程，對於公務人員終身學習活動並無較積極的態度來慎思，反而拘泥於一些管制作為上，以東師為例，校內人員參與校外、他機關（構）及其他單位學習之認證時數占全年總時數的65.7％，此

一現象均非公務人員所能自行掌控規劃的。

三、改善策略

1.除依規定將學習時數列入年終考績之參考外，並加強宣導終身學習的重要性，多鼓勵同仁利用閒暇或休假期間多從事學習活動。

2.配合年度預算的編列，從寬編列教育訓練費用，並落實各校年度公務人員教育訓練計畫，或由上級主管機關視年度舉辦成效酌予補助俾利舉辦各項學習活動。

3.開設學習課程時，可透過公務人員網路學習入口網站的課程參考資訊，鼓勵其他學校機關公務人員前來參與學習，以擴大課程舉辦規模，降低整體教育訓練費用成本支出。

4.校內自行開設學習課程仍應適度配置專業資訊、專業技能及綜合觀念的課程比率，以避免產生公務人員學習力的倦怠，影響組織整體競爭力的下降。

5.課程規劃開設前應先經意願調查，以學習者的角度來開設其所需要的學習課程。

6.持續辦理並定期統計分析實施成效。

陸、結語

未來的社會是終身學習的社會，在此「人人在學習，時時有學習，處處可學習」的大社會中，不僅公務人力資源的發展成為組織策略的中心，員工的培訓被視為一項有利的投資，學習與適應變遷是公務人力必備的條件。因此，公務人員的培訓工作亦應相隨調整，以培

養優秀的公務人力，提升服務效能。終身學習是引領世人因應快速變遷所帶來挑戰的良方，也是人類進入二十一世紀的一把鑰匙。因此，公務人員在認知上應正確瞭解其理念，在技能上具有自我導向學習的能力，在情意上喜愛學習，進而養成終身學習的習慣；同時樂在工作、樂在學習，在不影響業務前提下，把握各種機會積極參與學習活動，如此才能掌握時代脈動，在現代企業化政府中成為富有朝氣、熱忱與開創能力的一員，為社會帶來更多的活力與生機（蔡祈賢，1998，頁42）。

　　就台東師院而言，目前實施終身學習的狀況，仍有待改善，如能融入校內公務人員的學習意向，並妥善規劃年度的學習課程，激發人員參與學習的意願，對於學習成效卓著者，並予表揚鼓勵，相信必能形成富有朝氣、熱忱與開創能力的校園行政組織文化，提振學校的整體行政服務效能。

參考文獻

王惠珠（2001）。掌握學習契機，實現終身成長——從公務人員終身學習護照談起。人事月刊，33卷3期（193期），頁39-41。

王政彥（1996）。終身學習體系的建立。國家政策雙週刊，132期，頁9-11。

李訓智（2001）。知識經濟中的終身學習。成人教育，63期，頁30-38。

汪慧芳（2000）。公務人員參與在職訓練動機之探微。人力發展，78期，頁1-10。

胡夢鯨（1997）。終身教育典範的發展與實踐。台北市：師大書苑。

陳慧嬪（2000）。公務人員訓練課程建構過程之概述。人力發展，79

期，頁33-42。

教育部（1998）。邁向學習社會。台北：教育部。

教育部（2000）。教育人事法規釋例彙編。台北：教育部人事處。

楊國賜（1999）。我國終身教育現況檢討與未來展望。國立教育資料
　　館主編：教育資料集刊第24輯——終身教育專輯，頁275-289。
　　台北：國立教育資料館。

黃富順（1996）。終生學習與生活文化。成人教育，38期，頁7-12。

黃富順（1999）。終身教育的意義、源起與實施。國立教育資料館主
　　編：教育資料集刊第24輯——終身教育專輯，頁1-21。台北：國
　　立教育資料館。

蔡祈賢（1998）。從終身學習的理論論公務人員的訓練進修。考銓月
　　刊，15期，頁36-43。

蔡祈賢（2000a）。發展公務人力學習型組織的策略。人力發展，77
　　期，頁9-14。

蔡祈賢（2000b）。自我導向學習與公務人力發展。人事月刊，31卷1
　　期（179期），頁21-27。

謝文全（1993）。學校行政。台北：五南。

Dave, R. H. (Ed.)(1976). Foundation of Lifelong Education. Oxford:
　　Pergamon Press.

Faure, E. et al. (1972). Learning to be: The world of education, today and
　　tomorrow. Paris, UNESCO, London: Harrup.

Sell, G. R. (1978). A Handbook of Terminology for Classifying and
　　Describing the Learning Activities of Adults. Denver: National Center
　　for Higher Education.

人力資源發展訓練與人才培育關係之研究
——以L地方法院檢察署書記官為例

朱筱麗

雲林地方法院檢察署人事室主任

壹、前言

一、研究動機

　　隨著時代的進步，社會的多元化、全球化、科技化發展，政治、經濟的快速變遷，人民對政府的期待也日益殷切，公務人員是國家政策的擘畫執行者，其人力不僅是政府機關的重要資產，其素質更攸關社會與國家發展（蔡祈賢，1998），尤其在二十一世紀「知識經濟」的時代，國家最重要的資產已不再是土地、資本、設備，而是人類所擁有的知識。因此，唯有不斷提升公務人員素質，才能因應民眾對政府的期待與要求。面對二十一世紀的來臨，各公私組織已將人視為其重要的資產，不論國家競爭力或企業競爭力，人力的良窳占有極重要的角色，《國家競爭優勢》作者波特教授的著名菱形理論中，甚至將人力資源列為影響產業競爭優勢的基本因素之一。然組織若始終處於持續變遷的環境，人力資源不僅無法保存，且有折舊及消耗的困擾，若不加以培育，其價值可能流失，甚至成為組織的包袱與債務（游玉梅，1999；陶紀貞，1999；蔡祈賢，2000）。同時人力資源老化，亦將減損其創造價值（蔡祈賢，2000）。因此，「今天不培育人才，明天將無可用之人才。」

　　公務人員是國家政策的擘畫者，是政策的執行者，唯有高素質的公務人員，才能具備高度的國家競爭力，及提供優質的服務。如何才能提升高素質的公務人員？如何才能讓公務人員與時俱進、群策群力、共赴事功？李登輝先生於民國88年在「公務人力發展會議」中提到：「面對全球化、民主化和資訊化時代的來臨，政府也必須不斷改

革創新，才能提升國家競爭力，取得發展優勢。公務人力資源運用，是國家建設的奠基工程，更必須與時俱進，全面發展。」（引自人事月刊，1999）。在該會議中同時指出「公務人員必須時時充實新知，提升工作知能；應積極辦理培育、訓練及進修等活動，以激發公務人員潛能，改造文官素質，提供人民更優質的服務。」（引自公務人員月刊，1999）。所謂「爲政在人」，要提升國家競爭力，端賴有素質優異的公務人員，而人力資源能否充分運用及有效培訓，實爲政府施政成敗之關鍵所在（林秋靜，2000）。「十年樹木，百年樹人」，可見國家要保持競爭優勢，永續發展，人力資源發展的重要性不可忽略。而訓練、重訓、再重訓，則是培育人才之基石。

二、研究目的

人力資源專家Nadler說：「人力資源是組織最重要的資產。」面對二十一世紀競爭的時代，眞正核心的能力，不在於產品或技術，而在於該組織內的人（張利聰，1999）。目前國內外各公私立機構無不致力於人力資源的提升，期盼透過人力資源相關活動與業務，提供員工必要的學習與成長機會，以活化人力資源，適應快速變遷的需求，並開創組織發展的契機。而訓練是人力資源發展、人才培育的重要基石，透過完善的訓練措施，可以促使員工提升知識能力、改善工作態度、增進工作技巧、改變工作習慣、因應組織環境變革及發展個人特質等成效。基於上述，本研究之目的想要探究以下問題，並提出具體改進建議：

1.訓練主管機關對人才培育與訓練成效的相關性如何？
2.書記官參與訓練的動機如何？
3.影響書記官參與訓練的原因？

4.書記官對培訓的看法如何？

三、研究範圍

本研究係針對法務部所屬地方法院檢察署書記官的人才培育為研究範圍，有關研究範圍之界定說明如下：

1.研究對象：本研究不包括司法院所屬地方法院書記官，僅以法務部所屬地方法院檢察署書記官為研究對象。
2.研究內涵：本研究主題範圍界定在書記官的在職訓練，不包括職前訓練、國內外進修及學校的養成教育。

四、研究限制

本研究由於時間與人力因素，將只針對法務部所屬地方法院檢察署書記官之訓練與人才培育之關係作探討，至於其他書記官之訓練與人才培育之關係，留待後續之探討，因此，本研究之結論不適合推論至本研究以外之其他書記官，又本研究以訪談為研究方法，被訪談者可能會因主觀認定或有所顧慮而回答不實，而產生資料的偏誤或收集困難，如能擴大研究範圍，並配合問卷調查法，當可改善前述之缺失及資料之完整性。

五、研究方法

本研究係兼顧理論與實際，並蒐集、閱讀與本研究有關之專著、論文、研究報告、期刊等相關文獻加以歸納分析，並對於主要問題加以用訪談法，以瞭解書記官在職訓練與人才培育之關係，並反應事實

眞相，及發現現存問題，進而提出研究改進建議。

貳、文獻探討

一、人力資源定義及概念

人力資源（human resources）的概念首先由Raymond E. Miles於1965年發表於《哈佛企管評論》（Raymond, 1965；引自廖美娥，1998）。Leonard Nadler認爲人力資源係指被僱用者（引自蔡良文，1999）。何永福、楊國安在《人力資源策略管理》一書中認爲「人力資源」是指組織內與工作人員有關的資源，包括工作人員的能力、知識、技術、態度與士氣（何永福、楊國安，1993）。Gilley與Eggland（1989）對於人力資源概念，認爲人力資源之範疇，包含下列三種：（引自李隆盛、黃同川，2000）

1. 人力資源運用：指人力資源的安置與運用，包括升遷、獎懲、調派和薪酬。
2. 人力資源規劃與預測：指未來人力資源的預測及招募、遴選、訓練和職涯進展的適切規劃。
3. 人力資源發展：指爲準備當前的工作（訓練）和未來的工作指派（教育）以及個人的充實（發展）的人力資源學習活動。

由上述得知，人力資源是組織僱用的員工與組織之間的一種交換關係（trade-off），亦即員工爲達成組織預定目標而工作，同時組織則滿足他們的需要，彼此互利、互助，並強調重視員工能力的發展和運用。因此，爲發展及運用員工的能力，培訓理論就成了人力資源發展

（human resources development, HRD）領域中最重要的一環（張瓊玲，1993；廖美娥，1998）。高素質的人力資源是組織的重要資產，但人力資源是無法儲存的，同時人力資源也會老化，跟不上時代的需求，為了要不斷提升人力資源及保持其價值，必須以前瞻性的、有計畫的、適時適性的運用人力資源，才能面對環境的變革，並發揮人力資源的最大價值。

二、人力資源發展定義與內涵

人力資源發展（HRD）定義，中外學者各有主張，主要有下列數種：

1. 美國訓練發展協會（ASTD）對HRD定義為：「整合訓練與發展、職涯發展與組織發展，以增進個人和組織效率的作為。」（Mclagan, 1989；廖美娥，1998；簡建忠，1998）
2. Chalofsky及Lincoln認為人力資源發展是指「探討個人與團體組織中經由學習而達到變革」的專業活動。（Chalefsky & Lincoln, 1983；廖美娥，1998；簡建忠，1998）
3. Gilley及Eggland主張人力資源發展為機構內部有組織的學習活動，以改善工作、個人、組織，從而促進工作績效及個人的成長。（Gilley & Eggland, 1989；廖美娥，1998；簡建忠，1998）
4. Leonard Nadler認為HRD係在某一特定時間內經由組織化的學習經驗用以產生工作績效和增進個人成長可能性之過程。（邱華君，2000；鄭吉男，2000）
5. 洪榮昭認為HRD是指以策略性的方法有系統的發展人與工作相關的能力，以達成組織和個人目標。（洪榮昭，1991）

綜上所述，HRD是組織有計畫的透過策略性方法，整合教育訓練與發展等，作為提供人員學習經驗活動，以促進組織績效發展及個人成長為最終目標。人力資源是組織重要的資產。人力資源已由過去的人事管理，走向人力資源發展，人力資源發展強調人與組織的學習發展，其涵蓋範圍廣泛，但基本上是以訓練與發展（training and development, T & D）、組織發展（organizational development, O & D）、生涯發展（career development, C & D）等三個方向為主要的著眼與推廣目標，其內涵概述如下：（李聲吼，2000）

1.訓練與發展：強調經由有計畫的學習，促進個人的能力，以執行目前或未來的工作，主要注重個人在工作上的角色，其實施方式是強調個人的學習發展，也稱為個人發展（individual development, ID）。

2.管理將面臨的轉變：主要注重組織內個人與團體間的關係與發展過程；實施方式是去影響個人與團體間的關係以造成對組織系統的正面效果。

3.生涯發展：強調確保個人生涯計畫與組織生涯管理過程的一致性，以獲致個人需要與組織需求的整合。主要注重個人如何執行（實施）或形成其工作上的角色。其實施方式是去影響個人經由自我充實與自我教育以增進知識，以及增進個人和組織的能力，最後促成個人和工作的配合。

綜合上述，個人發展是短程取向的績效改善活動，著重改善影響某一（些）工作的知識、技能、態度和行為。生涯發展是較長程和較複雜的績效改善活動，著重改善影響整個組織營運的員工能力。組織發展是最長程和最複雜的績效改善活動，著重績效困難的綜合分析和績效改善技術的統合運用，雖著重人力資源的改善，但有時並不借重學習活動或方案解決問題（李隆盛、黃同川，2000）。

三、人力資源發展的範圍

Leonard Nadler 與 Zeace Nadler（1989）認為人力資源發展的範圍包括三個活動領域：(1)訓練（training）；(2)教育（education）；(3)發展（development）。訓練側重在技能的提升，教育著重在知識的增進，發展則重在態度的改變，三者在目的與功能上各有不同的區別，其中區別基本上為：（引自楊繼明，1998）

（一）訓練

針對學習者目前工作所進行的學習。是為了改善員工目前的工作表現，增進即將從事工作的能力，以適應新的產品、工作程序、政策和標準等，以提高工作績效，其對工作的影響是立竿見影的；在性質上雖是一種花費，同時也可視為投資。

（二）教育

針對學習者未來工作所進行的學習。是欲培養員工在某一特定方向，或提升目前工作的能力，以期配合未來工作力的規劃或擔任新工作、新職位時，對組織能有較多的貢獻。

（三）發展

不針對學習者工作所進行的學習。其目的在獲得新的視野、科技和觀點，使得整個組織有新的發展目標、狀態和環境；除了組織發展外，也包括個人發展，培養繼續學習的意願，具備自我發展的能力。

許宏明（1995）將教育、訓練及發展三者間之差異情形，整理如表一。

綜上所述，凡能夠經由學習，而使員工增進知識、技能及改變態

表一　教育、訓練、發展差異比較表

項目	訓練	教育	發展
定義	引起個人行爲改變的歷程，以獲得目前工作上所需的知識及特定工作技能爲主	以學習者未來工作上的需要，以其未來將擔任之職務需要爲限，而實施之教導	配合員工需求與企業成長，透過有計畫之教育訓練使得員工之個人事業前程能與企業之成長結合
目的	有效執行某特定工作或任務	提供必要知識技術觀念以適應環境變遷	確保組織與個人活動
導向	短期目標導向，解決目前之需要	中長期目標之導向，將目前所學應用於未來	整合長、短期目標以配合組織及個人之發展及需要
範圍	處理目標下的任務	處理有關認知、技能與價值的整合	組織或部門的目標與任務之整合
時間	短期	長期	隨企業的永續經營
功能	配合員工工作上的需要	培養組織未來所需的人才	個人及組織的發展
出發點	以工作導向	以個人爲主及工作爲輔	以組織和個人爲主
人方規劃	短期人力	長期及中期人力	長期人力

資料來源：許宏明，1995；引自陳明道，1996。

度的各種活動，皆爲人力資源發展之範圍。本研究由於時間限制，僅針對人力資源發展三個活動領域範圍中的「訓練」領域作探討。

參、訓練與人才培育

　　美國甘迺迪總統曾說：「人力才是基本資源，是轉變其他資源，供人類受用必不可少之因素。」因爲自然資源是有限的，並不能使一個國家強盛，而人力資源的創意與有效運用，則是無限的。人力資源才是組織中最重要的資產，它取代了農業社會的土地、工業社會的原料與機器，成爲資訊與知識時代提升競爭力致勝關鍵的資源（張利

聰，1999）。諾貝爾經濟學者Lester C. Thurow指出，二十一世紀是人力資本的世紀，競爭的關鍵是教育、技術與知識，亦即人力資源已成為組織最重要的資產（蔡祈賢，2000）。面對二十一世紀高度競爭的時代，真正核心的能力，不在產品與技術，而是在組織內的人，尤其在變革的組織下，人力資源是無法保留的，而且有折舊及消耗的困擾，如不加以培育，其價值可能流失，同時人力資源老化，亦將減損其創造價值，甚至成為組織的包袱與負債（張利聰，1999；蔡祈賢，2000）。為了維持人力資源品質與價值，強化因應開創變局的能力，確保人力資源所能帶來的貢獻，各公私機構無不致力於人力資源發展與管理（蔡祈賢，2000）。惟應如何開發、運用及保存人力資源，學者一致認為，「訓練」是保存及增加人力資源的主要途徑之一。

一、人才培育重要性

管子對於人才的培育曾提到：「一年之計，莫如樹穀；十年之計，莫如樹木；終身之計，莫如樹人。」美國訓練與發展協會（ASTD）1997年隨機抽樣調查之結果發現，企業在每一員工的平均訓練支出為500美元，但最領先的三十二家公司則平均為1,659美元（施能傑，2000；引自陳慧嬪，2000）。據統計，人力資源發展近年來已成為全世界服務業中成長最快速的行業之一，以美國《訓練》（*Training*）及《訓練與發展》（*Training and Development*）兩本雜誌歷年所作調查資料顯示，即使面臨經濟不景氣，訓練經費仍有增無減。二者均指出，一百人以上的組織在1998年正式訓練的經費已達六十億七千萬美元（游玉梅，1999；蔡祈賢，2000），說明了美國公私機構對人才培育之重視，也凸顯出人力資源發展的重要性，以及將成為新世紀的一項龐大投資事業。

可見，古今中外對於人力素質提升、組織績效增進之重視。人才

是影響國家永續發展、企業成長的關鍵因素，因此，如何培育人才並強化其能力，創造其附加價值？教育、訓練與發展是重要因素，而透過訓練機制的建構與落實，則為其重要之基石。

二、人才培育體系

　　人是組織中最重要的資產，更是組織賴以生存的資源，但人力資源必須經由不斷的培育與開發，才能發揮功能，因此，人才之培育必須配合組織目標與業務發展實際需要，而有一套完整而良好的規劃與實施，才能達成組織目標及滿足個人需求。吳秉恩（1992）提出策略性員工培訓之體系，如**圖一**。

　　由上觀之，員工培訓要達到育才之目的，除了要瞭解並配合組織

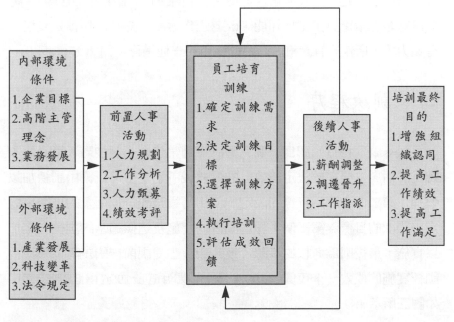

圖一　策略性員工培訓體系

資料來源：吳秉恩，1992。

目標及業務發展實際需要外，尚須注意外在環境發展、科技變遷及人才培育之相關法令規定，才不致培養出「訓練過的無能」，而機關首長或主管對培訓的支持度，則是影響培訓體制的重要關鍵因素。

三、訓練之定義

訓練之定義，中外學者各有論見，G. T. Milkovich 與 J. W. Boudreace 指出「訓練是一項對組織現有人員行為、知識、動機進行有系統的變革過程，並藉由訓練施行以提升員工特質與僱用需求的契合程度」（Milkovich & Boudreace, 1991；引自陳慧嬪，2000）。學者張潤書定義為：「政府對其所任用之公務人員，為增進其工作知能，提高其工作效率，由具有實際經驗與學識之人，對工作有系統、有計畫的教導與指引，此一方式與過程可稱之為訓練。」（張潤書，1989）。可見訓練是在增進員工工作知能，改善工作態度，提升工作績效及培育有關人才，所作的有計畫、有系統變革的一種過程。

四、訓練程序

Dessler（1911）認為一個完整訓練通常包含了四步驟：第一個步驟為評估，主要在於決定績效上的偏差或不足是否可以經由訓練加以彌補；第二個步驟為目標的設定，使用可觀察或可以衡量的標準來訂定出訓練的目標；第三個步驟為訓練的實施及選擇適當的訓練方案加以實施；最後則為考核的步驟，及比較員工受訓前後的差異，來檢視訓練實施的成效（李茂興，1995；引自陳明道，1996）。其訓練程序如**圖二**所示。

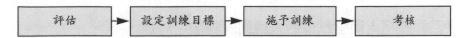

| 評估 | → | 設定訓練目標 | → | 施予訓練 | → | 考核 |

圖二　訓練體系圖

資料來源：李茂興，1995；引自陳明道，1996。

肆、我國公務人員訓練制度及現況概述

一、訓練制度

　　我國對於公務人員之訓練，分別由考試院成立之「公務人員保障暨培訓委員會」負責初任公職及升官等人員之訓練；至於人事行政局之「公務人力發展中心」則負責行政院所屬各機關人員之訓練，並分別以「行政院暨所屬各機關公務人員國內訓練進修要點」、「行政院暨所屬各機關公務人員知能補充訓練實施要點」及「行政院暨所屬各機關公務人員專長轉換訓練實施要點」為訓練實施之準據。

二、相關規定

（一）公務人員考試法之規定

　　公務人員各等級考試正額錄取者，按錄取類、科，接受訓練，訓練期滿成績及格者，發給證書，分發任用。是以，通過筆試及格人員，仍應接受一定期間的訓練，且訓練期滿成績及格，始取得公務人員任用資格。

（二）公務人員考試錄取人員訓練辦法之規定

訓練分為基礎訓練與實務訓練。基礎訓練以充實初任公務人員應具備之基本觀念、品德操守及行政程序與技術為重點。實務訓練以增進有關工作所需知能及考核品德操守、服務態度為重點。訓練期間為四個月至一年。受訓人員訓練期滿並經核定成績及格者，始完成考試程序。是以，公務人員經四個月至一年的職前訓練，即基礎訓練與實務訓練後，經考核成績及格時，始取得公務人員分發任用之資格。

（三）公務人員任用法之規定

對於初任各職等人員，經訓練期滿成績及格後予以任用。經晉升簡任、薦任官等訓練合格取得升任簡任第十職等、薦任第六職等任用資格。對現職人員之調任，得就訓練認定其職系專長。因此，經由訓練可以取得公務人員任用資格、晉升薦任官等及職系專長之認定等。

（四）公務人員升遷法之規定

公務人員升任高一官等之職務應依法經升官等訓練。初任各官等之主管職務，應由各主管機關實施管理才能發展訓練。可見，公務人員透過訓練可以取得高一官等資格；而對於管理才能發展之訓練，係以初任各官等之主管職務為主。

（五）公務人員訓練進修法之規定

公務人員考試錄取人員、初任公務人員、升任官等人員、初任各官等主管人員，應依本法或其他相關法令規定，接受必要之職前或在職訓練。公務人員專業訓練及一般管理訓練得按官職等、業務需要或工作性質分階段實施。公務人員接受各項訓練與進修之情形及其成績，列為考核及陞遷之評量要項，依專才、專業、適才、適所之任用

本旨，適切核派職務及工作，發揮公務人員訓練及進修最大效能。足見對公務人力資源發展與人才培育的重視。

（六）行政院暨所屬各機關公務人員專長轉換訓練實施要點

專長轉換訓練之目的在因應各機關業務變遷，有效運用人力，培訓公務人員現職以外不同工作之專長，使能適切轉任新職，以達適才適所、有效發揮人力資源之目的。

從上述現行公務人員訓練制度相關規定觀之，公務人員之訓練依性質區分為職前訓練與在職訓練，職前訓練為考試取得公務人員任用資格要項之一，又區分為基礎訓練及實務訓練；在職訓練則依其職務等級區分為基礎訓練、專業訓練、管理訓練、領導訓練等四個階段，並依需要而辦理知能補充訓練、專長轉換訓練、培育發展訓練及升官等訓練等。可見，公務人員的人才培育訓練制度已經非常完善與健全。

三、書記官訓練與現況概述

以「90年公務人員特種考試司法人員考試四等法院書記官考試錄取人員訓練計畫」為例，書記官訓練係依據公務人員考試錄取人員訓練辦法第五條第二項及第十七條第二項之規定辦理實務訓練，其訓練對象為書記官考試錄取人員，訓練期間為四個月，如符合縮短實務訓練資格人員得予縮短實務訓練期間，惟其訓練期間不得少於二個月。該項實務訓練係以培養新進人員應具備之公務人員基本觀念，學習行政管理知能與實務工作技能，增進處理公務相關法律知識，陶冶品德操守，培養高尚情操與責任心、榮譽感，建立正確價值觀，加強團隊精神，提高對國家與人民之忠誠度，教導服務態度，培養公務禮儀與應對技巧，學習溝通與協調能力，建立行政倫理與正確的人生觀，並

充實法院書記官專業知識與技能。故於實務訓練期間，由各訓練機關首長指派服務單位之直屬主管負責輔導，其他相關業務主管及資深績優人員協助輔導，並隨時考核受訓人員之品德、能力、勤惰及生活情形。

由此可知，書記官必須在二至四個月內，從工作實務中向業務主管或資深工作同仁學習行政管理知能、工作技能、專業法律知識、正確價值觀、服務態度、公務禮儀、應對技巧、溝通協調能力、行政倫理以及正確的人生觀等。

伍、研究結果與討論

一、基本資料分析

經由訪談所得到L地方法院檢察署書記官的基本資料，分析情形如**表二**所示。

從表二分析得知，在二十五位受訪談者中，男性書記官占60％，女性書記官占40％；其中已婚者占92％，未婚者占8％；年齡多集中在四十一至五十五歲之間，占80％；教育程度大多為高中（職），占68％；而在現職服務年資部分，則集中在五年以上未滿十年、十年以上未滿十五年及十五年以上未滿二十年者居多，合計占60％；且大多數任用資格以雇員委任升等考試及格者居多數，占84％。

二、訓練主管機關對書記官訓練與人才培育之相關性

從訪談資料顯示，由訓練主管機關規劃辦理的訓練，基本上為初

表二 書記官基本資料分析

		人數	百分比
性別	男性	15	60%
	女性	10	40%
年齡	在21-25歲者	1	4%
	在26-30歲者	1	4%
	在31-35歲者	2	8%
	在41-45歲者	7	28%
	在46-50歲者	6	24%
	在51-55歲者	7	28%
	在56-60歲者	1	4%
教育程度	國小畢業程度	1	4%
	高中（職）畢業程度	17	68%
	專科畢業程度	4	16%
	大學畢業程度	3	12%
現職服務年資	未滿一年	1	4%
	一年以上未滿五年	3	12%
	五年以上未滿十年	6	24%
	十年以上未滿十五年	4	16%
	十五年以上未滿二十年	5	20%
	二十年以上未滿二十五年	2	8%
	二十五年以上未滿三十年	3	12%
	三十年以上	1	4%
婚姻狀況	已婚	23	92%
	未婚	2	8%
任用資格	普通考試或特種考試	4	16%
	委任升等考試	21	84%

資料來源：本研究統計。

任書記官時的職前（基礎）訓練，訓練期間為二週（四十小時），此後，書記官之訓練與培育係從工作中歷練與學習，由資深書記官依經驗法則、土法煉鋼方式從工作中教導，從實務操作中學習。因此，在二十五位書記官中，於民國61年受訓者有一位，62年受訓者有一位，66年受訓者有一位，70年受訓者有二位，73年受訓者有三位，

75年受訓者有三位，80年受訓者有四位，82年受訓者有三位，83年受訓者有一位，84年受訓者有一位，88年受訓者有三位，89年受訓者有一位，另有一位尚未接受書記官基礎訓練。已受書記官職前（基礎）訓練者，其超過十年以上者有十五位，占60％，茲列表如**表三**。

又從訓練主管機關所規劃辦理的書記官職前（基礎）訓練，以法務部司法官訓練所法院書記官第六十八期職前訓練課程表（檢察署）為例，其中實務課程為三十二小時，占總時數80％，課程包括法院組織與行政、書記官行政實務概況及便民服務、一般公文及刑事紀錄公文程式與寫作、偵查實務、偵查紀錄實習、刑事執行實務、檢察官與書記官之間的互動、公務禮儀與談話技巧、情緒管理與壓力調適、電腦資訊簡介等。上開課程皆為書記官業務之基本概念。

綜上顯示，自初任書記官職務，即應接受訓練主管機關所規劃的二週職前（基礎）訓練課程，粗略介紹書記官的基本業務內容，並在

表三　書記官職前（基礎）訓練時間分析

年別	人數	百分比
民國61年	1	4％
民國62年	1	4％
民國66年	1	4％
民國70年	2	8％
民國73年	3	12％
民國75年	3	12％
民國80年	4	16％
民國82年	3	12％
民國83年	1	4％
民國84年	1	4％
民國88年	3	12％
民國89年	1	4％
尚未受訓	1	4％
合計	25	100％

資料來源：本研究統計。

服務機關接受爲期二至四個月的實務訓練，此後，訓練主管機關並未再有爲書記官規劃的其他培育有關之訓練措施，諸如新知識、新技能、新觀念、創意、研發等提升人力素質之訓練規劃與措施。書記官的培育係經由工作歷練、經驗傳承中的學習，以獲得工作技能、方法、態度、品質、價值觀等，因此，訓練主管機關對書記官之訓練與人才培育並無相關性。

三、書記官參與訓練的動機

整體而言，訓練的目的除了培育人才外，也在於提升工作知識能力、改善工作態度、增進工作技巧、改變工作習慣、激發潛能、研究創新，以適應社會環境變遷、組織發展及發展個人特質等訓練成效。根據訪談資料顯示，只有少數書記官認爲參加訓練可以獲得上述之訓練成效及學習成長。探究原因，乃書記官只受過職前訓練，很難體驗上述訓練成效。惟大多數書記官皆認同工作中的歷練與學習，即可獲得上述的訓練成效，是以，大多數的書記官對於參與在職訓練的動機並不強。

四、影響書記官參與訓練的原因

根據訪談資料顯示，影響書記官參與訓練的原因，可歸納說明如下：

(一) 訓練內容與業務相關性低

訓練課程內容與書記官實際上之工作處理及操作關聯性低，很難將學習轉移，對書記官之實務作業助益性不大，影響書記官參訓意願。

（二）人力不足，業務無人代理

書記官依業務性質可區分爲紀錄書記官、執行書記官及行政書記官，由於書記官編制有限，尤其是紀錄書記官，在一位檢察官配屬一位書記官，且業務量大、工作忙碌繁雜下，一旦受訓，業務無人代理，影響業務正常運作甚巨，書記官參訓意願降低。

（三）受訓地點太遠、受訓時間太長

書記官的受訓地點，通常集中在北部，且訓期在一週以上，無法利用夜間返回辦公場所加班，又無法兼顧家庭，因此，參訓意願低。

（四）訓練與人才培育相關性低

書記官認爲雖然工作業務量大，惟業務性質單純，只要依循經驗法則、資深同仁於工作中教導，通常皆能工作勝任愉快，因此所謂人才的培育，係透過工作歷練、經驗傳承而產生，故也是影響書記官參訓意願的原因之一。

（五）機關首長或主管的支持

書記官認爲，訓練如能獲得機關首長或主管的支持與重視，將會增加對訓練的參與意願。

綜上所述，影響書記官參訓的因素有：訓練內容、課程設計與業務相關性低；人力不足，業務無人代理；受訓地點太遠，訓期太長；訓練與人才培育相關性低；未獲機關首長或主管支持或重視等。

五、對人才培育與訓練的看法

從訪談資料顯示，大多數書記官雖然對於參訓意願並不高，惟仍

然肯定訓練的價值與成效，尤其是書記官以外之成員，如檢察官等，認為訓練宜配合人才培育，並予書記官有系統的規劃訓練方案。有關書記官與書記官以外成員對於訓練與人才培育之看法說明如下：

（一）依業務性質施予訓練

由於書記官依業務性質區分為紀錄書記官、執行書記官及行政書記官等，為能使訓練之學習有效轉移，訓練的內容與課程設計規劃，應該配合書記官業務性質，並依業務性質調訓，以與實務相契合。

（二）加強專業訓練

檢察官認為，應配合法律條文的增修，而適時辦理書記官的專業訓練，灌輸新觀念，以強化專業知識與技能，才能維護並保障當事人權益。

（三）建立人才培育訓練機制

訓練方案除了著重於學識、技能與公文處理的專業訓練外，對於書記官觀念再造也很重要，如灌輸「學習如何學習」觀念、強化品質管理及目標管理、改善工作態度、服務熱忱、主動積極、創意等企業管理精神，積極開發書記官潛能，以追求進步、前瞻、卓越之精神培育書記官人才。

（四）落實訓練制度

落實並配合行政院為培育人才所制定的訓練制度，擬定、規劃書記官人才培育訓練方案，有效執行訓練措施，將有助於書記官的人力素質之提升。

陸、結論與建議

一、研究發現

第一，主管機關對於書記官訓練措施與人才培育之相關性極低。書記官自參加職前（基礎）訓練後，即未有任何訓練措施，且受訓超過十年者有十五位，占60％。

第二，書記官對於參訓動機不強烈之原因，主要在於訓練內容、課程規劃與實務作業相關性極低，無法滿足其業務實際需求及解決實務上所產生的問題，這些問題仍然必須從實務作業中摸索與學習。

第三，影響書記官參訓之原因，則來自於工作量大，人力不足，職務代理人因此無法確實代理工作，擔心業務無法正常運作。另受訓地點遠，無法當日往返加班處理業務及兼顧家庭，也是原因之一。書記官並認為人才的培育，從工作中歷練已足，可以不需再訓練，且機關首長或主管並不一定會重視與支持，皆是影響書記官參訓之原因。

第四，對於訓練與人才培育的看法，書記官認為人才培育可透過工作歷練獲得，惟仍應落實行政院所訂頒有關訓練制度之規定，因為經由集中訓練，可以強化專業領域、提升工作效能，且經由集中訓練，可以觀念再造及學習如何學習，並激發潛能，提升人力素質，培育優秀書記官人才。

二、結論

第一，在快速變革的知識經濟時代，知識是人力資源最重要的資

產，也是組織永續經營的重要基石，書記官人力素質的提升，是適應快速變遷社會環境的不二法門，因此，如何讓書記官能夠「活到老，學到老」、「學習如何學習」，是值得重視與思考的問題。

第二，整體而言，主管機關對於書記官的訓練規劃與人才培育之相關性極低，主管機關對於書記官的訓練，仍是停留在職前（基礎）訓練，服務超過十年以上的書記官有60％未再受專業訓練、主管才能相關課程訓練。由於訓練是人力資源發展內涵之重要項目之一，透過訓練機制，可以學習轉移、灌輸新觀念、強化新知識、改變工作態度、提升工作技能、激發工作潛能、提振工作士氣、提高工作效能與人力素質，是以，一個經過精心規劃的訓練方案，應考慮到學習理論的刺激、學習、反應、行為等各層面，亦即，訓練措施應足以刺激學習者如何學習，並將學習結果反映或轉移或類化到個人行為與工作表現之成效上，以達到人才培育之訓練目標。

第三，由於書記官參訓動機不強烈之原因，主要係因訓練內容與課程設計和實務作業相關性低，因此，書記官依經驗法則、土法煉鋼方式，從工作中教導，從實務作業中摸索與學習，碰到好的指導者，則會學到其優點，碰到不好的教導者，則學會錯誤示範。是以，對於訓練計畫的擬定與規劃，應先作需求調查，做好訓前評估作業，訓後並要建立追蹤考核制度，確實掌握訓練績效，才能充分運用訓練資源，並能滿足組織與個人需求。

第四，影響書記官參訓的原因，並不因為書記官的性別、婚姻狀況、年齡、服務年資、教育程度、任用資格等而有差異，主要係由於人力不足、工作量大、職務代理人無法確實負起代理工作，對業務運作影響甚巨，且又無法兼顧家庭，降低書記官參訓意願。而書記官的參訓意願與機關首長或主管的重視與支持度相關性高。因此，訓練措施之規劃，應注意滿足組織需求與個人需要。

第五，書記官及書記官以外成員，對於訓練與人才培育之看法，

大多認為人才培育可以透過工作歷練養成，對於集中訓練，則認為可以更強化專業領域、觀念再造、激發潛能、提升人力素質、培育優秀人才，因此，主管機關應落實訓練制度有關規定，有效擬定、規劃訓練方案，服務機關人事部門應定期績效考核，健全工作輪調、職務代理人制度，加強內部訓練，才有助於人才培育與人力資源發展之成效。

三、建議

（一）對訓練主管機關之建議

■針對組織及個人需求，開發訓練班別，並增設訓練班次

根據研究顯示，書記官年齡集中在四十一至五十五歲，教育程度為高中（職），因此，建議配合法律條文增修、社會環境變遷與組織發展之需要，及書記官工作性質之不同，開發不同的訓練班別，並增設訓練班次，以滿足組織與個人需求，讓書記官皆有接受訓練、再訓練的機會。

■建立訓練績效評估制度

根據研究發現，書記官之訓練僅職前（基礎）訓練一種，並未有書記官訓練之訓前或訓後追蹤評估之績效制度，無從呈現書記官訓練過程中學習、反應、行為等各層面的訓練成效。而目前訓練績效的評估普遍呈現在反應層面，亦即只呈現在講座授課內容、技巧、態度與生活起居上的評估，對於書記官在參訓前後對於工作知識、態度、技能以及工作行為的改變程度等，並無從瞭解，因此，本研究建議，應建立訓練績效評估制度，且訓練績效評估應考量學習、反應、行為等各層面，俾讓訓練績效的評估能夠更周延與完整。

■訓練課程的設計應針對個別需求差異

　　根據研究發現，書記官職前（基礎）訓練課程內容，並無法有效轉移運用到工作實務上，因此，建議課程之設計與規劃，應先確認訓練目標、實用價值與社會脈動之需要，並針對成人學習特質及個別需求差異，才能滿足組織發展、個人生涯發展及業務發展實際之需要。

■縮短訓練期程，擴充教材設備

　　根據研究顯示，影響書記官參訓動機為受訓場所太遠、訓練期程太長，造成業務無法正常運作，亦無法兼顧家庭，因此，本研究建議，訓練期程可考慮縮短，並運用現代資訊科技機具，充實資訊設備，運用網路教學，建構遠距教學訓練機制，以鼓勵書記官參加訓練，達到訓練目標與成效。

（二）對服務機關之建議

1. 機關首長及主管應重視、支持與鼓勵。
2. 建立職務代理人制度，職務代理人確實負起代理工作之責任。
3. 實施工作輪調制度，增加工作歷練與學習機會。
4. 充分授權，藉以激發潛能，開發創意，以培養主動積極、勇於任事負責的書記官。
5. 鼓勵參訓，根據書記官的訓練績效，決定其升遷、職務異動及績效獎金等因素之參考依據。
6. 形塑學習型組織，成立讀書會，舉辦專題演講、品管圈活動，參與建議制度，協助書記官自我成長、自我超越、改善心智模式、建立系統化思考、強化團隊學習與合作觀念、建立共同願景，以形塑永續發展的學習型組織。

四、對未來研究之建議

（一）研究對象方面

本研究係以法務部所屬地方法院檢察署之L機關之書記官為研究對象，因此，本研究建議未來的研究可以擴大研究對象，針對司法院所屬地方法院及法務部所屬地方法院檢察署之書記官為對象，研究其訓練與人才培育之相關性。

（二）研究方法方面

本研究係以訪談法為研究方法，如能配合問卷調查方式，對於資料蒐集與研究結論，相信更能客觀與周延。

（三）採用長期追蹤研究

訓練與人才培育成效，不易在短期內顯現，因此，本研究建議未來之研究可考慮採用長期追蹤研究，分別在訓練前、結訓後六個月內、結訓後一年內進行績效評估，除了能瞭解訓練成效外，更有助於對訓練績效的檢討與改進。

參考文獻

人事月刊（1999），28卷2期。
公務人員月刊（1999），32期。
何永福、楊國安（1993）。人力資源策略管理。台北：三民書局。
吳秉恩（1992）。企業策略與人力發展。台北：中國經濟企業研究

所。

李茂興譯（1995）。Dessler原著。人事管理。台北：三民書局。

李隆盛、黃同川主編（2000）。人力資源發展「人力資源發展概說」。
　　台北：師大書苑。

李聲吼（2000）。人力資源發展。台北：五南書局。

林秋靜（2000）。開創政府再造的優勢──談「薦任公務人員晉升簡任
　　官等訓練制」。公務人員月刊，45期。

邱華君（2000）。人力資源發展。人力發展月刊，75期。

洪榮昭（1991）。人力資源發展。台北：師大書苑。

許宏明（1995）。中興大學企研所碩士論文。引自陳明道（1996）。台
　　灣地區高科技產業高級人力培育與維持之研究──以IC製造業為
　　例。東華大學企業管理研究所碩士論文。

張利聰（1999）。創新蛻變訓練科技博覽會──八十八年度行政院所屬
　　訓練機構聯繫會報。人事月刊，28卷6期。

張潤書（1989）。行政學。台北：三民書局。

張瓊玲（1993）。人力資源培訓理論的探討。人事月刊，17卷5期。

連宏華（1999）。梳理公務人力培訓體系困境與突破。人力發展月
　　刊，70期。

連宏華（2000）。從「人力與組織再造」重建我國公務人力培訓體系
　　的省思。考銓季刊，22期。

陶紀貞（1999）。對訓練移轉成效之影響──激發訓練最高效能，達成
　　組織發展潛力。考銓季刊，20期。

游玉梅（1999）。知識管理──二十一紀人力資源發展的新策略。公務
　　人員月刊，40期。

楊繼明（1998）。人力資源發展策略的整合分析架構之初探。人力發
　　展月刊，52期。

廖美娥（1998）。人事人員培育制度之檢討與研究。研究發展得獎作

品選輯，26輯。

鄭吉男（2000）。企業人力資源發展策略對公務人力培訓之啓示（上）。公務人員月刊，45期。

陳慧嬪（2000）。公務人員訓練課程建構過程之概述。人力發展月刊，79期。

陳明道（1996）。台灣地區高科技產業高級人力培育與維持之研究——以IC製造業爲例。東華大學企業管理研究所碩士論文。

蔡祈賢（1998）。從終身學習的理念論公務人員的訓練進行。考銓季刊，15期。

蔡祈賢（2000）。新世紀之公務人力發展策略。考銓季刊，22期。

蔡良文（1999）。中高級公務人員領導管理能力之需求與培訓策略之研究。人事行政學——論現行考銓制度。台北：五南書局。

簡建忠（1997）。人力資源發展。台北：五南書局。

簡建忠（1998）。人力資源發展。台北：五南書局。

Chalofsky, N. & Lincoln, C. (1983). Up the HRD Ladder. Reading. MA: Addison-Wesley。

Gilley, J. W. & Eggland, S. A. (1989). Principles of Human Resource Development. Reading. MA: Addison-Wessley Publishing Company, Inc.

Mclagan, P. (1989). Model for HRD Practice. Alexandria, VA: American Society for Training and Development.Review, July-Aug.

Nadler, Leonard & Nadler, Zeace (1989). Developing Human Resources. San Francisco, Ca: Jossey-Bass Inc.

Nadler, Leonard (1980). Corporate Human Resources Development. New York: Van Norstrand Reinhold Company.

Raymond, E. Miles (1965). Human Relations or Human Resources?. Harvard Business

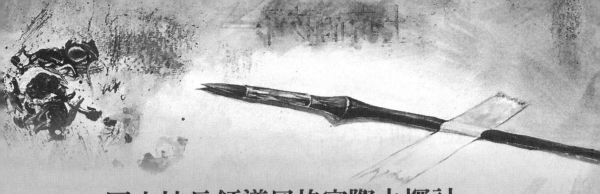

國小校長領導風格實際之探討

鍾環如

台東縣關山鎮電光國民小學教導主任

6

壹、前言

　　二十一世紀是一個知識爆炸的時代，也是科技發達的時代；新世代的來臨，一切都處於急遽的變革之中，教育亦然。九年一貫課程的改革風潮，鼓動了學校文化、校長領導、教師教學、學生學習趨於轉型之勢，以因應時代需要及自我能力的提升，並形塑學校文化以成為具有特色的學校。行政院教育改革審議委員會（1997）序言中提到：「順應世界潮流，從權威走向民主的開放過程，暴露了不少長期潛伏的弊病，也展現出一股旺盛的生命力。」這股生命力於實施發展小班教學精神計畫，到九十學年度起跑的九年一貫課程教育歷程中，展現從權威轉向民主、從一元走向多元的變革。因此，教育改革的基層執行者——「國民中小學」是背負著任重道遠的職責。身為學校之領導人——「校長」，領導風格如何轉型成功，是值得實際去探討的。

　　許多研究指出校長對學校文化具有引導作用，校長是學校文化的創造、維持及改革者。校長的領導方式，關乎學校的氣氛、教師的工作滿意度，進而影響學校的文化與效能。誠如鄭彩鳳（1996）認為組織的領導者形成文化，文化亦可塑造領導者（引自吳秋燕，1997）。一位校長個人的投入與堅持，是能影響學校成員的行為與表現，以實現他的辦學理想（引自吳清山，1996，頁95）。因此，學校校長最重要的工作領域是扮演教學領導者的角色，以改善學校教學（Jacobson, et al., 1973，轉引自林明地，2000）。張碧娟（1999）亦指出，校長教學領導為提升教師教學效能，增進學生學習效果，提供指導、資源，同時支援教師與學生在「教」與「學」上所採取的有效相關措施與作為；具體言之，係指校長應致力於發展溝通教學目標、管理課程與教學、視導與評鑑教學、提升教師專業成長、促進學生進步、發展支持

的教學環境等，以期提升教師教學效能，達成教學目標（引自林明地，2000）。基於此，學校的行政領導者實際必須具備哪些領導能力，以建立合於學生、教師、時代需求的領導風格，這也是筆者想探討及教師必須養成的專業能力。

　　本文基於上述的理由，擬透過文獻分別探討校長領導之內涵與型式，並針對一位校長，透過實際訪問及教學札記探討現階段國小校長領導風格，如何引領學校老師、學生在學習中成長。

貳、領導的意義

　　「領導」（leadership）是在行為研究中重要的一個課題，近年來專家學者均已普遍的探討過這方面的問題。故各家學者對「領導」之詮釋眾說紛紜。以下就分別從國外學者及國內學者的研究中，予以明晰領導的意義。

一、國外學者的研究

1. Tead（1951）在其《領導的藝術》（*The Art of Leadership*）一書中指出，領導是影響他人，使組織中的成員皆能充分的合作，共同努力完成預定的目標和活動（引自陳幸仁，1996）。

2. 漢菲爾和庫恩斯（J. K. Hemphill & A. E. Coons, 1957）認為領導乃是個體指引團體活動朝向一個參與式目標的行為（轉引自吳清山，1993）。

3. 譚尼堡、威斯勒和馬薩雷克（R. Tannenbaum, I. R. Weschler, & F. Massarik, 1961）將領導視為人際關係的影響、情境的運用、指示及透過溝通的過程，以朝向特定目標的達成（轉引自吳清

山，1993）。

4.費德勒（F. E. Fiedler, 1976）在其《一個領導效率的理論》（*A Theory of Leadership Effectiveness*）一書中，對領導下一個定義，他認爲由於人與人之間的權力與影響力分配不均衡，某些人引導他人導向目標的作用力大於他人引導其行爲的作用力，這種人與人之間的關係，即是領導（引自陳幸仁，1996）。換言之，領導乃是在團體中負起指導與協調團體活動的工作（轉引自吳清山，1993）。

二、國內學者的研究

1.張潤書（1990）認爲領導是組織人員在交互行爲下所產生的影響力。

2.教育學者黃昆輝（1988）以教育行政領導的觀點來闡釋領導的意義，認爲領導乃是教育行政人員指導組織的工作方向，採取交互反映的策略，以糾合成員意志，藉著成員參與，激發並引導團體智慧及向心力，從而達成組織目標之一種影響力。

3.謝文全（1988）認爲領導乃是在團體情境裡，藉著影響力來引導成員的努力方向，使其同心協力齊赴共同目標的歷程。

4.吳清山（1993）認爲領導乃是團體中的份子（領導者）在一定的情境之下，試圖影響其他人的行爲，以達成特定目標的歷程。

基於上述的看法，個人試著將「領導」詮釋爲：在一個團體互動歷程中，具有影響力的特定個人（領導者），運用技巧與策略，營造情境，引領團體成員（被領導者）交互作用，激發成員合作，並經過協調統整的過程，以達成組織特定目標的歷程。在這互動的歷程中，

包括了領導者與被領導者的角色、引導與溝通協商的情境、服從與參與的因素，這些因素無非是使團體成員能同心協力、互助合作以達成特定的目標。

參、領導的型式

從許多的教育文獻中，我們不難發現學校的領導深受學習理論的影響。例如：當行為學派的法則運用於學習時，會依據工作分析和進步便給予酬賞的原則，而形成一個強調技術發展的制度（葉淑儀，2000）。因此，在此種制度之下，學校的領導人在促進教師成長時，會重視表面的目標，並採用酬賞制度。這個例子清楚的告訴我們，在什麼樣的社會制度下，會應用適合於該社會制度的理論學派於教育體制中，因而，學校領導人的領導風格將因學習理論學派之不同而有所轉變。以下就引用葉淑儀譯自〈學習與領導理論：一個新紀元的開始〉文章中領導和學習的強勢時期做探討（**表一**）。而每一個時期皆由不同的學習及領導的主題所引導，然而每個觀點卻又多多少少影響了我們現在的教育機構。

行政領導學者伯恩（James M. Burns, 1978）在獲得普立茲獎的名著《領導》一書中提到，行政人員的領導風格劃分為兩種類型，一種稱為互易領導（transactional leadership），另一種稱為轉型領導（transformational leadership）。互易領導以部屬外在需求與動機作為其影響的機制，伯恩（1978）認為領導者與屬員之間的關係，乃基於價值的互換，而此種價值包括經濟的、政治的及心理的性質；轉型領導則以部屬的內在需求與動機作為其影響的機制，轉型領導是指組織領導人應用其過人的影響力，轉化組織成員的觀念與態度，使其齊心一志，願意為組織的最大利益付出心力，進而促進追求組織的轉型與革

表一　領導和學習：一個並行發展的架構

學習	理論家	領導	理論家
傳統的 學生藉由背誦來學習一系列已規定好的知識；知識被視爲眞理，它是永恆不變的。學習的策略著重於視教師爲知識的來源，而學生只是接受者，並認爲知識存在於學習者以外的地方。強調服從權威。準備參與民主是重要的學習目標，然而課堂並沒有反映民主或是讓學生有經歷民主過程的經驗。	傳統的 Jefferson Rush Mann Swett	傳統的 領導人的功能是維持傳統並指導教師努力的方向。教師在有關目標的抉擇、課程或學生進步上，並沒有什麼權力。領導方式並沒有反映出民主的歷程，反而具有專制的特性。科學管理理論影響了領導的主張，強調效率及品質控制。	傳統的 Moore Schenk Taylor Bobbitt Fayol Gulick Urwick
行爲學派的 學習的方式是將知識分爲一些較小的單位；而學生可因成功的表現而獲得獎賞。指導性的教學策略是主要的方式，所秉持的信念爲：學生的行爲能夠被測量、診斷和預測。課堂的目標是檢測行爲，以瞭解是否達到原先設定的學習目的和目標。	行爲學派的 Mager Thorndike Popham Skinner Hunter	行爲學派的 領導人的角色是用來塑造行爲以符合組織的標的。領導人，例如：校長獎賞符合期望的教師行爲；當教師不合作時，則給予處罰。領導被視爲具有「交易」的性質，也就是說，領導者與被領導者之間存有交換的關係，以達到原先建立好的目標。	行爲學派的 Burns Halpin Barnard Simon Bundel
分組／分軌道的 基於行爲學派的假設，學生之間被視爲存在很大的能力上差異，這使得同質分組的策略成爲必然的結果，也就是提供類似的學習「待遇」給能力相似的學生。教學的努力將學生推升至較高層次的組別；雖然在實行時，團體的配	分組／分軌道的 Thorndike Biner Dunn & Dunn Gregoric	權變的／情境的 起源於商業的研究，領導的方式依據雇員的成熟度或是工作型態而有所不同。校長對教師的督導是爲了將教師推升至更高的運作層次。領導人多多少少都會給予被領導者指導式的領導，以達成組織的目標。	權變的／情境的 Fiedler Bogardus Hersey & Blanchard Vroom- Yetton & Jago Glickman

（續）表一　領導和學習：一個並行發展的架構

學習	理論家	領導	理論家
置通常維持固定不變。教學策略及學習活動的差異，是基於學生被察覺到的能力層次。			Glatthorn Pigors
學習／學校效能 當課程的目標訂定得很清楚，以及當教學與評量方法和課程兼具有一致的關係，則有利於學生的學習。用在主動學習上的時間與成就之間呈現相關。其基本假設亦是源自於行為學派，認為將教學行為或學校因素合併考慮，可用來預測學習。同時也認為學生的自尊可因學業表現而增強；當教師寄予較高的期望且學業表現受到「壓力」的驅策時，學生將獲得成長。主要信念為，所有的學生皆能學習。	學習／學校效能 Lezotte Edmonds Good Brophy Weinstein Murphy Weil Hunter	教導式領導／特質論 學校層次的因素影響學生的成就，特別是校長的教導式領導。校長執行的主要功能包括：監督學生進步，以及讓自己的身影在校園裡隨處可見。花時間在教室做觀察，參與教職員發展，以及提供資源給老師，這些行為不但對教師及學生的成長有所影響，也影響學校全面性的進步。商業方面的研究，也針對達成組織目標且有效率的領導人，提出類似的特質。	教導式領導／特質論 Edmonds Murphy Hallinger Little Smith & Andrews Leithwood Burns Bennis Nanus Peters Waterman Deal
學習者團體 當學生以合作的方式工作，並共同分享知識時，學生能獲得更好的學習。課堂獎賞結構的設計是用來促進合作式的學習，而評量的方式則調整為測量團體及個人的進步。學習的過程與學習的內容同樣重要。學生和他們的老師一起學習，強調團體技術及相互依賴的關係。教師	學習者團體 Johnson & Johnson Slavin Cohin Goodlad Oakes Costa Eisner Della Dora Egan Bowers	領導者團體 領導被視為教育工作者間——包括校長和教師，一個共享的過程。校長被視為「領導人中的領導人」，負責促進其他人的成長。因此組織結構是扁平且整合的，而且參與者具有相同的價值和目的。團體的互動特性促進連續的進步，而評量的方式是考慮團體的整體表現。民	領導者團體 Lieberman Little Sarason Barth Vygotsky Sergiovanni J. Gardner Follett Getzels & Guba Garmston

（續）表一　領導和學習：一個並行發展的架構

學習	理論家	領導	理論家
的角色從演講者轉換成助長知識的人，課堂的過程較爲民主。教育環境或是「生態」被視爲與學生如何學、教師如何教相互關聯。學生的能力或智力被認爲並非與生俱來，而是部分由教育環境所造成的。	Flinders Stern berg Joyce	主過程再次受到重視。這個領導的觀點根源於幾個理論建構，包括人際關係、系統理論和生態學的理念。	Bowers Flinders Glickman
建構式學習 基於學習者／領導者團體理論的假設，學生被視爲運用個人價值觀、信念和經驗來建構意義。個人基模的發展與反映個人經驗的能力爲主要的理論原則。與傳統想法不同的是，並鼓勵不同的成果，評量的方式則是考慮整個過程的表現。而人類的成長是精神上不可避免的趨勢。	建構式學習 Dewey Bruner Piaget Vygotsky Feuerstein Tyler Resnick H. Gardner Scinto Duckworth Broods & Brooks Leinhardt Perkins Brookfield Glaserfeld Lowery	建構式領導 領導被視爲存在於學校的成人之間的一種互惠過程。基於價值、信念、個人及共有的經驗、目的及目標，在參與者之間逐漸形成。學校的運作方式如同一個能自我驅策且重視成員成長的團體。強調使用語言來塑造學校文化、傳達共同的經驗，以及共同的觀察。共同研究是重要的話題，其被用來找出問題及解決問題；參與者進行活動的研究，並且分享結果，以促進實務的表現。	建構式領導 Greene Senge Zohar Wheatley Foster Kegan Baunett Carlsen Garmston & Lipton Lambert Walker

資料來源：引自葉淑儀，2000，頁8-10。

新。由於轉型領導的概念與追求革新的教育風潮一致，因此，引發教育學者的興趣。

轉型領導者通常在組織面臨重大變革壓力、眾人對未來茫然不知所措的情境下出現。他（她）需要有獨到的眼光、群眾的魅力以及過人的毅力，引領組織成員找到方向，戮力向前。所以，轉型領導的能力與風格是建立在洞察力、親和力和持續力（毅力）三個基礎之上。我國教育學者謝文全（1988）亦認為一位教育行政領導者，宜具有機智、堅忍、親和力、誠信、有壯志、主動等特質與行為，才容易成為一位優秀而成功的領導者。

目前，我國的教育改革正以轉型的姿態，邁向全方位的經營期；九年一貫課程的改革事項經緯萬端，從中央到地方、從教育行政人員到學校教師、從學校到社區家長，都面臨重大的突破與變革。改革能否成功，各級教育領導人員是否展現轉型領導能力與風格，實為重要關鍵。

肆、校長領導風格之相關研究

學校教育領導風格的研究取向，一般都是採取：單層面（unidimension）、雙層面（bi-dimension）、三層面（tri-dimension）的分類法。以下就各層面分別探討：

一、單層面的領導風格（引自陳幸仁，1996）

所謂單層面是從領導者使用權威的觀點來看，Lippitt 與 White（1958）在愛荷華大學（Iowa University）的研究，把領導風格分成三類，即權威式（authoritarian）、放任式（laisser-faire）與民主式

（democratic）。其研究結果指出，民主式的領導風格，團體氣氛融洽、表現出團體精神；放任式的領導風格，各方面表現都不好；權威式則好壞參半。

二、雙層面的領導風格（引自謝文全，1988，頁317）

所謂雙層面，領導者除考慮權威外，也重視關懷層面。Harris與Fleishman（1962）在俄亥俄州立大學企業研究中心發展出雙層面的領導理論，其將領導行為分成倡導（initiating structure）與關懷（consideration）兩個層面。再由這兩個層面交互形成四種領導風格，即高倡導高關懷、高倡導低關懷、低倡導高關懷、低倡導低關懷。研究顯示，高倡導高關懷是最理想的領導方式。

三、三層面的領導風格（引自謝文全，1988，頁340）

所謂三層面，就是領導者運用權威與關懷之外，又加上效率（effectiveness）。雷汀（W. J. Reddin）在其所提出的三層面領導理論裡，所指的三層面係指「關心任務」（concern for task）、「關心關係」（concern for relation）、「領導效果」（effectiveness）三項而言。關心任務相當於前面說過的「倡導」，關心關係相當於「關懷」，並由這兩個層面，交織構成四種領導風格，以圖一表示之。

綜合上述說明，可知領導風格各有不同特色，學校領導者應隨著組織、教師、學生的需求，即情境（situation）的不同而變異，才能產生最佳的效果。這種因情境不同而變化領導方式的做法，即稱為權變領導。因此，在教育改革的同時，校長的領導方式，如何因應時勢採取權變的領導方式，做一成功的轉型領導，實有探討的空間。

關心任務

	高	低
高	【統合型】 高關係 高任務	【關係型】 高關係 低任務
低	【盡職型】 低關係 高任務	【離散型】 低關係 低任務

關心關係

圖一　Reddin之3-D理論基本類型

資料來源：整理自謝文全，1988，頁340。

伍、與鄭校長的對話——實際訪談

　　筆者從民國73年起，以代課教師的身分踏入教育行列，走過許多的學校，閱歷許多校長的領導風格，也蒙受許多校長的激勵與認同，使得筆者心中有那麼一份夢想——「我也可以經營教育這畝田」。多年的夢想，如今在現實的境域中經營；心田中的那顆希望的種子，正喜悅的慢慢萌芽、茁壯。在代課、進修，以至於成為正式教師，進而考上主任、到研究所進修，一路走來，歷程是艱辛的、困苦的、疲憊的，但，總會有那麼一股驅力，敦促我掌握方向。這股驅力來自於許多校長領導風格的影響，尤其受鄭校長的影響頗深。因此，筆者唯獨以鄭校長之領導風格做實際之探討以對應相關文獻之探討。以下就訪談及札記內容做分析：

一、校長的教育理念

校長在經營學校的過程中認為學生的學習是全程的、全時的、全人的，學校的經營應著眼以學生學習為主體。他說：「經營學校的過程中，我會想要的是學生的學習是比較全程的，整個過程是連貫的、連續的，不會是因為一個老師、學期間寒暑假或年級（段）而中斷。全時的，來學校上課是時間的部分而已，他回去到部落，或回到家裡真的是可以學習，他有長輩或父母親，但是學的內容不一樣。所以，待人的態度應該是理智的，教養的態度部分，會比較強調全時的。在人格的培養上應該是全人的，不管在各方面應該都……各有各的專長去發揮。也許，就像我所說的，他在某方面是有限制的，但是他要學會去尊重，或是承認自己的不足，或是尊重別人的專長。」這一段話，感受到校長希望營造一個有利於學生學習的環境，無論學校、社區或家庭，主要的信念為，所有的學生皆能學習，學校層次的因素是能影響學生成就，特別是校長的教導式領導。此種領導方式，領導者必須監督學生的進步情形，讓自己的身影在校園裡隨處可見（葉淑儀，2000）。

二、校長經營學校的策略

學校的教育最主要的目的，就是要達成教育改革中的教育目標。校長為學校的領導者，其行政、教學、輔導等專業領導能力及敬業精神的展現，實在是整個學校校務推展與發展的關鍵所在。

不同的學校會有不同的運作方式。剛接任一所學校，經營之策略常因人而異。鄭校長認為：

（一）先觀察

第一年先觀察社區環境、學校情境、教師。他說：「觀察不是只有社區的文化，更重要的還有學校文化。如果這個部分沒有看得很透徹的時候，你所做的任何決定都可能會偏差。譬如說，我要去蘭嶼，蘭嶼相關的情況，我一定會去瞭解，才知道他們如何去教養一個孩子。在學校部分，必須觀察老師與行政上的搭配問題，是否不符合我們的要求，以作為調整的依據。但是，觀察期應該儘量縮短。所以，觀察裡面不是只有社區的文化，最重要的是還有學校的文化。」因此，敏銳的觀察力是重要的，領導人能運用人際關係的影響，瞭解情境，透過溝通的過程，才能朝向特定目標去達成（轉引自吳清山，1993）。

（二）理念溝通，達成共識

「經過觀察之後，會告訴我們的老師們，家長的期望是什麼？中間的對話才會產生。」所以，校長的角色必須扮演跟教育局的對話、跟社區的對話、跟兩個主任間及老師對話，藉由個人的影響力，使成員的教育理念趨於一致。這樣，領導者才能在團體情境裡，藉著影響力來引導成員的努力方向，同心協力齊赴共同目標的歷程（謝文全，1988）。因此，教育理念的建構，是必須針對所屬環境，引領教師同儕互動、溝通，經由質疑、爭辯、協商的過程，才能達成共識，才會有共同的目標。這就單層面的領導風格（陳幸仁，1996）而言，鄭校長的領導是較屬於民主式的領導風格。

（三）權力結構的改變──知人善任

校長應有敏銳的觀察力，判斷各個教師之能力以改善教師的工作態度。校長認為：「有些老師當組長很久的，好像比主任更具有威

權，那我們就會刻意的想辦法去調整。我不會因循過去的習慣，因為，你的本身教學工作已經沒有做得很好，就是也不適合當組長，應該好好擔任你的教學。教學工作都做不好了，還兼行政，我寧願讓你行政都不用做，就好好教學吧！」因此，當領導者發現人與人之間的權力與影響力分配不均衡，必須負起指導與協調的工作（轉引自吳清山，1993）。所以，在行政事務的處理上是要機智的、勇於改變現狀的。

（四）建立學校願景

　　教育改革從小班教學到九年一貫，不管怎麼變，教育都是對人的本性、人的生命的經營，如何建立一個教師、家長、學生熱情擁抱的教育願景是很重要的。所以校長經營學校願景有他的想法，他說：「針對學校不足的部分推動『文化人』，以悅納自我文化的認同；推動責任心以培養學童對人、對事的責任觀；推動資訊人以補足資訊能力的差異；推動讀書人以培養良好的閱讀習慣與態度。因為，唯有自己才瞭解自己學校的條件，先瞭解自己之後，才來決定要做什麼？就說九年一貫吧！最重要的就是抓住它的精神。在建立學校願景之前，必須觀察分析學校社區之優劣勢，才能增進學校教學效能。」

　　因此，在經營學校策略部分，校長希望透過對情境的瞭解，採用權變的領導將教師推升至更高的運作層次；同時，也希望透過團體的互動特性促進進步，以民主的方式進行理念溝通，使其價值、信念、個人及共有的經驗、目的及目標，在參與者之間逐漸形成，以建構一個領導者團體，展現建構式領導特質（葉淑儀，2000）。

三、身教重於言教

　　校長對教師的期許著重於身教重於言教。他認為：「教師的態度

讓學生學到的，比起讓學生學到的學科知識還多。老師，只要在位一天，就要盡你最大的能量去發揮。因為，我們必須對學生負責。」

四、運用敏銳的觀察力，權衡教學領導

記得在蘭嶼的某一所學校任教時，曾經有這一幕：

校長：鍾老師，下節你有課嗎？

老師：有，是數學課。

校長：想請你幫個忙，可以嗎？

老師：什麼事？請說。

校長：一年級的老師需要協助（是師資班剛畢業的），你去協助　　他，我來上你的課，好嗎？

老師：嗯！好！

就這樣，我到一年級班上協同教學去了。頓時，讓我感覺到校長是如此的細心，如此敏感，如此善於運用權變領導，將同事之愛發揮的淋漓盡致。因此，身為學校的領導者，在教學輔導上，不再是一個監督者，能在巡堂間於適當的時機發現教師的不足，而給予適當的協助。我記得他曾經說過：「每一個人都有他的限制，知識的不完整性，一個人不管你的學習能力再怎麼強，都有他的限制。」「做這種決定，是具有冒險性的，但是也顯現彼此的信賴，希望不會覺得過度干預，而是一種協助。」體會了他的一番話知道：一位教育行政領導者，宜具有機智、親和力、誠信、有壯志、主動等特質與行為，才容易成為一位優秀而成功的領導者（謝文全，1988）。其實在教學的過程中，除了培養敏感性之外，心胸開放才能補足教學上的限制。

五、關愛、體恤部屬的心情

是許老師告訴我的：「記得當年，和校長住同一棟宿舍，我們晚上常常聊到深夜一、二點。我們常談教學上的事、學生的互動情形、別班的事。在言談中，感受到他很體恤部屬。有一天，我收到二十幾件的公文，我在吃晚飯時，就說了一句：校長！今天公文太多，我今天辦不完。校長接著說：沒關係！這我來做。他那種能體恤部屬的心，讓我印象深刻。他總是能在你最需要的時候，他會拉你一把、協助你一下，這些種種，我能不感動嗎！」

還有一次，筆者與校長約某個週三下午本校參觀鄭校長的學校結束後要做訪談，在互動過程休息時間，他說：「鍾老師，今天不能進行訪談了，很抱歉，因為我學校主任的孩子發高燒，活動結束後，我必須送他到醫院就診。我們改天再聊吧！」聽了之後，我並沒有生氣，反倒讓我感覺其關懷、體恤部屬的心情。因此，讓我憶起當年的事：「當年，在蘭嶼除了衛生所之外，並沒有醫院，所以，要非常的注意身體保健。然而，人總有生病的時候，很不幸，我得了重病，全身無力，頭暈目眩，校長竟毅然決然的送我回台灣就診，並通知我的家人到機場接應……」其實，這些的種種，身為一校之長的他，都能權衡當時的狀況，做一些應變的措施，真叫人感激與佩服。

從上面的例子，我們看到領導者關懷部屬的具體表現，更體會到為達到工作效能主動協助的行為，因此，筆者認為他是個具高倡導高關懷、統合型領導風格的校長（謝文全，1988）。

六、尊重與信任並重，以激發信心

在一次的訪問裡，筆者與校長共同探討教師與學生間的午休問

題，他表示：「中午的時間我絕對尊重老師，你的學生要做什麼我都同意，但是，有一個前提，你不能讓你的學生影響別人的學習或影響到一個人。我也會去發現班級的一些小優點，這些優點就是用來引導老師更關心這事。我們的功能就是去發現優點，在班上或朝會上給予正面的鼓勵。」在尊重與信任的原則之下，可獲得正向的鼓勵與支持，是很能增進自我信心的。記得有一位老師說起對鄭校長的為人，他說：「很好啊！肯信任、肯放手，能相信一個人，放手讓他去做。能尊重一個人的實力，讓做事的人能獨自撐起自己的工作，我們能在自己的工作領域當中，發揮所長，這是一件很棒的事。」就三層面的領導風格而言（謝文全，1988），鄭校長是在「關心任務」導向下亦注重到「關心關係」的統合型領導風格。為達成教學效果，給予師生尊重與信任並重，以激發信心。

七、學生的學習，是學校的重心

學校教育是以學生學習為主體，藉教育的活動，激發學生自學的能力，懂得規劃生活時間，發揮自我的潛能，所以，他們學校在推展「自學方案」，即所謂的自主學習的部分。他說：「我很不喜歡我的學生裡面，有所謂的無所事事的人。」「我強調我會絕對尊重老師在處理各班學生在課餘時間（中午、早上到校時間）的學習。那每一個人要提出你的自學方向，導師更需瞭解哪一個學生他想要學什麼？」校長強調，學生可利用時間學習自己想學的事物，學校都會全力配合及提供資源。因為，他總有這一份使命感，誠如他說的話：「我是代表學校的校長，負責整個學校的成敗，最重要的是學生所受到的權益，必須要去負擔起來。」這是對學生學習權的尊重，他以為學生的自尊可因學習表現而增強；當教師寄予較高的期望且學業表現受到「壓力」的驅策時，學生將獲得成長（葉淑儀，2000）。因此，校長呈現出特

質論的教導式領導。

八、創新求變的性格

　　創新求變也是鄭校長的人格特質，為產出更有效率、更有價值的教育效能，他勇於改變創新。他說：「我的個性比較想要去創新，比較會想要做一些挑戰，所以兼行政的老師，如果本身有那份能力，雖然剛開始推動時會很辛苦，不是那麼順利，會有一些壓力，可是，在過程中得到的回應會慢慢的獲得工作的喜悅。」「在行政工作上也有些改變，就是有些工作不必做的，就不需要花太多的時間，尤其是比較形式化的成果。」他認為老師的重點主力就是教學，他在意的是對學生的付出、對自己專業挑戰的這部分，其實，最重要的成果還是在學習。就如同伯恩（1978）所謂的轉型領導，是指組織領導人應用其過人的影響力，轉化組織成員的觀念與態度，使其齊心一志，願意為組織的最大利益付出心力，進而促進追求組織的轉型與革新。

九、解決衝突的模式

　　校長是學校教育的領導者，面對一所學校的人、事、物可說經緯萬端，不愉快的、衝突的事件很難不發生，尤其剛接掌一所學校。所以，鄭校長說：「面對教師同儕的衝突、爭議，我會用比較客觀的一個心情去對待，會把他看成是一種動力……。」「針對情緒性不愉快的表達，我們會明講，我們會尊重你的情緒，但是，你也要尊重別人的感受，我們會以類似同理心的做法轉移你的不愉快……。」但校長也強調，身為教育人員，要加強自省的能力，在教學過程中，透過自我省思的途徑，才能上推自我到更高的層次。這誠如葉淑儀（2000）文獻中權變的／情境的領導型式，以指導式的領導，轉化教師不愉快

的情緒，以利達成教學目標。

十、對九年一貫另有想法

現行課程正在推動九年一貫，鄭校長認為，九年一貫的精神是好的，但在制度面是有問題的。他說：「真要做一貫，應該就是讓學校做主會比較『九年一貫』，而不是國小六年，然後到國中三年，因為那種整個學校的體系、文化並沒有承襲，所以還是一樣切割，課程被切割，其實，體制也被切割，所以，我最渴望的是我們的學生可以讓我們帶九年，我就是準備要來做這件事。讓我們學校來做一個實驗式的九年一貫，去除那種空間的轉換、心理上的調整的缺憾。當我們帶到九年之後，孩子的心性也比較安定了，進了高中就很穩，要就業的就業，要求學的求學，就不必需要經過一個很大的轉換……。」因此，在推行九年一貫的同時，學校的領導者應具備瞭解教育時勢、關懷社區、找出現階段問題及解決問題的建構式領導能力（葉淑儀，2000），才能建構出屬於社區孩童的九年一貫。

十一、多元接觸，觸類旁通，維持高度工作能力與毅力

鄭校長是一個博學多聞的人，他以為人的工作能力與毅力是他本質使然。他的興趣在於人與自然的融合，他覺得文化跟教育是不能抽離的。所以，他致力於原住民教育，研究自然生態相關議題，進而轉向人類學的領域。因為他發現：「很多課程、教材內容跟原住民的生活是不搭調、有落差的。」要如何讓他們瞭解自己的文化，讓他們從自己的觀點出發，去學到外在世界的知識，那才是重點。因此，多元的學習探究，在工作領域上是可以觸類旁通的。如此的洞察力與持續力（毅力）不就是轉型領導能力（伯恩，1978）的基礎嗎？

十二、「誠」是待人做事的根本

筆者在訪問的過程當中，談及作為一個學校的領導者，最重要的需要具備些什麼？他說：「誠意，不管做任何事或是待人，那份誠意是很重要的。有了誠意，就比較容易把一些不愉快的事情，換成對人的體貼。再來，處理任何事務要讓公平正義出現。」謝文全（1988）認為一位優秀成功的教育行政領導者必須具有誠信特質及行為。

因此，誠意是讓立足點很穩，而公平正義可引發個人獲得工作成就感的真正喜悅，以誠意為基點，多一點關愛，多一點協助，很多事是可以迎刃而解的。

十三、培養個人興趣，調劑工作壓力

鄭校長是一個興趣廣泛的領導者，他也常會跟老師們講：「除了在你的教育工作上好好的教書之外，你要有一份屬於個人的興趣，任何興趣都沒有關係，這樣才不會使自己的想法、思路給侷限住了。」

綜合上述分析探討，並對應相關文獻，我們歸納鄭校長的領導型式兼具權變的、教導式的領導，希望由領導者團體領導模式成長為建構式領導型式（葉淑儀，2000）；其領導風格，就單層面來分析（引自陳幸仁，1996），是較屬於民主式的領導風格；就雙層面來分析（引自謝文全，1988），是偏向於高倡導高關懷型的領導風格；就三層面的分析（引自謝文全，1988）論之，是較接近統合型高關係高任務的領導風格。總之，鄭校長的領導行為與風格，基本原則是以「誠信」待人，彼此尊重、信任，互相激勵、激發興趣，權衡教學領導，尋求創新求變的做法，能接觸多元文化及資訊，以跳脫思考侷限，他正是一位倡導與關懷並重的領導人，誠如張德銳（1992）將校長行政能力

歸納爲六個層面，即領導能力、管理能力、社區關係能力、溝通能力、衝突管理能力以及組織革新能力。鄭校長似乎都能掌握其精神，而對教育做付出，不外是希望學生的學習是全程的、全時的、全人的。更希望學生能學得更快樂、更有自信。

在教學的旅程中，他一直是筆者的學習榜樣，他一直扮演著協助者、激思者、引導者的角色，他以身作則的前導作爲，堅定許多教育者執著於教育的行列中。尤其，置身於九年一貫課程的教育改革局勢裡，我們看得見，校長的轉型領導作爲，逐漸塑造起屬於他個人的領導風範。

陸、結論與建議

一、結論

學校教育最主要的目的，就是要達成教育改革中的教育目標。校長爲學校的領導者，其行政、教學、輔導等專業領導能力及敬業精神的展現，實在是整個學校校務推展與發展的關鍵所在。Schmuck（1986）認爲，學校校長應身兼領導者與管理者兩種角色。領導者要澄清同儕教師對當前教育改革的目標掌握與實踐；管理者必須維持學校組織正常運作，以有效達成教育目標（周德禎，1996）。因此，身爲學校的領導者必須對人注重人文關懷，對事有遠見、有判斷力，必須行事果決有效率，方能領導一所學校的正常運作。

台灣省政府教育廳教師手冊（1986）指出，校長是代表政府主持整體性的校務工作，是教育行政當局與教師們之間的一座橋樑。學校是一個行政與教育的有機體，一個領導者若能採取較民主的領導方

式，以所屬成員爲中心，儘量強調服務的態度，努力培養團隊的精神與團結感情，對達成教育目標必能產生相當的助益。

二、建議

因此，身爲二十一世紀的學校教育領導者勢必具有多元的專業能力，充分發揮領導人的優勢智慧，才能立足於轉型中的教育改革列車之中。綜合筆者文獻探討與實際訪談分析後，茲提出下列幾項建議：

（一）領導應採取民主導向

校長應有寬容的民主胸懷，多開闢開放式的空間，與社區家長、老師、學生對話，才能開發屬於社區、學校的文化。學校領導者有民主的素養，廣納諫言，對團體成員尊重，才能引導成員參與決策，提高學校教學效能。

（二）領導應轉型為服務導向

曾經在一次的研習會中，聽花師許添銘教授論述：「一個好的指揮家，不要成爲一個音樂家展現實力的障礙；一個好的校長，不要成爲一個老師展現實力的障礙。」在大聲疾呼行政支援教學之際，校長的領導方式已不是過去威權模式可以運作的，必須順應時勢轉型爲以服務教師、協助教師爲導向，才能凝聚對教育的共識。

（三）領導應採取權變領導導向

現階段社會型態已進入多元化，校長應體認教育改革趨勢，以敏銳的觀察力、判斷力、親和力，針對不同的人、事、物，因時間性、地域性不同而採取多元的領導方式，才能提高學校效能。因此，在提倡鬆綁的教育改革中，校長的領導扮演著舉足輕重的角色，如何集眾

人之勢、眾人之智慧轉型學校經營模式，是值得思考的課題。

（四）領導應兼具倡導與關懷導向

要經營成功的學校教育，除了重視工作導向之外，關懷導向同時應重視。給學校教師多一點關懷、多一點信任、多一點寬容，相信共同凝聚的教育理念，將引導學校合宜的教育發展。

（五）領導應逐漸轉型為建構式領導

時代在變，教育趨勢在變，學生學習模式也在改變，如何引導老師、學生建構式的教學與學習，是植基於學校的領導者是否具備建構式的領導特質，是否引領老師、學生進行活動的研究，並分享成果，以促進學校教育目標的達成。

（六）領導應營造一個安全、和諧、關懷的支持性環境

一個學校教育要成功，必須靠全校師生與社區家長共同努力，因此，校長的支持性是穩定老師能夠進行創意教學的持續力；校長的支持性是激發學生能夠進行自發學習的毅力。身為學校的領導者，如何帶領出有創意的老師，如何培養出能自發學習的學生，如何帶領社區走出自己的文化，領導者是很重要的。

參考文獻

台灣省政府教育廳（1986）。教師手冊。台灣省：省政府教育廳。

吳秋燕（1997）。校長領導與學校文化關係之探討。教育資料文摘，頁134-144。

吳清山（1993）。學校行政。台北：心理出版社。

吳清山（1996）。教育發展與教育改革。台北：心理出版社。

林明地（2000）。校長教學領導實際：一所國小的參與觀察。教育研究集刊。國家圖書館。

周德禎（1996）。一位原住民資深國小校長生命史之研究。研究原住民教育學術研討會論文集。屏東：屏東師院。

陳幸仁（1996）。淺論國小教師領導風格、班級氣氛與學生疏離感之關係。教育資料文摘。國家圖書館。

張碧娟（1999）。國民中學校長教學領導、學校教學氣氛與教師教學效能關係之研究。政治大學教育研究所博士論文。

張德銳（1992）。桃竹苗地區山地國小校長行政能力、組織氣氛、組織效能、教導行政困難之研究。新竹：先登。

張潤書（1990）。行政學。台北市：三民書局。

黃昆輝（1988）。教育行政。台北市：東華書局。

葉淑儀譯（2000）。蘭伯特（Linda Lambert）等原著。教育領導——建構論的觀點。台北市：桂冠圖書公司。

謝文全（1988）。教育行政——理論與實務。台北市：文景書局。

日本中學課程與道德教育內容的研究

梁忠銘

台東師範學院教育研究所

7

壹、前言

　　日本的學習指導要領的變革大約是以十年爲改訂的週期，目前最新的學習要領是於1998年12月所公布，距離上次學習要領的公布時間爲1988年，相隔時間大約亦是十年。而新公布的學習指導要領也已經在2002年度於小學、中學開始實施，高等學校（高中）也將於2003年度開始實施。日本所謂的「學習指導要領」，是指文部科學大臣（教育部長）以文部科學省告示的方式，公告學校的教育課程基準，其種類有小學、中學、高中、盲學校、聾學校、養護學校等六類。一般來說學校的教育課程基準的基本事項，如教育課程的編成、上課時數、課程編成的特例、學習困難教科的指導、課程的結業、畢業的認定、畢業證書的頒發等項目是在「學校教育法施行規則」之中確定。而其他的教育課程的基準，皆由學習指導要領所規定。在其「學校教育法施行規則」的第二十五條「教育課程的基準」之中，明確的指出「有關小學校的教育課程是依據學習指導要領的基準」之規定。因此日本的「教育課程」與「學習指導要領」之用語可視爲同義語（細谷俊夫等，1990，頁41）。其意可解爲「爲了達成學校教育的目標，學校的教育活動的全體、總合的計畫」（龜井浩明等編，1998，頁18）。其編成方針可歸納爲兩點：(1)各學校依據法令及規章，以培育健全的兒童爲目的，充分考慮地域的實態及兒童身心的發達階段或特性，適切的編成教育課程；(2)有關道德教育、體育、健康的指導是透過學校全體的教育活動，並因應各教科的特質做適切的指導（文部省，1998，頁1）。

　　本論文的目的即是在透過解析日本相關文獻及文件的分析，探討現代日本中學教育課程與「學習指導要領」的關係，並勾勒出目前最

新學習指導要領基本改訂方向與道德教育內容的同時，考察其特徵。

貳、中學教育課程的變遷

日本的「教育課程」之用語於1949（昭和24）年在其文部省設置法第五條第一項二十五號「有關小學校、中學校、高等學校……之教育課程、教科用圖書等……最低標準的法令案的制定……。」首次正式被使用於官方的法規文書之內成為法規用語。此時期的教育課程結構，主要是基於1947年頒訂的「學習指導要領一般篇（試案）」所作成，其基本理論與結構，主要是依據美國生活經驗課程與問題解決學習理論所建構而成，因為1947年版的作成過於匆促，因此於1951年全面改訂，但是內容在基本上並沒有變化，只是在版面形式上區分為一般篇與教科篇（細谷俊夫等，1990，頁364）。

在1945年第二次大戰結束以前，日本的道德教育內容強調「天皇制」與儒家之忠君愛國的思想，在其軍部刻意運作之下，歪曲道德教育的本質，變質為藉推行「天皇信仰」實際上是實施結合軍國主義的皇民教育體制。

戰後標榜民主主義精神的教育理念，雖然在形式上截然不同，但無論教育的理念是基於軍國主義或者是民主主義的教育制度，日本教育的特徵基本上是以發展國家經濟與維持國家的競爭力（五十嵐顯等，1974，頁26）作為最前提的考量，所以學校教育同時也成為國家政治統合或貫徹國民意志形成的重要工具（梁忠銘，2001，頁197）。

另一方面有關教育目的與教育價值方面，即道德、忠誠或國家觀等觀念，戰後在美國教育使節團的強力指導之下，全面廢除。取而代之的教育目的在於「人格的完成」、「和平的國家」、「愛好真理與正義」、「重視勤勞與責任」、「身心健康國民的育成」等項目，同時成

爲「教育基本法」第一條的主要內容。也就是說，日本在戰後教育基本法的民主主義精神的社會原理，用來取代戰前教育敕令主義天皇精神的君權社會原理（日本道德教育學會，1958，頁200）。並依據「美國教育使節團」的建議，將戰前的修身科或公民、歷史、地理科刪除，新設「社會科」，並沿襲美國的社會「中心教育課程」（core curriculum）理論（梁忠銘，民89，頁7）及「生活指導」（guidance）的教育方法，以配合戰後日本國家與社會的改造，培養適合民主主義的社會之良好知識與態度的國民道德。但是這種以美國模式移植的方式，完全忽略了日本的國情與現實情況，導致青少年行爲問題日益惡化，以及國民道德生活失序的現象，因此使得民間與教育相關單位紛紛要求徹底的檢討與改善（陳光輝、詹棟樑，1998，頁331-332）。

在這種背景之下，當進入一九五〇年代後期，曾經因爲被認爲是軍國主義核心而被占領軍廢止或禁止的「天皇」與以修身爲中心的儒家道德思想，此時又公然的重新提議增加天皇的威信，期使日本國民能具有愛國的情操，重新再恢復以天皇爲道德中心的教育價值觀。文部省甚至主導「道德教育之振興方策」的諮詢與答申書（報告書）的作成，並於1951年2月發表「振興道德教育之方策」，將道德教育的實施列爲「學習指導要領」，全面改定最重要的項目（青木孝賴等，1980，頁20-21）。當然其背後原因也是因爲當時美國極欲與日本簽訂「美日安全條約」，藉以防堵日益擴張的共產主義。因爲日本人的愛國心與當時美國的安全有不可分的關係，而愛國心爲日本再武裝所必需。因爲只要日本國民繼續愛戴其天皇，並認定效忠天皇就是愛國的話，掌控日本天皇，也就可以掌握日本國民（林本譯、平塚益德，1975，頁149-151）。

在這樣的情況下，1955年主要針對小、中學的歷史、地理教育與道德教育的課程修訂。接著1958（昭和33）年爲因應國內科技、產業的發展與國際社會的變化，以提高國民教育水準爲主要目的，做第四

次的修訂「學習指導要領」。並在此次的修訂將「道德」教育正式列為日本「教育課程」的一個領域（瀨戶眞，1989，頁9），並確定日本學習指導要領的方針與教育課程的基本結構。

　　爾後於1968年、1977年、1989年，道德教育也隨著學習指導要領的改訂而數次修訂，雖然在道德項目上按照兒童身心發展的情況而有所更改，但在基本理念與目標始終維持其一貫的連續性。道德教育的指導內容承襲戰前的綱目主義，並依據在生長過程中所需體驗的社會生活的經驗領域給予綜合、統一並予以組織構造化（日本比較教育學會，1989，頁70-71）。此社會生活所需要的基本知識即是個人的尊嚴、平等、自治、權利、義務、責任、自由等民主社會的原則原理的理解，並依據民主主義的原理，透過全教科、全教育活動來實施道德的教育（入江宏等，1999，頁107）。綱目（指導內容）的特點可歸納為：個人修身養性、生活態度所需之禮節、日常生活所需的社會規範、民主社會所需之涵養等四個部分，並將四個部分組成為課程的基本架構（梁忠銘，2000，頁5），在小學至中學九年之間具有一致的連貫性與銜接性。以期透過道德教育課程，統合所有的教育時間及活動，達到道德教育的最佳效果，培養適合於社會生活的道德意識與行為（文部省，1996，書前頁）。但是，1989年以後學習指導要領對道德教育的方式，特別是最新的課程在整體上強調以學童的能力、興趣、關心為基礎來啟發實踐能力的形成。

　　2002年開始，日本決定學校實施週休二日制，日本在教育課程上為因應課程的整體設計，基本上在時間上必須予以縮短，內容也必須精選，成為整體改善的重要方針與指標，因此必須在學習指導要領與教育課程上作全面性的改革。此次的改訂為自1955年正式確定學習指導要領的內容後第四次的修訂，是依據日本文部省（現更名為文部科學省）於平成10（1998）年12月14日公布修訂部分「學校教育施行法」，同時改訂「中學校學習指導要領」。依據其文部省告示第一七五

號學校教育法施行規則（1947年文部省令第十一號）第二十五條的規定，「中學校學習指導要領」（1988年文部省告示第二十四號）做全面性改訂，理所當然「教育課程」也同時修訂，並從2002年4月1日開始施行。但是從2000年4月1日至2002年3月31日為止，其間有關於中學校學習指導要領如有必要，可依特例另外訂定。據此有關於「道德」部分，於新課程的轉移期間中的2000年度先行開始實施。

基本的重點在強調培育有豐富人性與社會性，有情感富同情心、感性，重視社會服務與奉獻精神、正義、公正的心情，社會生活上的規範與基本的道德意識倫理觀，對本國文化、傳統的理解與愛護，異文化的理解及國際協調的精神，能活躍於國際社會的日本人之自覺意識的孕育。為達此目的，論理的思考力、判斷力、表現力、問題解決能力的育成、創造性的基礎培育、充實及發揮個性之教育活動，以及養成能自動自主學習且富有溫馨心性的心靈教育，因應社會的變化來行動（兒島邦宏，1999，頁154-155）。

參、新教育課程與道德教育的特質

一、社會背景

日本的教育在1945年以後，實現機會均等的理念，成為提高國民教育水準、經濟社會發展的原動力。但是長期在和平與享受物質富裕的生活之下，面對目前的教育狀況來看，首先是少子化與都市化的進展使家庭和地域社會的「教育力」顯著的低下，使現在的教育面臨了凌虐、逃學、校園暴力、班級經營困難、青少年的凶惡犯罪增加（文部省，1991，頁15-20；文部省，1999a，頁2）。其次是也因小家庭

結構與少子化的原因，社會普遍有育兒不安和喪失管教兒女的自信，形成父母過度保護及過度干涉兒女的日常生活，阻礙兒童自立自主、獨立生活的能力。過度強調尊重個人，而傾向以自我為中心、輕視「公」的權益，進而沉溺在自我「孤立的世界」之現象逐漸呈現。同時過度強調平等主義，而使教育過度統一化與知識的填壓，進而忽視如何發展與因應學童的個性及能力的教育。再者是科學技術急速的發展、經濟社會全球化與資訊化，現在的教育制度的發展卻無法因應社會急劇的變化，使得國民與社會對教育的信賴動搖，使日本的教育面臨危機。

日本文部省鑑於上述具體的教育、社會問題與課題，近年來，在中央教育審議會與教育課程審議會的諮詢報告書裡都提及種種有關對策，其共同的見解為充實與振興道德教育，大致問題如下：心靈教育的充實；學童的道德實踐力之培育；加強學校、家庭、地域社會的相互聯繫；研究開發推行道德教育資料的製作事業；展開多樣的道德學習活動；開發新的道德學習軟體；加強傳統文化教育事業的推行。

例如，在1997年1月24日公布「教育改革計畫」（Program for Education Reform），具體的規劃出教育改革的課題及預定完成工作項目，其後數度修正該計畫內容，並於1999年9月再度改訂該教育改革計畫之時，明確的指出「面臨二十一世紀，為了要能夠因應未來的世界性大競爭時代，有必要以創造科學技術、文化立國等目標，發展成為一個有活力的國家，並能在國際社會有所貢獻」為其教改方針。並強調「教育」為「所有社會制度的基礎，其機能極為重要。面對變化急遽的新時代，改革亦需不斷的改進，務必使下一個世代能承擔繼往開來的責任」（文部省，1999b，書前頁）。特別是在心靈教育充實方面，指出今後的教育要透過家庭、社區、學校，來修正智育偏重的風潮與填鴨式的學校教育方式，使兒童能在「充裕」的環境中孕育「生命的力量」。為此，有必要在幼年時期確實的使其養成遵守社會生活

的規範，能孕育有正義感、倫理觀、同情心等豐富的人性教育的充實（文部省，1999b，頁1）。

另外，在2000年12月的「教育改革國民會議報告書」之中，對日本教育的思考方向提出三個重點：

1. 學童社會性的孕育，促進其自立，實現培育富有人性的日本人的教育。
2. 發展每個人與生俱來的才能，同時培育各領域具有創造性的領導人才教育制度。
3. 因應新時代的學校整備，與其支援體制的實現。

學校應成為促進兒童學會自立於社會、重視人性與社會性的育成、恢復自由與規律平衡、分辨善惡能力的重要場所。而如何使學童能勇敢堅強成長、自立自主、明辨是非，使其空虛的心靈得以充實，道德教育的重要性應該是不可忽視的。

二、道德教育的基本方針

在未來的世紀裡，可以想像的是社會環境的變化將會越來越快，而學童的道德意識之發達與社會環境有直接的影響。如何使兒童能勇敢堅強成長，充實其心性，道德教育的重要性顯得更加重要。道德教育的最終目的也是希望能涵養個人能實際的追求更美好的人生（文部省，1984，頁1），人與人之間的狀態能更加的和諧。透過學校的道德教育，是要使每個學童能正視自己本身未來，對於自己為人類一份子能自知自覺，並使其能學到與理解何以道德能使其有更好的人生之基本所需要的原則，諸如，社會生活上的規範、基本的道德之倫理觀念、傳統文化的尊重與繼承、為人態度與國際協調的精神等的育成等。其基本構成可歸納為三大部分；(1)活用體驗活動等喚起其心靈的

道德教育；(2)呼籲家庭及地域的住民之共同協力來充實道德教育；(3)迎向未來、認眞規劃自己未來，共同思考道德教育的推行（龜井浩明等，1998，頁299-301；文部省，1999c，頁5）。

前述學童的道德行爲之發達直接受社會環境的影響，而阻礙學童道德行爲發達的社會現象日益增多，例如，家庭與地域的教育機能的低下；社會全體道德意識與行爲的低下；社會體驗、自然體驗的不足；國際化、資訊化、環境、福祉、健康衛生等；豐富的感性與人性化的喪失；思考方法及生活方式的迷失；自主自覺能力的偏執等等諸問題。而學校的道德教育如何去因應如此的社會變化與學童的行爲偏差並積極的思考解決方案，是重要的課題（文部省，1999c，頁17-19）。

學校道德教育的意義在使每個人能確立正確的人生觀，培養豐富的感性，進而踏實的追求自己更好更完美的人生（文部省，1999c，頁11-12）。而此完美的人生與正確的人生觀並不決定於學歷的高低、財富的多寡，應該可說在於正確的人生觀與完美人格的形成。而完美人格的形成之基本在道德性孕育（日本道德教育學會，1958，頁23），而道德教育也就是培育道德性的教育活動（文部省，1999c，頁11），所以學校的道德教育有必要透過整體的學習活動來更加的充實和實施，使學童的人格形成能更加完美。最終的目的還是在促使每個人能深思熟慮生命即生活的意義（文部省，1984，頁1）。

肆、中學校道德教育課程的構成

一、道德教育的目標

　　此次學習指導要領（也就是教育課程的改訂要點）當然有注意到社會變化影響學童的生活意識，並因應社會變化來修訂道德教育目標與內容。此外，新課程的改訂亦是為了對應學校在完全週休二日制之下，各個學校在「充裕」的時間之中，展開「有特色的教育」，諸如豐富的人性與自我學習、自我思考的能力等「生活的能力」等基本目標的培育。

　　而有關道德教育的目標之明確詮釋，在其「學習指導要領」「第一章總則」的「第一、教育課程的一般方針」的2部分，有相關規定如下：道德教育的目標是根據「教育基本法」與「學校教育法」所訂定的教育根本的精神所設定，其目標在於尊重人性的精神與敬畏生命之意，活用於實際的家庭、學校與社會具體的生活之中，豐富的情感，創造豐富有個性的文化與發展民主社會的國家，貢獻於促進國際社會的和平而努力，並能開拓未來有自主性的日本人所需之基礎道德性為目標。

　　此外在其「學習指導要領」「第三章道德」的「第一、目標」部分也有如此的敘述：學校的道德教育的目標是透過學校教育活動的全體，培育出道德的心情、道德的判斷力、道德實踐的意欲與態度。在道德的時間，依據以上的目標，與各教科、特別活動及總合時間的學習保持密切的聯繫。作有計畫的、發展性的指導，加以補充、深化、統合，使其深深自覺道德的價值，養成其道德實踐的能力（文部省，

1999c，頁21）。

二、課程內容與時數

　　二○○○學年度開始實施部分的新「學習指導要領」（1998年頒布），即為現行的日本中學校課程標準。在道德教育課程和內容的編排上，各內容項目是依據自己切身的問題五項、關於他人切身的問題五項、自然的問題三項、集團與社會的問題十項等四個面向包含了二十三個項目所構成（文部省，1999d，頁32-34）。這四個面向包括了一個人在其日常生活中將得以經驗、體驗到的情境，藉由通過這四個面向來理解道德，以使人格圓滿正常的發展。同時這四個面向可藉由基本、生活、表現、社會四個領域來設計道德課程的結構型態，同時四個領域（面向）的二十三個項目必須給予適切的指導。可依據中學校學習指導要領第三章第三「指導計畫的作成與內容的注意事項」的1-2之中，「內容項目之間的密切關聯之指導的設計」有明確的標示，如**表一**所示。

　　並依年級區分選定若干個綱目的道德內容，依據適齡學生身心發展的特質與適切性，內容的構成由簡入繁、由易入難，並根據內容認知的「重點化」來建構。這「重點化」是依據如下三點的考量（村田夫、押谷由夫，1991，頁58）：

1.內容的選定的重點是接續小學的內容，並由低年級往高年級做系統性與發展性的整理。

2.在各學年的內容是依據年級的上升（由低學年至高學年）內容而有所增加。

3.對於道德價值的認知能力、社會規範的認識、學童發展的階段等方面的考量。

表一　日本中學道德教育課程內容結構型態

	道德教育課程項目	備考
基本領域： 有關自己切身事物	1.生活習慣，身心健康，遵守節度，生活節制 2.確定目標，有希望，有勇氣，意志堅忍 3.自律，自主，誠實，責任 4.愛真理，真誠，有理想，開拓人生 5.力爭上游，伸展個性，充實人生	四個領域（面向）的二十三個項目必須給予適切的指導。可依據中學校學習指導要領第三章第三「指導計畫的作成與內容的注意事項」的1-2之中，「內容項目之間的密切關聯之指導的設計」有明確的標示。
生活領域： 有關自己與他人事物	1.知禮，注意用語 2.人性愛，感謝、關懷 3.友愛，互相理解，信賴，互相尊重 4.兩性理解，尊重對方人格 5.尊重對方立場，謙虛包容	
表現領域： 有關自己與自然崇高事物	1.愛護自然，感情豐富，感懷美意，敬畏自然，愛護動植物 2.珍惜生命，尊重自他生命 3.克服人性弱點，熱愛生命	
社會領域： 有關自己與集團、社會事物	1.團結參與，盡責任，遵守承諾 2.理解法規，守秩序，享權利，盡義務 3.重公德，社會責任 4.正義，公正，公平，不偏見 5.重勞動，奉獻社會 6.敬愛父長，家庭和諧 7.敬愛師長，維護校風 8.敬師護幼，親愛同學 9.愛鄉土，惜文化，愛國，愛護鄉土文化傳統 10.世界和平，貢獻人類幸福	

資料來源：依據日本文部省編（1999d）。中學校學習指導要領解說道德篇，頁135作成。

　　此課程內容結構型態基本上是依據美國赫爾巴特（J. F. Herbart）學派之中心學科課程理論的原理，依據國民在生長過程中所需體驗的社會生活的經驗之內容給予綜合、統一並予以組織構造化（日本比較教育學會，1989，頁70-71）。就此四個領域觀點而言，第一個觀點為

關於自己本身的事情，是為了維持自身的存在，及為了實現自己的生活所需的道德行為。第二個觀點是關於自我與別人有關的事情，是從自己和他人的關係來說，與他人維持良好的人際關係的道德行為。第三個觀點為自我與自然或崇高之事物有關係的事情，能從自然界的偉大及崇高的事物中發展人性，以充實精神生活的道德行為。第四個觀點則為自我與集團或社會有關的事情，是能從自己與家庭、社會集團、鄉土、國家、國際社會的關係來看，在國際社會中自覺為日本人，在和平的文化、社會及國家的一員所應有的認識的道德行為。基本上，每一個領域的視點都與其他三者環環相扣，有緊密的關聯（文部省，1994，頁2）。在此次新訂的小學道德教育之內容與綱要也可看出，其特點在於以四個基本領域為基本架構，與小學六年之間具有一致的連貫性與銜接性。雖然在道德項目上是按照兒童身心發展的情況而有所更改，但在基本理念與目標始終維持其一貫的連續性。即透過道德教育課程統合所有的教育時間及活動，以期達到道德教育的最佳效果，培養適合於社會生活的道德意識與行為（文部省，1996，書前頁）。

在授課時數方面，中學現在年間的總授課時數，各年級均為九百八十小時（如**表二**）。其中道德的授課時數各年級均為三十五小時，相當於每週授課時數為一小時。

伍、道德教育的指導計畫

在學校內，為了展開道德教育，從校長開始所有的教師亦需共同的協力推展。依據下列所示的要點作成學校道德教育的整體計畫與道德的時間的年度指導計畫（文部省，1998，頁93-94；文部省，1999d，頁59-60）。

表二　中學年間標準授課時數

區分	必修教科授課時數									道德的授課時數	特別活動授課時數	選擇教科等充當授課時數	總合學習的時間授課時數	總授課時數
	國語	社會	數學	理科	音樂	美術	保健體育	技術家庭	外國語					
一年級	140	105	105	105	45	45	90	70	105	35	35	0-30	70-100	980
二年級	105	105	105	105	35	35	90	70	105	35	35	50-85	75-105	980
三年級	105	85	105	80	35	35	90	35	105	35	35	105-165	70-130	980

備註：本表授課1個單位時間為五十分鐘。

中學校學習指導要領所規定的班級活動（學校給食相關活動除外）是可以充當特別活動授課時數。

選擇教科等充當授課時數，可用於充當特別活動授課時數。

有關於選擇教科等充當授課時數，依據中學校學習指導要領所規定。

資料來源：日本學校教育法施行規則第54條（浦野東洋一等編輯，2002）。

一、指導計畫作成的要點

依據各學校的特性與實際狀態，以設定學校的道德教育之重點目標。並有必要配合教育課程的各領域（各教科、特別活動及總合時間）的指導，且與家庭與地域社區的聯繫方法也需有密切的關聯。此外也需注意下列數點（文部省，1999d，頁63）：

1.道德的時間的年度指導計畫的作成之時，透過學校的全部的教育活動來實施機動、有效果的道德教育。講求有計畫、有發展性的授業課程，除充實各內容項目的指導，也有必要對學生、學校的實際情況作重點的指導。

2.確實的訂定道德教育的時間。在各學校裡，對於學生的生活規律、將來的計畫、國際社會中之國民意識的自覺等的養成應多加考量，並留意學生與學校的實際狀態。

3.所有的教師要有組織且連貫的展開道德教育。

此外，結合家庭、地域社區的力量積極的參與協力。對於學生的煩惱、疑問、不安等個人切身的問題也有必要積極的因應與指導。

二、道德的時間之指導應考量的事項

道德的時間並不特別選派擔任道德教育的專門教師。校長、教頭（教務主任）的參加，並與其他所有的教師共同協力的指導，才可使指導體制充實。另外也需注意下列數點（文部省，1999d，頁65-68）：

1.活用自然的體驗等實際的社會服務活動，開發有魅力的教材和多樣化的指導，來因應學生的各種個性與發展階段所需。

2.道德教育的內容、目標所提示之道德性的具體化，要能在學校與學級的日常生活中反應出其成效。使其能活用於學生的日常生活是有必要加以考量的。

3.有關學生的道德性，有必要經常把握實際的狀況。例如可用觀察、面談、問卷、作文等方法來瞭解學生在實際上的運用。此外，關於道德的時間在評價上是不作數值的評量（文部省，1999d，頁11-112）。

此外，在推行道德教育之時強調教師與兒童、兒童與兒童之間的人際關係，並注重家庭、地域社會的聯繫，透過社會服務活動與自然體驗活動，從內心層面來培育其道德性。家庭、地域的共通的理解，

與保護者或地域的居民的積極共同參與和協力，也是不可或缺的。

三、道德教育用參考資料內容的編輯方針與注意事項

為達成「學習指導要領」之道德的「目標」與「內容」的教育要求，道德教育可活用省（文部省）局（中等教育局）所刊行之道德教育推行指導資料（指導的手冊）系列。此外，各個學校也可因應實際情況自行編輯，其原則方針如下：兒童日常生活的具體實例，古今東西的故事、童話、傳記，應選擇能引起興趣、感動、思考，或有助其道德情操的養成之內容，題材也需考慮包含國家之文化、傳統的根本所在。

此外，以下數點也是應考量的要項：

1.題材的內容需要有明確的道德價值；題材的表現應能適合學年階段，合於學童的生活實際。
2.不應有片面的想法、看法的內容，與有誘發學童不良的情緒行動的表述。
3.沒有不正確或者是有利於特定企業、商品宣傳的內容。
4.應注意到兒童學生的思考模式的啟發與感動其內心的情感。
5.可以利用繪畫、照片、圖表等各種有助於提高教學效果之資料。

此外，在道德的指導時間，應考量如何利用視聽教材、話劇、說故事等方法併用，來提高教學效果（文部省，1999d，頁79）。

陸、總結

基本上日本在中學階段的道德教育是延續小學階段的課程結構，因此無論是在綱目上、理念上是有其一貫性。

在新教育課程的道德教育的實施有五項重點：

第一，重視直接體驗的學習活動教學的展開，使學生能主動、自動、自主的應用在其學習與日常生活之上。

第二，豐富的社會性的養成。在學習課程的設計，重視生活上必要習慣的養成，培養使其能自立自強的基礎，思考自我未來及規劃自己本身的生活。

第三，重視本土文化與傳統、多元文化的理解及國際觀，及愛國意識、自我意識、邏輯思考能力的養成。使其能重視生命、社會倫理，強調心靈、溫馨、美感的能力。

此外，道德教育必須確保其特定時間並透過學校的整體教育活動全體，來貫徹培養學童的道德意識與行為，所有的教師要有組織且連貫的展開道德教育，並結合家庭、地域社區的力量積極的參與協力。對於學生的煩惱、疑問、不安等個人切身的問題也有必要積極的因應與指導。

同時也需注意到社會與自然環境的變化，影響到學童生活意識的變化，因此有必要因應社會、國家的現實情況與變化來修訂道德教育的教育方法與課程編排。

參考文獻

入江宏等（1999）。入江宏先生退職紀念論集。日本：日本女子大學
　　教育史研究會。

五十嵐顯等編著（1974）。戰後教育の歷史。日本：青木書店。

日本道德教育學會編（1958）。道德教育實踐上的諸問題。日本：大
　　阪教育圖書。

日本比較教育學會編（1989）。特集教育課程。日本：東信堂。

文部省編（1984）。爲了充實道德教育的校內研修的手引。日本：大
　　藏省印刷局。

文部省編（1991）。新時代的教育改革。日本：行政書局。

文部省編（1994）。道德教育推進指導資料（指導の手引4）。日本：
　　大藏省印刷局。

文部省編（1996）。道德教育推進指導資料（指導の手引6）。日本：
　　大藏省印刷局。

文部省編（1998）。小學校學習指導要領。日本：大藏省印刷局。

文部省編（1999a）。平成十一年度，我國的文教施策。日本：大藏省
　　印刷局。

文部省編（1999b）。教育改革PROGRAM。日本：文部省大臣官房政
　　策課。

文部省編（1999c）。小學校學習指導要領解說道德篇。日本：大藏省
　　印刷局。

文部省編（1999d）。中學校學習指導要領解說道德篇。日本：大藏省
　　印刷局。

村田夫、押谷由夫編著（1991）。新道德指導的重點。日本：東京書

　　局。

兒島邦宏解說（1999）。小學校學習指導要領。日本：時事通信社。

青木孝賴等編（1980）。新道德教育事典。日本：第一法規出版。

林本譯（1975）。平塚益德著。世界各國教育政策。台北：開明書
　　店。

浦野東洋一等編（2002）。教育小六法。日本：學陽書房。

細谷俊夫等編（1990）。新日本教育大字典1。日本：第一法規。

梁忠銘（2000）。日本新教育課程與道德教育內容的研究。教育資料
　　集刊25輯，頁1-16。

梁忠銘（2001）。日本教育特質的研究。高雄：復文圖書。

陳光輝、詹棟樑（1998）。各國公民教育。台北：水牛出版。

瀨戶眞（1989）。改訂小學校學習指導要領。日本：明治圖書。

龜井浩明等編（1998）。Keyword教課審答申。日本：行政書局。

學校本位課程規劃與實踐的理想與現場
——以台東縣瑞源國小為例

吳秀金

台東縣鹿野鄉瑞源國小校長

8

壹、前言

二十世紀開始，全球都沈浸在一片教育改革聲中，台灣的教育整體而言，官方與民間、專業團體與社會人士也都投入此一教育改革的熱潮之中（陳伯璋，1999a）；而位於台灣東部，號稱台灣最後一塊淨土的台東，其教育現況是否也如世外桃源般的不爲這股教改的浪潮所波及呢？

就筆者在教育現場的觀察，不論是師院畢業或是修畢教育學程的大學畢業生，大部分的人並沒因爲修習教育學分使其對教學工作理念或方法有多大的改變。在教學現場我們仍可以發現，教師在課程實施中相當被動，課程設計能力逐漸喪失；在瑞源也看到了同樣的情況，教師到底應該做些什麼，除了一些八股的教條外，似乎很少人會眞正的去思考……。

而「小班教學精神計畫」、「九年一貫課程」到底是否又是換湯不換藥的教育政策（歐用生，1999；游家政，1999），在每一位教師心裡存疑；在教師的觀念中，每位新上任的部長，總會有幾項名稱不同的教育政策，不論內容如何，最後難免都流於形式。因此，造就了大部分教育實務工作者在因應當前課程改革的教學實踐過程中，仍抱持傳統由上而下、控制取向的立場，被動地或無奈地履行課程任務（甄曉蘭、鍾靜，2002）。

但是，當老師們開始去思考要讓這兒的孩子學到什麼的時候，教學的空間變大了，小班教學提供了教師思考的空間；這時才猛然覺得平常掛在口中的「教學自主」是不可以隨便說說的。如果沒有專業的能力，給你更大的自主空間，對教師來說，是一種極大的負擔，在這樣的衝擊下，我們的老師開始學習如何讓自己更專業。

由於教師們的覺醒與投入，小班教學精神計畫在瑞源被認為是相當落實的，大家看到了一些成效，家長也因為參與子女班級的事務，對教師的教學有相當的瞭解，才開始關心班級的教學及活動，也體驗到家長是學校教育工作的合夥角色。這些條件促成了瑞源被指定參與八十八學年度開始的「九年一貫課程」試辦工作。

　　位在台九線鹿野鄉瑞源村上的瑞源國小，適時的搭上了這班教改行動的列車，瑞源國小著實的在這二年試辦的過程中，努力的嘗試用我們的方式去實踐對教育的理想，雖然我們歷經了摸索時的茫然、執行時的爭執與混亂，但是在這班行動列車暫時停靠時，也感受到一股不小的成就感，更可以驕傲的說：我們體驗到身為一個國小教師的專業喜悅！

貳、行動之前

　　整個行動的起點是試辦計畫的擬定，最初困擾我們的大問題是：什麼是九年一貫？它的精神、內涵、目的是什麼？攤在面前教育部的草案（1998）、學者的專文（方德隆，1999；林生傳，1999；林殿傑，2001；陳伯璋，1999a，1999b；歐宗明，2000；羅清水，1999），甚至有他校已完成的試辦計畫，真的不知道要從何開始；「找人談談！」這個念頭一轉，就把問題帶進了校長室，一次又一次的對話，重新建構了對九年一貫課程的認知──學生為中心、學校本位；釐清了試辦計畫的目的：一份行動的藍圖，呈現未來的構圖；目的確定後，再加進校內幾位對教育有相當熱忱同事的看法，這一份行動藍圖，就這樣從對話中完成初步的共識。

　　計畫的重點包括：學校本位課程之發展、課程發展委員會之組織運作、教師成長團體及教學評量模式的發展與應用，這個計畫主導了

整個瑞源未來發展的方向，而今天我們也都覺得，雖是一個小小的試辦計畫，如此的大費周章是值得的！

　　根據教育部（1998）公布的「國民教育階段九年一貫課程總綱綱要」，學校本位的課程發展、統整課程的設計、協同教學精神在教學現場的落實、多元的評量方式取代單一的紙筆測驗（甄曉蘭、鍾靜，2002）、提升教師行動研究的能力等五項，被賦予高度的期待。其中「學校本位的課程發展」不僅為教育鬆綁，更讓教師的專業自主受到重視（施登堯，2000）。

　　然而，綜觀國內外學者對學校本位課程發展的定義，可發現學校本位課程發展的定義與實際的做法，目前仍相當紛歧；有的強調課程發展的過程，有些則重視課程發展的結果；有人認為學校本位課程發展的重點在於中央與地方權力的重新分配，有的則強調不同人員的參與（石明原，2001；高新建，1998；張嘉育，1998，2001；甄曉蘭，2001；甄曉蘭、簡良平，2002）。然而，不論學者立論如何不同，卻有一共同的觀點，就是以學校為教育決定的主體（高新建，1998），強調「參與」、「由下而上的學校本位課程發展」（李坤崇、歐慧敏，2000）以及「教師的專業與自主」（甄曉蘭、鍾靜，2002）的過程；瑞源國小在這一理念下，開始進行了學校本位課程的發展工作。

參、學校組織結構的重新定義

　　在所有的試辦工作進行之前，學校必須成立「課程發展委員會」，來承擔學校本身各類課程的處理和發展工作，積極實踐學校本位課程發展的理想（甄曉蘭、鍾靜，2002），這個組織最重要的任務是規劃學校的總體課程及設計教學主題與教學活動；至於其下之「學

習領域課程發展小組」，由於教育部各學習領域相關能力指標與措施在當時均尚未研定完成，而本校又爲一小型學校，教師編制有限，是以決定暫時合併至教學研究小組統一運作（黃嘉雄，1999）。

一、成立工作小組——課程發展委員會

依據九年一貫課程暫行綱要草案（教育部，1998）成立了課程發展委員會（以下簡稱課發會）；課發會中學校行政人員代表、教師代表、家長代表及社區代表爲基本的成員，另外學校可依據實際需要聘請學者專家列席諮詢（組織表如**表一**）；基於學校教師本身對於課程設計此領域的專業知能不足，便邀請了台東師院初教系汪教授定期的蒞校指導，讓我們有機會檢視與充實規劃的方向與內容。

課程發展委員會之主要任務，依據九年一貫課程暫行綱要，包含下列幾項：

1.研議審核學校本位課程之發展與規劃事宜。
2.審查教師自編之教材。
3.審查學校總體課程。

表一　瑞源國民小學課程發展委員會組織表

職稱	成員	備註
校長	爲當然委員兼課程發展委員會召集人	1
行政人員代表	教導主任、教務組長	2
教師代表	各年級任教師一人、科任教師代表二人	8
家長代表	家長代表一人	1
社區代表	社區代表一人	1
學者專家		1
共計		14

4.規劃彈性課程及活動課程之設計。

5.成立各學習領域課程小組。

6.建立教學、課程及學習評鑑制度。

7.協助規劃教師專業進修。

8.選修課程之規劃。

9.合理適當分配學習總節數及學習領域節數。

10協調處理重大教學爭議事項。

二、組織運作與行動的激盪

學校課程發展過程中，「擬定學校願景及課程目標」是一項相當關鍵性的工作。因為學校願景及相關課程目標的擬定，為學校未來發展勾勒出可達成的長遠目標（黃嘉雄，1999）、課程的發展方向以及學生在完成六年小學階段教育之後，能夠擁有學習的基本能力與氣質；這是學校課程發展的基本理念，也是教師課程設計的一個方向。本校在擬定願景及課程目標之初，所抱持的理念就是要培養出具有瑞源國小特有氣質的學生。因此，在行政的規劃之後，便依下列程序進行：

第一，學校情境分析。學校對於相關條件，做了一番詳細的評估。評估方法未採用SWOT分析模式，而是對「學校外部系統」及「學校內部系統」兩個向度做了評估。外部系統含括社區的價值觀、社區族群的分布狀況、自然資源、人文資源及家長對子女教育的態度等。瑞源是一個相當獨特的地區，社區族群有閩南、客家及阿美族，三大族群各約占三分之一人口，屬於傳統的農村型態，閩南及客家居民對子女教育相當重視，大部分原住民居民則因為經濟活動及單親及隔代教養家庭因素，子女教育較被忽略。其次，瑞源地區擁有雄厚的自然資源，如惡地形、泥火山、卑南溪、高台茶區等都是校外教學時

的良好資源。

內部系統則分析了學生的背景、學生的興趣及需求；教師的結構及教師們的知識與能力、對教育所抱持的態度及價值觀、教師們的教學經驗、學校內部的權力結構等做詳細的分析。學校內部的優質結構、良好的向心力及對課程發展所抱持的積極態度，對往後發展奠定基礎。

第二，教師分組。學校情境分析之後，依據現狀及願景發展的理念，教師分組研討，每位教師均依學校現況與個人理想，撰寫出理想的課程或是瑞源國小學生在校六年之後，應具備的能力或氣質。

第三，每個小組討論票選。每位教師需在小組內分享自己的想法，並尋求認同。經充分討論之後，票選各組認為最能代表該組想法的形容詞句。

第四，全校討論票選。這一階段集合了各組不同的結論，同時也納入了家長及學生的意見，經過討論、票選，選出大家共同接受的內容。

第五，再修飾再討論。將選出的條文內容再討論修飾後，提交會議上討論確定。

學校教育的願景目標，導引著學校教育的方向（白雲霞，2001），是課程建構與發展的依據、課程統整的指標，更是老師在發展班級的課程計畫時的重要根據。在制定學校教育願景目標的過程中，我們根據下列幾個層面來考量，就實際資料詳加分析，據以制定學校教育目標。

1.法制的層面。

2.社會的期待。

3.社區的特性。

4.家長的期望。

5.學校的條件。

6.兒童的需要。

7.教師的教育觀。

針對上述層面，本校全體教職員工及家長代表，依前列的程序，制定出「活力」、「超越」、「欣賞」、「學習」等學校四大教育願景，並針對四大願景，發展出能力指標，作爲學校本位課程發展的基礎。

接下來仍舊以相同的程序，依據「活力」、「超越」、「欣賞」、「學習」四大願景，逐步發展出瑞源國小理想的教師圖像及兒童圖像。

爲了讓願景落實在課程當中，成爲學校課程發展的方向，如何建立課程的縱向連貫，以避免課程重疊與斷層的現象發生，是一件相當重要的工作，經過多次的討論，亦擬定出瑞源的願景目標與目標的縱向連貫。

（一）瑞源國民小學教育願景

■活力

1.培養強健的體魄、健全的身心及樂觀、積極的兒童。

2.具備健康的習慣和基本的運動技能。

3.對任何事物充滿求知欲望，能主動學習、熱愛學習。

4.以多元的教育理念，協助學生、教師及家長相互學習，共同成長。

5.以開放的學習空間、優美的學習環境，讓校園與社區充滿朝氣。

■學習

1.具有良好的學習方法，並養成終身學習的意願。

2.熟練本國語文的聽、說、讀、寫能力及基礎英語聽、說能力。

3.能熟練運用自己的鄉土語言。

4.具備主動探究之精神與蒐集、整合、運用資訊的能力。

5.學會基本電腦應用能力，並與解決生活的問題及學習活動相結合。

■欣賞

1.具有寬容開闊的心胸，懂得欣賞他人。

2.喜歡音樂，並將音樂融入自己的生活中。

3.具備對「美」的欣賞能力，並運用於生活環境的美化。

4.養成對藝文欣賞及創作的能力與興趣，並融入自己的生活中。

5.親近大自然，並能與大自然和諧相處。

■超越

1.懂得愛惜生命，悅納自己，尊重、關心別人。

2.培養懂得感恩和回饋家人、學校及社會的良好國民。

3.具備有效表達、主動溝通和分享的能力。

4.學會規劃自己的時間、金錢，有效的做自己的主人。

5.具有獨立思考、分析歸納及解決問題的能力。

（二）各年級學校願景課程目標

各年級學校願景課程目標一覽表（900117修正）如**表二**。

表二　各年級學校願景課程目標一覽表（900117修正）

目標		目標能力
一年級	活力	1.會做健康操 2.能做好個人衛生習慣及良好的用餐禮儀 3.能認真打掃教室 4.能說出師長及同學的名字
	學習	1.知道家人是重要的學習協助者 2.區別社區常用的鄉土語言 3.能聽懂國語並用來表達自己的意思 4.能認識電腦周邊設備名稱
	欣賞	1.能專心安靜聆聽、觀賞別人表演 2.能唱出自己喜歡的歌曲 3.能讀誦兒童歌謠 4.能認識不同族群文化
	超越	1.能正確完成老師所交代的工作 2.能依課表自動準備學用品 3.知道自己的錯誤並勇於認錯 4.能參與小組討論並完成小組作業
二年級	活力	1.熟練健康操 2.懂得重視服裝儀容 3.能認真打掃公共環境區域 4.能主動與人打招呼、問好、微笑 5.能鼓勵家人參與學校活動
	學習	1.會使用工具書 2.能說簡易的鄉土語詞 3.能運用詞句來書寫短文 4.會以正確方法操作電腦開、關機
	欣賞	1.能專心安靜聆聽、觀賞別人表演 2.在適當的場合唱出適當的歌曲 3.能分辨各類音樂適用的場合 4.能仿作簡單童詩
	超越	1.能正確完成老師所交代的工作 2.規劃假日生活作息表 3.知道自己的錯誤並勇於認錯 4.能參與小組討論並完成小組作業

目標		目標能力
三年級	活力	1.會做中年級新式體操 2.能視天氣狀況增減衣物 3.認養校園植物 4.能主動參與同學間的活動 5.鼓勵家長加入愛心義工行列
	學習	1.能上網查詢資料 2.能用母語說出簡單的語詞 3.養成閱讀的習慣 4.能操作簡易電腦軟體
	欣賞	1.具備參加藝文活動的禮儀 2.會用笛子吹奏曲目 3.能收錄童詩並剪輯成冊 4.認識自己生活周遭環境的文化特質
	超越	1.擔任一項校園服務工作 2.能做到今日事今日畢 3.知道自己的優缺點並展現優點、改進缺點 4.能做簡單的主題報告（口頭或書面）
四年級	活力	1.熟練中年級新式體操 2.能注意穿著的整潔、舒適與美觀 3.認養校園植物 4.能親切邀約同學一起進行活動 5.鼓勵家長加入愛心義工行列
	學習	1.能瞭解並遵守網路使用禮節 2.能用母語說出簡單的語句 3.能摘錄文章的重點及說出心得 4.能運用Word做簡易文書處理
	欣賞	1.參與藝文活動 2.會用笛子和學過的節奏樂器合奏 3.能對自己或他人的作品（演出）提出看法 4.認識自己生活周遭環境的文化特質

（續）表二　各年級學校願景課程目標一覽表（900117修正）

目標		目標能力
四年級	超越	1.擔任一項校園服務工作 2.會安排及分配自己的工作並按時完成 3.知道自己的優缺點並展現優點、改進缺點 4.能做簡單的主題報告（口頭或書面）
五年級	活力	1.養成運動的習慣 2.懂得搭配合宜的服裝 3.認養校園植物 4.懂得適當的表達自己的情緒 5.善用自製班刊與家長聯繫
	學習	1.能整合上網查詢的資料做成報告 2.透過族群分組活動，認識並介紹他人及自己的鄉土語言及生活 3.建立閱讀制度，每學期至少閱讀十本課外讀物 4.具備電腦文書處理編輯、初階簡報製作能力 5.能用英語進行簡易對話
	欣賞	1.瞭解各種藝文的表現方式 2.能與團體共同演奏直笛 3.能編製個人作品集 4.能以自己族群的文化為探索主題，並將探索成果介紹給同學
	超越	1.協助一項社區服務工作 2.配合學校課程製作個人生活規劃 3.擇一中外偉人，進行主題探索 4.設計完成一項自然專題研究
六年級	活力	1.能設計一份個人的運動計畫並實踐 2.能依不同場合穿著適當的服裝 3.參與校園環境的美化 4.善用自製班刊與家長、社區聯繫 5.能體諒他人的情緒表現
	學習	1.能整合上網查詢的資料做成報告 2.透過族群分組活動，認識並介紹他人及自己的鄉土語言及生活 3.建立閱讀制度，每學期至少閱讀十五本課外讀物 4.畢業光碟的製作 5.能用英語朗讀短文

（續）表二　各年級學校願景課程目標一覽表（900117修正）

目標		目標能力
六年級	欣賞	1.瞭解各種藝文的表現方式
		2.能與同學演唱二部重唱之曲目
		3.舉辦班級藝文展覽活動
		4.能以自己族群的文化爲探索主題，並將探索成果介紹給同學
	超越	1.協助一項社區服務工作
		2.完成假期時間規劃及實踐，並於開學時進行檢討
		3.尋找學習對像並擬定學習計畫
		4.設計完成一項自然專題研究

三、建構課程方案

　　課程願景及願景目標相繼完成之後，學校開始建構課程的實施方案，首先進行的工作就是確立學校的課程架構。

　　課程架構是學校課程發展理念的具體落實，瑞源國小學校課程的發展，從七大學習領域出發，以教師專業的教學態度及方法啟發兒童的多元智慧，過程中除了提供學生優質的學習環境，更引進社區家長的參與，讓學校教育能符合整個社區的需求，此一架構正與高新建（2000）所提出的根據九年一貫課程目標及分段能力指標，以學校本位課程發展的方式，配合學校的願景、學生的興趣及經驗、社區的特色與資源，及教師的專長，自行發展統整課程的理念相呼應（課程架構圖如**圖一**）。

　　這樣的理念，由班級所建構的班級經營計畫及班級教學計畫出發，透過教師安排的課程和活動以及專業的教學和評量，希望學生經過六年的學習過程來達到學校課程願景的目標及國家教育目標。

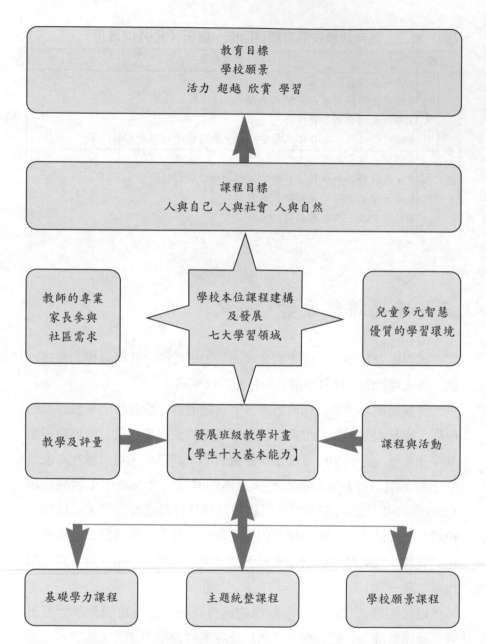

圖一　瑞源國小課程架構圖

資料來源：參考台北市立師院實驗國民小學課程架構；盧美貴、陳勤妹，
　　　　　1999。

四、建立課程實施制度

（一）訂定實施的原則

用願景做為學校教學活動的主軸，在領域課程部分，以學校願景（活力、學習、欣賞、超越）為教學主題，依據主題目標選擇教科書，並做增刪、轉化及調整，每學期完成兩個主題，上、下學期剛好完成四個主題的學校課程願景。

彈性學習節數除了學校行事活動之外，則以願景：學習、活力、欣賞、超越四大主題同時規劃，由於沒有教科書可供選用，教師必須依據學校願景中各年級的課程目標，改編或自編教材，課程實施的原則及範圍如**圖二**。

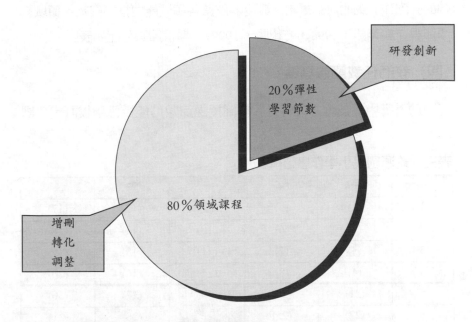

研發創新

20％彈性
學習節數

80％領域課程

增刪
轉化
調整

圖二　瑞源國小學校本位課程發展範圍

（二）確立學校作息結構

九年一貫課程教學總節數又區分為領域教學節數（80％）及彈性教學節數（20％），領域教學節數在課程暫行綱要中明定有授課節數，彈性教學節數則給予學校彈性決定的空間，因此，在決定彈性節數之前，首須考慮學校作息結構。由於學校社區屬於農村型態，教師們在考慮社區家長生活、工作以及學生的作息之後，覺得學校仍以統一放學時間為宜，因此，決定了低年級在校學習節數為二十三節，中年級為二十九節，高年級為三十二節（作息結構如**表三**）。

（三）教學節數的規劃

在九年一貫課程暫行綱要中明定了各領域教學節數的上、下限百分比，因此，作息結構確立之後，課程發展委員會開始就七大領域教學節數的分配作詳細的討論規劃。最後，依據各領域能力指標確定各領域教學節數（教育部，1998；方德隆，1999）。學習節數分配如**表四**。

（四）教師任教節數標準

為因應中央及地方政府對於教師授課節數可能授權學校訂定，課

表三　瑞源國民小學作息結構表

	一	二	三	四	五
1	(1)	(5)	(9)	(13)	(17)
2	(2)	(6)	(10)	(14)	(18)
3	(3)	(7)	(11)	(15)	(19)
4	(4)	(8)	(12)	(16)	(20)
5	(21)	(24)	教師成長團活動 課程發展委員會	(27)	(30)
6	(22)	(25)		(28)	(31)
7	(23)	(26)		(29)	(32)

表四　瑞源國民小學學習節數分配一覽表

一、二年級						學生每週學習總節數：23節	
領域學習節數→20節						彈性學習節數→3節	
語文 20％ （30％）	數學 10％ （15％）	綜合活動 10％ （15％）	健康與體育 10％ （15％）	生活課程 30％ （45％）	彈性調整節數	鄉土語言	願景課程 學校行事 班級行事 補救教學
3	2	2	2	6	4	1	2
6	3	3	3	9	0		
5	3	2	3	7	0		

三、四年級									學生每週學習總節數：29節	
領域教學節數→25節									彈性學習節數→4節	
語文 20％ 30％	數學 10％ 15％	綜合活動 10％ 15％	健康與體育 10％ 15％	藝術與人文 10％ 15％	社會 10％ 15％	自然與生活科技 10％ 15％	資訊	彈性調整節數	英語	願景課程 學校行事 班級行事 補救教學
5	2.5	2.5	2.5	2.5	2.5	2.5	1	4	2	2
7.5	3.75	3.75	3.75	3.75	3.75	3.75				
6	4	2	3	3	3	3	1	0		

五、六年級									學生每週學習總節數：32節	
領域教學節數→27節									彈性學習節數→5節	
語文 20％ 30％	數學 10％ 15％	綜合活動 10％ 15％	健康與體育 10％ 15％	藝術與人文 10％ 15％	社會 10％ 15％	自然與生活科技 10％ 15％	資訊	彈性調整節數	英語	願景課程 學校行事 班級行事 補救教學
5.4	2.7	2.7	2.7	2.7	2.7	2.7	1	3	2	3
8.1	4.05	4.05	4.05	4.05	4.05	4.05				
6	4	3	3	4	3	3	1	0		

程發展委員會參考台灣省政府教育廳83.8.30（83）府教四字第一五二二九九號函訂定的教師授課標準，訂定本校教師授課節數計算方法；以教師在現行課程中每週授課節數占整週學生上課總節數的比例，乘以九年一貫課程每週上課總節數，得出的數值爲教師授課節數（**表五**）。

五、訂定課程實施策略

（一）行政系統

負責規劃、溝通協調、協助支援教師以及課程實施的評鑑工作。

（二）教學系統

在教學現場的教師則依學校課程架構及實施原則規劃個人的教學計畫，並將教學計畫在現場落實。教學之後，依個人教學心得分享全體教師。同時爲了增長個人教學專業智能，教師們須不斷參與進修，以提升教學技能。

表五　教師授課節數表

班級數	舊制教師每週授課分鐘數		
7-12班	主任	組長	級科任
	400	800	960-1120

※舊制每週上課節數：
7節×4天＋4節×2天＋3節（20分鐘×6天＝120分鐘）＝39節
※九年一貫課程每週上課節數：
7節×4天＋4節×1天＝32節
九年一貫課程主任每週上課節數：32節×（10/39）＝8節

（三）社區資源

　　社區與學校在教育工作上是一種合夥關係，這樣的觀念在瑞源地區已逐步在發展中，因此，學校在課程實施的策略，希望社區能扮演支援教師教學的角色；同時提供相關資源與學校共享，以充分發揮其效果。

肆、教師的專業成長

　　協助教師獲得這一次教育改革中所需要的知能，提供最切實的進修規劃，是試辦過程中另一項重要的方案；學校規劃了連續性的、動態且多樣的教師成長活動，期待能引發教師的專業潛能，應用於教學現場中。

一、鼓勵教師開口說話

　　記得曾經在一本書上看到一段話，大意是說一般人往往吝於表達自己的情感及讚美，雖然偶有例外，但大多是在要分離或人已去世的時候，到那時候才說出來，事實上，不是太遲就是無濟於事。老師剛好是這種典型，在教師成長團體運作的過程當中，最大的難題是教師不擅於將自己的看法表達，以致討論的場合，大多數的人是沉默的，追溯其原因，應該是過去教育上的缺失，學校沒有提供學生訓練的機會。在李雅卿的《種籽手記》（1997）中曾經提到，種子學苑的學生到了普通學校以後，又回到學苑向老師抱怨：一般學校的學生，「不懂得聽別人的意見，也不會表達自己的看法」。看到這段話，真是心有戚戚焉，但這何止是一般學校的學生，事實上連老師也都如此。

培養教師能在討論的場合有自信地發表自己的看法，是這專業成長機制裡的重要目標。為了讓老師能在議題討論時傾聽別人的意見，同時發表自己的看法，學校安排了一連串讀書心得討論的活動，就書中與教學相關的議題作心得的分享及討論。二年下來，教師在針對議題討論時，對於表達個人的看法，有明顯的進步。只是往往因為事前的準備不夠充分，除了負責的小組外，其他教師對問題無法深入的探討，殊屬可惜。

二、專業對話促進教師成長

　　透過專業的對話，教師可從中釐清自己的觀念，並吸收他人的經驗，對於改進教學及個人成長有相當的幫助。學校在進行小班教學及九年一貫課程試辦工作過程當中，邀請有經驗的教師與本校同仁進行專業的對話，同時也安排本校同仁與他校教師進行議題討論，透過對談與討論，教師一方面聽取別人的意見，也發表自己的看法，經過思考的激盪之後，每個人都會醞釀出些新的東西。

三、行萬里路讀萬卷書

　　「行萬里路，讀萬卷書」，這句話大家耳熟能詳，但真正能用心去體會其中意涵的人也許並不多，原因只是時間點的問題，不在那關鍵的時刻，較難用「心」去體會。

　　在試辦的二年當中，每學期都安排一次實務觀摩的活動，八十八學年度上學期在花師實小饒見維校長的協助之下，我們參訪了花蓮師院實小，並與該校行政人員及教師進行實務的對談，對花師實小所進行的課程統整工作及學校行政在九年一貫課程試辦工作上的運作情形，有更深入的瞭解。而老師們對於能夠藉此機會擷他人之長、更可

以稍微放鬆一下，都覺得這樣的參訪深具價值。

　　八十八學年下學期的參訪活動，選擇了高雄市的民權國小及屏東縣萬巒鄉的五溝國小；民權國小是高雄市九年一貫課程的試辦學校，教室的建築有開放空間設計，有利於班群的協同教學，課程的安排也是朝著主題式統整課程規劃；五溝國小學校規模與本校差不多，是純樸的客家迷你小學，從八十七學年開始實施小班教學精神計畫，親師互動及鄉土教學都有著顯著的成效。

　　這次的校外參訪活動，老師們的感觸更加深刻，看到了一群和我們一樣在自己崗位上努力不懈的教育夥伴，也看到了在他們臉上綻放的光彩與自信，老師們由此更加確認學校的方向是對的，自己的努力並不孤單，更對我們一起攜手努力的方式提供了許多的啟發。

　　在民權有一群為相同教育理想而努力的教育夥伴和投入義工行列的媽媽們。看到他們的用心和努力，老師們的心著實踏實多了，在私下交談中，都覺得這一趟知性之旅，感受到不小的衝擊。也許這就是時間點剛好吧！「行萬里路，讀萬卷書」，再次得到了印證。

四、讀書會充實了教學的內涵

　　教書之後就不再讀書，這是過去一般教師的通病。然而處於資訊爆發的時代，教師如果不能與時俱進，恐將無法有效的教學。為使老師們在有限時間內，研讀到真正需要的書籍，教導處將全體教師區分成三組，各組分配有研讀的書目，研讀之後再提出心得分享與討論，一年來，研讀的書目雖然不多，但大家對書中的內容都有深刻的瞭解。尤其《多元智慧的教與學》（郭俊賢、陳淑惠譯，1998）一書，花了近一學期的時間，就書中的八大智慧逐一討論，對教師的教學觀有深遠的影響。

　　而這樣的閱讀更提供了我們在學校本位課程規劃以及統整課程設

計上不少的幫助，我們的兒童圖像便是以多元智慧的方向來思考；老師們更從分組閱讀的閱讀活動中，深入瞭解書中的知識並提出來與大夥們分享。

五、考驗教師初步的專業能力——課程統整

讀《統整課程活動設計》（薛梨真，1999）這本書後，大家決定應該來做做看，試辦的第一個學年，我們以班級導師為主、科任協助的方式，每個班級試擬了一份整學期的教學計畫，並擇其中一個主題在教學現場實施。

九年一貫課程中有兩項很重要的概念，一是「統整的精神」，另一項則是「協同教學」。除了上述兩項概念之外，未來教師還需具備有自編教材的能力。為了協助學校教師們及早找回這些喪失已久的能力，有了這次的經驗，教導處邀集同仁歷經三次研商（課發會會議記錄），訂下了試辦後第二個學期的教學計畫實施方案。在放寒假之前，教務組提早將下學期課本及指引發給各位老師，老師們在寒假期間便詳細閱讀相關教材，開學前完成教學計畫，預定在開學前一週回到學校，進行第一次的課程計畫的發表會。

在撰寫學期課程計畫的同時，老師也必須同時規劃與教學目標及內容相符的評量計畫，評量方式朝向多元化的設計，每學期進行二次的總結性評量，任課教師依教務組所擬定的時間，彙整學生的成績送出。看似簡化了評量的次數，實際上卻增加了老師們在評量上的許多難題，比如課堂中的觀察記錄、操作或發表成績的量化、各項評量所占的比重的分配……，真是難為大家了！

第一次課程計畫發表的日子，是重建教師專業的起點，我們的老師要從這個有意義的日子重塑教師專業的形象，每個人抱著自己的教學計畫，按著教導處排定的順序，依序上台報告；報告之後與所有老

師對話，在對話中，釐清報告者的設計理念與想法，並給予建設性的意見；這份計畫必須依著對話所產生的共識，在一個月內作適度的修正再提出；更為了瞭解計畫與實際執行的落差，大部分的老師在教學過程中，隨時留下紀錄，作為下次研擬計畫及願景目標修正的參考。

六、評量模式的改變與溝通

「考試領導教學」，是長久以來教育界最為人所詬病的事情，學生在學習活動中沒有自己的意願與興趣，讀書完全只是為了考試。因此，有幾次的定期評量，學生就會有幾個星期很努力的讀書。為了嘗試改變學生的學習態度，提升學生的學習興趣，從八十八學年度起，學校便開始實施多元的評量方式，期盼透過評量方式的改變，影響學生的學習行為，改進為考試而讀書的習慣。雖說有些實驗性質，但老師們卯足了勁在這樣的教學與評量活動當中，過關評量、實作評量、能力檢核、成果發表等等，老師們根據自己的教學設計，規劃了與之符合的評量方式，孩子們在此時也顯出了無窮的學習活力。

由於事前宣導得宜，家長也都贊同學校的改進措施；為了讓家長有更深入的瞭解，部分班級還邀請家長擔任評量工作的協助人員，從協助過程中，家長看到老師的投入與辛勞，因此，在家長的認同之下，八十八學年第二學期開始，學校全面實施多元評量的措施。當然難免還有少數家長不甚瞭解，學校仍然積極的宣導與溝通。例如：有些家長會疑惑的問道：「學校現在都不必考試了嗎？」老師會告訴他們：「不是不必考試，現在是隨時都在考試，學生平時就得認真學習，而不是只有考試前那幾天才讀書，考完又全部忘掉。」學生在學習活動中，任課教師即對其學習過程、學習態度與學習結果，進行形成性的評量工作。並運用多元的方式，使學生的能力得以發揮與展現，教學與評量之統合是未來評量的發展趨勢（李坤崇、歐慧敏，

2000），而我們已經落實在教學現場了。

同時教導處亦根據新課程的領域研擬了一套成績評量辦法與程式，讓整個課程改變在校內的配套更趨完善。

伍、碰撞後的激盪與共識

八十八學年第二學期一開學，老師們要心繫於班級的教學與評量、召開班親會與家長溝通教學理念與作法，對於學校本位課程的規劃，相對的無法作深入的思考；時間成了我們必須先克服的障礙。另外，在只有架構的情況下，我們的學校本位課程尚無法呈現出具體的實施方向，還有許許多多的問題等著我們一起去解決。

所以這學期的教師專業成長規劃依舊循著上學期的方向來進行，但是每週只有週三下午的時間，實在是不夠，便將每週五的教師晨會，在一個月中挪出個一至二次召開課發會。

老師們一方面要學習相關的知能，一方面就要著手規劃課程，顯得力有未逮，而且這樣頻繁的開會，老師們感到許多的無奈，時間也在一次一次的會議中流失，而會議品質是否依次數的增加而有所增進，並非必然；雖然在開會前做了詳細的通知，遲到、未帶相關資料的情形依然時常發生，會議中感到枯燥、無趣，不說話的也大有人在。

汪教授也注意到這樣一個現象，提供了我們一個值得一試的方法：會議中吃一些小點心，嘴巴動了，心情好像也不那麼煩了，氣氛也熱絡多了，或許也願意多說點話了，這是第一步；同時，校長與行政人員不斷的營造一個安全的會議型態，讓老師們逐漸降低心中的防衛，願意敞開心胸，將寶貴的想法貢獻出來。

我們的會議文化逐漸產生了質變，慢慢能在會議中提出個人的想

法，也傾聽別人的說法，更願意從瑞源人的角度出發來思考瑞源國小的事，由一次次的討論中，感受到瑞小教師的歸屬感，逐漸把學校的事當成大家的事，所以會議中可能有意見與想法不同的爭辯，可能有遇知音的相惜，可能有達成決議時那鬆了口氣的呼氣聲，您都不要意外，您在瑞源國小，沒錯！

花了這整個學期的時間，在課發會中，討論出了學校的教育願景、兒童圖像、教師圖像、學校本位課程的目標與實施方式，下學年的課程時間安排與各領域教學節數等等，其中要特別提出的是兒童圖像的建立，乍看之下似乎與學校的教育願景不相關，而以多元智慧的方式來呈現，這是我們的另一個向度的思考，希望藉由老師們規劃多元的教學型態，提供給學生多樣的學習管道，而能從中啟發出孩子們的學習潛能，引導出孩子們學習的興趣及給予更豐富的成功經驗，而這樣也更能達成學校的教育願景。

瑞源國小在這二年來，全體同仁投入教學的改進及課程的發展，並藉著實際的研討、修正，使行動研究在每位教師的真實工作環境中進行，經過這二年的本位發展，「學習型的學校」在瑞源國小儼然形成。

陸、學校本位課程發展的評鑑

評鑑的目的在於瞭解計畫實施的結果、管制品質並提供修正方向；在改進（improve）而不是在證明（prove）（饒見維，2001）。學校課程發展過程中，評鑑工作更顯得重要（高新建，2002；張嘉育，2001），然而由於試辦初期，經驗及學術背景均待充實，在評鑑工作上規劃了三個方向。

一、行政措施

1.課程發展委員會負責檢視教師教學計畫與教學現場的落差。
2.利用教學研究小團體分享教學心得，同時檢視教師教學設計與教學現場的實際情形。
3.安排參觀試辦成果績優學校，和教師對話，以吸取他校經驗。

二、教學視導

1.教學分析：教師在完成教學計畫之後，以分析表檢視自己的教學設計，以避免有所偏差。
2.教學札記：教師在教學過程中，對於所遭遇的問題，隨時留下紀錄，每完成一個主題的教學活動，即檢視這個主題的教學情形，並整理成札記，做為下一主題教學或規劃的參考。
3.同儕教學觀摩：這一項視導措施源於同儕教練模式，教師與教師間形成一個同儕的夥伴關係，彼此具有合作及團隊情誼，共同討論，互相觀摩。同事間每學年至少要有兩場同儕教學觀摩，以促進共同成長。

三、學習評量

1.每位教師在完成個人的教學計畫時，同時也完成了評量規劃，其中包含了評量的項目及所占百分比，並在每學期第一次班親會時向家長說明。
2.評量採取多元的方式，不限於紙筆測驗，評量結果則以等第及質性的敘述呈現。

3.學生的成績打破過去五育的方式計算，以領域方式呈現取代。

柒、瑞源國小學校本位課程的成果與展望

一、成果

　　經過二年教學現場的操作，瑞源國小所推動的學校本位課程發展，從無到有，獲致初步的成果，茲就整體狀況說明如下：

　　第一，就學生的學習而言。課程經過教師規劃設計之後，學生的學習顯得相當活潑，由於提供了學生更寬廣的學習機會與經驗，學生在小組合作學習，有大幅度的進步。同時因為引進了社區家長的參與，學生與社區的互動明顯大增，相對也促進了家長對子女教育活動的重視。

　　第二，就教師而言。教師在課程規劃上的能力有相當大的進步，經過一年的教學現場實作，部分教師已有相當多的創意展現在教學活動中。同時教師專業的成長，大部分教師拓展了個人的視野，也找到了個人的價值與自信。

　　第三，對學校整體而言。校園文化的改變、學校風格的建立，使得瑞源國小逐漸塑造出教育的專業形象，也開展出學校經營的方向。

　　雖然試辦期間有這麼豐富的收穫，但是，我們也遭遇了如下的問題：

　　第一，教師備課的時間不足。在學校課程發展過程中，不論是行政或是教師，都同樣感受來自時間上的壓力，尤其是級任教師，除了原先的教學活動與行政工作外，還需參與學校本位課程的發展研討，深受時間不足的痛苦（張嘉育，1998；歐宗明，2000；甄曉蘭、簡

良平，2002）。

第二，教師認同的問題。雖然大部分的教師都完全投入這一次跨世紀的教改方案，以具體的行動展現在個人的教學計畫及教學現場之中。然而，不可否認的，仍有少數教師不認同這樣的課程改革，對於相關行政上的措施，採取交卷了事的心態（甄曉蘭、簡良平，2002）。尤其長久以來，學校教師不擅於也不願意用文字表達自己的想法，習慣於執行所交付的教學任務，對於所賦予的課程自主權並不感興趣（甄曉蘭，2001），因此，課程的規劃就顯得空洞。在團體中本來就無法要求一致的想法，只希望每一位教師都能對學校課程發展上的意義有深入的瞭解。

第三，課程評鑑問題。學校課程發展過程中，有相當多的變數存在，為維持一定的品質，評鑑的機制就顯得格外重要。教師所規劃的課程時數是否達到綱要的標準？教學的內容是否依課程計畫實施？學生學習的情形如何？都是必須要詳細檢視的。尤其是對學校課程發展工作不認同的教師，其所實施的課程品質，更有待建立有效的評鑑機制（高新建，2002；饒見維，2001）。

第四，教師異動的問題。教師異動本來是一件非常正常的事，只是在學校課程發展的過程中，一位新進的教師在適應上可能遭遇更多的困難，相對也會對學校的課程發展帶來許多的變數，例如學校本位課程與願景的說明、對學校文化的適應、學校教育願景的理解與掌握等等，如果教師流動過大，將是學校課程發展上的一項危機（白雲霞，2001；甄曉蘭、鍾靜，2002；饒見維，2001）。

二、展望

面對九年一貫課程所提供給學校及教師在課程和教學上寬廣的空間，如何妥善規劃屬於學校本位的課程，是一件相當重要的工作。經

過二年的實務和努力，覺得以下幾點是未來學校繼續發展課程工作時不可忽略的：

第一，完整的規劃。學校本位課程發展，是一項長期性的工作，從願景的建構發展開始，必須有長遠的考量、完整的規劃，不可想到什麼就做什麼，尤其是課程的規劃必須同時兼顧到領域課程及彈性課程。近來常在教師們的談論中聽到，「未來領域課程用書商出版的教科書即可，學校只要負責彈性時間」，這種似是而非的論調，恐將影響學校本位課程的發展。殊不知，領域課程雖有教科書可供選用，然而在學校願景、社區環境及學生不同需求考量之下，教師仍應做課程的調整、轉化及增刪的工作；至於彈性時間更有賴學校及教師的研發與創新。學校本位課程的發展涵蓋了領域課程和彈性時間，是無庸置疑，必須全盤考量、完整規劃（黃嘉雄，1999）。

第二，持續的發展。若從「課程發展」的觀點而言，學校課程本來就是持續發展而來的（黃嘉雄，1999），饒見維（2001）也認為課程發展是一個不斷檢討與修正的過程；學校必須訂定每一階段發展的重點及工作時程，循序漸進，持續發展，讓學校本位發展的概念能真正落實在課程中。

第三，全校參與。全校成員一起投入，是學校本位課程發展非常重要的部分。九年一貫課程暫行綱要規定各校成立課程發展委員會，下設各領域課程小組，對小型學校而言，幾乎全員參與（甄曉蘭、簡良平，2002）。大型學校則可成立研究小團體，擴大參與層面，讓全校同仁在學校本位課程發展過程中，均有參與的機會。

回首這樣一個歷程，我們覺得一個團隊的成形，除了教師們願意花時間、心力去學習與完成之外，領導者是一個重要的關鍵人物（張嘉育，1998），他是整個團隊方向的舵手，校長的理念深深的影響著瑞源國小整個九年一貫課程試辦的過程，當然也承受著所有伴隨而來的困難與阻礙。

我們從自尊心出發，教師的專業與教育的方向都需從我們的心中再次重塑；建立自信心，由一次次的實作、分享與對話中，感受到自我的成長及他人的肯定與讚美（王秀槐，2001），更看到學生在老師們的用心、用情之下的成長與快樂；同時老師們也保留著適當的危機意識，未來不再有萬年校長、萬年主任，更不要期待會有萬年教師，以不變應萬變的處事哲學已無法適用於今日「唯一的不變就是變」的時代了。

　　逐漸的整個社會的主體文化，將由菁英的、學術的，轉化為全體的、生活的（陳伯璋，1999a、1999b），而所著重的便是此時此刻的現場需求，是以在九年一貫課程綱要中，亦揭出了學校本位課程的應然與必然；雖然，不能預知學校本位課程發展能否成為我國課程發展的主流，但是只要教師和學校繼續不斷地尋找和嘗試呈現學習機會給學生的最有效方式，學校本位課程發展便能夠成為教師和學校教育專業中極為平常的部分（高新建，1998）。

　　瑞源國小經歷了二年的時間，大部分的夥伴們以自身的實際經驗與新課程作了初步的探索與實踐，付出了許多的額外時間與精神，也使得部分老師承受不住長期的壓力而選擇離開，而面對未來仍有許多不確定，政策與現場之間的調適與轉換、變革與創新，教育行政單位是否能重視基層老師的認同與感受，提供給老師們繼續努力的信心與支持，實在需要所有的人來關心與體諒（曾憲政，1999；楊益風，1999）。

　　我們共同期待，每一個下次都更好，不論有多少的政策與現實要調適，不論世界趨勢改變得如何快速，除了該變就變之外，我們也堅持屬於我們的不變：

　　第一，我們是同一國的。團隊與專業勢將引領風騷，期望在瑞源國小的老師們，在教育的這條路上互相扶持，互為夥伴。

　　第二，行政領導轉換教學領導。學校的主體是學生，最重要的運

作是教學，持續的後援支持與教育方向的引導是學校行政的重大任務。過去學校的行政領導者並非把大部分的時間花在課程與教學上，但是若欲落實學校本位課程管理的理念，學校領導者應視課程與教學領導為核心任務（黃嘉雄，1999）。

第三，建立對話機制。學校的課程發展需歷經一連串的課程決定過程，從願景的建構、課程目標與理念的評估，到教材內容的選編、教學活動和評量方法的設計，乃至教學時數的安排、課表的排定、家長觀念的溝通，這麼多的決定事項，不能也不應由行政領導人員或特定人士單獨做決定（黃嘉雄，1999）；而建立開放安全的對話機制，鼓勵和學校課程有關的人員來參與及分享個別的想法與教學，才能澄清彼此的觀點與疑惑，說服彼此心中的障礙，開放彼此的心胸，營建多元、快樂的新校園。

更希望教育政策的決策單位，也能體諒到台灣許許多多的小型學校，在進行教育工作時所面臨的人力、時間與資源不足的窘況，給予這群默默辛勤的老師們在制度與信心上足夠的支持與鼓勵。

參考文獻

王秀槐（2001）。九年一貫課程試辦國民中學學校本位課程發展模式研究。課程與教學，4卷3期，頁125-148。

方德隆（1999）。九年一貫課程基本理念與內涵。載於國立高雄師範大學主編，國民中小學課程教學研討會論文集（頁9-30）。高雄市：國立高雄師範大學。

石原明（2001）。解讀學校本位課程的迷思。師友月刊，709期，頁59-62。

白雲霞（2001）。渾沌理論對學校本位課程發展之啟示——從學校行政

的觀點。教育研究，88期，頁45-54。

李坤崇、歐慧敏（2000）。統整課程理念與實務。台北市：心理出版社股份有限公司。

李雅卿（1997）。種籽手記。台北市：遠流出版事業股份有限公司。

林生傳（1999）。九年一貫課程與教學創新。九年一貫課程研討會論文集（下）：邁向課程新紀元，頁368-383。台北：中華民國教材研究發展學會。

林殿傑（2001）。九年一貫課程之政策規劃與因應策略。九年一貫課程理念與精神，頁10-31。台北：教育部。

施登堯（2000）。教育改革宜先認清學校本位課程發展的本質。翰林文教雜誌，14期，頁6-7。

高新建（1998）。學校本位課程發展的多樣性。載於中華民國課程與教學學會主編，學校本位課程與教學創新（School-based Curriculum and Teaching Innovation），頁61-79。台北市：揚智文化。

高新建（2000）。以基本能力及能力指標為本位發展統整課程。教育資料與研究，33期，頁12-18。

高新建（2002）。學校本位課程評鑑的相關概念。教育資料與研究，44期，頁1-13。

教育部（1998）。國民教育階段九年一貫課程總綱綱要。台北：教育部。

陳伯璋（1999a）。邁向新世紀的課程——九年一貫課程的理念、內涵與評析。九年一貫課程理念與精神，頁32-54。台北：教育部。

陳伯璋（1999b）。九年一貫課程綱要修訂的背景及內涵。教育研究資訊，7卷1期，頁1-13。

郭俊賢、陳淑惠譯（1998）。多元智慧的教與學。台北市：遠流出版事業股份有限公司。

張嘉育（1998）。認識學校本位課程發展。載於中華民國課程與教學學會主編，學校本位課程與教學創新（School-based Curriculum and Teaching Innovation），頁23-47。台北市：揚智文化。

張嘉育（2001）。學校本位課程發展的落實與永續。教育研究，88期，頁35-44。

曾憲政（1999）。九年一貫課程需要完善的配套措施。教育資料文摘，43卷3期，頁8-11。

游家政（1999）。面向新世紀的課程改革──九年一貫課程綱要的內涵及其對教師的衝激。載於國民教育九年一貫專書（一）──理念與實務，頁101-131。台北：教育部。

黃嘉雄（1999）。落實學校本位課程發展的行政領導策略。國民教育，40卷1期，頁29-34。

楊益風（1999）。世紀末國民中小學的衝擊與新生。教育研究資訊，7卷1期，頁49-56。

歐用生（1999）。從課程統整的概念評九年一貫課程。教育研究資訊，7卷1期，頁22-32。

歐宗明（2000）。九年一貫學校本位課程實施問題之探討。翰林文教雜誌，14期，頁32-37。

甄曉蘭（2001）。推動學校本位課程發展的困難與策略。教育研究，85期，頁42-53。

甄曉蘭、鍾靜（2002）。學校本位課程發展相關問題及其相應措施之研究，47卷1期，頁1-16。

甄曉蘭、簡良平（2002）。學校本位課程發展權力重整問題之批判分析。教育研究集刊，48卷1期，頁65-93。

薛梨眞主編（1999）。統整課程活動設計。高雄市：高雄復文圖書出版社。

盧美貴、陳勤妹（1999）。專業與風格。教育研究，68期，頁16-23。

饒見維（2001）。如何激發課程發展的士氣──學校本位課程的四個發展策略。研習資訊，18卷1期，頁1-6。

羅清水（1999）。九年一貫課程中的教學觀。研習資訊，16卷2期，頁1-11。

國小資訊教育課程之探究

吳能州

台東縣馬蘭國民小學資訊組長

壹、前言

　　二十一世紀，由於資訊科技的高度發展，電腦的使用已經成為我們生活的一部分。為了使國民能夠適應未來資訊傳播的快速的社會型態，教育部於民國86年開始推動為期十年的資訊教育基礎建設計畫，為了加速資訊教育基礎建設並配合擴大內需政策，民國88年更追加六十四億七千萬元預算，提前完成中小學電腦教學環境建制。（韓善民，1998）全國的中小學在教育部擴大內需的政策之下，均有可供學生一人一機使用的電腦教室，以及可以連上網際網路的ADSL專線，我國的資訊教育基礎建設在教育部的推展下迅速展開。

　　正當資訊教育基礎建設積極補助學校電腦設備的同時，筆者心中所關心的是我們究竟應該如何有效的應用這批教育部補助的電腦？學校的資訊課程究竟應該如何做安排？應該利用何種方式實施？筆者查詢國民小學的課程標準，發現教育部於民國83年所公布的課程標準中，並未將「電腦」列入正式的課程當中（教育部，1994），民國85年所公布的版本也僅將「電腦」列入成為「團體活動」的課程，利用分組活動的方式進行（教育部電算中心，1997），民國87年公布了「國民中小學資訊課程範圍參考綱要草案」，這個綱要草案列出了國民中小學資訊教育的總目標與分段目標，是在政府實施擴大內需方案時，唯一可以參考的電腦課程實施依據。

　　民國89年，教育部公布了九年一貫課程綱要，原本以為在資訊教育基礎建設──擴大內需方案之後，九年一貫的課程中應該會規劃電腦的學習課程，但教育部公布的九年一貫課程實施方案中，將資訊教育列入重大議題的項目之中，並且希望老師能夠將資訊科技融入各科的教學之中（教育部，2000）。

本文首先藉由資訊課程的演進探討資訊課程的實施方式，再由授課內容的分析，瞭解國小資訊教育課程內容的安排方式，期望由課程的演進方式瞭解九年一貫資訊課程與以往資訊課程的不同之處，最後藉由課程的分析，探討九年一貫課程資訊教育在國小可以進行的方式。

貳、國小資訊課程的演進

如前所述，教育部於民國87年委託資訊工業策進會編訂了「國民中小學資訊課程參考綱要草案」，本項草案提供了國民中小學資訊教育的重要目標與方向。民國89年，教育部公布了「九年一貫課程資訊教育重大議題基本能力指標」，這兩者之間的轉變是否有所不同，為筆者在本節探討的重點。

一、資訊課程授課節數的改變

87年「國民中小學資訊課程參考綱要草案」中，國小資訊課程節數如**表一**。由此表可知，87年的國小資訊課程綱要中，把國小資訊課程時間的安排分成六個學期，平均每個學期授課時數大約為十四點五節課。也就是說，資訊課程綱要中，資訊課程的實施年級是以四到六年級為主。

九年一貫課程中，資訊課程的實施與安排是以國小三年級至國中

表一　87年「國民中小學資訊課程綱要草案」資訊課程節數表

學期	一	二	三	四	五	六	總時數
授課節數	15	14	15	13	14	14	85

一年級為主（三至七年級），其中國小三至六年級資訊教育課程的授課節數規劃如**表二**。

由此表可知九年一貫資訊課程安排的教學時數以每學年二十節課作為規劃，也就是每學期的授課節數的規劃為十個小時；九年一貫課程中每學期的上課週數是二十週，因此可以得知國小的資訊課程的授課節數為每二週上一節課。

綜合以上的資料，我們可以得知，87年的「資訊課程綱要草案」與九年一貫課程中所提及的國小資訊課程授課的年級是略有不同的，資訊課程綱要中所提及的授課年級是以國小四至六年級學生為主，九年一貫的資訊課程授課年級則是以國小三至六年級為主。

九年一貫課程的規劃中，資訊課程學習的起始年段以三年級作為開端。但是如果把資訊課程綱要中的授課總節數，和九年一貫課程的總節數互相比較，可以發現九年一貫課程的授課總節數少了五節。由此也可以瞭解，87年的資訊課程綱要草案是九年一貫資訊課程綱要的重要參考指標與方向。資訊課程的規劃上，是以二週一節資訊課為主要的安排及規劃方向。

二、資訊課程授課內容的改變

（一）國民中小學資訊課程綱要內容與授課時數

國民中小學資訊課程綱要內容與授課時數如**表三**。由表三可以瞭解，在87年的資訊課程綱要中，對於每個課程內容的授課時數明顯地

表二　九年一貫課程國小資訊課程授課節數規劃表

學年	三	四	五	六	總授課節數
授課節數	20	20	20	20	80

條列出來，提供作爲資訊教育課程的參考。同時可以看出，資訊課程綱要中所安排的課程進行方式爲螺旋式課程，把相同主題的授課內容，依照不同的難易程度，分別安排在不同的年級教授。在學習的內容上，是以學習電腦的操作技能爲主。

（二）九年一貫資訊課程綱要內容

九年一貫資訊課程綱要內容整理如**表四**。

九年一貫資訊教育課程綱要中，對於資訊課程的實施內容，明確的指出來，在授課的內容劃分上，是依照電腦操作技能的難易度，將教材排列至各個學習階段，三年級以基本電腦的操作與使用爲主，四年級以電腦文書處理、網際網路應用爲主，五年級以網頁製作、網路

表三　國民中小學資訊課程綱要授課時數表

學期數／授課節數／單元名稱	第一學年		第二學年		第三學年		合計
	第一學期	第二學期	第三學期	第四學期	第五學期	第六學期	
教室使用規範及管理	1		1		1		3
電腦與生活	1	1	1	1	1	1	6
電腦基本概念	2				1	1	4
電腦的使用倫理	1	1	1	1	1	1	6
電腦基本操作	1		1		1	1	4
電腦輸入法	1				1	1	3
電腦輔助教學	1	2	1	2	1	2	9
文書處理及列印	6		6	2	2	2	18
電腦音樂與繪圖		3	3			3	9
電腦網路		6		6	3		15
問題規劃及流程安排	1	1	1	1	2	2	8
總節數	15	14	15	13	14	14	85

表四　九年一貫資訊課程授課綱要與節數

年級 授課節數 單元名稱	三年級	四年級	五年級	六年級	合計
電腦教室使用規範與管理	1				1
電腦與生活	1				1
視窗環境基本操作	8				8
輸入法	4				4
簡易電腦繪圖	6				6
文書處理		9			9
電腦倫理		2			2
網路與通訊（網路使用）		9			9
網路與通訊（網頁製作）			10		10
網路資源之搜尋			10		10
問題解決與規劃專題製作				10	10
試算表				10	10
總節數	20	20	20	20	80

資源的整合運用為主，六年級則以專題製作為主。在電腦課程的安排上，著重了學生應用電腦解決日常生活問題的能力，資訊課程內容的安排，每個年級所要進行的主題明確，同時也不再採取螺旋性課程的安排方式。

　　由以上的比較與分析，我們可以瞭解，「九年一貫國小資訊教育課程」的課程不管是內容與授課時數，都與87年修訂之「國民中小學資訊課程綱要」相差不大，原因是因為國小的資訊教育，在課程內容上都是屬於初級入門的學習課程。唯一不同的是九年一貫課程更重視資訊在學習上的應用，希望學生能夠運用資訊科技來解決或輔助其學習。從課程的安排來看，三至五年級的課程，旨在學會常電腦軟體的基本操作及使用，當學生學會了這些基本能力之後，六年級的課程，

則是應用專題研究的方式，讓學生有機會把資訊科技運用在其學習上。強調資訊在學習上的運用，是九年一貫資訊教育課程的一項特色。

參、國小資訊課程的實施方式

一、從早期的「資訊課程」談起

我國自民國51年，國立交通大學設置電腦設備，開啓以電腦從事教學研究之先河，隨後二十年間，資訊教育活動皆在大學發展，各校紛紛成立電子計算機科學／工程系所、電算中心，電腦設備也漸具規模（何榮桂，1998）。高中的資訊教育起源於民國71年，教育部於民國73年公布「各級學校資訊教育課程及設備暫行標準」，明訂高中的資訊課程於第二或第三學年由各校自行依照實際需要開授每週兩小時之「電子計算機簡介」，課程內容著重於學生的程式設計能力（陳文進，2000）。有關國民中小學的電腦課程，教育部於民國82年實施「補助各級學校電腦設備四年計畫」（何榮桂，1998），開始了國民中小學資訊教育的推展。教育部於84年訂定「國民中學電腦課程標準」，規定第二、第三學年爲必修，每學年每週授課一節。（陳文進，2000）。國小的資訊課程，起始於教育部民國83年公布國小課程標準中，明訂國小的電腦課程列入團體活動。民國87年，教育部公布的國民中小學資訊課程綱要，明確的指出國民中小學的資訊課程目標與課程。

從資訊課程的發展來看，從民國51年至87年，所提及有關電腦資訊的課程，皆以獨立設科的方式進行。也就是說，有關電腦資訊素

養的學習與訓練，都是在電腦課時由電腦專長的老師教授，在上課時的教授內容，均以電腦的操作與使用為主。

二、從當前的世界潮流看資訊課程的實施方式

根據邱貴發、吳正己於87年發表的〈國民中小學資訊融入各科及獨立設科之研究〉中，針對美國各州，歐洲的英國、挪威、丹麥、荷蘭，亞洲的韓國、日本、香港、新加坡，大洋洲的澳洲、紐西蘭，及加拿大等國家調查各個國家實施資訊課程的方式，歸納出大部分的國家是採取電腦整合教學，或者是獨立設科與融入教學兩者並行的方式，無論其實施的方式為何，都是把資訊科技融入各科教學為主要的發展目標。在這項研究中也提及，八〇年代的課程可以見到電腦獨立科目，但是到了九〇年代，電腦已經融入各科教學之中。

藉由以上的研究看來，九年一貫課程中強調培養學生資訊擷取、應用與分析的能力，期望各學習領域應使用電腦為輔助學習之工具，以擴展各領域的學習並提升學生研究的能力（教育部，2000）。

三、九年一貫國小資訊課程應獨立設科或是融入教學

九年一貫課程中，十分強調各科教師運用資訊科技作為教師輔助教學的工具，也強調學生資訊整合應用之能力，筆者在國小推動資訊教育已有四年的時間，在九年一貫課程綱要公布之際，資訊科技融入教學的提倡在許多相關的文獻中被提及，究竟國小的資訊課程定位為何？應該要依照傳統採用獨立設科的方式進行？還是廢除電腦課，採用融入教學的方式進行？資訊課程在九年一貫課程中的定位，一直是筆者十分關心的問題。

根據《天下》雜誌於民國89年針對國中小老師所做的「教師運用

資訊與網路能力」的問卷調查中顯示，大多數的老師使用電腦來出考卷、上課時使用電腦的老師僅有19.9％、近50％的教師認為要把科技融入教學並不容易、73％的老師認為使用新科技輔助教學是增加老師的負擔，但79％的教師對新科技的教學有信心（天下雜誌，2000）。

在職教師應用電腦的能力上，一般而言年輕的教師優於年長的教師、擁有電腦與網路設備的教師優於沒有電腦網路設備的教師、電腦能力障礙影響教師運用資訊設備的意願，但教師對於資訊科技融入教學是有信心且有意願的（張雅玲，2001；蔡俊男，2000；黃雅君，2000）；在師院生的調查方面，師院生對於網路專業素養以及使用電腦的試算表和多媒體簡報、網路與學科統整能力不足（嚴靖晴、莊雅涵，2000）。規模比較小的學校，在實施資訊教育時，可能會因為一人調校而導致全校電腦設備業務停擺的情形（岳修平、林一鵬、蕭芝殷，2001）。從以上的種種跡象顯示，資訊科技融入教學雖然是未來的趨勢與理想的課程實施方式，但是在目前的師資環境下，要達到資訊科技融入教學存在著施行上的困難。

Plomp等人（1996）比較了世界各國資訊教育的情形後指出，雖然許多國家都把資訊融入各科視為現在或未來發展的目標，但是成效多是令人失望的。（轉引自邱貴發、吳正己，1998）國內學者邱貴發、吳正己因此於〈國民中小學資訊融入各科及獨立設科之研究〉中，建議獨立設科與融入各科兩者應該並行不悖，以獨立設科為主，並實施各種融入教學的策略。

從務實的眼光來看，教師要帶領學生應用資訊，如果學生沒有基本的電腦操作能力，教師將難以將資訊科技的應用安排在其教學活動中。也就是說，基本資訊技能的訓練，是資訊融入教學的先決條件（何榮桂、吳正己、賴錦緣、藍玉如，1999）。九年一貫課程若取消獨立設科之電腦課程，而已全面融入其他學科中取代，此結果將導致學生基本資訊能力不足，融入反而難以實施。（何榮桂、吳正己、賴錦

緣、藍玉如，1999）

　　綜上所述，九年一貫課程中雖然僅把資訊教育列爲重大議題的項目之中，但是實際在施行上，卻是以獨立設科的方式進行爲佳，最好的方式是資訊課程的基本素養學習與一般學科應用資訊科技融入教學兩者並行，如此方可以確保資訊教育的品質。

　　雖然國小資訊課程獨立設科，對於資訊科技融入教學才有正面的效益，但如果從九年一貫課程中有關課程節數安排角度來看，如何安排資訊課的單獨實施，實爲國小教師在課表編排上最需要解決的問題。何榮桂（2002）指出，九年一貫課程暫行綱要之實施要點規定：「學校應配合各領域課程綱要之內容與進度，安排適當節數進行資訊及家政實習」，實施九年一貫課程時，資訊教育可以使用「實習」的方式實施教學，而適當的節數，可以從20％的彈性時間中加以安排。從筆者的實際經驗來看，九年一貫課程安排的資訊授課節數，是不足以培養學生基本資訊的操作能力。如果電腦課程的授課節數僅有二週一節，學生大約要等到五年級下學期以後，才有基本電腦文書處理以及電子郵件使用的素養。運用彈性課程時間安排資訊課程的方式，可以說是爲資訊課程時數不足的問題提供了一個解決之道。也就是說，雖然九年一貫課程中所安排的資訊課程授課節數，每學年僅有二十節課，但是如果學校教師認爲資訊課程的授課節數不足時，可以依照學校的需求，應用20％的彈性時間加以安排，如此可以解決時間不足的問題。

肆、九年一貫中的國小資訊教育議題

　　如前所述，九年一貫課程中資訊課程的安排方式，建議以雙軌的方式進行，也就是說，國小的資訊教育應該同時安排電腦課程訓練學

生的基本電腦操作使用能力，也要鼓勵教師在教學活動中，給學生應用資訊的機會。以下就九年一貫課程中，資訊課程的實施內容及融入教學相關的議題提出具體的建議與做法。

一、運用資訊課程學習電腦基本技能

教育部於九年一貫課程綱要中，對於資訊教育課程內容的實施方式及能力指標，提供了非常詳盡的資料供各校在實施時可以作為參考。筆者整理九年一貫資訊教育課程的內容，依授課年級繪製成**表五**，如此對於國小資訊課程的具體實施內容，可以有更清楚的瞭解。

由表五看來，九年一貫課程對於各個學習階段的能力指標以及學習的相關內容，有十分明確的方向。在九年一貫的課程中，所公布的僅是「課程綱要」而非「課程標準」，因此隨著資訊科技的變化，教師應該視學生當時的內涵以及學生能力調整學習的內涵與授課的時數，並非是不能改變的（何榮桂，2001）。雖然，九年一貫課程的資訊教育僅規劃三年級至七年級，但是並非表示一、二年級與八、九年級就不需要施行資訊課程，各校仍可依照需求自行做安排。

以上有關資訊課程內容的安排，雖然已經對於國小資訊課程的授課內容稍作整理，但所謂的資訊教育，並非僅是電腦知識與技能的教育，更應該包含了利用電腦將所蒐集到的資訊做分析與整理（吳正己、邱貴發，1996；林佳宏，1998；岳修平、林一鵬、蕭芝殷，2001）。強調資訊科技融入各學習領域，期望各學習領域從事教學活動時，能在適當的時機運用資訊科技輔助教學，才是九年一貫課程中資訊教育所追求的目標（何榮桂，2001）。資訊課程的安排，僅是為了培養學生具有基本的資訊能力，好讓教師進行融入教學時，學生可以完成教師所欲從事的教學活動，因此資訊課程的規劃並非九年一貫國小資訊課程的全部，資訊教師也不是僅有教授電腦軟體的操作與使

表五　九年一貫課程國小各階段資訊課程能力指標與學習內容一覽表

學年總節數	授課年級	能力指標	學習內容	說明	建議評量方式
第二學習階段	三	2-2-3 認識鍵盤、特殊鍵的使用，會英文輸入與一種中文輸入	輸入法 1.中文輸入法 2.英文輸入法	認識鍵盤（包括字母、數字、編輯鍵等）及特殊鍵的使用，中文輸入以注音輸入法為最好的選擇，學生只要能很快學會一種輸入法即可，打字速度不是本學習內涵要求的重點	操作評量
	三	3-2-2 能利用繪圖軟體提供的工具創作並列印出作品	簡易電腦繪圖 1.進出繪圖軟體 2.利用繪圖軟體提供的工具創作 3.標示區塊、複製、移動、剪下、貼上 4.編輯色彩、影像、線條 5.印出作品	繪圖雖離不開藝術創作的成分，但此學習內容注重在繪圖工具之使用與特殊效果的處理。教學時宜先藉由範例展示繪製過程，待學生熟悉後，再鼓勵其自由創作作品	操作評量
	四	3-2-1 能編輯中英文文稿，進行編輯、列印的設定，並能結合文字、圖畫、藝術字等完成文稿的編輯	文書處理 1.進出文書編輯軟體 2.在編輯區輸入中、英文文字 3.標記區塊複製、剪下、貼上、刪除 4.搬移文字區塊、尺規的應用 5.列印的設定、印出文稿 6.格式的設定（包括文字、段落、邊界）、插入圖片、藝術字、物件等	此學習內涵尚包含中文操作環境的練習，利用預先準備的練習檔案，讓學生學習文書處理之基本操作與功能。此項軟體的精熟程度有助於往後其他軟體的學習，因此學習的重點是操作與功能的練習而非文字的輸入。並可藉由卡片製作、海報設計、文章創作等讓學生進行進階技能培養	操作評量

（續）表五 九年一貫課程國小各階段資訊課程能力指標與學習內容一覽表

學年總節數	授課年級	能力指標	學習內容	說明	建議評量方式
第二學習階段	四	1-2-2 瞭解電腦使用相關的議題和倫理規範（如電腦病毒、安全性、複製版權等）	電腦倫理 1.著作權法之基本概念與精神 2.合法與盜版軟體之認識 3.電腦病毒及其預防之道 4.資訊應用倫理規範 5.資訊安全的重要性	此項議題應隨時融入於教學，教導學生尊重智慧財產權，建立智慧有價之觀念。並教導學生注意軟、硬體的保養、備份資料等資訊安全概念	簡單口頭問答 課堂觀察 報告
	四	4-2-3 會網路基本操作（包括BBS、E-mail、www、ftp）。 4-2-2 瞭解網路使用規範	網路與通訊 1.網際網路初探（BBS、E-mail、www、ftp等） 2.網路使用規範	此學習內涵是其他學習領域培養學生「運用資訊」能力的必備技能，教學重點為基本操作的練習以及使用規範的講解，應避免流於深奧理論或技術層面的介紹	操作評量
第三學習階段	五	4-3-4 能獨自或與同儕合作完成網頁的製作	網路與通訊 製作網頁（個人及班級）	製作網頁是學生學習網路的進階技能，此項學習有助於全班或全校、甚至是全國學生學習的分享	操作評量 報告
	五	4-3-1 瞭解電腦網路概念及其功能	網路資源之搜尋 1.電腦網路概念及其功能簡介 2.找到合適的網站搜	在五年級的接觸後，學生已對網路有初步的認識，此學年的網路教學重視教導學生在龐雜的網路資源	專題報告 課堂觀察 歷程檔案（相關資

（續）表五　九年一貫課程國小各階段資訊課程能力指標與學習內容一覽表

學年總節數	授課年級	能力指標	學習內容	說明	建議評量方式
第三學習階段	五	5-3-1 能找到合適的網站資源、圖書館資源，會檔案傳輸 5-3-2 能利用光碟、DVD等資源搜尋需要的資料	集資料、圖書館資源搜尋 3.檔案傳輸 4.其他資源之資料搜尋（如CD光碟）	中找到自己需要的資訊，以及分辨資訊的優劣及適切性	料展示）
	六	3-3-6 能針對日常問題提出可行的解決方法	問題解決與規劃 專題製作	此學習內涵接續五年級的初步訓練，是培養學生進行其他領域之專題學習時必備的解題技能。教學重點為確定問題、蒐集資料、分析資料、歸納、解釋等	專題報告
	六	3-3-3 能利用試算表提供的工具進行統計圖表製作、函數模擬等	試算表 1.進、出試算表 2.利用教師提供的範例進行基本操作：包括標題、數字的輸入 3.利用教師提供的範例進行統計圖表的製作練習、公式設定	「試算表」亦屬開放式軟體，其特點如上面所述。而且學生可藉由數字、公式等的操弄，觀察模擬函數的行為，有助於某些數學概念的學習	簡單口頭問答 操作評量 報告

用方法，更應該在電腦課程的授課內容中，指導學生運用電腦學習、蒐集資料、製作報告等等，資訊課程的授課應該讓電腦與學生的學科學習發生關聯，如此更可以促發學生的學習動機。當今的資訊教育並不是僅有電腦教育，身為國小資訊教育之教師不可不慎。

二、強調資訊科技融入教學的方式整合學生學科與資訊能力

「資訊科技融入教學」，初聽到這個名詞時，往往會讓許多人的心中產生了些許的疑問，究竟資訊科技融入教學，是指在各科的教學中，需要應用資訊科技時，教師依照作業的需求教授電腦的基本技能，或是期望教師在各科教學時，以資訊科技為工具？假如所謂的融入教學是把資訊科技作為工具，那麼它與以往所提的電腦輔助教學又有何不同？

國外的專家學者常用電腦整合教學（computer integrated instruction）或科技整合（technology integration）來強調資訊科技運用在教學的重要性（王全世，2000）。電腦整合教學是把電腦融入於課程、教材、教學及學習中，使電腦成為教學環境中不可缺少的工具（邱貴發，1990）。九年一貫課程中所謂「教師應用資訊科技融入教學」，應是屬於電腦整合教學的概念。

因此，所謂的資訊科技融入教學，並非把資訊課程的教授改採融入教學的方式來實施，而是期望教師在教學活動中，能夠利用資訊為其工具，讓學生藉由學科與資訊的整合活動，靈活的運用資訊，真正發揮資訊應用的能力。

在資訊科技融入各科教學的具體實施方式上，大致包括教師應用網路資源、電腦輔助教學及多媒體簡報等三方面在一般的學科教學中（戴建耘、黃國峰，1999）。因此，資訊科技融入教學的範疇遠大於以往所謂的電腦輔助教學。

所謂的資訊科技融入教學，應是教師配合學生的電腦基本能力（這些電腦的基本能力是在電腦課中學習而來），採用不同的方式，運用資訊科技來幫助學生統整其學習活動。筆者將電腦課程與資訊科技融入教學的關係，比喻成資訊應用能力的輸入與輸出（**圖一**）。電腦課程在未來國小資訊教育中，所扮演的角色是——指導學生電腦操作、資料搜尋、整合的「方法」，學科教師則利用資訊科技融入教學，在學科教學中適時加入資訊應用的活動，讓學生在學科學習的過程，無形中應用他在電腦課所學的資訊能力。因此，資訊科技融入教學，除了提供學生熟練電腦的操作、應用機會外，它更具有統整的功能。學生的學科學習、資訊應用與電腦操作能力三者，是在學科教師應用資訊科技融入教學的學習活動中完成整合，這樣的整合不僅對學科的學習有幫助，更給予學生熟練操作電腦、資訊應用的機會。

　　根據以上的觀點，我們可以瞭解，「資訊科技融入教學」要發揮成效，學科教師必須瞭解自己學校資訊課程的教學進度，才可以配合學生的資訊應用能力，給予適當的「資訊統整應用」機會。所以，校園資訊課程的內容，並不是僅有負責教授電腦課程的教師瞭解就可以的，而是要讓全校的教師都瞭解才行。茲以**表六**為例，說明資訊科技融入教學配合學校資訊課程的實施策略。

　　以三年級為例，由於三年級僅教導基本的電腦操作與基本文字輸入、繪圖等電腦技能，學科教師可以在教學中加入電腦打課文大意、寫日記、繪圖的教學活動，讓學生在進行教師的教學活動中，熟練電腦課所學的操作技巧。四年級時，則可以讓學生利用電子郵件的方式來繳交作業，或教師可以運用網頁、電子郵件來分派作業。教師也可以將指定閱讀的文章利用電子郵件的方式傳給學生，讓學生看了信件內的文章後，利用電子郵件寫心得感想與老師分享。諸如此類的方法，都可以是一個很好的資訊應用活動，都可以提供學生應用資訊的機會。

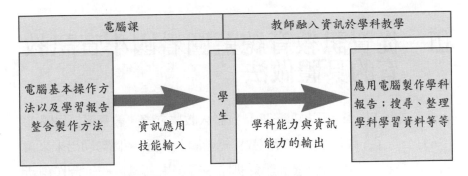

電腦課	教師融入資訊於學科教學

電腦基本操作方法以及學習報告整合製作方法

資訊應用技能輸入

學生

學科能力與資訊能力的輸出

應用電腦製作學科報告；搜尋、整理學科學習資料等等

圖一　九年一貫國小電腦課程與融入教學的關係

表六　融入教學配合資訊課程的實施策略

年級	電腦課程內容	學科教師融入教學的運用
三年級	基本電腦操作與文字輸入、繪圖	運用電腦寫心情小語、短文、日記、繪圖、設計班徽等等
四年級	電子郵件使用	運用電子郵件繳交作業、報告、分享資訊
五、六年級	網路資源之搜尋整合	結合各科主題，訂定專題研究的題目，提供學生應用網路資源的查詢及分析，完成專題報告。並用電子郵件方式繳交，或應用網路發表成果

　　配合學生電腦課的學習，學科教師分派適合學生能力的資訊作業，不但可以避免因為學生能力不足，造成家長過度的參與的缺點。同時也可以利用學生對於操作電腦的興趣，提高他對於學科學習的參與程度，不但增進了學科能力的學習，也增加了電腦的應用能力。

　　因此，九年一貫的資訊課程，不只是強調電腦課時學習電腦操作的基本能力，更期望學科教師應用資訊科技，提供學生資訊應用的練習機會，增進學生資訊應用能力的電腦整合教學。

伍、從資訊教育總藍圖看國小資訊教育的具體做法

就在九年一貫課程推展資訊科技融入教學之際，教育部於民國90年6月公布了「國民中小學資訊教育總藍圖」，這份藍圖勾勒出未來國民中小學資訊教育的願景：「資訊隨手得，主動學習樂；合作創新意，知識伴終身」。

由這個資訊教育的願景來看，未來九年一貫國小資訊課程的發展，不但重視學生的資訊素養，更希望建置一個隨手可得的資訊教育環境，藉由資訊網路的應用，拓展學生的學習視野，學生在良好的資訊環境中相互合作學習，激發每個人的創意，進而能夠利用網路資訊進行終身學習，充實自我的能力。資訊教育總藍圖的公布，無疑是告訴所有國民中小學的教師，資訊教育已經不只是電腦老師所必須擔任的工作，而是所有的老師都需要為學生提供一個應用資訊整合的學習環境，拓展學生的學習視野。

面對未來知識經濟社會的需求，國小的資訊課程發展對於學生未來的學習占有舉足輕重的地位，國小階段學童的資訊基本能力的培養與資料整合分析能力的訓練，是學生未來學習的基礎。配合九年一貫課程以及資訊教育總藍圖的願景，筆者提出當前推行國小資訊教育的具體做法如下：

一、主動規劃學生資訊課程，培養學生資訊操作能力

學生資訊應用能力是資訊科技融入教學的基礎，沒有學生的資訊應用能力，融入教學也將無法實現。在資訊課程的規劃上，除了可以參考前述的國小資訊課程規劃作為參考之外，在資訊課程的授課節數

上，可以利用彈性時間安排學生的電腦學習課程。九年一貫資訊課程授課時數的規劃，僅是提供學生初步學習的機會，尚無法讓大部分學生熟悉所學之資訊能力（教育部，2000）。因此透過彈性課程增設電腦課程學習的授課節數，可以提供學生熟練資訊操作的能力，減少教師應用資訊融入教學的困擾。

二、積極規劃校內教師資訊的學習課程，增進教師的資訊運用能力

因應未來資訊快速傳遞、知識暴漲的時代，身為一位現代的教師，必須要有基本的電腦應用與資訊整合教學之能力，方可教育未來資訊世代的國民。一位國小教師所教導的學生，是生活在二十年以後的社會上，因此我們不能把我們以往的學習經驗直接加在學生的身上，而必須要考量在未來二十年的社會中，學生需要些什麼。面對未來的資訊時代，教師學會應用資訊、進而指導學生應用資訊，是十分重要的事。

從「九年一貫課程」到「資訊教育的總藍圖」，都明確的告訴我們，資訊教育已經不僅是電腦老師的工作，而是全體教師應該一起配合進行的教育課程。提升在職教師資訊應用能力，是目前學校首要強調的工作。

在規劃教師資訊課程的安排上，學校不應該只是等待教育部、教育局來規劃資訊的研習課程，而應用更積極的角度主動規劃校內教師的資訊學習課程。規模較大的學校可以由校內的教師組織教學群，辦理校內教師資訊應用的研習課程；規模較小的學校，可以採取校際合作或區域合作的方式辦理研習的課程。學校積極、主動規劃校內教師的資訊研習課程，提供教師更多的電腦學習機會，教師的資訊應用能力才可能獲得提升。當校內教師均有一定程度的資訊運用能力之時，融入教學才有機會可以施行，學生才有機會應用電腦課程學習的資

訊。

三、建置校園網路環境

資訊隨手得，指的就是校園網路應用環境的建置與提升（教育部，2001），校園網路的環境不是只有建置於辦公室、電腦教室中，而應該普及於班級的教室、學科教室以及圖書室、視聽室等公共環境之中。雖然目前的教室電腦設備尚未普及於各班，但是一旦校園網路環境建置完畢之後，就提供教師一個可以連接網際網路的環境。只要教師有意願，可以利用班親會或者自費的方式，在班級中放置電腦設備，提供班級不同的資訊學習環境。

四、設置公共的電腦使用空間

資訊電腦設備價格雖然已經十分平價，但是以目前筆者服務於國小的情形來看，在學校有限的經費下，無法供應校內的教師與學生足夠的電腦設備。公共電腦設備環境的建置，是當前國小經費有限的情形之下可行之解決方案。以往，辦公室的電腦總是專人使用，不管是教師、組長或是主任，在學校都有一定的基本授課節數，當教師前往教室上課的時候，辦公室的電腦閒置，就造成了資源上的浪費。如果將辦公室的電腦整合至辦公室中的公共區域空間，開放大家一同使用，如此可以避免電腦閒置不用的缺點。

筆者在服務學校施行公共電腦使用空間的擺置方式，教師普遍感受到十分的方便，同時也發現，教師喜愛這種公共使用電腦的空間，因為它提供了教師可以彼此相互切磋電腦操作方式的機會，也提供了教師討論學科教學的空間。尤其，對於不諳電腦的教師而言，在這個公共的操作空間中，可以就近找到同事，提供立即的援助，減少單獨

操作電腦遇到瓶頸的壓力。

　　另外，在學生學習的公共空間，例如圖書室、專科教室等，也可以放置幾部電腦提供給師生使用。在經費不足時，可以集合學校老舊但仍堪用的電腦，放置於學生學習的公共空間使用，仍可以發揮設備的運用功效。因為，以學生應用資訊的角度來看這些老舊的資訊設備，只要能把電腦接上網路，學生就可以使用網際網路來查詢資料、收發電子郵件、運用小畫家來繪圖、運用簡易文書處理軟體來處理資料。也就是說，儘管老舊的電腦無法安裝功能十分強大的應用程式，但是僅僅作業系統所提供的相關軟體資源就已經足以提供學生使用。學生學習的公共空間擺置電腦，無形中擴增了學生使用電腦以及運用電腦查詢學習資料的機會。

五、整合校內教師資源，發展專業團隊

　　資訊科技的瞬息萬變，往往讓教師為了學習新的科技軟體操作就需要花上不少的時間。整合校內教師資源發展教師專業團隊，不僅可以讓老師學到電腦的使用，更可以利用教師專業團隊發展資訊科技應用於教學的方式（林紀慧，2000）。九年一貫國小資訊教育期望培養兒童資訊應用之能力，教師的專業發展以及教師群、班群的合作可以使學生在資訊的學習上，更具有應用及整合的機會。

陸、結論與建議

　　從資訊課程的發展角度來看，電腦課程的實施需要以獨立設科的方式來進行，但是以世界潮流的發展角度來看，培養學生資訊整合應用能力、推展資訊科技融入教學是九年一貫課程的發展方向。在國小

的資訊課程上，由於必須兼顧學生基本電腦使用能力的培養，學校應該依照年級規劃縱向的電腦課程學習進度，培養電腦的基本使用能力。另一方面，也要推展資訊科技融入教學，培養學生資訊應用能力的橫向發展，如此雙軌進行，方可確保資訊教育的品質。

　　筆者以實際擔任資訊課程教學的角度來看，九年一貫的課程中所安排的課程時數實在難以讓學生熟練電腦的基本操作能力。建議各校在實施時，可以運用彈性課程時間的規劃，安排每週一節的電腦課程，如此可以讓學生在電腦基本技能的學習上具有比較紮實的基礎，也可以為家中尚未購置電腦的學生，提供更多電腦操作與使用的機會。

　　然而，國小資訊教育的範疇，並不僅是學生電腦能力培養的電腦課程，而是要培養學生學會靈活運用資訊的能力。因此，提升教師運用資訊科技融入教學的能力，方可以給學生充分應用資訊的機會。九年一貫課程的資訊教育工作，並非僅是電腦教師的事，而是需要全體教師相互的配合才行。學科教師應視資訊課程的進度，安排適度的作業提供學生應用資訊學習的機會，資訊教育融入學習領域的構想方可具體的施行。

參考文獻

天下雜誌社（2000）。天下雜誌2000年教育特刊海闊天空IV——網上學習如何幫助孩子成長向前。

王全世（2000）。資訊科技融入教學之意義與內涵。資訊與教育雜誌，80期，頁23-31。

邱貴發（1990）。電腦整合教學的概念與方法。台灣教育，479期，頁1-8。

邱貴發、吳正己（1998）。國民中小學資訊融入各科及獨立設科之研究。教育部委託專案研究報告，計畫編號：MOECC86.C001。

邱貴發（1994）。國民中小學資訊教育的議題與理念。台灣教育，571期，頁29-33。

何榮桂（2000）。資訊教育的發展趨勢。資訊與教育雜誌，85期，頁1-4。

何榮桂（2000）。從九年一貫新課程規劃看我國資訊教育未來的發展。資訊與教育雜誌，85期，頁5-14。

何榮桂、吳正己、賴錦緣、藍玉如（1999）。各國資訊教育課程實施概況及其對九年一貫資訊課程的啓示。課程與教學季刊，2卷4期，頁43-60。

何榮桂（1998）。從教育部之資訊教育推展策略看未來中小學資訊教育的願景。資訊與教育雜誌，68期，頁2-13。

何榮桂（1999）。教育部「資訊教育基礎建設計畫」與北、高兩市「資訊教育白皮書」簡介。資訊與教育雜誌，70期，頁2-8。

何榮桂、陳麗如（2001）。中小學資訊教育總藍圖的內涵與精神。資訊與教育雜誌，85期，頁22-28。

何榮桂（2002）。台灣資訊教育的現況與發展——兼論資訊科技融入教學。資訊與教育雜誌，87期，頁23-48。

何榮桂（2001）。他山之石可以攻錯——亞太地區（台、港、新、日、韓）資訊教育的發展與前瞻。資訊與教育雜誌，81期，頁1-6。

何榮桂譯（2001）。新加坡資訊教育發展現況與未來。資訊與教育雜誌，81期，頁88-92。

吳正己、邱貴發（1996）。資訊社會國民的電腦素養教育。社會教育雙月刊，73期，頁13-18。

杜玲均譯（2001）。日本的資訊教育與學校課程。資訊與教育雜誌，68期，頁68-77。

沈中偉（1999）。國小資訊教育的省思與理念。資訊與教育雜誌，71
　　期，頁52-58。

汪富明（1998）。國小資訊教育的教材與教法。資訊與教育雜誌，64
　　期，頁45-52。

岳修平、林一鵬、蕭芝殷（2001）。資訊教育課程實施問題研究。資
　　訊傳播與圖書館學，7卷3期，頁65-71。

林紀慧（2000）。資訊科技課程融合與師資教育。國立新竹師範學院
　　初等教育學報，7期，頁27-44。

林佳宏（1998）。資訊教師的時代重任。教育部電子計算機中心簡
　　訊，8712期，頁14-21。

陳文進（2000）。我國資訊教育之演進與未來之發展。資訊與教育雜
　　誌，80期，頁78-88。

陳映君譯（2002）。資訊教育。資訊與教育雜誌，87期，頁49-56。

張雅玲（2001）。國民小學職前教師資訊素養之研究。淡江大學教育
　　科技學系碩士論文。

教育部（1994）。國民小學課程標準。

教育部（1998）。中小學資訊教育總藍圖。

教育部（1998）。資訊教育基礎建設計畫。

教育部（1998）。國民中小學資訊教育課程綱要草案。

教育部（2000）。國民中小學九年一貫課程暫行綱要。

教育部（2001）。中小學資訊教育總藍圖。

教育部電子計算機中心（1997）。我國資訊教育現況與展望。

陳麗如譯（2001）。香港中小學資訊教育的現況及前瞻。資訊與教育
　　雜誌，81期，頁13-26。

黃秀慧（2001）。電腦課程教學效果之研究。和春學報，8期，頁365-
　　375。

黃雅君（2000）。台北市立國民小學教師資訊素養知能及其相關設備

利用情形之研究。國立台灣師範大學社會教育研究所碩士論文。

焦正一（2000）。日本科技教育課程發展的回顧與啓示。屏東師院學報，13期，頁373-402。

蔡俊男（2000）。高雄市國小教師運用資訊設施教學意願之研究。國立高雄師範大學工業科技學系碩士論文。

蔡福興（2000）。淺談九年一貫課程之「資訊科技融入教學」。生活科技教育，33卷2期，頁26-28。

賴錦緣、吳正己、何榮桂（2001）。新加坡資訊科技建設計畫。資訊與教育雜誌，81期，頁93-104。

賴錦印（1995）。日本中小學資訊教育之方針。資訊與教育雜誌，46期，頁7-12。

戴建耘、黃國峰（1999）。資訊融入各科教學之線上教導者建置模式研究——以國中英語科爲例。資訊與教育雜誌，72期，頁26-40。

韓善民（1998）。資訊教育基礎建設——加速篇。資訊與教育雜誌，68期，頁14-16。

蕭惠君、邱貴發（1998）。歐亞地區中小學資訊教育之概況。台灣教育，572期，頁37-45。

藍玉如譯（2001）。韓國中小學資訊教育的現況與展望。資訊與教育雜誌，81期，頁44-67。

嚴靖晴、莊雅涵（2000）。師院生對國小實施電腦網路融入教學態度與能力之調查研究。台南師院學生學刊，22期，頁1-29。

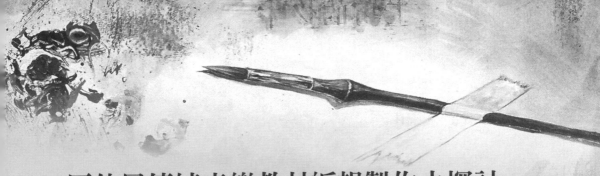

原住民傳統音樂教材編輯製作之探討

王叔銘

台東縣立三仙國小校長

10

壹、前言

　　近年來，傳統文化因著人本主義思想興起，而受到人們廣泛的重視。除了學術界各種有關傳統文化的論述顯著增加外，教育部門也在82年所頒布的課程標準中，設置「鄉土教學活動」的課程（教育部，1993），而課程內容則包含鄉土語言、鄉土歷史、鄉土地理、鄉土自然及鄉土藝術等五個範疇。民間也成立諸如文化工作室或傳統藝術表演團體來蒐集整理，甚而傳揚地方傳統文化。可以說過去不受重視的地方傳統文化到如今隨著台灣社會的國際化、本土化的強調而逐漸受到重視。

　　部分縣市政府早在教育部公布新課程標準之前已積極編製母語教材，如台北縣政府於78年即著手編輯泰雅母語教材，並在79年9月間於台北縣烏來國民小學率先實施母語教學（陳英豪，1996）。爾後宜蘭縣、屏東縣、台東縣等亦相繼編製母語教材及各項傳統文物、藝術等傳統文化教材。因此從政府到民間，自學術單位以至地方個人，各種傳統文化的著作、教材均如雨後春筍般地紛紛冒出，而各種傳統藝術表演的團體也應運而生，尤其是原住民歌舞或豐年祭等各種祭典，經常成為媒體所注目的焦點。

　　台灣原住民各族的人口約三十七萬餘人，為台灣總人口數之1.7％左右，從文化上而言，是屬馬來－玻里尼西亞（Malay-Polynesian）語族（呂炳川，1982），但各族群之生活方式、社會組織、語言、藝術等皆有顯著的差異，因此民族學界仍將其分為阿美、泰雅、排灣、布農、魯凱、鄒、賽夏、雅美、邵及平埔等族。雖然台灣原住民人口數所占的比例相當低，但因各族均具備其獨特的文化，故而也提供了台灣地區多樣豐富的文化內涵。

台東縣全縣人口僅二十五萬左右，但卻是全台灣地區擁有最多族群的縣份。除了閩南、客家外，尚有原住民的阿美、布農、排灣、卑南、魯凱與雅美、平埔等七個族群。因此，對台東縣而言，其文化資產顯得較台灣其他縣市更為豐富、多樣。而縣境內各族群之互動頻繁，不論在生活、語言上，相互間多少受些影響，尤其在音樂上，個別族群對他族群的歌謠也能相互學習演唱。

　　民國82年，筆者兼任台東縣政府教育局國民教育輔導團音樂科輔導員。時值本縣各級中小學推動「歌聲滿校園」之音樂活動，在審視各校自選之校園歌曲中發現所選的歌曲裡，以漢語演唱具原住民音樂風格的歌曲占有不少的數量。這樣的發現引發了筆者過去所思考的一個問題——傳統音樂該如何發展的問題！當我們費盡心思將所蒐集的傳統音樂整理成文字圖表及影像、聽覺的紀錄後，接著應該要怎麼樣進行下個步驟，才能使這些傳統音樂的蒐集、整理更具意義？如今有許多的原住民團體組織起來，時常在國內外表演原住民傳統歌舞，也有些文化工作室從事原住民傳統音樂的研究，甚而辦理研習。政府教育、文化單位也辦理所謂「原住民傳統音樂人才培訓」工作等。因此，如何將原住民傳統音樂轉化成具有實質意義的素材，筆者自「歌聲滿校園」的活動中似乎看見了方向，於是將編製原住民傳統歌曲為學校音樂課程之補充教材之構想提出，而蒙時任教育局長之杜俊英先生支持之後，隨即展開台東縣原住民傳統歌謠鄉土教材之編輯工作。

貳、保存原住民傳統音樂之重要理由

　　雖然布農族曾經有「蟲形文字」的發明，但畢竟這種文字並沒有被廣泛使用，當然更不必說是流傳後世了。台灣原住民可以說是沒有文字的，在沒有文字可供記載、記錄祖先的歌謠之下，以口相傳對原

住民而言，就成爲傳承文化傳統的唯一途徑。以口相傳的方法在過去單純的社會中也許還能綿延承傳，但是在現今的環境之下，口傳的途徑似乎使傳統文化面臨了失傳沒落的危險：

第一，在目前傳統社會組織瓦解分崩的時代，倫理制度遭到破壞，年輕的族人也不尊重年長者。過去，年長者有義務及責任將其所知傳予年輕人，而年輕人也有責任和義務接受年長者的教導。有些特別的音樂歌謠，如祭儀歌是由巫師負責唱的，因此一個巫師在一定的時期就要選出繼承者。如今，傳統社會組織的瓦解，使得巫師不再像過去有實質的功能及地位，沒有了巫師，歌謠自然無法傳揚下去；年輕人對倫理制度的漠視，縱然長者有心教導，但也找不到願意學習的年輕族人，一旦這些長者、巫師逝去，恐怕傳統的音樂也跟著消失了。

第二，口傳在實際上也有諸多的限制。一首歌要能完整的以口傳的方式傳承保存下來，端視繼承者的能力及態度而定。倘若繼承者的能力稍差，此時他的學習可能有些疏漏；倘若繼承者對所習得歌謠有所主張，也許他會在他所習得之歌謠中作些修改，如在歌謠的部分旋律或歌詞中作增加或刪減的動作，如此數代下來，所傳的歌謠則已非原貌。

第三，早期政府採取單一語言的政策之下，母語因而受到刻意的打壓，學生在學校若說母語（時稱爲方言），必遭師長懲罰。而原住民鄉鎮公所更是設置國語指導員，除了協助學校的國語推展外，更負有原住民社區民眾學習國語規劃與教導之責，迄今國語指導員的編制仍存在於各原住民鄉鎮中。政府數十年來的努力，終使國語普遍使用在原住民鄉鎮。除了學校學生均能以國語溝通外，甚至連社區未曾使用國語的民眾也能以國語溝通。到今天已經很難聽到原住民之間以百分之百的母語交談，可以說政府的國語推展工作是相當的成功。雖然推展國語成功，但母語卻沒落了。原住民因爲沒有文字，而歌謠是唯

一能令族人學習文化歷史的管道。因此，原住民的歷史、傳說、文學絕大部分都以歌謠的形式呈現。如布農族在「狩獵歌」中教導年輕人認識各種野獸；雅美族在「飛魚的自述」歌謠中告訴族人飛魚的習性，以便族人在補飛魚時，能因瞭解飛魚的習性而順利捕捉到飛魚。諸如此類等等，我們可以預見，假如母語消失了，歌謠也將消失，那麼，原住民傳統文化根本沒有傳承的希望，其最後的結果就是徹徹底底地失傳。

老者的凋零、以口相傳的限制，加上母語的消失等三個理由，使得文化教育工作者相當憂心，因而透過各種方式進行挽救的工作。從原住民的歌謠中，發現其中包含了完整的文學、歷史、藝術等內容，因此，欲挽回這種局面，唯有自教導小學生開始，以完整、有系統的教材教導原住民小孩，讓他們自小接觸自己的文化，並也藉此學習母語。因此，編製「原住民傳統歌謠」之鄉土教材自有其必要性。透過文字、樂譜及錄音帶等的記錄，至少可將傳統歌謠得以保存下來。而透過鄉土教材的編製，使得傳統歌謠得以往下紮根，奠定良好的基礎，也使得傳統文化不再流失。

參、原住民傳統音樂如何融入鄉土教材實例探討

一、計畫之依據

台灣省政府教育廳為提供原住民均等的教育機會，並在經費上給予特別之補助，最早在民國58年頒布而在69年修正實施的「台灣省加強山地國民教育辦法」，對學校招生編制、師資分發調動及獎勵、教學進修、師生福利等措施，均有所規定。現今台灣省各縣市政府對

山地國民小學之各項發展措施均依此辦法執行。

　　民國76年頒行「台灣省促進城鄉教育均衡發展計畫」，該計畫之背景及因我國工商經濟發達之後，城鄉發展的差距逐漸拉大。為實現教育機會均等之理想，提升偏遠地區教育水準，故訂定該計畫。該計畫持續推動三期，每期三年共九年，執行至民國85年。計畫內容為改善山地國民中小學之硬體建築、辦公設備及教學環境，補助服務於山地地區教師之進修旅費、教學獎勵金。對原住民學生則補助學用費及文具用品等優惠措施。民政廳原住民行政局訂頒「台灣省山胞社會發展方案實施計畫」，為當時省府各廳處所分項計畫而成的綜合性計畫，其中教育文化部分計有三項：

　　1.加強原住民社會教育。
　　2.加強學校教育。
　　3.編撰台灣原住民史。

教育廳亦積極配合推動加強學校教育計畫，其項目如下：

　　1.提供均等教育機會，加強學校教育。
　　2.強化師資教育、培育與進修。
　　3.保存發揚語言、文化與藝術。
　　4.輔導學生升學與就業，培植人才。
　　5.充實鄉鎮圖書館。

　　中央方面，教育部於81年6月頒行「發展與改進原住民教育五年計畫綱要」，針對原住民教育之特性規劃發展多項措施，成為各級政府推動原住民教育之指導方針，而台東縣編撰原住民傳統音樂鄉土教材之依據，係依上述中央及台灣省政府所頒訂的辦法及計畫而訂定。

二、編撰經過

（一）組織編撰教材小組

著擬計畫之前，筆者為使該教材能充分為台東縣國民小學學生使用，故先徵求在國民小學任教的老師。而這些老師除了從事學校的音樂教學工作外，也是各原住民傳統音樂的文化工作者。由於這些老師身兼傳統音樂工作者及學校音樂課程教學者兩種身分，因此若透過他們來編撰教材，必可增加該教材的實用性。在經徵詢意願之後，確定教材編撰執行小組成員如下：

阿美族：陳俊源校長、連天生主任、陽惠美主任。
排灣族：宋仙璋主任、林仙木主任、黃秋珍老師。
魯凱族：賴松忠主任、巴清義老師、陳參祥老師。
卑南族：鄭玉妹校長、李志源老師、南博仁老師、高齊良老師。
雅美族：林杉樹主任、周朝結老師。
布農族：王武榮主任、王叔銘主任、田桂香老師。

該小組成員除了進行田野調查、採錄傳統歌謠的工作之外，也是教材編撰的編寫者。同時，為補組員在採錄工作實務及理論之不足，另聘洪蔡蔡老師、金信庸老師及林信來老師指導。而在將原住民母語譯為國語方面，也聘師範學院語文系林文寶教授及何三本教授予以指導，其目的是希望所譯的詞能合乎原意，並達到雅俗共賞的境地。

（二）計畫工作內容

對整個編撰工作，筆者希望以五年的時間來進行。前三年為第一階段，後二年為第二階段，茲將此二階段主要的工作內容分述如下：

■第一階段 （82年-84年）

第一階段時期為編選山地音樂補充教材工作，該階段有四項重要工作：

• 蒐集傳統歌謠

除了教材編撰執行小組各成員平日所蒐集的歌謠外，也利用這次機會，由小組成員到所屬的族群村落再進行田野採集歌謠的工作，希望能充實教材的內容，同時也調查是否仍有遺漏而尚未採錄的歌謠，以補償資料之不足。

• 集會討論

教材編撰執行小組每兩個月聚會一次，召開研討會，除了研討工作上的問題，並謀求解決之方法外，也藉此交換採集歌謠的心得與經驗。

• 教材編撰研討

為補教材編撰小組成員在理論及實務之不足，特辦理教材編撰之研習，課程內容包括民族音樂學、歌曲作法、歌詞研究、編曲法、音樂科教材教法、田野調查理論與實務及原住民音樂概說等課程。因小組成員除了宋仙璋、李志源、南博仁、王武榮及王叔銘為音樂科組畢業外，其餘成員皆因對音樂之興趣，而以自修及參加各項音樂科研習而得基本音樂知能。然而縱然是音樂科組畢業者，對一些音樂理論仍需加強、補充。是故，在與小組成員共同討論編訂該計畫時，皆認為有辦理該研習之必要。這個研習在實際辦理時，因考慮全縣各小學音樂教師的需要，而擴大研習參加者的範圍，除了執行小組成員參加外，全縣各中小學教師均可報名參加。

• 選編教材

1.編撰原住民歌謠鄉土教材：各成員就所採錄的歌謠中選取詞曲優美、適合國小學生演唱的歌謠來進行記譜、譯詞的工作，並

透過討論來決定是否編入教材中。

2.錄製錄音帶：選定後的歌謠教材，則教導學生演唱，熟練後即予錄音，並製作歌謠錄音帶，以供教師在進行教學時所使用。

■第二階段（85年-86年）

該階段計畫主要乃依據台灣省政府「發展與改進原住民教育三年計畫」中而來，其目的如下：

1.增進對族群文化藝術之認識，以及建立保存、傳遞與創新的觀念。

2.培養對族群文化藝術之興趣以及欣賞之能力，發展對自我族群之認同，建立自信。

3.建立對各族群文化的尊重，增進社會和諧。

因此本階段的工作乃在將原住民傳統歌謠進行改編、創新的工作，將原住民傳統歌謠改編爲合唱曲及重奏曲，這不但增加原住民傳統歌謠的多樣性，更使得歌謠的實用性亦大增。不管是學校音樂課程可使用改編的歌謠演唱、合奏，甚至合唱比賽、晚會及音樂會也加添了更多的素材可用，更使音樂科教學多樣化及活潑化。

而本階段的工作方向有下列四項：

• 徵選歌曲

1.組織歌曲審選工作小組負責歌曲之篩選工作。

2.所審選之歌曲係以原住民傳統音樂爲核心，以較現代的呈現形式加以改編。

3.以台東縣六大原住民族（阿美族、排灣族、布農族、魯凱族、卑南族及雅美族）之傳統音樂爲素材加以改編，每一族改編歌謠十至十五首。

- 出版曲譜及錄製CD

    1.將所編選之歌曲彙編成一冊，作為台東縣各國民小學鄉土音樂之參考教材。
    2.訓練學生演唱歌曲，並錄製CD為有聲教材，供教師在進行教學時使用。

- 發表演唱

    配合台東縣原住民學生音樂營指導參加音樂營的各族群學生演唱、演奏改編之合唱曲及重奏曲，並在該音樂營辦理之學習成果音樂發展中演唱發表。

- 推廣

    1.舉行二日之研習，邀請全縣國小教師參加，課程除了指導教師習唱改編之歌謠外，也安排原住民音樂概論、編曲技巧等音樂理論，藉此引發教師從事原住民傳統音樂歌曲改編的興趣，充實原住民傳統音樂的內涵。
    2.鼓勵原住民鄉鎮學校利用本專輯歌謠參加縣音樂比賽及音樂發展會之表演。

    截至今日，本縣已出版「台東縣山地音樂補充教材」第一輯到第三輯，並錄製錄音帶四捲。而第二階段的部分也出版了「原住民傳統藝術歌謠合唱曲集」，該曲集所改編的歌謠除了可以作為合唱曲外，亦可從事樂器重奏的題材（尤其是以直笛為佳）。而CD部分，亦於88年3月錄製完竣，並分發至各校。縣內原住民學生合唱團與合唱比賽均採用該專集歌謠演唱。

肆、如何編製原住民傳統音樂教材

在從事原住民傳統音樂鄉土教材的編製期間，有幾個問題值得思考：

一、用何種文字寫出母語的問題

原住民沒有文字，因此對於如何將原住民的語言記錄下來，這是很值得深思的問題。目前在台灣境內，有以國語注音拼寫的，也有以羅馬拼音拼寫，更有些原住民覺醒之士自創文字記錄自己族群的文化，可以說林林總總，迄今尚未建立共識。而對於拼音的問題，筆者比較傾向羅馬拼音的方式，茲舉幾項理由說明：

第一，自基督教傳入台灣，首先接受且發展迅速的乃在山地部落裡，當時的傳教士幾乎均為外國人士。他們為了學習原住民語言，並使聖經能為原住民廣為閱讀，故以羅馬拼音拼出原住民語言。因此可以說，羅馬拼音在原住民社會早已使用多年，其流通性也較廣，甚至台灣地區閩南語教會也使用羅馬拼音拼寫閩南語。

第二，羅馬拼音均可拼出原住民各族群語言的發音。而國語注音若要拼出原住民語言的發音還須另造字母，重新教導學生學習而造成學習上之困難。

第三，以羅馬拼音的好處除了它可拼出原住民語言的發音以及廣為原住民使用外，以羅馬拼音可助外國人迅速學習原住民語言，如此有助於原住民文化的流傳，使原住民文化更易推展到國際。

第四，羅馬拼音的學習有助於學生學習英文。因學習遷移的作用，使得以羅馬拼音的學生在學習英文時能馬上進入狀況，適應英文

的學習。

因為羅馬拼音有以上的優點，因此在經過小組的激烈討論後，決議以羅馬拼音拼寫歌謠中文字的部分。不過這裡面仍有一個問題存在，就是語調的部分如何標示的問題，由於此次是作歌謠的教材，故未再對語調進行討論。

二、譯詞的問題

原先的構想是只在歌譜下以羅馬拼音寫出歌詞，並在歌謠之後以直譯的方式，以國語譯出原住民歌謠的意思則可。但是考慮假如我們這樣呈現教材，那學習者除了該族學生外，大概只有極少數的他族學生、老師使用。因此為使本教材內的歌謠為更多數人使用，我們決定除了以國語直譯歌詞外，另編寫與原住民歌詞意思相符的國語歌詞。如此除了可以避免因直譯歌詞而產生的文法結構的問題外，也可以使教材因有了國語的歌詞而增加其他族群師生學習異族歌謠的意願。當然，譯成國語來演唱也不是沒有問題，歌詞的填寫須按歌曲的旋律來運作。歌詞本身也具有旋律性，如何以原有的旋律填作歌曲，在台東師範學院諸位教授的協助、指導之下，小組成員也盡最大的努力來填寫，使得國語歌詞不但維持了原歌詞的意涵，而用詞也合乎文法結構，達到雅俗共賞的境地。

三、和聲

在改編原住民傳統音樂為二部合唱曲時面臨了該用何種和聲的問題。我們是用西洋的和聲法來編寫呢？還是依照原住民的音樂特色來編寫？各個原住民的音樂，都有其個別的音組織及和聲，若此次改編歌謠以各原住民音樂本身的特色來編寫，不但是傳統音樂生命的再

現，更是賦予傳統音樂新的生命。因此在討論之後審選小組一致決議以原住民各族群音樂的特色來改編傳統歌謠。

四、音樂的形式

除了音組織、和聲等仍維持各族音樂的特色外，呈現的方式則在以不影響各族音樂風格的方式下進行編曲。在這兒則給予編曲者較彈性的空間，編曲者運用現代的編曲技巧加以改編原住民歌謠，因此所編寫的曲子中，原曲本僅數個小節，但經編曲者改編後，歌曲的長度增加了，呈現的方式也更豐富、活潑、多樣，其所表現的張力也擴大。

五、伴奏

何種伴奏可以凸顯音樂的美感，初步是以鋼琴來擔綱此任務，但是宥於經費之不足，再加上考慮這些歌曲雖已改編，但其風格仍然是傳統的音樂。而在原住民傳統音樂中沒有類似鋼琴的音響，假若在這些已改編但仍保有傳統風格的歌曲中加入鋼琴的伴奏會更好還是格格不入？這在從事原住民傳統音樂的改編創作中是很值得思考的。假如是創作完全新的歌曲，以鋼琴伴奏顯然不是問題。但若如我們的情況一般，雖已改編，但仍保有絕大部分原住民音樂的風格及特色，以鋼琴伴奏真的要慎重考慮。如果真的以鋼琴伴奏，要如何編才合乎原住民音樂的風格？在此次的工作裡，經費的問題及時間的問題導致伴奏的部分無法再深入探討及製作。但在研習中，我們仍鼓勵教師以敲擊樂器如手鼓、響木等接近原住民樂器音響的現代樂器來伴奏。若可能的話，以原住民已有的樂器如木鼓、竹筒、鈴、裂痕鼓等樂器為合唱之伴奏，效果會更好。

六、歌曲選擇

原住民音樂分類大體上可分為勞動歌、生活歌、祭典歌、傳說歌及兒歌，除了兒歌對小學生較無爭議外，如何自其他類的歌謠中選擇適合小學生演唱的歌曲，卻得要費一番功夫。我們訂下一些原則進行選曲工作。第一，是曲調要易學的；第二，曲調美而入耳的；第三，歌詞內容要小學生能懂的；第四，歌謠內容要適合小學生的經驗；第五，曲調旋律要簡短。訂出以上五個選曲的原則，就比較容易進行教材歌曲的選擇。

總括在第一階段裡，我們共編寫了一百五十首歌謠。而在第二階段歌謠的改編也有五十四首歌謠有了新的面貌，編輯當中雖有諸多問題呈現，但也更因此讓我們真正瞭解原住民歌謠的精髓。

伍、結論

新近由於多元文化價值受到重視，不管從政治而言，本土化及弱勢族群等皆受到重視，當然原住民的各項權益也受到重視。同時近年來行政院原住民委員會，在思考解決原住民族群問題，已經脫離單從經濟和生活輔導層面去思考。內政部也試著從保護原住民部落群居的精神，將具有原住民特殊文化價值的地區劃定為「原住民」保留區。實際上內政部也已完成「原住民族保留地開發管理條例」草案，也就是說在政策實行上，已經擴及族群文化（包括藝術、音樂、語言）的振興，企圖從其文化內部層面認同的自省和自我意識上的提升，進而達到增進族群的自信心與自尊心，並謀求自我文化的重整與發展。過去被刻意矮化、忽視的原住民文化，也因此逐漸廣為政府及學術界所

注目。因此政府部門提出各項改善及提升原住民文化、保存與發揚原住民文化的措施。而學術界也在這幾年來投入了相當多的心血研究探討原住民文化。而原住民本身越來越多有關原住民文化的論述中，可瞭解學術界的用心。而原住民本身的知識份子也開始從自己族群的角度來研究自己的文化，這是件可喜的現象，畢竟透過自己來研究自己族群的文化，這是非常有意義的。在教育單位方面，母語教材、文化教材及鄉土藝術教材也陸陸續續地提出而使用於學校課程中。這樣的舉動，身為原住民文化的工作者皆予以肯定，但是如何透過這些政府的措施、學術界的論文及學校的鄉土教材使原住民瞭解自己族群的文化，進而欣賞自己族群的文化，肯定自己族群的文化，這是值得所有原住民深思的問題。

編製鄉土教材只是其中的一項，如何統合各種資源，那才是重點。無可諱言地，若不是政府單位重視原住民教育，在經費上予以支援，這些教材始終無法出版問世。但在其中筆者也發現一些問題，其一是人才網羅的問題：教材的編製非一般所想像的簡單，尤其在編原住民的教材時，除了要考慮教材組織的問題外，還必須面對語言轉換的問題。因此在編製原住民鄉土教材時，除了課程專家、教材專家外，還需原住民文化專家及語言專家來一同編製。而要集合這些人才則要靠政府機關來組織，這樣所編的教材會較周全些。其二是文字的問題：建議透過協調的方式，取得各族群的共識，統一使用一種拼音方法，以拼寫原住民的語言，記錄各族群的文化。其三是目前坊間及政府單位也出版許多原住民音樂的書籍，如何透過一個中心去蒐集，然後成為各級學校音樂課程的補充教材，這是件很重要的事。其四是如何將文化生活化的問題：文化離開了生活就沒有了生命，也就無法傳承發揚，原住民的音樂跟生活中的祭儀、社會脈動有關。原住民的社會組織瓦解，沒有了豐年祭，歌謠就不具意義矣。若想傳承原住民歌謠，則必須思考這個問題。

原住民音樂鄉土教材之編製，希望透過音樂的方式，重整原住民的思維，從音樂中再認識自己的文化，更盼望透過大家的努力，使原住民擺脫黃昏民族的夢魘，更使原住民優美的文化繼續傳承，進而發揚。

參考文獻

王叔銘主編（1993）。台東縣山地音樂補充教材。台東：藝城。

王叔銘主編（1997）。原住民傳統藝術歌謠合唱曲集。台北：三品。

阮昌銳（1994）。台灣土著族的社會與文化。台北：台灣省立博物館。

呂炳川（1982）。台灣土著族音樂。台北：百科。

黃友棣（1975）。中國風格合聲與作曲。台北：正中。

許常惠（1983）。中國音樂往哪裡去。台北：百科。

教育部（1993）。國民小學課程標準。台北：教育部。

陳伯璋（1986）。潛在課程研究。台北：五南。

陳建年（1996）。台東縣原住民教育活動成果專輯第一輯。台東：台東縣政府。

陳建年（1998）。台東縣原住民教育活動成果專輯第二輯。台東：台東縣政府。

陳英豪（1996）。台灣省原住民教育現況與展望。台中：台灣省政府教育廳。

黃政傑（1995）。多元社會課程取向。台北：師大書苑。

合作學習在國防通識課程的應用

趙國靖

台東師範學院教官

11

壹、前言

近年來，合作學習（cooperative learning）一直是專家學者們倡導的教學方式之一，它即是一種塑造團隊合作情境的教學方法，自一九六○年代起，迄今已有四十年發展的歷史（黃政傑、林佩璇，1996）。最近研究結果指出學生在合作學習的情境中，不但互動性更強，並且在學科知識的學習、問題的解決、學習動機或學習態度上，合作學習的方式都更有效率（Brush, 1997; Johnson & Johnson, 1993; Slavin, 1987; Webb, 1982），尤其在學習的過程中，藉由學習同伴間彼此的鼓勵，相互的解釋、說明、教導以及示範等互動關係，更容易達成學習的目標（黃清雲，1998）。另外，在合作學習情境下，強調人際溝通和社會技巧的培養，均可激發個人的內在動機（Lepper, 1985）。綜合學者論述，合作學習在教學上的運用，不僅使學生在認知上獲得良好的學習成就，同時在情意上，提高學習動機和與人合作的態度，在技能上，習得與人合作、溝通的社會技巧，並透過合作學習教學方法，促進團隊合作，發揮團隊力量，激發個人的潛能。

軍訓教學以傳授國防通識知能為主軸，軍訓教官即為國防通識教育的傳播者，在現今多元學習的教育環境中，軍訓教學已定位為國防通識教育，教官的教學方法不能再墨守成規，除不斷充實自己的國防專業知識在廣度與深度面向的掌握外，更時時進修吸取新知，精進軍訓教學，自從政治解嚴、社會民主自由開放以來，我們已深刻體察到社會對於軍訓教育改革的需要與意見，我們並不因為過去軍訓教育所累積的一些成果，而忽略求新、求變的需求與形勢，甚或減緩我們革新、精進的腳步（劉家禎，2000），否則將無法滿足學生的需求與時代潮流。

筆者以電腦網路查詢全國博碩士論文摘要檢索六百二十三筆，及中華民國期刊論文索引一百五十五筆，發現有關合作學習的研究，大部分都應用於小學及中學生階段，以大學生為對象的研究較少，且與軍訓教學相關期刊、文獻及軍訓通訊，大多是對於軍訓教育發展、軍訓制度存廢問題作歷史及現況的探討，對於學生軍訓教學方面也僅止於課程修訂、實施要領及教學技巧方面的論述，卻無專門針對軍訓教學方法之論述，合作學習可說是所有教學策略研究中，研究成果最豐碩的一種教學方式。因此，筆者欲倡導將合作學習應用於大學軍訓課程，並依據合作學習文獻分析、探討，設計出國防通識課程的相關教材，提供想採用合作學習教學法的軍訓教官新的嘗試。

貳、國防通識課程的困境

　　筆者自民國83年從事軍訓教育工作至今已有八年，曾在高中及大學擔任軍訓教學工作，每當講授國防通識課時，總是感覺學生在上課時提不起學習的興趣，自己也會有受挫折的感覺，在二年的研究所的課程中曾修習過合作學習，從實際的模擬討論過程中，筆者清楚知道，以合作學習與知識學習的關係來看，合作學習是植基於社會建構的主張，強調學習表現是學習者與同儕團體、社會環境互動的結果。從社會互動的角度來看，合作學習是有其必要性的，因為經由合作互動的過程，學習者需要重構自己對外在世界的知識，透過與同儕團體爭辯、質疑、討論、溝通，進而達成共識去重新建構知識。筆者於91年7月間以非實證方式對南部三所大專校院及一所東部大專校院二十九位軍訓教官進行教學問卷調查發現如**表一**。從表一我們可以獲得六個結論：

表一　大學軍訓教官教學問卷調查表

項次	問卷	百分比		
1	國防通識課程對大學生增加國防知能有幫助程度	非常有幫助 10.3％	有幫助 82.8％	沒幫助 6.9％
2	國防通識課程對全民國防的幫助情形	非常有幫助 10.3％	有幫助 79.3％	沒幫助 10.3％
3	大學生對國防通識課程的興趣程度	非常有興趣 3.4％	有興趣 37.9％	沒興趣 58.6％
4	大學生對國防通識課程的重視與關心程度	非常關心 0％	部分關心 37.9％	不關心 62.1％
5	大學生對國防通識課程的瞭解程度	非常瞭解 0％	部分瞭解 75.9％	不瞭解 24.1％
6	教官對講授國防通識課程滿意度	非常滿意 3.4％	部分滿意 75.9％	不滿意 20.7％
7	講授國防通識課程採用的教學方法情形	講授、小組討論86.2％	講授法 6.9％	小組討論 6.9％
8	教學方法能達成預期教學目標程度	完全達成 6.9％	部分達成 86.2％	不能達成 6.9％
9	想嘗試不同的教學方法	非常想嘗試 62.1％	想嘗試 17.2％	不想嘗試 20.7
10	對合作學習的教學方法瞭解程度	非常瞭解 0％	部分瞭解 48.3％	不瞭解 3.4％
11	教官願意嘗試合作學習情形	非常願意 6.9％	願意 89.7％	不願意 3.4％

資料來源：筆者非實證調查問卷，2001。

1.大部分軍訓教官認為國防通識課程對大學生增加國防知能及全民國防功能是有幫助的。
2.大部分的大學生對國防通識課程，感到沒興趣且不重視與關心。

3.大部分的軍訓教官的教學方式是採用講授與小組討論的教學法。

4.軍訓教官對教學目標的達成感到不滿意,極欲獲得不同教學方法對國防通識課程教學實證資訊。

5.軍訓教官對合作學習的瞭解程度均不是很深入,如欲嘗試合作學習教學法,是比較困難的。

6.大部分軍訓教官願意嘗試合作學習教學法。

筆者綜合上述,雖然合作學習在國內外有許多實證研究,教學者初採用合作學習教學時,因仍脫離不了目前傳統的教學模式,因此,在進度及課程設計上會比較困難,再加上一般教師較缺乏求新求變的心態,為求教師能接受合作學習的教學法,必須將實際上易懂易學的合作學習教學法的精神及教學準備做詳實的說明,較易被大家所接受。

參、合作學習的理論基礎

一、合作學習的意涵

根據劉秀嫚（1998）解釋合作學習的意涵為:「結合教育學、社會心理學、團體動力學等的一種分組教學設計。」小組成員需有組織的分工合作、互相支援,以完成學習目標。教師評量以小組為單位,同時進行組間競賽,利用社會助長以增進學習成效（林生傳,1992）。使學習活動成為合作、分享、貢獻所能的互動過程,個人與團體（學習小組）榮辱與共。

歸納國內學者（黃政傑，1992；劉秀嫚，1998；何素華，1996）的看法，合作學習乃是一種有結構、有系統的教學策略，教師依學生的能力、性別、種族背景等，經由小組同儕協助的學習方式，在二至六人的異質小組中，透過團體互動的歷程一起學習，彼此協助完成工作，以達到個人及團體之共同學習目標。

　　因此，筆者認為，合作學習有其獨特性，不同於其他教學方法，與一般的小組學習是有區別的。它乃是經由設計，一種有結構、有系統的教學策略，將學生分配在異質性的小組中，透過團體互動的歷程，鼓勵學生彼此協助，以發揮個人最大的學習效果，小組成員並在相互依存的關係中共同參與以達成學習目標。

二、合作學習的特質

　　合作學習不只是將學生置於小組中，更重要的是如何促進小組的合作學習，雖然不同合作學習法有其不同的設計，其強調重點也有所不同，茲針對合作學習的特質：異質分組（heterogeneous grouping）、建立正向的相互依賴關係（positive interdependence）、面對面提升互動關係（face-to-face promotive interaction）、相互人際和小團體技巧（interpersonal and small-group skills）、團體歷程（group processing）等分析如下（張芳全，1997）：

（一）異質分組

　　異質分組是合作學習的首要特質，依學生的學習能力、性別、種族及社經背景等因素，將學生分配到不同的小組中，彼此互相指導、相互學習。異質分組的方式主要提供學生有更多的機會認識不同的學習對象，聽取不同看法，分享彼此的經驗，讓學生從更多樣的觀點結合學習經驗，達成學習目標。

（二）建立正向的相互依賴關係

建立小組成員「沉浮與共」的感覺，小組成員必須有相互依存的共同目標，共同分擔工作、共享資源及資訊、相互支援，在學習的過程中，學生必須體認個人與其他小組成員之間，是建立在一個正面相互依存的關係。

（三）面對面提升互動關係

小組成員之間面對面的互動，是希望在學習過程中得到相互的支持與協助。互動的增加可加速每位同學的成功，學生間的團體互動，如進行討論、小型的會議、小組的研討、校外教學時的分組，或在化學課的實驗分組等，都可讓學生間的互動更具緊密性、團結性及合作性。

（四）相互人際和小團體技巧

合作學習需要學生習得學科目（academic subject matter）；和相互人際及小團體技巧並視為團體的一部分。如果團體工作不好，任務工作亦無法完成，成員的團體工作技巧越深入，他們的學習品質和學習量也越高。

（五）團體歷程

人要不斷地反省才會成長，同樣地，合作學習也需要反省，而團體歷程在合作學習中的作用，在於檢討反省小組的學習狀況是否有效、是否需要修正改進，藉由團體歷程澄清和改善團體成員的效能，以促進團體成員努力達到團體目標。

三、合作學習的方法

　　自一九七〇年代起，合作學習備受矚目，而發展出許多方法，這些教學策略的運用，適合任何的學習年齡層及學科，然而各種方法均有其適用範圍及特點，教師亦可根據教材、年級或特殊需要採取不同的設計，爲清楚瞭解這些方法，茲介紹其中發展較爲成熟且應用較多的：學生小組成就區分法（student's team achievement division I, STAD）、小組遊戲競賽法（team-game-tournament, TGT）、小組協力教學法（team assisted instruction, TAI）、拼圖法（第二代）（jigsaw II）、團體探究法（group investigation, GI）等幾種策略（林佩璇，1990）：

（一）學生小組成就區分法（STAD）

　　學生小組成就區分法是最容易實施的一種方法，適用於所有學科。步驟有五：

1. 全班授課：教師講授教材內容，學生此時需更專心，才能爲小組爭取最佳成績。
2. 分組學習：教師依學生能力或其他社會背景、心理特質，將學生分成四至五人的異質小組，以同儕指導的方式合作學習，以求精熟單元教材。
3. 小考：經一至二次全班授課及一至二次分組學習後，進行個別小考，以評鑑其學習成效。
4. 評鑑個人進步分數：以個人過去的成績爲基本分數，該次表現分數減去基本分數爲個人進步分數，累加個人進步分數爲該小組進步總分，並求得小組平均進步分數。讓每位成員都能對小組有所貢獻，只要他的表現進步。此種計分制度可使能力強者

願意幫助能力弱者，能力弱者會努力向學，接受他人幫助，進而自立自強。

5.表揚：小組及個人表現優異都會得到表揚，教師除了用稱讚、歡呼、小獎助之外，也藉公布欄來宣告小組成績，或進步最多的前幾名等訊息。

（二）小組遊戲競賽法（TGT）

TGT 與 STAD 十分類似，也是包含五個步驟，唯一不同是將遊戲競賽取代小組，其餘四個步驟均相同。

（三）小組協力教學法（TAI）

TAI 結合了合作學習與個別化教學，爲 Slavin 於 1987 年發展出來，最適用於二至八年級的數學科。其設計主要假定爲：若學生能自行檢查所學習的教材和教室管理，則教師會有更多時間去指導個別學生或同質的學習團體。其實施步驟爲：分組、安置評量、課程教材、小組學習、小組評分和表揚、事實測驗、整班單元教學。

（四）拼圖法（第二代）

適用於社會、文學科目，如同 TGT 與 STAD 採異質分組，實施步驟爲：(1)小組內分配每人一「專家主題」；(2)研讀全部單元並加強個人的專家主題；(3)至「專家小組」討論，並精熟討論主題；(4)回到小組輪流報告個人的專家主題；(5)進行小考，並將個別得分轉化爲小組得分；(6)個人與團體表揚。

（五）團體探究法（GI）

GI 和其他方法最大的不同，在於每組學生自行決定所要學習的內容，並負責溝通與組織整個工作進程。其目的在提供學生一多樣而廣

泛的學習經驗，但先備條件是要具備基本的知識和技巧。GI強調較高層次的能力表現，如應用、分析、推理、情意表達、態度動機、投入程度等。

肆、合作學習在大學通識課程中的應用

一、合作學習與國防通識課程的關係

軍訓教學為軍訓工作重點，教育部軍訓處在宋處長精心策劃下，於民國85年4月完成六大領域的課程規劃，包括國家安全、軍事戰史、國防科技、兵學理論、軍事知能、軍訓護理等課程，並定位為「國防通識教育」，於八十七學年度起全面實施。軍訓處宋處長更強調，國防通識教育需透過專業知識與教學方法結合才能克盡全功，其論述與民國89年頒行之「國防法」明定：我國防為「全民國防」，以及90年「全民防衛動員準備法」所規定之：「為結合學校教育增進國防知識，教育部應訂定各級學校軍訓課程之相關辦法」等立法精神相契合（教育部，2001），從國家安全的戰略觀點看我國大學國防通識教育，是以培育國防戰略決策、分析、執行人才及提升我國國防科技的研發製造能力，厚植創造有利國家繼續生存發展之基礎（曾復生，2001）。

國防通識教育並非是為社會中某種職業上的特殊問題而作準備，而是為社會中一切份子所可能遇到的問題作準備，像家庭問題、外交政策問題、政治領導問題、人生哲學問題等，通識教育是幫助青年準備好去應付民主社會人人可能遇到的個人和社會問題（C. H. Faust, 1950）。1970年以後，J. Gaff（1983）歸納通識教育的意義，根植於

人文傳統，包含了基本人文學科的研究，以及科學的研究，強調知識的廣博性，它提供學生熟悉人類知識的各個脈絡，以及不同知識體系的方法論（methodology）、語言和理解的方式，並促進知識的統整性、綜合性和連貫性，鼓勵人們理解並鑑賞自己和他人，且要尊重其他民族及其文化，它包含價值的檢視，一方面是有關於當前社會爭議性問題的價值，另一方面則是各學科的各方法論中隱含的價值。

筆者以爲合作學習與國防通識課程有四項正面作用：

第一，合作學習鼓勵學習者彼此互助與分享，創造一種積極相互依賴的關係，透過結構式同儕互動與溝通的過程，提升學習者認知、情意及社交上之發展，更可協助一般教師在面對數十種合作學習的教學模式與小組組成方式中，能依教學適用情境與特定對象之不同需求，選用不同類型合作學習模式，創造更合時宜的合作互動建構方法（于富雲，2001）。

第二，合作學習可幫助學習者面對和瞭解自己與外界等方面的問題，並試圖突破專業窄化個人視野，提升學生面對與解決不同類別問題的能力，進而培育學習者具備完整的人格。

第三，合作學習鼓勵彼此分享觀點、互相幫助、提供資源、分享發現的成果，並批判與修正彼此觀點，且學習者爲達成共同的團體目標而一起工作，做出最好的表現，幫助他人全力學習，喜歡及尊重他人。

第四，合作學習能讓學生改變傳統的被動聽講，而主動的學習以達共同的學習目標，提升學生的學習成就，增加正向的人際互動及健康的心理適應。

二、合作學習在大學的相關研究

由於國內過去的學習模式過度強調個別化的競爭，學業成績非比

個高下不可，學習缺乏同儕間合作的基礎，也缺乏師生互動的意願，學習除了知識傳授這個面向外，情意的學習十分缺乏，Johnson 等更強調，合作學習並非只是將學生分組（grouping）就可達到上述之效果，教師在組織學習小組時需非常用心，並要處理合作過程中可能遭遇的困難。更重要的發現是，越有合作學習經驗的教師，越肯定沒有困難是克服不了的，越願意去實施合作學習者，從師生互動中獲益越多。

國內學者林秀珍（1997）在大學英文閱讀課程中也運用合作學習的方法，有效的降低學生對外語的懼怕，並從中產生自信，除了學到知識之外，也從做中學到思考與創作的喜樂。

蕭錫錡、張仁家、黃金益（2001）在〈合作學習對大學生專題製作創造力影響之研究〉中，綜合任課教師的意見及學生在專題製作合作學習滿意度調查結果顯示，專題製作合作學習的過程，受到大部分同學的喜愛與歡迎，並認為可增進專題製作的認知、情意、技能及創造力等項度的能力。

韋金龍（1997）在〈國內大專學生對合作學習英語教學活動的看法〉中，發現大專學生對合作學習的反應態度是正面的，且認為合作學習適合用來補救傳統教學無法兼顧學生個別差異的現實情況。

鄧宜男（2001）在〈合作學習在大學課程的應用〉，認為合作學習可提升學生的學業成就，改善同儕人際關係，增加教師、班級與社交互動，有助於深層次的認知歷程及減少校園暴力。

由國內學者的研究證實合作學習在大學階段應用的效果良好，相較於傳統的競爭、個別學習，合作學習在提升學生學業成就、學習動機、人際互動、人格發展上頗具優勢，在大學課程中可以應用的範圍也很廣，專業或通識課程均可嘗試。

三、合作學習應用在大學課程通識課程的現況

近年教改風潮方興未艾，台灣高等教育之發展亦順勢有了很大的變革，其中倡導通識教育之理念已普遍受到重視，只是在實踐上仍有一些困難，這些困難包括：(1)沒有人願意去管；(2)沒有教授願意去教；(3)沒有學生肯花精神去聽（沈君山，1993）。潘正德（1994）、王晃三等（1999）及黃俊傑（1999）詮釋通識教育的涵義：一是重視人為主體，二是強調知識的統整性，三是培育有素養的全人。現在的大學生對課程之重視程度，大致以其專業生涯規劃或畢業後市場需求為判斷依據（黃俊傑，1999）。筆者認為重視通識課程的教學設計及教學法的創新，是提升國防通識課程「被重視的程度」，以及讓學生真正從中受益是彌補之道。

有鑑於此，筆者利用國防通識課程時段，以非正式的合作學習教學，發現學生學習滿意度、人際互動關係、學習成果、學習參與情形均能展現正面成果。因此，筆者綜整(沈君山，1993；黃俊傑，1999)論述認為合作學習較能滿足學習者的需求與特性，因合作學習強調藉由合作增進學習者間的互動，藉由學習者間的互動讓學生豐富的經驗成為學習的資源，並滿足學習者在社交方面的學習動機，另外，合作學習中所營造的是合作而非競爭的教室氣氛，能減低學習者在學習上的焦慮，而增強其學習信心。

伍、合作學習運用在國防通識課程上的教學設計

合作學習方法雖然簡單易作，然而許多教官可能更關心如何進一步設計，以應用於實際的教學情境中，筆者以學生小組成就區分法為

例，因它是合作學習方法中最容易實施的一種方法，所使用的內容、標準與評鑑和一般的教學方法沒有太大的差異，茲以國防通識課程第一冊，國家安全課程單元，說明其教學準備活動、實施流程及評分方式：

一、準備活動

STAD的準備活動包含準備教材及分配小組。

（一）準備教材

教學活動進行之前教師先編擬作業單、答案單、小考測試卷、觀察表等，以利教學進行。

■單元主題

單元主題如**表二**。

表二　單元主題：國家安全

教材大綱
一、主旨及各段要旨
（一）主旨：國家安全的政治因素
（二）各段要旨：1.國家安全的決策及其運作
2.國家安全民防體系的結構及運作
3.外交與國家安全
二、討論主題
1.國家安全的決策模式有哪些模式？
2.國家安全的決策程序與運作？
3.國家安全決策過程思考的問題？
4.民防的意涵？
5.民防的功能與國家安全的關係？
6.民防的類型與編組？
7.外交與國家安全政策？
8.現實國家安全的外交戰略與戰術？

■作業單

由教師設計或直接利用課本或習作上的練習作業（如**表三**）。

■答案單

由教師發給各組自行訂正，自我檢討（如**表四**）。

■小考測驗卷

在每個單元結束之後，教師立即進行小考測驗，測驗時由同學自己作答。測驗分數不僅影響個人成績，也會影響小組的得分。爲了在小考測驗上有良好的表現，個人在小組討論、練習作業單時應力求瞭解，不懂的地方立刻請益同學（如**表五**）。

■觀察表

觀察表主要用來瞭解學生在小組學習時，個人使用合作技巧的情形。觀察表所要觀察的技巧，可由教師依學生的合作技巧能力加以決定（如**表六**）。

■小組總分表

用以記錄各組學生進步分數情形，如**表七**。

（二）分配學生到各小組

合作學習採用異質分組的方式，將不同能力、性別的學生分配到不同小組中，分組的步驟如下（如**表八**）：

1.排序：教師依學生入學國文科成績，將學生依次序排列。

2.決定小組人數：儘可能使每組的人數一致。

二、教學實施流程

教學實施流程的設計依學習單元的性質、學習時間、學習能力來安排，通常以一至三節課爲一完整的流程，實際的教學時間安排應由

表三　作業單

作業單					
組別	角色分派	主持	記錄	報告	觀察	總務

作業練習

一、填充題

1.國家安全的決策模式有哪六種：理性決策模式、＿＿＿＿＿、官僚議價模式、＿＿＿＿＿、精英決策模式、＿＿＿＿＿。

2.民防的類型有哪些：民間防空型、＿＿＿＿＿、全民防衛型、＿＿＿＿。

3.常見的外交戰略有哪些：＿＿＿＿、透過外交途徑插手別國內政、＿＿＿＿、以各種外交手段進行威攝、恐嚇、迫使對手國放棄敵對意圖、＿＿＿＿。

4.國家安全決策程序大致可分哪三大階段：＿＿＿＿＿、＿＿＿＿＿、＿＿＿＿＿。

二、簡答題

1.試述影響國家安全的因素？

2.試述國家安全所應思考的問題有哪些？

3.請說明民防的功能？

表四　答案單

答案單
主題：國家安全的政治因素

一、填充題

　　1.漸進決策模式、系統決策模式。

　　2.民間防衛型、群眾性防衛。

　　3.外交結盟、透過雙邊外交或多邊外交創造戰略均勢、外交隔離。

二、問答題

　　1.戰爭、經濟、政治、心理、科技、恐怖主義活動、間諜活動、生態環境。

　　2.國家利益、情境資訊、問題界定、政策目標、政策規劃、政策合法化、政策執行、政策評估、政策終結。

　　3.(1)防止或減低敵方行動的直接利益。

　　　(2)增加敵方行動代價。

　　　(3)有效預警加強防護措施，減少人員生命財產的傷亡與損失。

　　　(4)透過民防編組，以促進團結與維持繼續戰鬥的決心。

　　　(5)透過民防演訓，奠定後勤動員基礎，有助於提升軍事潛力，發揮戰略嚇阻的效果。

表五　小考測驗卷

小考測驗卷

一、是非題

( )　1.現代國家的構成要件而言，國家乃指具備人民、領土、政府、主權等四個條件的人類社會團體。

( )　2.國家安全政策常取決於國際體系的特性，而非本身的特性，亦即受客觀環境的影響。

( )　3.民防乃民力自衛，在非常時期，能夠維護政府功能及支援軍事行動，以保障國家安全的組織與作為。

( )　4.就現代戰爭型態與經驗而言，戰爭範圍僅是軍事上的直接衝突，與政治、經濟社會無很大關係。

( )　5.外交戰術的積極意義在有效運用一國所擁有的外交資源，具體提升其國際地位，以取得有利的戰略態勢。

( )　6.維護國家安全最高原則，主要在瓦解敵人對我國的威脅企圖。

( )　7.如何解決生態環境的安全問題，不但是國家安全所必須面對的新課題，同時也是國際矚目的問題。

二、選擇題

( )　1.最為人所知的決策模式是1.系統2.官僚議價3.理性4.精英 決策模式。

( )　2.國家安全最主要的威脅是1.戰爭2.經濟3.政治4.恐怖主義活動。

( )　3.何種民防類型是常設的民防編組1.民間防空型2.民間防衛型3.全民防衛型4.群眾性防衛。

( )　4.負責民防管制運用的單位是1.內政部2.國防部3.法務部4.警政署。

( )　5.自古以來1.政治2.經濟3.外交4.軍事 即被視為維護國家安全的重要途徑。

( )　6.美國於1991年波斯灣戰爭中聯軍對付伊拉克的策略是屬於1.外交戰略2.外交戰術3.外交結盟4.軍事外交 的一種行為。

( )　7.較能夠控制資源的少數統治階層的決策模式是1.漸進決策2.精英決策3.團體決策4.理性決策 模式。

三、問答題

1.試述外交政策與國家安全政策的相關性？

表六　觀察表

技巧\姓名					
角色任務					
熱烈發言					
聆聽他人					

表七　小組總分表　　　　　　　　　　　　（組名：　　　　　）

組員姓名	第一次	第二次	第三次	第四次	第五次	第六次	第七次	第八次
智偉	20	20						
培霖	30	10						
德安	10	10						
進榮	30	20						
慶育	10	30						
小組分數	100	90						
小組平均	20	18						
本次小組排名	1	4						

表八　小組分組表

組別\成績別\能力別	第一組	第二組	第三組	第四組	第五組	第六組
高能力	1	2	3	4	5	6
中等能力	12 13	11 14	10 15	9 16	8 17	7 18
低能力	24	23	22	21	20	19

教師依教學情況自行調整，以靈活運用。筆者以大學軍訓兩節課一百分鐘的教學流程爲例，其設計要項如下：

（一）全班授課

在每單元進行之初，可利用投影片或講授方式介紹課程目標、教材的重點內容，提示學習任務，教師通常利用二十分鐘方式來進行。

（二）分組學習

分組討論期間，小組同學的主要工作是精熟教師授課的教材，並幫助他人也能精熟學習內容。教師授課後，學生以作業單或教材中的練習作業練習教師教過的技巧，並可藉以評估自己和組內同學學習的情形，約進行五十分鐘。

（三）學習評量和團體歷程

學習評量在瞭解學生的學習表現，可以採用小考、報告或表演等方式。團體歷程主要在提供學生有機會反省他們在團體內的表現以求改進，約需二十分鐘。

（四）學習表揚

小組得分是根據個人進步分數或小組的平均成績來決定，故每個人都需熟悉學習內容，並協助他人也能成功地學習，約爲十分鐘。

三、評分方式

在評分之前，教師先設計好小考得分單，在每次測驗後，即可算出個人的進步分數和小組得分，將其公布於布告欄上，如此可鼓勵各組做出最好的表現。

（一）個人進步分數

個人進步分數是由小考分數減去基本分數而得，換算方式可參考**表九**，換算的標準也可依需要調整之，基本分數可由教師依前幾次的學生小考平均分數而得，而表現優異的標準，則視該次全班小考的成績由教師決定一個分數，或依過去全班的表現情形決定一個標準。不論學生的進步分數如何，均可獲得最高的進步分數，用意在提供學習表現一向優異的同學，維持優異的表現，不因基本分數太高無法進步而造成不公平，或學習動機減弱的現象。從表九可以看出進步分數沒有「負分」，旨在鼓勵學生作積極的表現。算出個人進步分數之後，即可將資料填入小考得分單中。**表十**是幾個學生的實例，以培霖的分數來看，其原始進步分數超過十分（十一分），所以獲得最高的轉換進步分數三十分。

（二）小組得分

累加小組內個人的進步分數（如表十），並求得平均數，便可算出小組間的排名。

表九　小組進步分數換算表

小考得分－基本分數＝進步分數	轉換進步分數
退步10分以上	0
退步1至10以內	10
進步1至10分以內	20
進步10分以上	30
小考分數100（不論基本分數）	30

表十　小組成績計算範例

學生姓名	基本分數	小考得分	進步分數
智偉	86	93	20
培霖	80	91	30
德安	92	86	10
進榮	94	96	20
慶育	85	80	10

陸、結論

　　學習是人生一個很大的課題，正式教育制度中的「課程」，只是學習的其中一個管道。筆者雖然倡導合作學習，並非全然否定傳統教學或個別、競爭學習，各種教學法都有其優缺點。就教學方法而言，沒有一個模式適合所有的課程，也沒有一個模式適合所有的班級、年級，更沒有一個模式適合所有的教師，既然國內外已有很多的研究文獻顯示，合作學習的學習效果優於傳統的講述式教學或其他教學方法，身為軍訓教官的我們何不在傳統教學法之外，作一個新的嘗試，將合作學習的教學方法和學生的學習方法做一統合，使學生的學習更為有效。

　　本研究僅就合作學習的相關文獻及理論作探討研究，未來可作進一步實證研究，以發現合作學習在大學通識課程中真實的現象與困難，提供欲採用合作學習的軍訓同仁參考。

參考文獻

于富雲（2001）。從理論基礎探究合作學習的效益。教育資料與研究，38期，頁147-151。

王晃三、張淑慧、董世平（1999）。中原大學全人化通識教育與課程設計改進研究。教育部委託專題研究計畫編號：NSC86-2511-5008-005。

林生傳（1992）。心教學理論與策略。台北：五南圖書出版公司。

林佩璇（1990）。合作學習——學生小組成就區分法的教學設計。研習資訊，11卷6期，頁184-187。

林秀珍（1997）。合作學習之於英文閱讀。文藻學院，11期，頁19-44。

何素華（1996）。國小普通班和啓智班兒童合作學習效果之研究。台北：文景書局。

沈君山（1993）。國立清華大學通識教育的展望。大學通識教育研討會論文集，頁1。台北：台灣大學文學院編。

韋金龍（1997）。國內大專學生對合作學習英語教學活動的看法。教育研究資訊，4卷6期，頁13-26。

教育部（2001）。精進國防通識教育推動全民精神動員。軍訓通訊，615期，1版。

曾復生（2001）。從國家安全戰略思考我國大學國防教育的發展。軍訓通訊，534期，2版。

黃政傑（1992）。台灣省高級職業學校合作學習教學法實驗研究。台北：國立台灣師範大學教育研究中心。

黃政傑、林佩璇（1996）。合作學習。台北：五南出版社。

黃俊傑（1999）。大學通識教育的理念與實踐。中華民國通識教育學
　　會出版，頁32。

黃清雲（1998）。掌握有效合作學習要素創造體育教學新境界。台灣
　　省學校體育，8卷45期3號，頁4-13。

張芳全（1997）。教學法的新典範——合作學習。國教月刊，44卷3、
　　4期，頁70-75。

劉秀嫚（1998）。合作學習的教學策略。公民訓育學報，7期，頁285-
　　294。

劉家禎（2000）。新情勢下軍訓工作努力的方向。軍訓通訊，568期，
　　1版。

潘政德（1994）。通識教育課程任課教師及工學院學生對通識教育課
　　程設計的意見調查之研究。行政院國家科學委員會專題研究計畫
　　成果報告。

鄧宜男（2001）。合作學習在大學課程的應用。通識教育季刊，8卷1
　　期，頁17-37。

蕭錫錡、張仁家、黃金益（2001）。合作學習對大學生專題製作創造
　　力影響之研究。科學教育學刊，8卷4期，頁359-410。

Brush, T. R. (1997). The effects on student achievement and attitudes when
　　using learning systems with cooperative pairs. Education Technology
　　Research and Development, 45, 51-56.

Lepper, M. (1985). Microcomputer in education: Motivation and social
　　issues. American Psychologist, 40(1), 1-18.

Johnson, D. W. & Johnson, R. T. (1993). Cooperative learning and
　　feedback. In Dempsey, J. & Sales, G. C. (Ed), Interactive instruction
　　and feedback. Englewood Cliffs, NJ: Educational Technology
　　Publications.

Slavin, R. E. (1987). Cooperative learning where behavioral and humanistic

approaches to classroom motivation meet. Elementary School Journal, 88(1), 29-37.

Webb, N. M. (1982). Peer interaction and learning in small cooperation groups. Journal of Educational Psychology, 74, 642-655.

論性別與科學教育

熊同鑫

國立台東師院教育研究所

12

近期的兩本中譯本書《愛因斯坦的太太：百年來女性的挫敗與建樹》與《玉米田裡的先知》中，透露出女性要在科學界中占有一席之地的艱辛是高於男性科學家的訊息。陳文盛在為中譯本《玉米田裡的先知》寫中文版序言時，標題是「整個世界必須等好幾十年才能欣賞她（Barbara McClintock）」，他提出三項議題為McClintock理論在當時無法成立解套，分別是：科學發現的未成熟性、科學研究的風格的迥異，及女性在職業上所受的歧視。有趣的是陳文盛教授談了前兩項議題，對於牽涉女性主義的議題就輕描淡寫帶過去。閱讀陳氏的序文，筆者所能體會到的是McClintock的不合群性，她的人格特質造成她的研究之途是孤單且無法與人溝通的，她與科學社群的關係是脫節的、是陌生的，她必須等到世界的改變，科學家們成熟到足以瞭解她的語彙，她才能被接納並被視之為重要人物。這過程之中是否因為她是女性而受到忽視就不言而喻了。

　　筆者對於性別空間與自然科學教育產生興趣及研究動機，應與研究經驗中的三則故事有關。第一則故事是在1996年我在小學進行研究時，某次課堂正進行「美麗的花朵」觀察。筆者因為已進入教室一陣子，與這一班二年級小朋友相當熟識，教師也允許筆者隨意在教室走動參與學生的小組討論。當筆者走到一個小組參與他們的討論，他們正在觀察並描繪花朵的構造。筆者好奇地指著花問花蕊在哪兒，小朋友很輕易地指給筆者看。於是筆者又問哪一個是雄蕊、哪一個是雌蕊，一位小女生指著大蕊說：「這是雄蕊，小蕊是雌蕊。」筆者想了一下問她：「為什麼？」小女生說：「你看男生都比女生大與壯，所以這個（大蕊）是雄蕊啦！其他同學也說對呀！」當時筆者的想法有二：(1)這個小女生已會用她生活觀察到的經驗，推論到自然界事物上，有基本的科學推理能力；(2)天啊！才二年級的小朋友已經有性別刻板印象，而且將之推理應用到學習情境之中！我們可以說這小女孩存有科學迷思概念，但不能否定她具備的觀察與推論能力。

第二則故事也是發生在1996年的觀察之中。有一天筆者進教室準備進行研究觀察時，看見老師有點怨氣狀，因為與該位老師很熟，筆者就問到底怎麼了。她說：「真氣人，今天早上在準備實驗器材時，自己先試試看電池、電線與燈泡連接會不會亮，結果被電到。旁邊的成偉就說『老師，我看妳別弄了，等熊老師來叫他教我們好了』，你說氣不氣人？」筆者聽了覺得很不好意思，一時也弄不懂其中的問題。後續跟周老師談了幾次話，發現學童有個想法，就是自然應該是男老師教的，女老師不會教，而熊老師是男生，應該會教自然，而且教得比較好。這一種性別意象與教學能力的觀點，讓筆者有些驚訝！小朋友是如何產生這種觀點的呢？

第三則故事則發生在1997與1998年筆者觀察高年級學童上自然課的學習情形。不同的班級、不同的教師，當兩位老師對學生說這次實驗可以自由分組時，很自然地分成以男生組、女生組為主和一兩組的男女混合組的現象。在實驗操作上男女生表現的風格與態度更是大不相同。男生的挑戰派精神，不依照課本步驟將實驗完成，女生按部就班，依步驟一一完成實驗，讓我覺察到男女生在自然課教室中存在的差異性。這一個現場中的驚覺讓筆者開始思考性別差異與科學教育間的關係，亦即是自然科教室內性別差異問題的存在，及其對於學童學習科學興趣的影響。

上述三則個人所經歷過的性別議題，引發筆者注意到男女生在科學學習過程中所處空間上的不同，進而引導筆者思考性別在科學教育中存有的問題。本文是透過文獻探討的方式，討論科學教育中存在的性別差異問題，文分四小節，分別是：科學與性別、女性主義與科學、性別差異與科學教育、科學教育與無性別差異學習環境——代結論。

壹、科學與性別

　　Shafer（1996）指出在歐洲人們對「科學」仍存在著刻板印象，認為那是「男性」的科目。這與西方在工業革命前後，掌控科學領域者為男性有所關聯；科學的思考模式到術語的形成，都是在男性主導下發展完成；因此，男性是位處於優勢的科學學習環境。此外，男生在生活經驗中接觸科學知識或技術的機會都高於女生。如果西蒙波娃在《第二性》一書的論點是正確的，那麼對於女性不適合學習科學的觀點，或許是受制於男性宰制的社會，是被男性形塑與期望影響，而非女性天賦上的缺乏科學能力。弔詭的是家庭中父親的態度，對於女性在未來選擇科學為專業上有其重要影響，在此，我們似乎跳脫不出父權色彩對女性學習科學上的影響。據此，研究者的推斷：(1)男生與女生在學習科學的過程中是處在不平等的地位上；(2)女生在社會化過程中被形塑成女性「應有」的行為、話語與思考模式；(3)女生使用著「女性」話語與思考模式，以「女性」的行為學習科學與操作科學實驗；(4)「女性」的話語、思考模式與行為並不符合「男性」科學的標準，女性無法好好學科學。這四點或許能解釋在高年級自然科教室中，男女生在學習過程上有差異的原因。

　　接續的問題是性別上的差異是來自天生，是一種自然現象，或是社會化過程中所形塑而成，是一種社會文化的產物。就生理層面而言，「性／別」是一種二元化現象；就心理層面而言，「性／別」是一種多元化現象存在，二者均可視之為符合自然法則。但不可否認的是心理層面的性／別受到個體所處的社會文化影響甚劇，有人順勢而為因而被社會接納，有人順性而為卻遭社會排擠。學生在學校社會化的過程中，是否已存在此種心理層面的性／別認同現象，造成男女生

在學習科學的認知上覺察科學是男性的，進而影響學童學習科學的態度，是可由微觀社會學研究角度切入研究的議題。在此，筆者想提出的質疑是審視許多的研究，都會將性／別視爲一個重要的獨立變項，進而比較兩者之間是否有差異，而這類的研究過程中是期待性／別差異的存在，或是不希望有性／別差異的存在？研究者在研究過程中是否已經將一種社會期待及性／別差異點形塑於教育環境中，透露出男女生確實應該不一樣的價值觀呢？就對教育的功能性而言，這類的研究對於改善教學環境的問題，有其參考性，但卻無積極作爲性。而如何營造一個無性別障礙的學習空間，是科學教育工作者持續探究卻仍無定論的議題。或許在分析教育現場的種種現象時，能以批判思考或另類角度觀之，可以讓我們更貼近問題本質，瞭解問題形成的原因及可以解決的方案。

貳、女性主義與科學

在論辯女性的科學表現不如男性的原因上，六○年代興起的女性主義扮演了相當重要的角色。初期女性主義的訴求多與政治相關，走向較爲激進，故被稱之爲激進女性主義（王逢振，民84）。激進女性主義提升了女性對本身權力的認知與追尋，但由於當時多數的婦女仍處於經濟劣勢地位，要走出家庭成爲獨立自主的個體並不容易，因此激進女性主義漸漸爲其他流派的女性主義所取代。不過激進女性主義爲女性在男性主流社會中所開啓的「社會運動」之門，其歷史上的意義是不容忽略的。而由激進女性主義衍生出的身體的覺知、性別認同、性別角色扮演等議題，對於後續探討女性在不同領域發展所面對的接納與排擠現象，提供了基本的理論依循。

以科學爲例，女性主義認爲科學本身被男性主流社會形塑成一個

男性的化身，「科學」被形容爲客觀的、理性的、實驗的、雜亂的、艱難的等名詞，這些詞通常也被用之於形容男性；因此，科學被歸屬爲男性的，尤指西方白人男性的領域。Rose（1994：97-114）認爲西方科學在發展過程中，是與資本主義、軍事及經濟等相結合發展，它本身攜帶著文化活動的色彩，是在形成一種新文化、一種專業知識、一種新權力、一種新階級，透過人爲的手腕建立起擁有知識與權力的特殊群體。面對西方科學的排外性，女性主義認爲不只是訴求排除性別上的歧視，同時還要排除種族及階級化的歧視。女性主義認爲女性之所以無法進入科學領域，不是女性本身能力的不足，不是女性生理上的無法與男性一爭長短，而是被男性排擠在科學權力之外。Rose指出在早期科學發展過程中，一些科學家的妻子或女兒，憑藉著她們的聰明智慧，在家中或俱樂部私設的實驗室中展現了她們的能力與不俗的科學表現。但當科學的研究逐漸由私人私設或家庭式的實驗室轉移成研究機構的設置，朝向專業化與工業化的方向發展時，女性參與科學的機會開始減少。因此與其說是自然現象造成女性不適合學科學，倒不如說在西方科學發展過程中注入的社會文化因子，造成初始女性無法參與科學活動，接續變成的是無法進入科學領域與男子一較長短。

　　西方女性主義重要人物之一西蒙波娃認爲性別（gender）不是天生的，而是被再製的。社會存在「女性」這個形體，是被社會文化所形塑的，「女性個體」往往是朝著滿足社會期望而發展，這種情況往往侷限了女性原本的能力與可發展的空間。當一位女性或一位女性科學家其成就與表現超過男性宰制社會的期望與標準時，她所受到的待遇卻往往是嘲諷或刻意被忽視。女性主義科學社群經常以《玉米田裡的先知》的McClintock爲例，印證一位女性科學家所發表的先進及獨道的見解，要等將近四十年後才被接納。當論及爲何會有如此現象時，男性科學家的回應是「她」的怪異行止與不易溝通的風格，是造

成她要晚了四十年才被科學界接受的原因。女性主義者則抱持另一態度，認為McClintock的研究是一種女性特有思維的展現與非男性的研究取向，而這正是違背西方科學中男性取向的慣性。因此與其說McClintock不擅長與人溝通，不如說是科學社群中的男性風格將其排擠在外。由於知識與威權存有相互依存的關係，女性主義者甚而提出科學的知識是用之於塑造一特權團體，在這個群體中存有著他們專有的知識、專有的語言與專有的結構關係。假若上述是真的既存的事實，那麼一位傑出女性科學家被排擠在社群之外，她的主張與觀點被漠視，這是否意謂著群體成員懼怕一位女性特質與非男性科學導向的知識侵入核心之中，瓦解他們固若金湯的城池，就成為一種哲學思辯與科學史考證的問題。但純就女性科學家與女性主義科學的角度探討科學教育問題時，當我們持續論辯女性在科學表現或趣向較男性為低時，或許先該探討的是科學知識所攜帶的白種男性色彩文化對於學童學習科學的影響。其次則是女性主義所關心的議題，那就是學校教育傳遞的科學知識與概念中是否存在有女性科學知識或無性別科學知識的具體事實與未來發展的空間。

西方科學所攜帶的強烈男性主義、種族色彩、文化色彩及專業化的語言，是影響女性或非白種人學習科學的一些因素。Birke（1994）指出在西方社會中，透過知識與政治的手段，女性所處的地位基本上與自然界的動物相似，男性科學家以己之名或想法命名新發現的動物，同樣男性科學家以自己觀點對女性身體構造器官予以命名，這其中摻雜著男性的自我優越及對女性的貶低。Schiebinger（1996）從「哺乳動物」為何叫做「哺乳動物」分析西方十八世紀自然歷史中的動物分類與命名所蘊含著的性別權謀，「哺乳」是Linnaeus對女性存有功能的一種想法，是女性的外在器官特徵，也意謂著他所定位的女人就是泌乳與餵養小孩。Schiebinger質疑在「哺乳動物」間存有更佳的共同特徵用以分類，使用「哺乳動物」一詞對女性而言是一種間接

暗示她們在社會上的地位與角色。男性科學家運用自己的觀點與想法對自然界命名、對所發現物理或化學現象命名或下定義，在創造或借用語詞過程中，存在著性別權謀的影像，闢建出知識的城堡，設定「通關密語」，鞏固了自己的權力。Torres（1992）就以女性與語言的角度探討性別差異中存在的權力動能問題。她認為掌握語言就是掌握權力，並指出女性主義者研究發現男女間確實存有性別差異，語言是一個重要變項，因為透過對文字賦與意義的權力，在西方社會情境脈絡中將女性塑成是一個次級團體，而男性則是權力重心。女性主義指陳社會語言學中認為語言中的性別差異是源於與天生，基本上就是一種謬誤，是一種男性機制的觀點。對於女性主義者而言，要讓女性能在社會中發聲，讓女性在社會中增權，研究語言與性別的關係是刻不容緩的議題，也唯有透過這樣的研究才能打破男女生天生在語言表現上就有差異的論述。「語言」，對女性主義者而言是社會文化的傳遞者，也是社會文化的一種表徵。「語言」不會是自然而然就存在著，它是被人類群體所創造出來的，「語言」是攜帶著社會文化、性別、種族，乃至權力等色彩，因此不能單以「個體差異」來論語言，而應以社會關係與權力來看語言與人、語言與性別的關係。女性主義對於女性發聲與女性空間的爭取，轉換至科學教育之中，所要面對的應該是如何扭轉語言對女性學習科學的不利，提供女性學習科學的空間。

參、性別差異與科學教育

　　Murphy（1996）在回顧科學評量中存在著性別差異的議題中，隱喻著或許我們不能視學科表現中存有差異是來自性別問題，而應思考評量本身是否存有問題。由於語言已依循社會文化的標準實踐性別的異質化，因此評量者似乎不宜用統一標準的評量卷來探討性別差異與

學科表現的關係。Murphy指出男女學生在學校中與教師互動的頻率、時間長短、內容均不一樣，植基於不同的社會化過程，男女學生對自己的能力與學科素養產生不同的願景，形成他們採用不同的策略面對問題與解決問題。造成男女生科學表現差異的因素，Murphy認為這與：(1)生活中接觸科學的經驗及對問題解決之目的存有差異性。男生比女生有機會多接觸自然與從事較危險與挑戰性的活動，女性自幼所接觸的科學經驗就較低，問題解決的視角變成以實務與守成為導向。(2)生活中接觸科學的路徑存有不同的經驗；男生接觸多以抽象的、物理的或化學的、非具體實物的科學經驗為主，女生因被賦予「母親」角色的養成，所接觸的多是自然界的、具體的、生活應用的科學經驗為主。(3)對科學問題採用不同的視角省思問題。男生會朝「未來世界」的想像或採不按牌理的方式觀看與省思科學問題，女性則會以如何解決當下問題為導向，採用有規則的、可遵循的、在問題範圍內的方向思考問題。(4)在閱讀與思路表達上存在著不同的風格。男性偏向閱讀非文學類的作品，採用一種實際的、批判的、事件記述的方式表達自己觀點；女性則傾向閱讀文學類的作品，採用個人對於現象的一種感覺方式表達想法，是一種情感的敘述。男女間存在著這些不同的因素，形成他們在學習科學與成就表現上的差異。

　　對照Murphy（1996）、Lowe（1992）、Arianrhod（1992）及Torres（1992）等人的文獻，不難發現女性與男性在成長的過程中經歷著不同的社會化過程與不同的語言經驗。語言、思維及個體行為間的交互影響與發展過程中，形成了個體或社會群體對於科學的不同觀點與態度；其中社會文化價值觀深深影響著科學中存在著的性別差異現象。Arianrhod以自己的經驗為例，說明當其以一介女流成為全班科學課業表現最好者時，她卻未能獲得鼓勵，因為男性為主的教師團認為女生雖可以成為科學家，但她們的表現絕不可能超越男性，況且男性在科學表現卓越是自然本質的展現，女性的優越表現是因為她們肯

努力為之，而不是一種自然本質的展現；科學界要的是那種有天賦才能者的投入，而不是只會靠後天努力才會有成的平庸資質；由於社會群體的偏執想法，許多資質好、可成為優秀科學家的女性不得不淡出科學學術界，另尋可發展的空間。

除去以社會文化的性別再製或男性霸權主義解釋女性在科學發展或表現上的受挫外，我們似乎不能也不該否認男女在先天上既存的不同，因此探討女性在科學的成就表現上，不能單以文化決定論來評判，生物性因子也應被考量。簡言之，女性與男性在生物結構上存在著不同，女性能夠懷孕生子的「天職」，讓女性必須面對保護孩子、解決現實面問題、確保能保守安穩地過日子，似乎是母性的本能發揮，是一種天生的以感性與溫柔讓孩子或他人覺得舒適與安全感。這種生物性的天生特質並不是男性霸權能一手制定的，因此不能單以男性霸權廣泛地解釋女性所有行為與特質是被文化或社會機制塑造出的。我們必須瞭解到在解釋男女在科學表現上的不同，實無法單以男性霸權、文化複製或生物性自然現象單一種因子解釋之。

肆、科學教育與無性別差異學習環境
——代結論

科學教育中存在性別差異現象是一事實，有人將此現象以遺傳、內分泌、個體發育等生物性的差異解釋之。Kahle（1994：135-150）指出以這些因素來歸因科學表現上的性別差異，其證據是薄弱或甚至不存在。事實上，若將學童的學習差異以性別或生物性因素解釋之，那麼教育似乎就無其存在的必要性與重要性。Bullock（1997）指出教育應是協助學生建立自信，並由教育環境之中看見自己的能力與潛能；然而，科學教室中忽略了培養女生對科學的信心及潛能開發，造成女生對科學興趣的欠缺，形成科學教室中的性別差異現象。因此，

學校教育所營造的學習環境，應是科學教育中形成性別差異的關鍵因素。

由女性主義觀點談科學知識理論時，Hilary（1994：71-96）指出傳統看待科學知識的方式，若以殖民主義者的教育方式解釋之，就是要讓被殖民者永遠臣服於殖民者之下；因此，若不除去科學知識中的男性霸權色彩，科學中存有的性別差異是不易被去除的。如何除去科學知識中的男性霸權色彩，改善科學教育的性別差異現象，在科學教育中要思考的，就是在課程設計中將有利於兩性共同學習的因素考量進去，以便能建構無性別障礙之學習情境。

課程設計包含了教學主題、教學內容、教學方式、教學活動等。教學主題與內容通常是以教科書為主，Stark（1999）指出性別差異反映在他們對於學科屬性之興趣之上，譬如，女生喜歡生物科，男生喜歡物理、化學科。然而，在營造無性別障礙之學習情境時，並不是偏重哪一科學領域之教學，而是在乎於為何某一性別對某一學科興趣較低，探究是否是文化因素或社會期待造成的學習態度不同。Kahle（1994：136-139）指出社會文化中對女生的期望，影響著女生對於學習科學的態度。此外，家庭環境或日常生活中，女性接觸科學或科技的機會，也因為社會期待或性別刻板印象，較男性少了許多，進而造成女性對於科學的敏感度與興趣降低。因此，學童對於不同科學領域的興趣，可能取決於他們日常生活經驗中的好壞感受。是故，協助學生將其對某一科學領域之不好經驗減弱之，是在提供有利於兩性共同學習環境時應先考量之因素。

Bullock（1997）在營造一個性別平等的科學教育學習環境時，考量到的因素是當教師使用教材時，教師是如何與學生互動，及師生間的行為所展現的平等性為何。她的研究透露出的重要訊息是，教師是營造性別平等教學環境的關鍵人物；教師透過自我教學研究可以看到自己教學的盲點，進而排除造成性別不平等的教學行為。教學者用以

檢視自己教學環境中是否存有性別差異的指標包括：師生互動次數頻率、學生提問次數頻率、學生回答問題次數頻率、學生學習態度等是否存有性別差異。教師可依據指標之結果，修訂自己的教學方式與策略。

Dimitrov（1999）指出小學教育階段中，透過教學策略與教育決定等方式，改善性別差異問題，在教育及學童發展上有其重要性。在培養學童的科學興趣與科學態度上，教師應體認到以學童生活經驗為主的科學學習，會優於以教科書內容為主的科學學習。因為學童能將所學與生活結合，應用於生活之中，將能體會到科學的可親近性與實際性。Dimitrov（1999）強調在教學之前，譬如以物理單元為例，教師可以試著去瞭解學童的先備概念，再透過生活化及學生經驗的分享，建構該單元的概念，更重要的是讓學生，無論男生或女生，都能建立自信度與對該主題的興趣。

女性主義認為科學存有的男性霸權氣味，提供我們思考科學教育中形成性別差異的原因，但教育並不能只透過理論的批判，即可改變教育環境中的不平等性。在筆者的實地研究經驗中，師生互動、親子關係、同儕關係、社會文化等，都是形成科學教室中性別差異的可能因素，相對地，亦是可以用之於改善性別差異現象的變項。科學教育研究的積極作為是在解決或改變存在的問題，讓教育學習環境趨向公平性與適切性，方能營造無性別障礙之科學教室學習環境。

參考文獻

王逢振（1995）。女性主義。台北：揚智。

Arianrhod, R. (1992). Physics and mathematics, reality and language, dilemmas for feminists. The impact of feminism on the natural

science. In C. Kramarae & D. Spender (Eds.), *The knowledge explosion generations of feminist scholarship*. New York: Teachers College.

Birke, L. (1994). *Feminism, animals and science: The naming of the shrew*. Philadelphia: Open University.

Bullock, L. D. (1997). Efficiency of a gender and ethnic equality in science education curriculum for preservice teachers. *Journal of Research in Science Teaching*, 34, 1019-1038.

Dimitrov, D. M. (1999). Gender difference in science achievement: Differential effect of ability, response format, and strands of learning outcomes. *School Science and Mathematics*, 99, 445-450.

Hilary, R. (1994). *Love, power and knowledge: Towards a feminist transformation of the sciences*. Cambridge, UK: Polity.

Kahle, J. B. (1994). Interrelationships between gender, affect, and retention in science classroomns: A theoretical approach. In M. M. Atwater, K. Radzik-Marsh, M. Strutchens (Eds.), *Multicultural education inclusion of all*. Athens, GA: University of Georgia.

Rose, H. (1994). *Love, power and knowledge: Towards a feminist transformation of the sciences*. Bollmington, IN: Indiana University.

Lowe, M. (1992). The impact of feminism on the natural science. In C. Kramarae & D. Spender (Eds.), *The knowledge explosion generations of feminist scholarship*. New York: Teachers College.

Massey, D. (1994). *Space, place, and gender*. Minneapolis, MN: University of Minnesota.

Murphy, P. F. (1996). Assessment practices and gender difference. In L. H. Parker, L. J. Rennie, B. J. Fraser (Eds.), *Gender, science and mathematics: Shorting the shadow*. Boston: Kluwer.

Schiebinger, L. (1996). Why mammals are called mammals: Gender politics in eighteenth-century natural history. In E. F. Keller & H. E. Longino (Eds.), *Feminism and science*. Oxford: Oxford University Press.

Shafer, S. M. (1996). What's so important about science education. *European Education*, 28(3). 3-5.

Stark, R. (1999). Gender preferences in learning science. *International Journal of Science Education*, 21, 633-643.

Torres, L. (1992). Women and language: From sex differences to power dynamics. The impact of feminism on the natural science. In C. Kramarae & D. Spender (Eds.), *The knowledge explosion generations of feminist scholarship*. New York: Teachers College.

Tuana, N. (1989). *Feminism and science*. Bloomington, IN: Indian University.

Tyler, S. A. (1986). Post-modern ethnography: From document of the occult to occult document. In J. Clifford & G. E. Marcus (Eds.), *Writing culture: The poetics and politics and politics of ethnography*. Berkeley: University of California Press.

認知學徒制在國小兒童繪畫教學設計的應用

蔡順成

卑南鄉利嘉國小

13

壹、前言

　　近五十年來，國內的兒童繪畫教學一直受到工具論（Education through Art）及本質論（Education in Art）的影響，前者以美國的學者Lowenfeld「創造性」取向的教育理念為主，強調兒童為中心創作課程的取向，美術教學配合兒童生長階段讓其天賦充分發展，而不給予任何的干預，教師只要引起動機，給予兒童充分自由的學習空間即可大膽地表現；但劉豐榮（1986）在其研究中指出，教師太重視於學生自主性的創造會產生負面的教學效果，造成教學放任，經驗品質未曾提升，藝術發展欠指導而停滯，教育成果不彰。而後者以美國著名的藝術學者Eisner所提出「本質論」的價值導向為主，指出藝術活動對學生的重要貢獻，強調教材中心取向，重視藝術的價值之傳統規準、美學、美術史、美的原理，從上述之傳統規準設計教學活動並幫助學生達成充分的智能發展，並透過美術活動涵養藝術能力（理解藝術與製作藝術），強調藝術本身獨特的教育價值且藝術有待學習而獲致，包括創造藝術的能力（創作）、美感知覺的能力（鑑賞、批評）、瞭解藝術的能力（文化）。

　　國內教師在繪畫教學上的確受到工具論及本質論影響甚鉅；而工具論所造成的教學上的缺失及本質論所強調學科取向結構中，美術鑑賞課程比例已超過創作課程之現象（郭武雄，1980）；筆者認為除了工具論與本質論教學導向之外，是否有另一種繪畫教學方式，對於兒童繪畫能力提升有正面的幫助，亦能解決上述所說的在美術教學的現象及缺失，這是筆者一直在思考的問題。

　　時值今日九年一貫課程改革中，著重課程內容的統整與教學方式的改變，而筆者從事國小美術教學多年來，認為教學方法及教學策略

的良窳對於提升學生美術學習成效有很大的影響；筆者適時接觸到「認知學徒制」的教學策略，其理論基礎是以情境學習爲主，認爲知識是存在於情境的脈絡中，學習者基本上受到他所存在的活動、情境和文化的影響。在國內外對「合作學習」教學法的研究中，亦有不少實徵證明學生如能透過學習情境中能力較佳的同儕協助，提供有利於學習所需的鷹架（scaffolding），進而輔助能力較差之學習者，使其更精進並逐步由實際發展能力向外擴展，達到潛在發展能力的狀態（于富雲，200）。

　　而「認知學徒制」教學方法強調學生學習必須透過專家示範、指導與同儕互動、意見交流、解釋、調整、修改的過程，學習者才有機會去觀察、模仿、表達及獲得知識，而由生手轉變爲技巧純熟的專家，這種教學方法個人認爲能改進工具論所造成的教學放任的缺失。

　　筆者目前執教高年級的美勞教學，從皮亞傑認知發展理論及羅恩菲爾美術心智發展五階段，發現高年兒童認知發展已進入形式運思期、擬似寫實期，其繪畫表現時常會有「像不像」、「美不美」、「眼高手低」等共同特徵，因此在這個階段的教學，教師應適時地給予支持與鷹架，否則兒童會因技法不夠成熟，恐表現後受批評，而對自己繪畫缺乏信心，造成繪畫的障礙現象。本文所介紹之「認知學徒制」的教學方法，即是重視專家的示範、指導與同儕間的互動方式，對於該階段兒童無疑是一種適當的教學策略。

　　綜觀目前相關的文獻資料，其研究運用到繪畫教學者匱乏，但這何嘗不是另一種教學嘗試及試驗，可跳脫「工具論」與「本質論」的固有框框。

　　本文接下來將從「認知學徒制」的理論及相關研究、「認知學徒制」應用在兒童繪畫教學可行性及兒童繪畫心理發展階段的特徵等層面，提出個人想法與看法，給予在美術教學現場的教師另一種選擇與參考。

貳、「認知學徒制」的理論及相關研究探討

　　筆者參考方吉正（2000）、田耐青（1996）、林美伶（1998）、陳木金（1995）等人之研究，歸納出「認知學徒制」定義、特色及相關理論研究如下：

一、「認知學徒制」的定義

　　陳木金（1995）認為「認知學徒制」是從傳統的「學徒→工匠→師傅」的一貫晉升的模式而來，強調學徒養成的歷程中的主要關鍵因素，是師傅（專家）的示範、教導和支持，使得學徒（生手）成功地學習；師傅（專家）先經示範來提供統整的概念模式，學徒（生手）再一面觀察一面學習，並藉由不斷地回饋與師傅（專家）的示範、教導、支持，終而學得一項複雜的技能。由此觀之，學徒訓練的學習必須在其社會文化情境脈絡下進行，並仰賴於師傅（專家）的支持與教導，使得學徒（生手）在基本訓練與專業訓練兩部分知識技能皆達成熟，逐漸成為師傅（專家）。

二、「認知學徒制」的特色

　　陳木金（1995）指出根據Collins、Brown及Newman（1989）的模式，認知學徒制有下列幾項重要的特色：

（一）內容

　　強調不只要教導課本上的知識，也要教導經驗及訣竅（Heurisitic

Knowledge, Tricks of the trade）。專家們由於熟練某一行為，致使訣竅已經內化（internal-ized）到了某種程度，所以他們自己並不知覺自己的行為中已經包含這些訣竅，而缺乏對這些訣竅的認知，正是生手們失敗之處。例如，在繪畫創作上，專家皆會先打好草稿，也就是構圖，但生手們若在學習的過程中未被明確告知構圖的訣竅，那就不免發生毫無計畫的繪畫。在上彩時也有許多訣竅，如何調色、上色才不容易使畫面髒亂……這些都是師傅的招數。在古代學徒制時，端看師傅願不願意傳授。但在認知學徒制中，教學設計人員與教師合作將這些訣竅都整理出來，很清楚傳授給學生。

（二）情境學習（situated learning）

認知學徒制強調的是經由真實的情境或至少是模擬真實的情境，教導行動知識（Knowledge-in-action），讓學習者能在其工作崗位上感受到知識的實用性。

（三）示範及詳細說明（modeling and articulation）

由一位專家一邊示範一邊講解說明，不但說明如何做，更要說明為什麼要那樣做，如示範繪畫時，專家示範構圖的技巧（前景、主景、後景）、上顏色應注意的技巧等。「詳細說明」這一個特色是認知學徒制的重點。

（四）指導與回饋（coaching and feedback）

示範完後，讓學生有機會在教師的指導下練習剛才所觀察到的行為。教師觀察學生的表現並適時提供適當的幫助或提示。這種適時適量的支援與鼓勵可以幫助學生找出學習困難之處並加以改進。教師在此時對提供支援的時機與質量都要掌握好，不要過（剝奪學生學習的機會），也不要不及（使學生感受到無法承受的挫折）。

（五）鷹架與淡出（scaffolding and fading）

如果所學的教材中有一些部分對現階段的學生而言太過困難，那麼教師可以先協助學生執行這些部分，這種教學上的支援稱爲「鷹架」。隨著學生能力逐漸成長，教師可斟酌減少支援，逐漸將掌控的責任交由學生接手。如在兒童繪畫時不知如何使用粗、中、細等不同的筆時，教師應適時給予指導（鷹架），直到兒童已經能運用自如時，教師就逐漸淡出鷹架，甚至不給予任何干預及指導。

（六）反省思考（reflection）

讓學生對自己的決策及行爲加以省思，並說明決策及行爲的理由。這樣的反省、思考及陳述會使學生更能掌握行事的訣竅，並發展如專家般的心智能力。

（七）探索（exploration）

鼓勵學生嘗試用不同的方法來解決問題，並觀察這些方法的成效。這使學生有機會統整已有的相關知能，並審查其與問題情境的關係。

（八）教學順序

由易而難，由簡而繁。由教學上必要之單純而逐漸到達眞實情境中的複雜程度。

三、「認知學徒制」的相關理論探討

(一) Vygotsky 的內化論

　　Vygotsky（1978）所提出的 Zone of Proximal Development（ZPd）理論，主要指的是在別人協助下實際上所能達到的程度和目前在沒人協助下自己所能達到的程度二者之間的差距。這理論強調：可藉由別人所給予的協助去支持發展水準，而這別人所提供的協助就稱之為鷹架作用（scaffolding）。鷹架作用的目的乃在提升學習者目前的水準，使其逐漸地往上提升，而拉近與 ZPd 上限的距離；等到目前水準與 ZPd 的上限接近時，無形中也會提升 ZPd 的上限。透過這種反覆的過程，學習者將能尋求其潛能的發揮。Vygotsky 認為知識具有社會性，是經由合作學習、理解和解決問題而建構起來的。團體成員藉由資訊和知識的交換，發現彼此推理上的弱點，相互矯正，奠基於別人的理論之上來調整自己的理解。Vygotsky 的理論是建立在「個人發展必須指涉（reference）到社會環境，才得以被瞭解」的前提上。而「認知學徒制」的教學方法中的示範、指導與鷹架輔導即是符合上述 Vygotsky 所提出的（ZPd）理論。

(二) 情境學習理論

　　Brown（1988）提出情境學習（situated learning）理論。在認知論的觀點之下，專家（expert）和生手（novice）對事物的認知結構和處理模式是很不相同的。所以認知學派的教學目的之一，便是要轉換生手的認知結構，使其能達到專家的模式。但根據 Brown（1988）對專家和生手所做的比較研究中，專家在認知的觀點上幾乎都和生手相同，專家比生手多了一組用來處理情境的模式，而生手則僅有部分或

不正確的情境處理模式。所以一般人若要變成專家，必須透過情境活動中獲得交談經驗這種社會化的過程才行，而非僅僅習得專家的知識或跟隨專家的規則即可。而「認知學徒制」的教學方法中強調學習環境要透過真實的專家文化及社會性，亦是認為「情境學習」的重要性。

在Collins等人（1989）的認知學徒制中，亦認為在情境脈絡中學習是必要的，而且應包括由外在的真實應用境所給予的明確認知過程（包含理解知識的策略）。他們宣稱，只有把學生視為開業者的學徒而非僅是學術知識的接受者，才能產生情境學習。就情境學習的觀點來說，兩人只有在擁有相同符號表徵時，才能瞭解對方（Streibel, 1991）。因此，透過交談便成為獲知對方的表徵系統的一個有效方式。饒見維（1994）認為，「討論」基本上是一種依賴他人的學習活動，但是當兩個人在討論一件事，此兩人都在進行「情境化學習」。故這種「討論」的活動又稱為「社會化學習」（socialized learning）或「協同學習」。

由上述文獻可以整理出「認知學徒制」相關理論之觀點在教學上的啟示：

1. 學習的發生不僅僅視學習者的舊經驗及個人本身的先備知識、認知結構、學習技巧等等而定，同時也取決於學習者經由與情境的互動、同儕團體的模仿、知識的使用時機、相關知識的連結等等。
2. 情境認知的學習觀強調學習者將所「學」的知識，實際「用」在生活情境上，則學習者將能更瞭解「學」與用的相關性。
3. 學習活動（如學習材料的設計、師生的互動方式）本身也關係學習的成敗。

（三）認知學徒制教學方法

Collins 等人（1989）更進一步指出，認知學徒制可由下列教學策略予以實踐：示範（modeling）、教導（coaching）、鷹架輔導（scaffolding）、闡明（articulation）、反省（reflection），以及探究（exploration）。其中「示範」、「教導」與「鷹架輔導」是認知學徒制的核心活動。此三項活動都是以觀察專家和輔以導引的練習，來幫助學生獲得整合性的知能。「闡明」和「反省」的方法則是著重於讓學生藉由內省而心領神會。「探究」的方法則是鼓勵學生自主地應用所學，在不同的環境中去解決相類似的問題，並且能進一步去發現問題。

本文將認知學徒制的六個教學方法具體化為本文的教學流程如下：

1. 示範（modeling）：強調教學者對於知識或技能的示範及說明。教師先對全班示範整個教學策略（如專家的捷思策略、控制策略等內隱的訣竅）過程中，學生要專心觀察，並從而習得教師解決問題的技巧。教師講解完後，學生必須模擬教師的方式重複一遍。

2. 教導（coaching）及鷹架輔導（scaffolding）：此策略可說是認知學徒制的精神所在。藉由小組活動，教師將學生分成數組（採異質分組方式），藉由同儕之間的互動、模仿、比較、討論等過程，教師從旁觀察並針對學生生手的學習狀況及困難者給予暗示、支持或直接教導。

3. 闡明（articulation）：強調的是藉由學生生手將所學習到內容於小組中進一步演練及發表，並加以討論，藉由社會協商的過程得到進一步問題解決的能力。

4.反省（reflection）：此策略可說是「闡明策略」的追加學習。當學生透過各種方式的學習，得到初步的成效後，要讓學生將其學習成果與其他學生做一比較，進而瞭解自身所學的誤差加以改進。

5.探究（exploration）：重點在於學習者在習得知識後是否能靈活運用，進而推展到其他領域。此步驟教師可提出類似的問題或情境，讓小朋友各自於課後完成，亦可說是各自作「獨立研究」。

四、「認知學徒制」的相關研究

從國內外文獻中可知認知學徒制已成功地運用在兒童、青少年及大學生學習數學解題、寫作、閱讀及英文教學等；在國內部分有傅思凱（1995）利用認知學徒制來架構大學開放式群體學習環境平台、林美伶（1998）探討認知學徒合作學習在國中生英語科學習之成效，以及方吉正（2000）運用認知學徒制在國小數學解題教學成效之研究等篇；至於國外部分應用認知學徒制有數學解題教學（Johns & Fischbach, 1992; Lampert, 1986; Resnick et al., 1991a; Schoenfeld, 1983, 1985）、閱讀理解教學（Lee, 1995; Palincsar & Beown, 1984; Thornburg, 1991）、寫作教學（Duncan, 1995, 1996; Scardamalia, Bereiter & Steinbach, 1984; Thornburg, 1991）、科學教育（Bleicher, 1995; Cooper & O'Donnell, 1996; Ritchie & Rigano, 1996; Roth, 1991; Roth & Bowen, 1995）、商科教學（Black et al., 1994; Evanciew, 1994a, 1994b, 1995）、思考與問題解決技能教學（Enkenberg, 1994）、閱讀地圖教學（Griffin & Griffin, 1996）、氣象教學（Casey, 1996）、師資培育（Evans & Johnson, 1991; Geltner, 1993; Kagan & Warren, 1992; Kane, 1994;

Tomkiewice, 1991）、成人教育（De Bruijn, 1995），以及師生互動分析（Jarvela, 1994, 1995, 1996, 1998）等。但是運用到國小高年級繪畫教學上尚無相關研究，筆者試圖運用（認知學徒制）教學方法在國小高年級的繪畫教學上，期盼能帶給在美術教學現場老師另一種教學方式的選擇。

參、「認知學徒制」應用於繪畫教學可行性的探討

　　雖然由上述文獻整理發現並無「認知學徒制」運用在繪畫教學上相關的研究，但筆者認為從國內外幾位學者對於兒童的繪畫認知發展階段及特徵來看，皮亞傑（Jean Piaaget, 1896-1980）、羅恩菲爾（Lowenfeld, 1947）、艾斯納（Elliot W. Eisner, 1976）、葛德納（Gardner, 1980）等指出國小高年級兒童階段已進入形式運思期、擬似寫實期、再現期、寫實期，在這階段的兒童，具有邏輯思考及抽象能力、注意力集中、觀察敏銳、批判能力強，繪畫作品要求合理、寫實、完美，因此，此階段的兒童容易因技巧不熟悉而缺乏信心，怕畫得不像、不美，甚至因怕同儕批評而不敢作畫，對於兒童繪畫能力之提升無疑是一種阻礙；因此，筆者認為教學者如能適時給予技巧上的指導及鷹架，並透過社會協商、同儕模仿、互動等教學過程，相信對於此階段兒童繪畫學習必定有相當的幫助，而本文所介紹的「認知學徒制」教學方法的特色，即是強調專家示範、指導與鷹架、同儕互動、意見交流、解釋、調整、修改的過程；筆者認為「認知學徒制」運用在國小高年級兒童的繪畫教學，是一種可行的繪畫教學方式，並能解決上述工具論「創造性」取向的教學缺失，對於目前在國小高年級繪畫教學現場的老師應是另一種教學方法選擇。

肆、「認知學徒制」運用於繪畫教學設計草案

「認知學徒制」並無一定的教學方案，根據文獻指出，要建立「認知學徒制」教學環境，應從四個面向考量：內容、方法、順序、社會性等。筆者試圖把握「認知學徒制」之精隨，並配合高年級兒童的認知發展階段，設計出繪畫的教學步驟，期使每位學生透過專家示範、教導、鷹架輔導、闡明、反省及探究等教學方法，能提升高年級兒童的繪畫表現能力。

筆者舉一個學習主題——校園風景寫生為例，並以教學方案之方式說明如何將「認知學徒制」運用於教學方法之中，其教學方案如**表一**。

教學方案說明如下：

1.實地景物觀察（真實情境）：帶小朋友實地觀察校園景物，並告知小朋今天的繪畫主題是要選擇校園一個角落寫生，教師可引導小朋友勘查主景、前景、後景的空間層次，並可引導小朋友親自用手去觸摸景物的造型特徵，增加其內在感受性。

2.教師示範（專家示範）：這是認知學徒制教學的重要部分，教師先呈現一幅校園一景的圖片或相片，告訴小朋友要如何將它畫在紙上，教師一邊示範一邊詳細說明（教師要將專家內隱的訣竅、捷思策略、控制策略說出來）。學生專心觀察，從而習得教師專家示範的要領及專家的訣竅。

3.模擬練習：當教師講解及示範完畢後，學生要透過模仿的方式來重複教師所示範的技能，也請學生邊練習邊說出自己的想法及做法；教師在學生練習中，透過專家的觀察，給予有困難的

表一　教學方案舉例

主題單元名稱：校園風景寫生 教學時間：120分鐘（三節） 教學對象：五年級						
教學步驟	教學活動流程	教學目標	教學材料	評量方式	時間分配	
	壹、準備活動 一、教師於上課前指定學生至圖書室或電腦教室上網查相關的書籍與資料。 二、教師上課前拍攝校園景色相片並製作成投影片。 三、教師帶領小朋友到校園實地景物觀察，並告知小朋友今天繪畫的主題，教師引導小朋友勘查主景、前景、後景的空間層次，並可引導小朋友親自用手去觸摸景物的造型特徵，增加其內在感受性。	·透過實地觀察的眞實情境引發學生動機	投影片		5/5	
一、教師示範捷思策略並進行重點回顧分析	貳、發展活動 一、教師將課前準備的圖片揭示給小朋友欣賞，並引導小朋友注意圖片的景物。 二、教師示範完整的繪畫過程，一邊示範一邊詳細說明，教師將個人	·讓學生透過觀察建立完整的繪畫技巧及觀念。 ·引導學生瞭解專家繪畫的捷思策略及			5/10 20/30	

（續）表一　教學方案舉例

主題單元名稱：校園風景寫生
教學時間：120分鐘（三節）
教學對象：五年級

教學步驟	教學活動流程	教學目標	教學材料	評量方式	時間分配
	內隱的專家技術外顯出來。	控制策略的運用與時機。			
	三、教師以重點回顧分析的方式回顧整個繪畫過程，將學生的焦點引導到繪畫的構圖技巧及使用彩筆上彩的技術。	‧透過重複模仿練習的方式，學習專家的技巧與捷思策略。	診斷紀錄簿		5/35
二、模擬練習、教師指導並適時給予鷹架	四、教師示範講解後，請小朋友重複教師的繪畫的方式練習，教師巡視行間觀察並給予有困難者協助。			觀察	5/40
三、小組合作進行繪畫創作與成果發表	五、教師佈題（類似題）──校園一角	‧培養學生合作的技能──協調、生產與批判角色的工作。			
	1.分組：進行編組，以三到五人為一組，採繪畫能力程度異質分組。				
	2.教師指導學生分配各小組內的角色分配，一人擔任學生專家，其他成員則擔任生產者與批判者的角色。	‧讓學生經由小組討論、同儕互動與觀摩比較的方式，增進繪畫的信心及各有所長的	‧投影片 ‧四開圖畫紙、鉛筆、水彩用具	評量各組合作情形	60/100
	3.教師將課前準備的學校校園一角的圖片發到各組，並請				

（續）表一　教學方案舉例

主題單元名稱：校園風景寫生

教學時間：120分鐘（三節）

教學對象：五年級

教學步驟	教學活動流程	教學目標	教學材料	評量方式	時間分配
	各小組運用合作的方式進行繪畫創作；學生專家可先將自己的想法說出並以之前教師示範的方式（邊畫邊說），請各組其他成員觀摩或提出各自想法討論。	正確觀念。			
	4.教師則巡視各組，觀察各組的進展狀況，並給予不同的處理：提示、暗示或直接教導。	·教師透過觀察適時給予鷹架輔導及診斷。	診斷紀錄簿		
	5.教師在小組合作繪畫的過程中診斷個別學生的困難與進展。				
四、歸納與探究	6.進行小組成果發表，教師引導學生進行重點回顧分析（其目的是讓學生有闡明、反省的機會），並讓全班同學欣賞、比較各組成員不同的繪畫方式與策略。	·透過觀摩與比較讓學生理解知識是分布在團體中的每一個人而不是集中在教師一個人。		評量各組成果發表的情形	
	參、綜合活動 一、教師歸納本單元繪畫課程的要點。				20/120

認知學徒制在國小兒童繪畫教學設計的應用 ◆ 279

（續）表一　教學方案舉例

教學步驟	教學活動流程	教學目標	教學材料	評量方式	時間分配
	二、於活動結束前，教師可選定另一主題「風景畫」，當作回家作業，鼓勵小朋友將所學的技能獨自完成一幅風景畫（不限於校園內，任何地點皆可）。	·培養小朋友能將所學到的繪畫技能運用到類似的問題及獨立研究的態度			

主題單元名稱：校園風景寫生
教學時間：120分鐘（三節）
教學對象：五年級

學生適時指導（也就是提供鷹架），教師應把握指導不可太多或太少的原則。

4.分組活動練習（鷹架輔導與淡出）：教師視全班學生人數分成數組，並以小組活動為主，每組至校園內選一個地點作畫，其中挑出較優異的同學當作學生專家，請學生專家在各組中說出其創作的過程，透過同儕模仿、討論互動中，引導小朋友繪畫（這時教師應逐漸將鷹架淡出，直到小朋友可自我導向地學習）。

5.成果個別發表及鑑賞（闡明、反省）：作品完成後可以請每位小朋友上台發表各自的繪畫過程，主要是讓小朋友重點回顧分析（最主要的目的是透過個別發表的機會，讓小朋友說出自己繪畫創作的過程，並可引導其他小朋友觀察及瞭解他人的觀點），以加深其繪畫技巧及認知的內化。

6.探究：於活動結束前，教師可定另一主題「風景畫」，當作回家作業，鼓勵小朋友將所學的技能獨自完成一幅風景畫（不限於

校園內，任何地點皆可）；在認知學徒制中「探究」其重點在於學習者在習得知識後是否能靈活運用，進而推展到其他領域。故教師可在整個單元結束後，提出類似的問題或情境，讓小朋友各自於課後完成，亦可說是各自作「獨立研究」。

伍、結論

從國內外文獻中可知認知學徒制已成功地運用在兒童、青少年及大學生學習數學解題、寫作、閱讀及英文教學等；但是運用到國小高年級繪畫教學上尙無相關研究，而筆者認爲「認知學徒制」的教學方法，透過專家示範、指導、同儕互動、模仿、討論、練習等方式，教師以專家的角色適時給予鷹架輔導，不僅可解決高年級小朋友在進入擬似寫實期、寫實期、再現期繪畫發展階段所造成的繪畫困境，如前述之技巧不熟、觀念不清、信心不足──「像不像」、「眼高手低」等現象。

而近年來的研究，證實透過社會、同儕互動、小組之間合作的教學方式對於兒童學習是有效的。「認知學徒制」教學亦重視學生之間的互動及眞實情境層面上的指導，筆者相信「認知學徒制」運用到繪畫教學上，是一種可行的教學方法，是值得在繪畫教學現場的教師們去驗證、開發的另一種的繪畫教學方式。而羅恩菲爾（Lowenfeld）「創造性」取向的教育理念，重視兒童爲中心自主性的創作，不給予干預的教學，是否可以提升兒童的繪畫能力，是值得各位在繪畫教學上思考的問題。筆者期盼「認知學徒制」教學方法未來能提供有志在繪畫教學研究上的參考。

參考書目

一、中文部分

于富雲（2001）。從理論基礎探究合作學習的教學成效。教育資料與研究雙月刊，38期，頁22-26。

王文科（1987）。認知發展理論與教育（再版）。台北市，五南。

王秀雄（1972）。兒童繪畫心理。台北，台灣師範大學出版組。

王德育（1986）。創造與心智的成長（再版）。台北市，三友圖書公司。

方吉正（2000）。認知學徒制在國小數學解題教學成效之研究。國立高雄師範大學教育學系，未出版博士論文。

田耐青（1996）。認知學徒制及對成人教育教學設計之啟示。台北師院學報，9期，頁1-18。

林美伶（1998）。認知學徒合作學習對國中生英語科學習成就表現、動機信念、學習策略之影響。國立台灣師範大學教育心理與輔導學系，未出版碩士論文。

林玉山（1990）。皮亞傑認知發展理論與兒童繪畫發展之探討。國立台灣師範大學美術研究所，未出版碩士論文。

陳勇仁（1999）。以美術鑑賞教學增進國小學童繪畫表現中色彩運用能力之實驗研究。國立台中師範學院國民教育研究所碩士論文。

陳朝平、黃壬來（1999）。國小美勞科教材教法。台北，五南。

陳玉花（1996）。創造取向教學對國小兒童繪畫表現之實驗研究。國立台中師範學院國民教育研究所碩士論文。

郭禎祥（1988a）。以艾斯納（E. W. Eisner）「學術本位的美術教育」
　　（DBAE）為理論基礎探討現今我國國民美術教育。師大學報，33
　　期，頁575-593。

黃壬來（1988）。幼兒造形藝術教學。台北，五南。

黃光雄（1996）。課程與教學。台北，師大書苑。

劉豐榮（1986）。艾斯納藝術教育思想研究。台北，水牛圖書出版事
　　業有限公司。

嚴友信（2001）。合作學習對國小學童繪畫表現能力學習成效之研
　　究。國立中正大學教育研究所碩士論文。

二、英文部分

Brandt, B. L., Farmer, J. A., Jr. & Buckmaster, A. (1993). Cognitive
　　apprenticeship Approach to help adults learn. *New Directions for Adult
　　and Continuing Educaition*, 59, 69-78.

Brown, J. S., Collins, A. & Duguid, P. (1989). Situated cognition and the
　　culture of learning. *Eductaional Researcher*, 18(1), 32-42.

Collins, A., Brown, J. S. & Newman, S. E. (1989). Cognitive
　　apprenticeship: Teaching the crafts of reading, writung, and arithmetic.
　　In L. B. Resnick (Ed.), *Knowing, Learning, and instruction: Essays in
　　honor of Robert Glaser* (pp. 453-494). Hillsdale, N. J.: Erlbaum.

Farmer, J. A., Jr., Buckmaster, A. & LeGrand, B.(1992). Cognitive
　　apprenticeship: Implications for continuing professional education.
　　New Direction for Adult and Continuing Education, 55, 41-49.

實踐學生撰寫「數學日記」成效之探究
——以台東縣豐里國小二年級為例

許忠文

豐里國民小學教導主任

14

壹、研究背景與動機

　　82年國小數學課程標準以及現行九年一貫課程綱要數學學習領域的課程總目標之一（教育部，2000年），都明訂「養成以數學語言溝通、討論、講道理和批判事物的精神」為數學科教學重點；同樣地，數學課程的原則與標準（NCTM，2000）也顯示，數學溝通能力的培養在美國數學課程改革的重要性。由此可見，數學溝通能力的培養是國際性數學教育改革的一個重要課題。

　　當今建構主義在教學實踐中主張數學學習是由學童主動建構知識的過程，這種過程是在教學現場師生互動的對話中產生，它是一種連續的、動態的過程。基於此，評量必須重新定義為教師瞭解學生學習的全面歷程，而能反應學習者在社會情境下的學習狀況。傳統的評量內容著重在記憶和背誦熟練度的檢定，其評量方式多數採用選擇題或計算能力為導向的紙筆測驗，鮮少能反應出學生學習的歷程軌跡，更別說能從評量的結果中檢視教師教學策略的缺失。每個人的學習興趣、步調與方法都不相同，因此應有不同的學習途徑和選擇，而多元評量的落實即是能夠從評量歷程中讓教師瞭解學生學習理解的過程，且能反應學習者全面學習狀況及成長的軌跡。

　　由學生撰寫「數學日記」的實施，是為提供數學課程改革的途徑之一，可促進數學概念的理解，並符合教學評量目的。從「數學日記」撰寫的實踐來幫助孩子在數學認知與情境上的學習，及教師瞭解學生在數學學習上的個別差異而實施補救教學。數學教育目前所努力的，也是在鼓勵並創造課堂上討論與思考的氣氛，培養學生參與教室活動，進而從中發展主動學習的認同感，及自我學習的責任感（鍾靜，1997），這是從情境觀點的學習理論來看概念理解。

數學日記的實施方式是：教學者每次或隔次依據自己進行的教學活動之後而設計的（佈題），一般題數爲一至二題，幫助學生重新回顧或統整在課堂中進行的數學概念及學習活動。其內容包含教師的佈題、自己或他人的解題方法及算式，並將解題方法或過程用文字敘述清楚。此種解題過程回憶的延伸，非同習作內容，而是彌補爲全面學生設計但無法適合學生個別需要的習作缺失。

　　它是一種數學作業形式呈現，但與一般習作不同的是，佈題素材大多來自課堂中進行的實際教學活動或學生解題過程，是屬於班級性的；它可以利用課堂立即進行或於課後由家長指導共同完成。教師能於課後藉由檢閱學生所撰寫的「數學日記」內容，作爲瞭解學生學習歷程的一種資料記錄，促使教學者更瞭解學生學習狀況及檢視教學歷程的省思，並作爲補救教學或個別指導的依據。

　　本校雖與台東市相逼近，卻存在著些許文化不利因素，學生學習態度不夠積極，對於一般學科的學習尚可，但對數學科的學習和數學概念的建立就頗爲困難。究竟是學習態度影響學習成效或是家長關心程度不足，還是教師教學能力上的問題，值得加以探討研究。本校賴主任爲台東縣數學科輔導員，長年致力於數學科的教學研究與實驗，對教學策略更有深入的心得。在本校特殊的教育生態下，爲求改善學生學習的成效，特協商賴主任擔任二年級的數學科教學，進入教學現場挑戰「教」與「學」變革，而本學期採用的數學策略爲實施學生「數學日記」的撰寫，期盼對學生學習有助益和提供其他老師教學可行的運用策略，這也是本研究的動機。

貳、研究目的與待答問題

　　評量的主要功能除了在診斷學習困難，提供回饋訊息以及改進教

學歷程，做為補救教學的依據外，我認為評量的目的更重要的是在於瞭解孩子能否「真正學習」，對老師提供的教材能否「真正理解」；而已習得的知識是否能「善加應用」，而不是只有模仿解題和記住答案而已。

如果「數學日記」是瞭解學生學習歷程的一種資料形式，可藉此瞭解學生的高層次批判思考、自我省思能力、形成問題能力、解決問題的能力、改變學習態度，那麼教師指導學生實踐的數學日記撰寫，可讓教師更能夠瞭解學生的學習，並能夠提供補助教學依據。在面對本校學生的學習狀況，嘗試透過「數學日記」的實施歷程所見之問題的釐清，分享其成功經驗，協助本校其他教師於各班各學習領域有效實施「學習日記」，提升教師專業涵養、提高學生學習成效。因此本研究的目的有二：

1. 瞭解教師實踐學生撰寫「數學日記」之成效。
2. 瞭解教師實踐學生撰寫「數學日記」所見之困難及其解決之道。

依據研究的目的，研究者欲瞭解下列三個研究待答問題：

1. 學生撰寫「學習日記」，在學習成效上有何轉變？
2. 指導學生撰寫「數學日記」中，教師教學策略的改進與專業成長為何？
3. 在實踐「學習日記」歷程中碰到了哪些困難與問題？教師解決策略又是如何？

參、文獻探討

一、數學日記對於多元評量之意義

(一) 多元評量之意涵

　　教育部（2001）在評量準則第二條中明訂：國民中小學學生成績評量旨在瞭解學生學習情形，激發學生多元潛能，促進學生適性發展，肯定個別學習成就，並作為教師教學改進與學生學習輔導之依據。Marzano（1988）曾認為一個完整的評量應涵蓋學術成就與非學術成就二大部分，學術表現係包括：(1)學科內容；(2)思考推理技能；(3)一般溝通技能。非學術表現係包括：(1)努力；(2)行為；(3)出席。教育部（2001）新制定之成績評量準則也明述，評量內涵重視認知、技能、情意、出席情形、獎懲、日常行為表現、團體活動表現、公共服務、校外特殊表現，而評量方式可以用筆試、口試、表演、實作、報告、資料整理、鑑賞、晤談、實踐與其他方式。

　　因此，由教育部評量準則條文與各學者之研究發現，實施多元評量對於掌握學生學習成效宜有全面性的資料，才能進行綜合以及周延的研判。而瞭解學生學習情形時，因應不同學科而採用適當的評量方式，也是對於評量上蒐集的資料有更公正客觀之判斷，如由操作、觀察中去發現問題，由發表、溝通討論中去解決問題，及由實作練習中去建構知識等，都是實施教學與多元評量時的重要內涵。

(二)數學日記與數學評量之關係

第一，數學日記與數學評量有密切的關係。除了教學過程的師生互動討論的教學與評量整合的動態式評量外，「數學日記」是另一種可以全面瞭解學生的數學學習的可能途徑（林碧珍，1998）。數學教室中，撰寫「數學日記」的主角是學生，學生撰寫「數學日記」可以釐清他們的想法與加深他們的瞭解，幫助學生回顧或瞭解之前所學概念的學習情形，也可以幫助他們澄清自己對數學學習的感覺。它能顯示學生的數學學習歷程，讓學生知道自己的迷思概念是什麼、迷思概念在哪裡。「數學日記」是在幫助學生知道什麼對他們是重要的，它被證實是可以提升孩子數學能力，及降低孩子數學學習焦慮的有效方法（Norwood & Carter, 1994）。

因此，「數學日記」是實施數學評量的一種方式，是瞭解學生數學學習的一種評量形式。教師因上課中進行小組討論的限制，無法一一知道學生的想法及看到學生個別操作學習時的情形，透過「數學日記」的撰寫，可以提供教師再次檢視學生在撰寫時的認知歷程，並且提供機會給學生再次思考上課中所討論的問題或是呈現自己的思考歷程。

第二，「數學日記」能培養學生溝通與呈現記錄自己數學學習的一種方法與途徑。數學日記不僅是瞭解學生學習的一種管道，而且是一種教學方法。數學教育改革在以社會建構主義的哲學教育思潮為主流的今日，勢必需要發展出能反應學習者在社會情境下之全面學習的評量。為了能反應在社會情境下全面的學習，歷程檔案評量是最好的評量方式之一（吳毓瑩，1998）。學者一般將 "Portfolio assessment" 一詞譯為卷宗評量或歷程檔案評量，而卷宗資料夾裡存放的資料形式可以是每次的月考、平時考、家庭作業、筆記、數學日記、學習單等（Lambdin & Walker, 1996；吳毓瑩，1998）。

綜合上述理論，數學日記可以增加師生間溝通的機會，呈現學生建構內在的認知活動與外在表徵之間的連結，培養學生思考的機會，允許學生以自己的思維方式和認知歷程而提供的一種公平化、適性化、個別化的數學學習機會與自我反思的運作歷程，同時在不同的評量方式下，也能開啓親師生彼此互動的一個交互窗口。

二、數學教學與評量在課程改革的發展趨勢

（一）數學科新課程教材教法之基本理念

鍾靜（2000）研究發現，「國小數學新課程」於八十五學年度由一年級全面實行且逐年實施後，其數學新課程的改革動向也由「發現」轉向爲「建構」；由「具體物」轉向「具體活動」；強調認知模仿的成功不等於完全瞭解；釐清約定俗成和知識的分際；培養兒童的群體解題文化。除了深化學生個體知識的建構外，更強調學習者在社會互動中學習如何積極與人參與討論、學習如何明確表達自己想法，更激發學習者創造與合理溝通與判斷的社會能力。82年版國小數學課程主要改革重點在於重視學生學習歷程、培養群體解題文化，並配合學生的認知發展進行教學。另90年實施的數學新課程，延續其精神外更加重視的是社會互動的建構知識、生活應用、知識創新與鼓勵學生獨立思考的多元能力。

（二）數學教育改革、學習理論和數學評量之發展趨勢

■從學習心理談教學策略

皮亞傑的認知發展理論中，認爲認知發展具有兩個重要的特徵，一爲組織、二爲適應。不同年齡的兒童，採用異於成人的不同概念，以不同的思維方式來看待事物與解決問題。張春興（1995）綜合各家

意見，認為「認知歷程包括感覺、知覺、注意、心像、記憶、思考、推理、判斷、語文運用、心智發展以及適應環境解決問題等複雜歷程」。他認為皮亞傑認知發展論在教育上的參考價值是：按兒童思維方式實施知識教學、循兒童認知發展順序設計課程、針對個別差異實施個別化教學、促進兒童心智發展的教育功能。因此，教師在教學上能注意到學生的學習心理，提供良好適當的教學方法與教學策略，可以提高學生的心智發展。

■**數學教育改革、學習理論和數學評量之發展趨勢**

　　Skinner刺激反應的聯結理論、Gagne的工作分析，和Bloom的教育目標分類方法，都在強調知識的保留轉移和回憶，因此教師在實施評量時其內容應以知識、技能為主，評量方式以多元化方式來呈現。以下呈現數學教育改革、學習理論和數學評量之發展趨勢，不難發現不同年代有其學習理論與教學的重要概念，同時也兼重數學評量問題中教學與評量其實存在相輔相成的重要關係，其教育改革方向，在不同年代所提出的學習理論也有不同的發展。

三、數學科教學理念與教學策略的具體實踐的方法

（一）數學科有效教學策略之探究

　　82年的課程標準強調「數學的概念與技能，必須由兒童自行建構……應提供兒童觀察、操作、思考、討論的機會」，「教師應提出開放性的問題，引發兒童各種不同的想法，並對這些想法作進一步的追問與澄清，促使兒童進行深層思考」、「教師對討論的問題，不宜預設解題過程和答案」，並建議將「四至六人編為一合作學習小組」。由課程標準中可以反映出「建構主義」的教學理念興起，也開啟數學科有效教學策略與教學理念的教學觀與數學觀。鍾靜（2000）認為近年

表一　數學教育改革、學習理論和數學評量之發展趨勢

年代	數學教育改革	理論和教學	數學評量
1950-1969	黃金時期	行為主義（刺激－反應）Skinner、Gagne、Bloom學習強調的保留、轉移和回憶	以評量知識、技能為主之標準化成就測驗
1960-1979	蘇俄發射人造衛星		
1970-1989	回歸基本	認知模式（I-P理論）Piaget、Skemp	以評量思考過程為主之非標準化的評量
1980-1989	提倡人民基本生活能力：解題為導向的數學教學	數學解題（工作任務變數）（專家和新手）（後設認知）	以瞭解學生學習數學內容之策略的使用
1990以後	提升所有學生數學能力——解題、溝通、推理、鑑賞	以兒童為本位（如建構主義之知識論）	教學與評量整合

資料來源：林碧珍，1997。

來提倡「建構的知識觀」，是在有計劃的活動中，透過自然的想法、同儕的互動、師生的交互辯證、自我反省及批判過程而獲得。因此，教師在進行教學時，能掌握及靈活運用各種教學策略，如討論式的思考發表辯證，進而批判、學習、溝通、欣賞而進行有意義的學習與養成學生多元的學習能力，並且營造一個合適的學習環境，提供合適的學習方式，以引發學生之的學習動機，提升學生學習數學之效能。

（二）九年一貫課程中的教學觀

　　鍾靜（1997）認為數學新課程的數學觀是解題、溝通、推理、聯結，教學觀是強調知識建構的過程及群體解題文化的培養。因此有別於傳統教學中傳輸式的方式，帶給教室新文化有其多方面的影響，如班級氣氛，班級文化、學校討論文化與社區文化三者間有互動關係。林奇佐（2000）提出六種教學策略：學群方式的協同教學、循環方式

合作教學、思考啓發的對話教學、情意陶冶的經驗教學、探究方式的情意教學、師生合作的反省教學。不同的教學策略也影響著教師進行教學與評量的依據。

（三）數學溝通促進數學概念的理解

林碧珍（2000）發現，進行數學溝通活動有助於學生對於表徵之間與表徵之內的連結，因而促進數學概念的瞭解。在數學溝通活動中，傳遞訊息者說明自己的解題方法及解釋自己的思考過程，提出合理性的論證。

研究發現，教學者在進行數學的溝通活動時，由學生的推理及分析能力的發表活動中，能掌握其學習之狀況。再從接收訊息者的觀點來看，數學溝通是理解他人的數學概念或想法，對於自己不認同或質疑他人說法時，也能提出批判的能力並說明其理由，因此進行數學溝通活動，有助於批判能力的培養。

四、數學教師的專業成長

（一）教育的體認與導向

林碧珍（1997）研究發現，現場教學的多數教師並未隨著課程與教學的改變，調整評量的方法，除了外在的因素（課程內容太多、趕進度、學生人數多、作業份量負擔過重、家長不能配合所帶來的壓力）外，教師缺乏多元評量的認知是一個主要的因素。目前多數教師仍然無法突破舊有的成績考查看法及作法，相關研究發現，現行的國民小學數學科定期考查試題試卷題目，仍然重視例行性及標準答案，題目缺乏具有創意性的內容，強調的是解題結果，忽略了思考過程及解題策略等內容的評量（古明峰，2000）。

（二）國小教師接受專業訓練的不足

古明峰（2000）發現教師涉及多元評量相關的知識並不多。因此提供機會讓教師實踐數學學習歷程檔案評量，將是改變教師的評量信念及幫助教師建立評量知識的育效途徑。鍾靜（1997）發表〈數學面對新課程的成長〉一文中指出：教師藉由學校教學研討成長，可以透過定期的教學討論互動模式，改變其自我對數學知識、對兒童數學認知的發展知識、與班級經營的方法，都會影響教師執行數學新課程精神的教學。因此，教師進修的問題在學校行政經營領導中，也突顯更積極的改革方向與教師提升專業的成長。

（三）改革成功的關鍵者

教育改革要能成功，得有賴教學實務者是否願意嘗試改變與突破，同時家長的同步成長與有效配合也深具影響力（李惠敏，2000）。因此課程改革要能順利推展，無論是學校教育、家長觀念與教學者教與學的轉變上都必須同步學習與成長，來提供學習者有效的學習啓發環境與有利的學習情境而努力的。因此數學教師的專業成長將影響著數學教學現場中許多待解決的努力方向。

肆、研究方法

一、研究個案分析

本校社區文化背景特殊，學生因文化不利因素，學風有待改善。多數學生學習態度的不積極、不想動腦思考、上課分心等等，造成學

習成就低落，缺乏主動探索與學習動力。另原住民學童占全校五分二強，家長多數務農及農產代工，因長年忙於生計，對教育關心程度不足，親師互動更為不理想。試想，學校教育的價值與目標似乎只能努力於基礎教育的紮根，教師所要付出的不但只是致力於教學上的研究與技巧提升外，更需額外擔待學生校外的生活照顧和行為導正。

在本校所見的教育生態下，試著以推動「數學日記」的撰寫，從學生的回憶反思中，培養學生多思考、多用腦、多動手的習慣；也讓家長有機會參與孩子學習，嘗試著指導孩子教育等。假設能由「數學日記」撰寫的推展而獲得改善之可能。

二、研究進行方式

本研究以協同行動研究方式進行，從教學者推展數學科教學日記、教師實踐過程中所留下的痕跡，來回答本研究問題的質性資料。所要分析的資料來源是蒐集學生數學日記內容歷程資料、教學現場之觀察記錄、教學者教學省思筆記、教學者訪談記錄、班級導師訪談記錄、期末家長指導學生日記之心得、意見回饋單等資料進行分析整理。

（一）協同研究夥伴

賴主任：擔任台東縣數學科輔導員十八年經驗，兼任二年級數學科科任，豐富的數學科教學經驗和專業知能，在理論和實務皆有相當研究與心得，是本研究中實踐學生撰寫「數學日記」實施者、教學觀察者與被觀察者、教學日誌撰寫者、經驗分享者。

沈老師：二年級導師，教學年資十六年，教學經驗豐富，本班學生一年級入學起即擔任其導師，對全體學生個別學習狀況和家庭環境相當熟悉。在本研究中負責與家長溝通與說明，並配合蒐集學生「數

學日記」資料及學生學習情況資訊的提供者。

研究者豐里國小教導主任（本人）：任務項目是主導本研究的進行，協調課務安排，並提供實施歷程中的調整與建議，進行各項研究資料蒐集、彙整與分析暨研究撰寫。

（二）研究規劃

實踐學生「數學日記」撰寫效能研究歷程，分為三個實施階段：

■第一階段（90年8月、9月）：歷程檔案的認識與建立

開學前，添購每位學生資料夾並貼上「學生數學學習歷程檔案評量」之邊條；同時為了使家長明瞭有關數學科交換教學計畫的實施（一般導師為該班教授國語、數學等主科），另溝通有關評量措施和作業模式的改變（數學日記之撰寫方式），及家長所需配合的事項，特由教師寫給每位家長一封信。

■第二階段（90年9月至91年1月）：歷程檔案資料內容（數學日記）的建立

教師實踐學生「數學日記」撰寫方式的執行如前述說明；實踐歷程為指導學生撰寫日記形式的熟悉後，由數學概念的教學，建立學生數學溝通能力的訓練，透過實施（觀察、分析）－檢討（討論）－再實踐（觀察、分析）之循環過程，可由歷程中發現實施的成效及其困難問題，經由研究團隊的討論，提出改善或解決方法再實施，其中對個別學習問題由賴主任進行補救教學，並修正預定之教學計畫，及填寫教學省思記錄。

■第三階段（91年1月、2月）：資料蒐集彙整分析與建議

為了得到家長的認可參與及瞭解指導上的困難處和建議，於學期結束前再由導師寫了一封信和家長溝通，目的是想明瞭家長的觀點，瞭解數學日記對孩子數學學習態度的影響，及家長對檔案評量的看法；再藉由上述各階段蒐集資料後進行分析、綜合歸納完成研究報

告，並辦理教師進修推廣之。

伍、研究發現與結果

本節旨在描述研究者藉由賴主任於本校實施「數學日記」的歷程中所蒐集到的資料，包含學生數學日記、教學現場觀察記錄、教學者教學省思筆記、教學者訪談記錄、班級導師訪談記錄、家長回饋記錄，加以整理分析其學生撰寫「數學日記」所獲得之成效反應，及實踐歷程中所發現之困難問題及其解決之道，並再釐清教師實踐「數學日記」的目的，透過賴主任的數學教學專業素養分享其教學理念，藉由實施「數學日記」歷程中改變教師教學策略，來提升教師專業的成長，與學生學習數學態度的轉化、強化數學概念。

一、教師實施「數學日記」撰寫的歷程

（一）教師試行數學日記的最初經驗

在瞭解本校學生數學學習型態後，便積極和參與本研究之夥伴研究「數學日記」撰寫的相關文獻，肯定了撰寫「數學日記」的效能，卻不免擔心社區文化背景的特殊及教育長期的忽略空窗期，學生學習態度的不佳（不想動腦思考、上課分心等等），造成學習成就低落。想要藉由實施學生撰寫「數學日記」來改變原有的學習型態，彼此心中似乎不免各自畫上了不少問號而迷惑，總得試試吧！

最初教師必須面對自我、學生與家長三方面的挑戰，一面實踐並一面修正，用盡心力輔導學生並更努力與家長溝通協助指導（家長能力有限啊！）。

羅母：第一張的數學日記，害我倆夫妻吵架，小朋友也罵哭了！甚至拿出參考書查看，因為我們無法理解臣臣的解釋。

吳母：題目都看不懂，也不清楚從何教起，尤其是做法說明。因為沒接觸過做法、算法用敘述的方式表現，小朋友說都有困難了，更何況要寫下來，國字又不認得幾個。

郭母：柔柔時常題目不是抄寫不完整，就是回家後就把老師的題目給忘了，聰明的我只好自己出題囉！

王母：剛開始只要看到雅雅一拿「數學日記」回來我的頭就痛，幹嘛要把作法及算法寫得那麼仔細。大人直接告訴孩子怎樣算，只要能最快得到答案就是最好、最有效率的方法，不是嗎？

沈師：天啊！這未免太難了吧！一張空白A4紙張，就得自行寫下老師課堂中口述佈題及完成自我解題方式、並得述寫出我的作法及算法。小一剛升上小二，認的字又不多，有能力寫作敘述嗎？（疑惑）

賴主任在面對家長、教師和學生的種種疑惑和質疑，在完成前幾個單元教學後的省思筆記中是這樣寫著：

「由於是初次讓學生習寫數學日記，加上學生文化刺激不足，學習意願低落，多數學生國字與注音符號拼音不佳，自然書寫上有困難。家長已經習慣於制式的作業方式，做如此改變必須花一些時間溝通，以爭取家長們的認同。萬事起頭難，但有起步就有成效，孩子的進步天天都看得到。」

「在個別指導學生習寫作業時發現多數學生有能力自己解題，卻不願意用心慢慢思考解題策略，只想抄襲他人的答案，因此建立學生自信心是亟待努力的。」

「對於低成就的學生，更需要付出耐心，在一次又一次用盡各種

方法個別輔導仍舊不理解時，訓練自己擦『慈濟面霜——微笑』，並要口說好話。」

「在指導習寫數學日記的過程中，竟也從事起正音（注音符號）的教學，豈不是一舉數得嗎？」

「有付出就有收穫，孩子進步雖不顯著，至少他們見到我，會在老遠就大喊『數學老師』，並帶著微笑跑過來（我想孩子們是開始有點喜歡我了！）。」

第一篇數學日記於90年9月3日實施，教師的佈題內容是依班級學生課堂活動為主，因為多數學生沒有用心或不習慣這種回家功課，家長又不知如何指導，幾乎所有的作品都抄寫課本內容。研究夥伴經過一番討論後，決定於批改後選出較優作品，製成投影片讓學生們共同回想，並討論與課堂上老師所佈的題目內容之異同，以提供下一篇數學日記習寫改進參考。

「數學日記」的實施，在初期必定會遭遇到困難，但如何帶動更多的小朋友願意去寫，則是我們要努力的目標，數學日記的功能不在於課堂上的重複練習，而是促進孩子的思考及上課的學習專注力，反映出孩子情意的學習狀態。

（二）實踐歷程數學概念教學所見問題

面對教育趨勢改變，教學方式也由傳統講述法轉向以群體討論為主，以提升學生解題能力為導向的數學教學。以解題的工作任務變數及後設認知解釋數學的學習，是基於建構主義學的知識論觀點，強調學生在社會情境脈絡學習過程參與。在數學教室中，就閱讀學生數學日記的教師立場而言，能幫助教師真正瞭解學生所瞭解的與所不瞭解的是什麼。在實踐數學日記撰寫中改變評量或佈題用語及題型種類比過去更有廣度，且不限在課本上的進度，不過仍以此時期兒童能運思

的範疇作爲考量。例如以二年級而言，加減法的和數及差數以不超過二位數、倍數問題的命題，內容以日常生活中之集聚單位的事物爲範圍。但教學過程中仍不難發現孩子們在建構數學概念時所見的一些解題迷思：

■格式化的障礙

從孩子的解題行爲發現，受到數學「格式化的記錄」影響甚鉅，也因此常有遇到未曾解過「非例行性問題」就亂出招。例如（90.11.12數學日記）：「42隻瓢蟲，分給7位小朋友，問每人可得幾隻瓢蟲？」是屬於倍的問題，由學生自行製作表徵物（如畫圖）來模擬問題，只出現圖像解題，還未出現文字描述的題型，對兒童而言，就是非例行性問題。所以就有出現$42-7$或$42+7$，原因皆在於答題的習慣問題。縱使有孩子能正確寫出$7 \times 6 = 42$，但仍無法正確解釋每人是各得6隻，而非42隻。

因爲孩子通常被教成"="號的右邊就是答數，而本題問的是「每人各得幾隻？」，然而等號右邊的答數是42，所以就無法正確理解格式上的問題。

其解決之策略如下：其實只要鼓勵孩子，依照題意用自己的想法去解題，你會發現，原來孩子的想法是這麼多樣化。在實施數學日記歷程中發現學生學習及解題路徑與認知層次有極大的差異，就以一百以內合成或分解問題活動過程中，發現學生解題類型有：序列性合成運思；有往上或向下數的策略及十位數加十位數，個位數加個位數等不同認知層次作法，但需鼓勵明確說出其解題運思方式，加上老師支持他使用自己能懂的方式解題，自然就很勇敢地踏出主動思考的第一步。也許想出的方法不是很精緻，不是老師心目中的簡捷記錄，更不是家長接受學校教育時所會的傳統寫法。但讓孩子很有興趣地說出「這題沒作過，讓我試試看吧！」，那些問題便能慢慢被解決。

■關鍵字的作業

有些關鍵字可以幫助孩子很快抓到解題訣竅，例如：文字題中的「共是」、「總共」常在加法的問題中出現；「剩下」、「還剩」常在減法問題中出現。若是解題只記關鍵字，久之，孩子看到文字題，常會不理題意為何，直接做數字的運算。例如（90.09.11數學日記）：「樹上飛走了64隻麻雀，還剩下15隻，樹上原有多少隻麻雀？」，通常「還剩下」這兩個字多是在解決「某量取走一部分後的剩餘量」，採用的解題策略是分解〔減法（　）－64＝15〕，小朋友常在看見題目有關鍵字「還剩下」就決定選擇減法〔64－15＝（　）〕策略解題，錯在於題意語詞不解而非真的不會而錯誤。

造成這種解題錯誤可能是因為題目的敘述方式過於數學化，亦即題用字遣字詞太過精簡，誤導學童只用關鍵字解題。加上教材編排（62年版課程）採學科特性組織，運算方式性質相同的教材都編排在同一單元內，如此就難怪孩子被訓練得養成見樹不見林的習慣。讀題時能省則省，越快越好（越高年級此狀況越見明顯），看到有關鍵字，就著手計算數字，至於答案的合理性，就不是解題者關心的了。

其解決之道如下：教師在進行教學時，嘗試從生活化的佈題入手，亦即「數學即生活」，例如（90.12.20數學日記）：「二年甲班有35位小朋友。下課了，有19位男生到操場玩捉迷藏，又有13位女生去操場溜滑梯。請問二年甲班出去玩的小朋友有幾位？」

題目的敘述是長了些，但場景卻是真實的，孩子很容易進入情境中解題，不會因為找不到「共」字而亂湊一氣，也可以避免因為「資訊多餘」（題中的35位小朋友）加入，而造成解題的干擾，同時也可以藉此培養孩子適應非例行性題的解題能力。所以生動活潑的命題（佈題）技巧，恐怕是所有老師應加以深思的課題。

■數學日記撰寫指導

一節課的教學結束了，學生是否有學習到一些東西呢？老師的檢

驗方式便是讓學生回家去寫數學日記，根據導師沈老師的說法：「由於學生還小，因此文字描寫的能力還不足，不過他們還是能夠透過畫圖、畫表來展現在他們腦袋中有些什麼東西，而成果還很多。」從此來看，學生在課後能透過數學日記重現他們在課堂所學得的東西，那上面的教學確實使得學生有了學習，而課堂上真的發生學習了。

學生各有不同的學習行為，有人靜靜地、有的玩自己的、有人對老師的問題不感興趣，更有因特質上的害羞或過動而與眾不同，但不表示他沒學到東西，所以老師課堂上除了需要有很大的EQ外，班級經營的技巧更為重要。適時地分組學習討論，讓每個小組組成份子都能有足夠的合作解題能力，要不然會使得發表時只是某些個優秀人才的發表會，那就不必再提回家後的數學日記撰寫內容了。

二、學生撰寫「數學日記」歷程改變暨所見成效

數學教育的目的在於期望培育出更多樂於思考、充滿自信，而且願意主動探索問題的孩子，提升兒童對數學科學習的「興趣」與「信心」。本校二年級的學生在實施數學日記撰寫一學期後，賴主任說：「看著孩子在課堂中，快樂地進行解題活動，一直是我最大的喜悅，把成功的喜悅留給學生，是我教學的基本信念。」在課堂活動中尊重兒童的認知發展，容忍兒童的個別差異，在解題的過程中，讓每一個小朋友都有講出自己想法的機會。聽聽他人的想法，人人參與討論，尊重別人，合作解題，經由討論後，逐步形成的數學知識，兒童才能「理解」，也才能靈活地加以「推廣」與「應用」。以下就整個實施學生撰寫「數學日記」歷程中所見學生、家長、老師的改變和成效加以描述：

（一）學生學習態度的轉變

今年聖誕節賴主任收到學生的一張卡片中寫著：「每次上您的課，像在遊戲，又像在挑戰，真是好玩又刺激！」

孩子的這些話，透露了一個訊息，孩子都喜歡遊戲的，遊戲中幫助思考與探索問題。賴主任在課堂進行中將數學問題變成生活，將解題方法和答案變成遊戲，並讓每個小朋友從學習中得到成就感，應該是讓小朋友喜歡數學的第一步吧！

又有學生於下課時跑進辦公室說：「數學老師！今天為何沒有數學日記可以寫呢？」天啊！小朋友竟自己要求寫數學作業，訪談過學生的答案是：「我可以用自己的方法去做題目！」，「我的做法爸爸都不會！」，原來學生的學習興趣建立在撰寫數學日記歷程中所獲得之成就感支持。

另從賴主任的教學省思筆記中寫著：「學生因為要寫數學日記，而會專注在教師佈題的內容，有的學生會主動拿紙筆將題目抄寫下來帶回家。」、「課堂中，孩子能聆聽同學發表，發表內容也有進步，師生互動頻率增加。」、「學生對教師佈題內容較會去思考解題方法，上課時專注力也較持久。」

班級導師沈老師於訪談記錄中提到：「學生因為回家要寫數學日記，所以課堂中在別人發表時，會更專心去尊重、聆聽，也會勇於發表自己的想法。如此不僅澄清自己的想法外，也學會別人的方法。」

由上所見可知，因為指導數學日記習寫的需要，教師需妥善設計課程的進行，教學策略與技巧得做適度調整，同儕互動因此而更佳；學習態度更好。兒童是學習的主題，快快樂樂學習是兒童的權利，能激發學生學習的興趣和動機便是推展學生數學日記值得試行的成效因素之一。

（二）學生數學溝通能力的提升

數學溝通方式，除了說、讀、聽和做是經常被用來幫助孩子澄清自己思考的重要方法外，撰寫數學日記也被視爲是幫助孩子溝通數學學習的一種方法，不但可釐清想法與加深瞭解，更可以幫助學生省思自己的思考過程及澄清自己對數學學習的感覺。本研究爲取得學生數學學習全面資料，研究者進入教室現場觀察，並蒐集兒童所寫的數學日記，發現了兒童數學溝通能力表現有了顯著進步。

沈老師表示，自實施數學日記後學生除了數學課外，在其他課堂上的發表能力及意願皆有改善。

賴主任的教學省思中記錄著：有家長反應「孩子喜歡在課堂中或家長指導時口述發表做法，不喜歡用書面的數學日記來呈現」。但對該生原就是手眼協調欠佳者而言，已是難能可貴。

課堂觀察發現，學生於發表自己解法時，更是爭著要上講台解說，在講解時，台下的其他學生還會不時的提出「爲什麼？」、「怎麼知道的？」、「這是怎麼來的？」、「你是怎麼算出答案的？」、「你的做法在那裡？」等具有質疑的問句。顯然，學生在學習過程中，他們不會願意接受所無法理解東西，而會對他人想法及作法提出質問，相對也會爲自己的作法做適當辯證。

總體而言，在實施數學日記寫作的二年級小朋友身上，我們有以下發現：在說出自己的想法或作法時，他們能將其解題想法和思考歷程說出來，唯部分數學能力較差的兒童，在說明解題想法或作法時，只會依照所列的算式逐一唸出，並不會解釋意思。另外，除少數數學學習能力較低的兒童外，大部分兒童都有表現出質疑他人想法或作法的溝通能力；而我們也發現，在課堂中，專心聆聽的程度會影響兒童在數學溝通能力的表現。

（三）瞭解學生學習成長

之前我們再次強調，數學日記在本研究中視為學習歷程檔案的內容，亦即為多元評量的內涵。教師指導及批閱學生所習寫之數學日記，可清楚學生學習的成就或進展情形，老師可以加以掌握並做為實施補救教學的依據。

在開始實施數學日記後，每每下課時間或放學後，總見賴主任辦公室桌旁圍繞著一群二年級小朋友，進行著作業的訂正或是操作教學輔助教具；課堂進行中也見班級小老師更是不亞於義工媽媽忙東忙西指導同學；另更常在早自習時間找不到賴主任，因為他在二年級教室實施團體補救教學。不放過任何模糊的數學概念和多數學生學習成長的機會，這是需要時間與耐心的啊！

這樣的努力成果顯見於本學期全班數學成績高於一年級下學期平均十個百分點之多，又見學生於學習中所獲得的成就感而更喜歡上數學課，至少對數學學習不排斥與恐懼了。

三、實踐歷程中教師教學策略的改變

82年的課程標準強調「數學的概念與技能，必須由兒童自行建構……應提供兒童觀察、操作、思考、討論的機會」，「教師應提出開放性的問題，引發兒童各種不同的想法，並對這些想法作進一步的追問與澄清，促使兒童進行深層思考」、「教師對討論的問題，不宜預設解題過程和答案」。如何開啓孩子思路的過程才是現今教學的主要精神，而學習挫敗中的學生我們該如何鼓勵學生勇於挑戰難題，教學更非閉門造車，好的教學方法與策略可否敞開心胸分享心得或接受批判，從賴主任實施數學日記的指導歷程中我們看到了別於傳統教學策略的改變。

（一）開啓孩子思路的過程

在10月11日（第三單元：一隻青蛙有四條腿）教學後的訪談討論對課堂中有關倍數教學建構的策略，賴主任說：

「我是給一個問題，讓學生很勇敢地提出想法，再從中發現他們的思路。學生依次經過思考、溝通（操作、圖示）、推理（說道理）和歸納（用式子表示）的過程完成思考解題。」

「在教學過程裡，老師是配角，不再是主角。小朋友真的在學習，乘法概念慢慢建構起，不是乘法都沒學就背九九乘法和開始以記憶方式做題目。」

過去老師總是把自己的想法（作法）告訴小朋友，結果從小就剝奪他們的思考力，讓他們不敢嘗試所沒接觸的問題，沒有學習遷移、類化的過程。越「好」的老師絕對越有效率，但是「死」的不會思考的學生越多。

（二）民主式的教學用語

由於賴主任身為台東縣數學領域輔導員，因此常到本縣各小學直接就某年級或某一陌生的班級進行教學。她所使用來促進師生互動的社會性溝通詞令及姿態是促成學生信賴及學習趣興的關鍵。例如：「說說看，你是怎麼做的？」、「我這樣說，你滿意嗎？」、「你們的想法是這樣嗎？」、「我有意見，我可以說嗎？」，不但是老師用這樣的話語引導學生思考，更鼓勵學生用來邀請挑戰。我發現這樣的問法，學生還真的會有回應，能透過進一步的澄清作法或再說明想法，確實能引發學習的專注力與思考，這對學生課後完成數學日記更有助益。

（三）建構主義概念的實踐

建構教學之理念為時代之所趨並為有效幫助學生建構概念的教學策略。老師非直接將文化傳承的方法教給學生，而是透過自然的、主動的、思考的方式逐步學得我們的文化傳承，學生知識的網絡建構是整體連貫的，能將以前所學過的連結到現在所要解決問題上，並成為更深入之問題解決的基石。

一節課的結束，學生是否有學習到，老師的檢驗方式便是讓學生回家去寫數學日記。從學生日記作業中發現，由於學生還小，因此文字描寫的能力還不足，不過他們還是能夠透畫圖、畫表來展現在腦海中有著哪些學習。可見從數學日記檢視教師教學及學生學習狀況的產生，學生是有了學習，令人歡欣。

上述這樣的教學策略改變，老師需有很大的忍耐力、要沈得住氣，EQ要很高，因為教學裡學生是主角，而學生的認知發展是一步步前進的，很多時候學生會在一個點上卡上好久，而老師會在一旁緊張，心想要立即指導學生該如何解題最好最快，或產生教學挫敗感，甚至生氣，氣學生怎麼這樣差勁，而忽略了學生有認知發展上的自然障礙，彼此互動的影響當然老師沒了性子、學生也沒了學習興趣。

陸、結論與省思

當前教育改革的理念核心，乃強調透過課程設計與教學模式的改變，從落實學習者為本位的觀點，培育學生手腦並用的能力。因此在課程設計方面，以學生生活經驗相關的議題發展課程，將取代過往抽象知識取向的生硬教材；實作、體驗與察覺的活動與探索式課程設計，將替代記憶背誦與模仿作業，以主題與概念統整式的課程方案，

將取代知識的零碎分割。

在教學方面，導引學生探索與解決問題，將取代教師口授式的講演教學；鼓勵學生合作討論，表達與溝通想法，將取代傳統以老師為主導的全班式討論。換句話說，教師將從被動的教科書知識傳達者，轉變為課程與教材的組織與開發者，也從教學的主控角色，轉變為激發學生知能的引導與支援角色。

本研究主要發現是：

1. 實踐學生數學日記撰寫有助於學生學習態度的改變和數學概念的建立與釐清，並提升了學生語文的溝通能力（問答、發表、書寫），亦有助於教師教學策略的改進與創新、落實了多元評量的精神，有別於傳統作業較能反映學生學習狀況，實施個別指導與補救教學。唯面對文化不利地區之學生有其待克服之因境，教師的專業素養與教學策略的調整，將能有效解決其難題而提升學生一定程度的學習成就。

2. 數學日記的實施既不占用正常上課時間，又能有效掌握學生課堂上學習的專注程度而提高學習興趣，且提升了家長關心及參與孩子學習歷程的管道，對改善本學區學生學習態度及家長關心程度不足的環境值得推薦實施。

3. 數學日記是教師瞭解學生與家長瞭解孩子數學學習歷程的主要資料形式。從批改數學日記的過程中瞭解自己教學活動與教學材料是否適合學生，可以適時調整或採取補救教學。

4. 數學日記的實施發現，學習成就高的學生可以學習得更好，差的至少可以減少忘掉課堂上曾經學過的東西。每個孩子可以有自己認知的發展階段，用不同的思考形式解決數學問題，更看到了孩子快樂、有趣地學習數學，也更喜歡上數學課了。

實施學生撰寫數學日記，經過一學期的研究仍持續進行著，並將

其實施成果於本校下學期辦理的教育博覽會中發表，更透過教師成長團體中分享實施心得與策略。期盼藉由此一研究結果而能激發學校各教師實施學生撰寫學習日記，進而改善學生學習態度及學習興趣，並導引家長能關心及參與孩子的教育，也能帶動教師專業成長的空間。

參考書目

古明峰（2000）。國民小學評量態度之研究——以數學為例。台北市：五南圖書出版公司。

吳毓瑩（1998）。我看、我畫、我說、我演、我想、我是誰？——卷宗評量之概念、理論與應用。教育資料與研究，20，13-17。

李惠敏（2000）。開啓孩子另一扇窗——實施多元智慧教與學之歷程研究。載於2000年行動研究——展望本土教育改革學術研討會論文集，國立台東師院教育研究所。

林奇佐（2000）。建構九年一貫課程的教學策略。九年一貫課程系列研討會手冊，中華民國教材研究發展學會。

林碧珍（1997）。數學評量的發展。數學學習障礙研討會手冊。國立台灣師範大學數學系。

林碧珍（1998）。數學課室內之評量與教學整合。八十七年度國立新竹師範學院輔導區國民小學輔導團團員教學工作坊研習手冊。國立新竹師範學院。

林碧珍（2000）。在職教師專業發展方案的協同行動研究。新竹師範學院學報，第十三期，115-148。國立新竹師範學院。

教育部（2000）。教育部九年一貫課程綱要——數學學習領域。教育部：數學科研究小組。

教育部（2000）。國民中小學九年一貫課程暫行綱要。台北：教育

部。

教育部（2001）。國民中小學成績評量準則。台北：教育部。

張春興（1995）。教育心理學：三化取向的理論與實踐。台北市：東華書局。

鍾靜（1997）。低年級數學教室文化的轉變研究。台北師院學報，10，501-532.

鍾靜（2000）。學生為中心的數學教學特質分析研究。國科會八十九年度第一期專題研究計畫成果報告。

Lambdin, D. V., Walker, V. L. (1996), Planning for classroom portfolio assessment. In D. V. Lambdin, P. E. Kehle & R. V. Preston (Eds.), *Emphasis on Assessment- Readings from NCT'S School-Based Journals* (pp.95-101). Reston, VA: NCTM.

Marzano, R. J., R. S. Brandt, C. S., Hughes, B. F. Jones, B. Z. Presseisen, S. C. Rankin & C. Suhor (1988), *Dimensions of Thinking: A Framework for Curriculum and Instruction.* Alexandria, Va.: Association for Supervision and Curriculum Development.

National Council of Teachers of Mathematics. (2000). *Principles and standards for school mathematics*, Reston, Va: The Council.

Norwood, K. S. & Carter, F.(1994). Journal writing: an insight into students' understanding. *Teaching Children Mathematics*, November, 146-148.

情緒困擾個案輔導策略之行動研究
——以一個國小六年級學生為例

李綠梅

台東師範學院附設實驗國民小學教師

15

壹、緣起

　　隨著資訊社會的起飛、社會的遞變，創造了多元的環境。在多元文化及環境的衝擊下，衍生出更多元的社會問題。報章、雜誌呈現的現代社會問題像排山倒海般湧來，令人措手不及。老師感嘆：「近年所遇到的學生問題比數十年遇到的還多，而且更複雜。」家長哀怨：「我的孩子為什麼會這個樣子？怎麼辦？」學生困惑：「我不希望也不喜歡自己這種行為，為什麼無法控制？」學校如何處理這與日俱增的棘手問題？如何面對老師的無奈、家長的淚痕、學生的求援等難解的習題？這些都顯現情緒障礙學生的輔導是當前各級學校最迫切需要的課題。

　　校園是社會的縮影，學生是社會的一份子。如何使學生在網路發達的e世代、生活型態正在轉型的世代，在倡導「以學習者為主體」的教育理念之下，學好自己做生活中情緒的主人，這是很重要的課題。因此，多瞭解學生的生活背景、家庭狀況、學習過程思緒……等個別差異，是教育工作者刻不容緩的事。

　　吳英璋教授曾說：「引導學生做情緒的主人，班級的互動比看心理醫生更有效。」（鄭美月，2001）在教室社會型態中，教師如何應用班級互動，如何與學生對話，如何引導同儕對話，這都需要經營。基本上，老師的言詞表達要讓學生感受到瞭解與認同，而且是被關懷與肯定的。所以，情緒教育是值得來探討與應用於實際的。

　　這個暑假中，學校人事一定案，我接了六年○班，對於再有一年就畢業的大哥、大姐，我並不陌生，但是我知道這是一個「挑戰」。六年級面對生長的狂飆期——青春期，其實有待大人花更多的精神去對待和瞭解。心中滿懷著熱誠，深深相信自己一定能應付自如，雖然

這一班在學校中是很有「名氣」的，班上有幾號「大人物」，很令人頭痛！不過這應該不是問題的！不過樂觀的心在學期初就被打破了，發現自己需要花一些功夫來輔導這一位疑似有情緒困擾的孩子。

貳、情緒教育的意涵

一、什麼是情緒？

什麼是情緒？有人說，情緒是外在環境刺激對個人所產生的反應。吳英璋教授（2001）綜合各學者的說法認為情緒可以描述如下：

（一）情緒是一種能力

Gardner（1983）的第六能力——人際能力（interpersonal intelligence）即為情緒能力的很好的說明。「能力」為「可以無限開發的內在可能性」；所以，人目前覺知自己的情緒、表達自己的情緒是其情緒能力的「成就」，而雖然目前沒有表現出來，但他知道也有把握在時機出現時就會表現出來，這就是情緒方面的「能幹」。繼續經驗自己的情緒、記錄自己的情緒、表達自己的情緒，則是繼續開發自己的情緒「能力」。

（二）情緒是一種人際溝通的方式

我表現出我的情緒，你瞭解我的情緒，你馬上知道我現在正在傳達的意義是「你讓我生氣」。這是一個人溝通的方式。如果你能察覺「我是你的刺激，我讓你生氣」，或許你會馬上說：「對不起，我很抱歉令你如此生氣！」溝通也就容易進行了。

（三）情緒是一種清楚瞭解自己的方式

若將上述二所指稱的「對方」改為自己，即我表現出我的情緒，「我」瞭解我的情緒。這種自我觀察、自我瞭解的努力，可成為瞭解自己的過程，而達到自己與自己溝通。

（四）情緒是一種具體瞭解他人的方式

若將上述二所指稱的「對方」改為自己，「自己」改為「對方」，即「你表現出你的情緒，我瞭解你的情緒」。覺察他人的情緒、瞭解他人的情緒，亦可以成為瞭解他人的過程。

二、情緒教育的意涵

人人都有情緒。學生在情緒發生困擾時，若能處理好，則情緒教育是易入手的。如何教孩子恰當表達生氣，或瞭解他人生氣，是情緒教育必須做的。Carl Rogers強調學生中心的教學，其中的一項主張是當老師包容量很大時，孩子發生任何事皆能包容，孩子最容易保持其內在成長的力量。吳英璋（2001）認為情緒教育內涵包括三方面：

1.如何協助孩子清晰地認識他的情緒、感覺他的情緒。
2.孩子是否有機會用某種方法去問：為何我有這種情緒？到底我的環境對我而言意義為何？
3.令孩子有機會體驗他的情緒，並以語言或文字記錄他的情緒經驗。

在教學的場域中，孩子的一切的反應是永遠整體的。每一個「上課」、「下課」都是孩子的「生活事件」，孩子一定有情緒的反應。在教學過程中，隨時注意孩子的情感反應，以其情感反應作為孩子瞭解

自己的起點，這就是情緒教育。只要你試著去抓住孩子心理反應的「整體」，就能瞭解孩子的需要，協助孩子做自己情緒的主人了。

參、我的個案描述

我的學生小蚩（化名為小蚩）是個剛升上六年級的一個男生，我從90年9月開始輔導他，他的問題敘述如下：

1. 無法克制情緒：由於小蚩個性十分剛烈，只要遇到不順心的事，就會發脾氣，一旦動怒就無法接受別人的意見，而且「髒話」、「動武」接踵而至。班上的同學對他是既害怕又想成為他手下的一員，如此才不會成為眼中釘，導致被「打」，或被一些人排斥。學生的處境似乎如同現今「黑社會」的一個縮影。班上的風氣總是籠罩在一股「恐怖」的氣氛下。

2. 頂撞師長：遇到不合他意的事情時，立即變臉，並與老師惡言相向。

3. 邀請同學前往網咖：在「網咖」被討論其對青少年的影響之際，小蚩會常常邀同學前往。由於小蚩的打電動技術及對電腦的瞭解勝於其他同學，所以在班上被稱為「高手」。可是流連網咖久了，總是會荒廢課業的，這種情形發生在被邀去的同學身上，功課沒做，成績退步，引起了老師注意，而小蚩由於很聰明，課業、反應都不錯，所以害了同學。

4. 課業佳：由於小蚩相當聰明，上課反應相當不錯，尤其是數理科更是班上的佼佼者，因此同學對之崇拜，對於他無理的要求會委屈自己順從他。

肆、輔導過程

一、震撼教育——師生衝突

開學了，初次見面彼此還算愉悅，學生活潑，但是資質都不錯，互動也很好，至於前任導師的耳提面命的幾位「特殊人物」，還算不是太大的問題，覺得將來的日子還不錯，我可以花多一點時間在準備教材上。

「同學！拿出社會課本，今天我們要討論⋯⋯」

六年級的社會課程是較艱深且抽象、無趣的，為了激起同學的興趣，我花了很多時間在每節教學設計上，讓學生感到「有趣」而喜歡「學習」，不過這件事是十分困難的。上課到一半，一位學生忽然和我「槓」起來了！

小蜇：老師，你不公平，為什麼要加他們那一組的分數？
師：X組表現得太好了，所以他們要加分。
小蜇：你沒說，就把他們那一組加分，實在不公平！
師：表現得好，老師一律會給予鼓勵的，這是老師一貫的作風呀！
小蜇：不公平！
師：好，我們上課！
小蜇：（臉色立刻拉下，開始敲桌子，生氣了。）
師：小蜇不要影響大家，否則就要扣分哦！

小蜇：扣分就扣分，有什麼了不起！扣一百分也沒關係……

這就是我的學生小蜇，小蜇是個喜歡發脾氣的小孩，個性十分剛烈，只要遇到不順心的事，就會抓狂。一旦動怒就無法接受別人的意見，而且「髒話」、「動武」接踵而至。班上的同學對他是既害怕又想成為他手下的一員，如此才不會成為眼中釘，導致被「打」，或被一些人排斥。

頂撞師長對小蜇而言是家常便飯的事，遇到不合他意的事情時，立即變臉，並與老師惡言相向。

小蜇相當聰明，上課反應相當不錯，尤其是數理科更是班上的佼佼者，當同學正為了數字苦惱萬分之際，他只要稍微用心上課，成績都名列前茅，因此同學對其崇拜是可以想見的，所以對於他無理的要求，同學會委屈求全、心有不甘但又不敢不順從他。

教到這樣桀驁不馴的學生，對我而言是一種挑戰。如何將輔導的許多理論放入這一輔導的過程中呢？讓小蜇有一個正確又快樂的童年，屏除仇恨、暴力等負面的情緒，汰換成一個積極健康形象。我滿懷的輔導熱誠全擁上心頭，心想這個挑戰對我而言是一個成長的開始。

二、滿懷愛心作個案輔導

有第一次的衝突之後，對於小蜇的情況在心中有了一個譜，心中算計要如何將此棘手的個案擺平，讓教室充滿和樂，讓其他可愛的學生不要再有恐懼了！。

正當我著手正要進行輔導的同時，又有一件令人震撼的事情發生了。

上完兩節賞析小朋友「創作」的課程之後，正在收拾有關器具

時，突然發現講台上扭打著兩個人，一個是小蜇，一位是雄雄（化名），本以為玩玩的，可是看到小蜇一副兇狠的表情以及雄雄吶喊的聲音，驚醒著我，使我回神過來，趕快趨前制止。扭打在一起的兩人，力氣大到我無法分開，其實他們也不願意分開，繼續捉著對方的頭髮及手。他們經過我們極力勸阻才分開，但分開不到一分鐘，小蜇又追著雄雄打，拳頭正好落在毫無防備的雄雄的背上。我見情況有些失控，終於大聲制止，在混亂中說出：「再打，就叫家長來。」結果小蜇住手了，我也打電話給家長，請家長盡速到學校來共同處理事情。

不一會兒，小蜇的母親到了，我看小蜇哭了，有些驚奇，也許是不願將事件給母親知道，但是一副兇狠的表情總掛在臉上──他就是這種表情，令我頭痛不已。

T：小蜇脾氣不太好嗎？

母：小蜇在家很乖，脾氣是壞了些，但還不用我操心。

T：小蜇在學校的表現不一樣！

母：真的嗎？

T：今天他和同學打架，情況有些失控，所以請妳來一起處理。

和他媽媽聊了一下，發現母親眼中的小蜇乖巧、聽話、脾氣有些差，如此而已。不知母親是否有掩飾，小蜇在學校的表現從開學到現在，並不是如媽媽的說法──還好，他是令人頭痛的大號人物，「和老師頂嘴」、「欺負同學」、「帶頭不守規矩」、恐嚇同學……等，一堆罪行，令人難以將「好孩子」這三個字和他放在一起。但是母親也許護子心切，或者尚未發現這些缺點，或者小蜇離開學校這一團體的環境，他又變成另一個人了，媽媽直說他在家沒這樣極端的行為。談完之後，請母親共同來輔導他衝動的脾氣，他母親也點點頭，並且留下來和小蜇個別談話，才使得這場打架事件稍稍落幕，也因為如此，

許多的同學才鬆了一口氣。

　　從上述的溝通上來看，小蜇是位父母眼中的好孩子，至少不用太操心他，可是爲什麼在團體中，他的表現卻如此令人頭痛呢？對於他打架的處理方式，由母親和他詳談之後，他雖不再擺出那「兇狠」的表情，可是卻也不願承認自己的錯誤。我再和他談了事情的經過及分析事情的過程之後，他聽的時間居多，很少回應。事實上，我的感覺是他已知道「錯了」，可是強硬倔強的他不願說出「道歉」的話。下午看到他們又玩在一起了，心想自己實在不必太擔心。不過想起他那「衝動」又不理性的舉動，怎不令人捏了把冷汗？

　　但是在我心中有了滿腹的疑惑，爲什麼小蜇在家和在學校是判若兩人？是哪裡出了問題，還是因爲換了老師適應不過來，所以狀況頻傳？爲了解開心中的疑惑，我開始蒐集資料，探求原因，讓我能知己知彼，然後打個漂亮的勝仗。

三、理性面對──蒐集資料、探求原因

　　雙手握拳，臉部表情凶狠，再加上一雙如狐狸看準獵物般的眼神，讓作了多年老師的我感到顫慄，這種表情重複出現，考驗著我的耐心以及輔導功力，想到此不禁要收拾起情緒，加緊腳步踏出我的下一步。

（一）首先我先找前任導師好好聊聊

　　解老師：小蜇是一個難以管教的孩子，在五下時他變了很多，頂
　　　　　　嘴、惹老師生氣、恐嚇同學等，都讓人覺得他很難纏。
　　　　　　有一次他實在很過分，我就不理他一個星期，他受不了
　　　　　　才認錯。

　　T：家長對他的行爲如何反應？

解老師：我並沒有和他父母親談過，所以不太清楚他家庭狀況。

從前任導師的談話中只證實一件事，他的行為並不是今天才有的，五年級已經出現過。可是為什麼如此呢？應該如何輔導他呢？繼續挖寶。

（二）從父母口中得知

有一天中午，廣播器中正播放著，「六年○班小蜇請到訓導處領取便當！」原來是他父親送便當來，心想這是好機會，於是我請他父親到班上來談談。

父：小蜇是一個有主見的人，任何事都希望按照他的想法來做。在家很會和姐姐吵架。

T：他在家喜歡做些什麼事？

父：喜歡打電腦（玩Game）。由於工作的關係，我不常在家，都是由母親來教導。

T：他的脾氣如何？

父：他會生氣、發脾氣，但是還好。麻煩老師費心來教導他。

和父親的對談收穫並不多，大致和母親一樣。對於小蜇的問題他們似乎並不擔心，而我卻更擔憂，因為家裡的表現和學校差這麼多，而且家長和學校的互動並不熱絡，導致許多的問題難以有解答。我開始了另一條路去蒐集，我翻閱了有關情緒教育及青春期現象的資料，從這兩方面去思索方式，擬定輔導策略。

和母親詳談中發現母親眼中的小蜇是：

1. 小蜇在家中是個自動自發的小孩，較不需要人操心，脾氣上有些衝動，可是只要好好跟他溝通，他一定可以接受。
2. 小蜇的父親在當警察，較少在身邊。

3.小蜇的興趣是打電動，不會去網咖，只去國民電腦（學生反應他都請人去網咖）。
4.母親聽完小蜇在校的表現有些訝異！

（三）科任老師

綜合科任老師的說法：

1.活潑、好強，思考敏捷，但是不願意「輸」，也怕「輸」。
2.對於較嚴格的老師，作怪的機率較少，對於較民主風格的老師，上課較容易發脾氣。
3.穿著邋遢，不太愛整潔。
4.喜歡和老師對話，上課時反應快速，喜歡不舉手就發言。

以上是科任老師對他的印象，他喜歡數理科，上課的情況不是很理想，也有時會影響其他同學，人際關係尚可。

（四）同學的看法

依照同學的看法綜合成下列幾點：

1.霸道、有「大哥」的作風，例如：要求同學請他，若不請會恐嚇或打人，同學都敢怒不敢言。
2.數學很好，電腦很好，很羨慕！
3.滿口髒話，常常以「髒話」來罵人。
4.我們都很怕他，只要他不高興，我們就慘了！
5.不容易接受其他人的意見，只要和他不同就容易有衝突。

同學的意見中有褒與貶，從側面的觀察中發現他有一群較親近的"group"，這些人和他較親近，但是也容易和他發生衝突，但是過一會

兒又「哥倆好」了！另一部分的同學是敬而遠之，不太與他交往，其原因是不願惹事，更不願意讓他生氣找自己的麻煩。

同學們對於他不無太多的「小報告」，所以在班上的「報馬仔」並不多，這是令老師感到奇特的地方。我起先以爲他是對老師生氣，後來發現是因爲同學若遭受欺侮或當「報馬仔」的話，將有一場災難產生，所以有些同學已經練就一種忍讓之功夫。

四、發展輔導策略並付諸實踐

當自己瞭解一些狀況之後，接下來應該提出輔導策略，讓小蜇能不再惹事，於是我將行動過程歸納如圖一，然而這正是挑戰的開始。

（一）輔導策略一

小蜇今年已十二歲了，邁入了人生的狂飆期，對於進入青春期的孩子，正面對一個身心變化既迅速且顯著的階段；在心理上他們急欲擺脫童稚的想法及生活方式，開始擁有自己的主張、看法，反叛性強；在生理上，由於生殖器官的生長、成熟，明顯的第二性徵的發展與變化，不僅使他們感到困惑，也讓他們開始注意與性有關的問題，

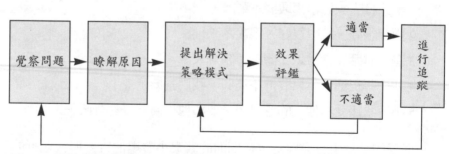

圖一　情緒輔導策略的行動歷程
資料來源：李鴻章，2002。

對性充滿好奇及幻想（楊玉玫，1994）。因此在心理上，我會對他用比較寬容的態度去輔導，希望過了這一段發育期之後，情緒會較平穩。在生理上注意其發育上的正確觀念之引導。

「沒有不好的情緒，只有不良的情緒處理方式」，雖然過去的學習經驗曾告訴我們某些情緒是不好的，但是它的本質只是人性展現而已，並無對錯可言，重要的是我們是否能做它的主人，因應得當（鄭美俐，1997）。情緒的處理方式有：

1.自我觀照：(1)情緒的察覺與辨識。(2)正確地評估與表達感情。(3)疏導情緒。
2.群己觀照：(1)培養同理心。(2)具備良好的溝通及衝突解決能力。（鄭美俐，1997）

教師在情緒教育中扮演的角色應該是：(1)催化作用。(2)起始作用。(3)調適作用。(4)楷模作用。

基於上述，所以當他發起脾氣來時，我都用以下步驟來做為輔導的策略之依據：

1.當小蜇生氣時，我請他離開現場，讓他緩和情緒。
2.當小蜇生完氣時，我和他共同分析事件的經過。
3.共同分析完之後，請他反省自己的行為。
4.調查小蜇的五年級情況及家中情況。
5.觀察小蜇的作息習慣，看看是否有不正常，導致青春期時易出現情緒困擾。

結果我發現，他的飲食不正常，因為他總是不吃午餐就跑去打球，血糖過低，情緒易浮躁，下午精神特別不好，所以建議家長注意他的飲食習慣。

小蜇是個聰明的小孩，上課的反應可以說是相當敏捷又快速，尤

其數學課，他更是班上的英雄級人物，每一次挑戰題他都很快地算出，並且正確無誤地告訴大家來龍去脈。因此我也不斷地用自己反省的方式，告知他本人，他的情緒比其他人容易衝動，讓他想辦法「控制情緒」。

利用繪本作讀書治療，首先我選擇一些情緒的繪本，如《亞瑟生氣了》、《和小凱絕交了》等，讓他瞭解生氣，瞭解如何正確發洩情緒。

家長在我的輔導過程中扮演相當重要的角色，所以我密切和家長聯繫，希望透過家長、學校共同來輔導。

這些輔導策略是希望從生理及認知上去預防其情緒暴發的因素，以及學校和家庭共同來關心個案。

正積極進行我的策略時，事情又來了！

下午開完會，回到教室，看到一群學生開始準備去做工作時，我到了樓梯口，同學立刻圍上來七嘴八舌地說了一堆，「小蚕又闖禍了」、「小蚕被工友打」、「小蚕打了工友」……

天哪！我雖然不意外，可是卻也想不到，這次對象竟然是工友！我的感化教育、輔導措施是否全然無效了？

過了一會兒，體育老師帶了一群學生，告訴我小蚕闖禍的事情經過，老師在簡略地描述一番之後，送了我一句——「這一定要告訴家長……」。之後，我告訴他，我會處理，她才離開。

回到教室，我看到小蚕，我請他告訴我事情的原委，他反而平心靜氣地描述了剛才發生的事件經過：

> 六年 X 班借了球在籃球場玩，下課時 6-○ 的小朋友便和 6-X 在玩，因 6-X 要去上課，留下了 6-○ 的同學在打球。工友先生看到 6-○ 拿球在玩，就拿球打 6-○ 的同學，並嚇斥他們借球不還，事實上球又不是 6-○ 借的。工友的想法，認為他們在「推拖」，所以

工友先生發火了，就用球丟學生，小蜇就是被工友先生丟的學生。由於體育老師在場，所以體育老師便即時制止這事繼續發生下去，而學生便拿著球到訓導處，將事情告知訓導處。之後，小蜇心中的忿恨難消，於是又拿起球找工友先生理論，並將球丟向工友先生，工友先生便又帶小蜇去訓導處。

從開學以來處理小蜇的事件至此，他有這種表現，心中雖不是十分詫異，但是內心也不好受，總覺得自己很小心翼翼地去處理小蜇，可是往往他的回報是如此令人頹喪，自己開始懷疑是否處理不太妥當，在方法上是否該修正，還是在某方面要加強。

瞭解事情的經過之後，我的處理方式是：

1.教師先問清楚狀況，掌握狀況。
2.和小蜇共同分析事情。
3.和小蜇共同作對錯之判斷。
4.共同商議補救方式。

小蜇知道自己錯了，自己太衝動了，但是對於工友的指責仍有不滿之處。

（二）輔導策略二

突然靈機一轉，覺得現任的「班長」當得實在有些窩囊，因為只要管理秩序時，一叫小蜇那一組，小蜇便以威脅、恐嚇的口氣警告他，讓他難以成為「正義」的使者，而必須臣服惡勢力之下。我便想出另一高招，加重小蜇的責任心，讓他有事做，也讓他嚐嚐「當班長」的滋味，所以就決定重選「班長」。

某一天早上，老師便把現任班長的事蹟拿出來表揚一番，也讓小朋友說出班長的好，並討論當班長的苦處。討論正激烈之時，話一

轉，就希望班長很辛苦，大家輪流做。這時同學都贊成，於是大家約定隔天選班長。

隔天一早，大家都已經有心目中的人選了，提名時很熱烈，而我的注意力放在小蚩是不是候選人，由於前天討論當班長的苦處時，曾提到一點，那就是當班長要執行任務時會受到其他同學的恐嚇，所以今天的選舉中，有人想讓小蚩有機會當一當。投票時，小蚩的票最高，果真是他當選，十分符合我的想法，我們就進入另一個輔導策略。

1. 加重他的責任感，希望他能從中體會一些甘苦，也許對他的情緒控制有幫助。
2. 地下的班長檯面化之後，許多的常規、禮節都必須是示範，希望這個職位帶給他一些的規範。
3. 班長除了「管理」之外，還需要大家配合，希望他在過程中學會如何與人相處。
4. 讓其他同學瞭解小蚩，並幫助小蚩情緒控制，這個輔導策略是藉由「職位」的付予，來加強小蚩的情緒行為控制的認知。

在當班長的初始階段，看得出小蚩的明顯改變，小蚩的情緒較穩定，不常和同學、老師起衝突。也由於他的「餘威」，使得他的管理較有效，班上的秩序較以前好。可是在他的衣著上，仍保有他以前的「邋遢」風格。

一個月後，有一週在同學的日記中，有七個同學寫出心中的「氣」，她們都覺得「班長」偏心，而且太過份了，常仗著自己是班長而不公平……看到了之後，我也開始檢討了自己的方法。正當我準備作一些輔導策略的調整時，下一個風波出現。

（三）輔導策略三

今天是90年11月20日，早上第一、二節是綜合活動，今天的主題是「特殊孩子的認知」，吳老師利用口述討論了幾種特殊孩子的特徵，以及如何對待特殊孩子，最後便是親身體驗。上完了這兩節，再上數學時，班長顯得十分活躍，因為數學是他的最愛。在討論的過程中，他的反應相當敏捷，在這一節課中他也成功挑戰了一題數學題，班上同學對他是既崇拜又害怕。上完了三節，還好順利成功把數學的一整個單元教完了。

第四節是體育課，由於今天上「健教」課，對於好動的他們有些失望。我在教室中改作業時，發現小蜇很慢才到教室，也很慢才去「社會科教室」上課，而我就唸了他幾句，說：「班長呀！怎麼這麼慢！……快！同學都在等你呀！」他回答：「不會啦！沒關係！」這種賴皮式的回答，是他常有的，我就催他快去，他也快速走去。

第四節下課，我和學年主任討論完從三樓下來時，發現教室又有很「跪異」的氣氛，根據經驗我知道「又出事了」，處理這事我有經驗，所以我也不緊張，我冷靜地去瞭解事情的緣由。

> 小蜇：早上一早，軒軒就罵我「白癡」，我就「不爽」。
>
> T：軒軒為什麼要罵你？
>
> 小蜇：不知道，就莫名其妙罵了我。（十分委屈）
>
> T：那為什麼在「健教」課你生氣了？
>
> 小蜇：因為他瞪我！早上罵我，上課又瞪我，所以我想打他！
>
> T：那你知道那時候是「上課」嗎？
>
> 小蜇：知道。
>
> T：那你上課就「生氣」，恰當嗎？
>
> 小蜇：……

T：上課時，你生氣之後呢？

小蜇：打他。

T：這樣對嗎？

小蜇：……

T：你知道你的作為影響到「健教」老師上課嗎？

小蜇：……（點頭）

T：怎麼辦？現在怎麼辦？

小蜇：……（思考）

學生思考中，我立刻處理另一位被打的學生。（隔離小蜇）

S2：老師，我早上是用開玩笑的方式來說他是「白痴」，可是我
　　已經向他「道歉」了，可是他還在生氣。

T：軒軒，你不要害怕！老師要你瞭解的是小蜇的個性，因為他
　　相當衝動，所以在言語之間，若不注意，很容易激怒到他，
　　如此他便會有攻擊的行為，老師希望你瞭解。

S2：知道了。

T：軒軒，你現在想怎麼做呢？

S2：再向他鄭重道歉！

T：軒軒，你很棒，很懂事。

經過這一次事件之後，我對於原有的處理方式（當班長）有了反
省：

1.我覺得輔導個案時需要有更大的包容和關愛，而這一份關愛，
　不應該犧牲其他同學的權益，因為我的輔導策略必須把其他同
　學的反應也考慮進去。

2.當我的輔導策略需要多一些的「時間」等待，而這等待的過程
　是否需要考慮到其權益空間呢？而班級的團體輔導是否也配合

做一些措施呢？

幾次的衝突事件之後再加上相處的時間久了之後，我開始更積極擬定我的輔導策略：

1. 讓他瞭解我是關心他的：幾乎每一次和他晤談時，我都強調老師是很關心他的，希望他能更好，希望他能改掉一些壞習慣。平時對他噓寒問暖，讓他具體感受到關心是真的。這也是建立彼此關係最佳方式，有了良好信任關係，在處理紛爭中較易保護到對方的安全。

2. 積極開導他尊師重道的基本禮貌：小蚩在課堂上的衝突對象以不服老師管教的次數居多，顯示他對於處理不服教師管理的應對只有言語衝突方式，所以在輔導上我和他模擬此狀況，並討論應對的方式，希望藉由認知上的再加強，使他具有自我調整甚至於自我控制的功能。

3. 讀書治療：班級輔導部分重點放在讀書治療。藉由文章中角色的衝突，分析強調「情緒控制」的重要。

4. 指導其他同學對於個案的態度：由於個案長時間威脅其他同學，使得同學敢怒不敢言，加上對個案的輔導採用認知的自我改善方式，需要耐心和時間，所以這一段過程中仍需要同學們的幫忙，並且在對待較蠻橫無理的同學時，在方法上作一些修正。

5. 修正以「當班長」加重其責任心的輔導策略：個案自從當上班長之後，的確如我們所預料的加重其責任感，他比以前更會控制他的情緒，也覺得班長是一種榮譽的象徵，和同學相處較少出現爭執。以上是好的部分。但我們也發現他常常利用職權給予一些同學方便，而另一些同學便覺不公平，班上的一些價值觀有一些混淆了，我意識到問題的嚴重性之後，覺得需要修正

此輔導策略，讓班級的風氣能更正常。

6. 多和科任教師溝通：學生的輔導是大家的事，身為導師的有義務讓科任教師瞭解我的處理方式，並且聽取大家的意見共同輔導這孩子。

7. 多與家長聯繫：個案的表現因環境不同而有不同，家長和學校更應該多密切聯繫，讓個案快一些養成良好習慣，學會自我控制。

伍、省思兼結語

一、情緒的發生有其先天的影響和後天的學習

輔導是一條漫長的路，路上是孤單的。這一次的個案輔導過程令我見識到學生的情緒竟然有如此的起伏，沒生氣時看不出他有什麼特殊的地方，生起氣來那氣氛很震撼人，那一股爆發力令人恐懼。在輔導的過程中，個案不斷發生一些匪夷所思的行為，使得我漸漸失去耐心，開始懷疑方法上是否需要調整，可是問過校長、教授卻總是無法突破，不禁懷疑情緒是否是後天環境可以教育的，懷疑他是否受到遺傳的因素影響較大。常聽人家說「江山易改，本性難移」、「牛就是牛，牽到北京還是牛」，個案的脾氣就是這麼不好，花再多精神和時間來尋求改善之道都是沒有用的。每一次晤談後，幾天之內他表現不錯，可是幾天之後又原形畢露，一切又得重新思考，心中的挫敗感真是筆墨難以形容的。這也是一個輔導者所要承受的，在這個個案中我更體驗出導師兼一個輔導者的甘苦。

我從這個個案身上看到先天論的一些端倪，輔導到後期發現小蜇

對於導師的關心是有感覺的，可是每一次的「事件」還是發生了。在和小蜇對談時，他雖然不會說出道歉的話語，可是你也可以感受到他的後悔，他覺得自己太衝動了，可是當他生氣或覺得事件不合理時，他仍然按照他自己的模式——打架、罵人等……來解決。與他討論過各種解決的方式，他都覺得這些處理方式比打架、罵人來得好，但是怒氣一來，一切又回原點。我自己的解讀是：情緒有其先天上的遺傳，而我們也只能以教育功能改變他的認知，再強化他，使彼此產生矛盾、掙扎，讓非理性的做法被淘汰，雖然不易，但試試總沒錯吧！

二、耐心等待

個案乖戾的待人方式，引起許多人敢怒不敢言，除了有耐心和他共同剖析事情的經過之外，仍要耐住性子和他耗，和他分析事件的經過之後，讓他自己覺得自己的做法是錯的是一件容易的事，可是情緒的控制卻是一件十分不容易的事。現今雖加強認知上及行為上的控制，可是成效仍有限。一個現場教師輔導個案是需要更多時間的等待的，急不得！輔導者的耐力是重要的。想想這一年中，常常因為規劃有效的輔導策略，枯坐書堆裡翻閱可參考之資料，可是往往只能找同事述說，而同事的回應是「加油」！雖是打氣，可是卻無法提供更積極面的建議。再加上行政上會有另一種「又是你們班」這種壓力，有時真想換「另一種處理模式」，可是「那」又違背自己的教學理念，教師內心的掙扎到極限。好在其他同學的回饋和家長的鼓勵，以及校長的支持，使得這一條路繼續走下去。

三、個案輔導與班級團體輔導搭配使用

個案輔導時我們給予個案更多的包容、更多的等待，可是在一個

班級中導師作個案輔導，教師要非常小心，一個不注意就會使得班上的同學價值觀或道德的判斷產生混淆，所以在導師一發現有此狀況產生時，我立刻作班級的團體輔導，藉由活動告訴全班正確的是非觀念，導正錯誤或誤解的概念。

另一種情況是將個案的狀況告知全班，讓班上同學清楚之後共同來幫助小蛭。這種情況用在特殊問題兒童身上效果將是出乎大家意料之外的，對於其他同學而言，也是另一種的學習。

四、承認自己的極限

導師並非萬能，人是一種十分複雜的動物，教學的現場中有時我們必須承認自己的不足，適時尋求援助，如此將可以使輔導的路走得更遠。在此次的輔導的過程中，感謝校長及師院老師給予我意見，更感謝我班級的科任老師容忍我的一切措施，甚至造成他們上課的不便！更令人興奮的是，大家為了一個孩子坐下來討論，這一場景常常使得身為導師的我非常的感動！教育的改革讓老師將更大的注意力放在孩子身上，讓一個適應較不好的學生能依照自己的性向做最良好、正面的發展，是每一個老師的願望，更是國家之福分呀！「三個臭皮匠勝過一個諸葛亮」，有了大家的合作以及「專家」系統的指導，相信明天會更好！

參考文獻

李鴻章（2002）。親師衝突：一段親師溝通歷程中教師的專業成長。
　　教育行動研究與教學創新。台北市：揚智文化。
李心瑩譯（2000）。再建多元智慧。台北：遠流出版社。

吳英璋（2001）。情緒教育的理論與內涵。學生輔導雙月刊，75期。
　　台北：教育部。

胡慧宜 （1999）。國小兒童情緒適應行為與情緒感受經驗之相關研
　　究。台北市立師範學院國民教育研究所碩士論文。

曾秋琪（1998）。理情團體諮商對國小低學業成就升學自我概念之影
　　響。國立屏東師院國民教育研究所碩士論文。

曾娉妍（1998）。情緒教育課程對提升國小兒童情緒智慧效果之研
　　究。國立台中師院國民教育研究所碩士論文。

楊玉玫（1994）。青春期性教育實施時應注意的層面。健康教育，第
　　73期，頁7-13。

鄭美月 （2001）。情緒障礙學生的輔導。學生輔導雙月刊，75期。台
　　北：教育部。

鄭美俐（1997）。淺談情緒教育。台灣教育，第559期，頁24-25。

羅華倩 （2000）。重拾青春歡顏・走出牛角尖：「理情行為治療法」
　　之個案報告。輔導通訊，第61期，頁58-62。

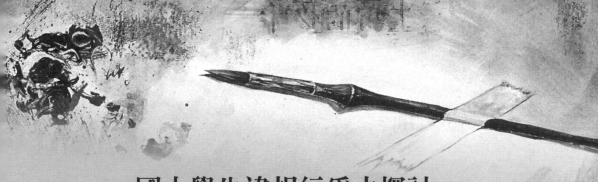

國中學生違規行為之探討
——以台東縣一所國中學生為例

陳勝發

台東縣新生國中校長

16

壹、前言

　　教育是國家的百年大計，也是社會進步的動力，國民教育是國民的基礎教育，也是一種紮根的教育工作；國民教育的良窳影響國民素質的優劣，也影響社會的安危及國家的盛衰；國民教育的共同目標在於要求學生達到「德、智、體、群、美」五育均衡發展；德育為五育之首，國中教育是九年國民教育的最後三年，全國各校為使國中生能夠達成預期之國教目標，無不絞盡腦汁，精心設計各種教育措施，營造有利於國中生成長之學習環境，陶冶學生心智，俾冀國中學生之身心皆能獲得正常發展。

　　民國57年起，我國之國民義務教育由國民小學延長到國民中學，國中之學生來源，依規定採取學區制度，只要是學區內之國小畢業生，他的年齡未超過十五歲，都一律要接受國中的教育，學生入學不必經過選擇與篩選，學生的品質良莠不齊，它是一種義務教育，也是一種強迫教育，學生在求學當中不論其行為如何乖劣，學校對之總是莫可奈何，無權淘汰，也未嘗有留級或退學的制度，完全是「零拒絕」的教育，若萬一學校遇到因故不愛上學的「中輟生」，還得大費周章，設法去追蹤輔導，那怕是遺失「一隻迷途的羔羊」，都要設法把他們找尋回來。

　　今日社會開放多元，經濟繁榮進步，國中生的生活環境，隨著社會的變遷而日益複雜，同儕之間的互動日益頻繁，交友的情形也並不如往昔單純，促成國中生違規犯法的誘因更不斷增加，學生問題隨著時代的進步與社會風氣的變化而日漸增多。國中階段的青少年其身心變化快速，情緒變化無常，心煩氣燥，容易衝動，叛逆性與反抗性的舉動時有所聞。由於社會的轉型，人們生活的競爭，一些學生家長因

為工作的繁忙，實在無暇關注自己兒女的生活，或是因為家庭結構的變異，造成父母的離異，子女與自己父母之間的接觸機會逐漸減少，單親家庭或隔代教養的學生不斷增加，學校的訓導人員對學生的輔導工作必然日益繁重，國中學生的管教問題日益棘手。訓導人員對學生生活的輔導工作，一天比一天繁重，甚多的國中教育工作者都有一種訓導難為之感。

國中教育是屬於國民義務教育的範疇（義務教育之第七、八、九年），其目的是在於培養健全的國民，它是一種「全人的教育」，其宗旨在於培育術德兼修、五育並進的學生，但國中生在學之三年歲月中，身心發展快速，其行為變化甚大，他必須經過該種不穩定的人生狂飆期的學習歷程，才能進入另一個新的環境去接受高中高職階段的新教育。國中教育是人的一生當中，人格發展的關鍵性階段，在這個階段裡，他的行為時常受到同儕及周遭環境的影響，若接觸不利的誘惑，常會使人自甘墮落、誤入歧途，甚至於與不良份子為伍，或與社會一些不良幫派有所交往；這些不幸的國中生耳濡目染社會惡習，產生了一些偏差乖劣的行為與舉動，時常無法專心念書，甚至於犯過犯法，引發一些不良的社會問題。社會的進步與經濟的繁榮，雖然會帶給人類富裕與幸福，但也會帶來社會的紊亂與不安；由於社會功利主義興起，人情義理日益淡薄，社會道德不斷淪喪，導致青少年犯罪案件的不斷增加與犯罪年齡的不斷下降，而且他們犯罪的伎倆與手段也越來越高明與凶悍，無不令人感到憂心。

台東民風純樸，社會秩序一向良好，國中校園向來安寧平靜，學生甚為樸實率真，但因資訊發達，社會變遷快速，近來校園裡學生違規事件亦時有所聞，應注意防止國中學生不良行為的形成，預防青少年犯罪案件的發生。本論僅就台東縣立新生國中二、三年級之在學學生（曾受到學校記過處分者）進行訪談，以便瞭解行為不當學生之違規動機、交友情形、校外生活狀況，及其學習概況，進而探討國中學

生遭受學校記過處分之緣由及其心理感受，進行歸納與原因的分析。期能針對目前國中生行為有所掌握；充實國中學生的教育內涵，達成學生偏差行為之矯正與輔導，促進學生身心正常發展，導正學生正確的價值觀，以及做為實施生活輔導之依據，建立道德教育的正確方向，培養國中生良好的生活習慣，俾使國中學生之人格能夠獲得正常的發展。

貳、教育問題與行為理論

一、人性問題與道德教育的關係

　　人的心靈到底是什麼？其本性是善是惡，抑是不善不惡，一直是古今中外教育上與哲學上所爭論的問題。梁啓超先生曾說：「我國哲學史發生最早而且爭論最激烈的就是人性問題；這個問題是一切教育、一切政治之總出發點，因為有性善性惡主張的歧異，教育方針當然不同，而一切社會組織、政治設施之根本觀念都隨之而移動。」歷年來中外學者關於人性的論說，派別甚多，眾說紛紜，莫衷一是。人性本善或是人性本惡的問題，是一個爭論的問題；孟子說「人皆可以為堯舜」，又說「惻隱之心，人皆有之；羞惡之心，人皆有之；辭讓之心，人皆有之；是非之心，人皆有之。惻隱之心，仁也；羞惡之心，義也；辭讓之心，禮也；是非之心，智也。仁、義、禮、智非由外鑠也，我固有之也，弗思耳矣」。故曰「求之得之，舍之失之」，這些本性是先天的，是良知良能。《三字經》說「人之初，性本善，性相近，習相遠」；習慣行為因人而異，其所作所為，行行色色，無所不有，孟子「性善」說，在中國為正統的一種學說，西方哲學家盧梭

也主張人性本來是純善的。他在《民約論》與《愛彌兒》二書中均極力強調自然狀態，稱道自然主義，認為人類自然的本性是「善」的，但因受到歷史的文明與社會進步的影響，終於變「惡」了。他曾說「凡自然而來的，必真，而且為善，天造之物一切皆善，一經人手，則變為惡」。

我國性惡說理論首創於荀子。《荀子·性惡篇》說「人之性惡，其善者偽也」。他認為人各有不善的本性與情欲，如果順其情性，「無師法之化，禮義之導，則必偏險忤而不合於治，君上之勢，禮義之化，法正之治，刑法之禁，均起於人性之惡，不得不然」。荀子將惡歸於天性，將善歸於人為。其性惡說，正好與孟子性善說截然互異。荀卿之流因為反對孟子性善說的主張而有性惡說的論調，性善說在先，性惡說在後。但在西方恰好相反，他們先有性惡說，而後才有性善的觀念產生。西方受宗教的影響，基督教主張人類的始祖亞當因犯罪，謫降塵俗，便墮入惡道。嗣後人類身體上及道德上，腐敗的天性與生俱來，越來越惡，他們認為人性宿惡，早從天降，深植每一教徒心田，根深柢固，無容懷疑與置辯。道德教育是國中教育的重心，也是教育成敗的關鍵，人性「善惡兼有」，培養學生「棄惡揚善」，使教育紮根落實，培育每一位學生成為現代化有品味之世界公民，乃為今日國中教育之鴻鵠。

二、影響青少年行為發展的原因

依據心理學的研究，人類行為發展有一定的階段，其心理的需求也有不同的層次，依馬斯洛（Aberham Maslow）的看法；依序有生理需求（physiological needs）、安全需求（safety needs）、愛與隸屬需求（love and belongingness needs）、尊嚴需求（esteem needs）、認知需求（needs to know and understand）、審美需求（aesthetic needs）、自我實

現需求（self-actualization）等七種需求。馬斯洛稱前四種為低層次之需求，稱為「匱乏需求」（deficiency needs），後三種的需求則稱為「成長需求」（growth needs）；「若『匱乏需求』未獲滿足，則該動機會逐漸增強，以尋求滿足之方法；若已滿足，則動機隨其滿足而降低。若『成長需求』（growth needs）獲得滿足，此項動機不會停止，會再增強尋求更大滿足，如認知需求（needs to know and understand），即對知的追求，越努力、越瞭解、越起勁、越有成就感，形成永無止境的動力」（朱先敬，1998）。

美國教育心理學家赫威斯（Havighurst）從行為發展、社會期待以及教育需要各方面著眼，倡議發展任務論（theory of developmental tasks）。按照赫氏的看法，個體行為發展的方向和程度，離不開他生存的環境。所謂行為發展是一個有機體行為的成長與發育，包括思想觀念的建立，以及外顯舉動的表現。青少年身心發展能否正常或良好，以及他在某年齡階段應該做的事與行為表現能否正常發展，與其生活環境，家庭背景、學校教育方式都有密切的關係。

由上述馬斯洛的需求（needs）看法和赫威斯的發展任務論，吾人可知青少年違規的行為，在於他的「心理需求」以及個人之「發展任務」，兩者間有甚大的關係；因此國中學生的求學態度及學習動機會隨著他的心理的需求之不同而有所差異；也因「匱乏需求」（deficiency needs）或「成長需求」（growth needs）之滿足的差異而有所增加或減少；行為的發展也隨著社會期待以及各方面的發展任務論的高低而有所不同。國中生的學習，若能有優良的教育環境與良好且適當的發展任務，一定有助於身心的成長，並能達成預期的教育目標；反之，若國中生的學習態度不佳，生存環境不適，發展任務論無法達成，將會形成國中學生心理的困惑與生活內涵的空虛，也是造成國中生違規滋事行為的緣由。

三、影響青少年再次犯罪之因素

弗洛伊德（Sigmound Freud）認為人格包括三種互動歷程，即本我（id）、自我（ego）和超我（superego），三者各有其不同目標，相互間常以衝突形式交互作用。當三者之間有衝突時，會使個體常常經驗到「進退兩難」（ambivalence），即同時處在相反方向之拉扯間，通常由「自我」控制衝突，制衡「本我」與「超我」，同時「本我」之慾求或「超我」之制裁會威脅霸占「自我」之控制；當個體的行為舉動違反了道德規範時，即形成違規行為。簡言之，說當一個個體的行為觸犯了一定的生活規範，造成一個社會或一個團體秩序的紊亂就稱為違規行為。

青少年心智尚未成熟，容易受朋友、校園的次文化、家庭因素、社會環境的影響。今日學校不妥的管教方式，以及學校日益繁重的課業壓力，都是造成青少年違規犯罪的原因，今日青少年的犯罪行為之氾濫與猖獗，造成校園的不安，頗為社會大眾詬病。青少年的重犯、累犯案件更是層出不窮，道高一尺，魔高一丈，實在是一件值得吾人深思的問題，青少年犯罪問題已不斷引起社會大眾的重視與關心。政府為了防治青少年犯罪，煞費苦心，不斷投入大量力量，雖然青少年犯罪率有下降情形，但青少年「再犯罪率」卻不斷高升，其中再次犯罪之因素，是一項頗為教育工作者與學者關注和探討的問題。對於青少年再次犯罪的原因，國內學者顧英蕙曾作過「影響青少年再次犯罪之因素」之探討，有關青少年再次犯罪的因素計有下列幾項（顧英蕙，1999）：

1.再犯罪的青少年，他的自我概念低落，對自己的看法負面。

2.在生活經驗方面，「為了朋友」和「生活無聊」是引發再次犯

罪重要原因。

3.在犯罪經驗方面，再犯青少年的犯罪心態包括「解決問題」及「僥倖」二種心態；對自己犯罪行為也越缺乏自覺，容易再犯；引發青少年再犯的犯罪情境包括「無知」、「群聚」和「吸毒」三項，但都可歸於「逃避」。

由上述的研究分析，吾人可知青少年的主要再次犯罪的原因，是在於他的「心理因素」方面造成的：包括青少年心存消極的人生觀、自我概念低落、對自己的看法負面、缺乏自主能力、自己無法控制自己的行為等等因素；在生活經驗方面，是受到朋友與同儕的影響，倘若再加上自己的生活空洞、無聊、缺乏生活內容，一定會使他自己誤入歧途，違規犯紀；再者是由於今日社會風氣的敗壞，校園中及青少年群體之次文化之「拉力」的支持，使得一些自主力薄弱的青少年受到次文化影響，不斷地走入犯罪系統中而不能自拔。總之，青少年的犯罪心態，常受「解決問題」及「僥倖」兩種心態與念頭的作祟與影響；青少年該種不負責任的犯罪心態，實在值得教育工作者省思與檢討。

四、國中生的自我控制與青少年竊盜行為分析

由於社會的變遷快速，我國青少年犯罪問題日趨惡化，青少年犯罪後，受到保護管束者甚多；以民國八十八年為例，「在18086件青少年犯罪的案件中，有17205件被裁定為保護處分，其中保護管束者占了7430件（43.2％）」（林羿坊，民89）；「犯罪青少年之家庭背景以住在住宅區、家中小孩數三個、排行老大、家庭屬低社經地位者居多，其犯罪情形以竊盜行為最多，偷的東西又以機車居多，第一次偷竊的年齡以十二歲至十五歲居多，偷竊的動機以『缺錢用，變賣以換

取金錢』、『買不起就用偷的』及『覺得刺激好玩』者居多」（曾淑萍，1999）。

國中學生正逢青少年階段，其心智尚未成熟，而且國中的課業壓力不斷增加，使得部分的國中生有「畏學」、「厭學」的心理，再者因為國中學生之生理的變化多端，個性容易急躁，自我控制能力薄弱，自主能力不足，以及家庭的種種因素，諸如父母的離異、家庭的破碎、單親家庭或隔代教養，社區文化等客觀環境的影響，同時受到物資的引誘「買不起就用偷的」的心態，使得一些意志不堅的國中生很容易誤入歧途，造成社會的不安；該種竊盜行為，正是所有從事國中學生輔導者與教育工作者應予重視的課題。

參、國中學生違規行為的檢證

一、研究對象與研究方法

在十二至十五歲之間的國中生，正逢青春期，校園違規事件最多，尤其是國二、國三的學生，是訓導人員最感到煩惱與擔憂的一群人。新生國中是台東縣學生人數最多的一所國民中學，學生素質一向是全縣最優的，又是全縣所有國中裡中輟學生最少、學生訓導工作最落實的一所學校，但學生生活上的不法行為依然存在，因為有學生就有學生問題，校園違規問題仍然是無法根絕的一種校園現象。

本研究以台東縣新生國民中學九十學年度二、三年級學生，一年當中（以八十九學年度下學期及九十學年度上學期，合計一年時間）受到校規處分達到記過以上者為研究對象，以人次計算犯規次數（可能一人犯規數種類型）。

研究者是這所學校的校長，平常就不定期地查閱學生訓導記錄、學生輔導資料，為了本項研究，曾查閱了全校八十九學年度下學期與九十學年度上學期學生之訓導資料、學生獎懲紀錄，將該研究時段內曾經被學校記過的學生名單一一摘錄出來，再予參閱各個學生的綜合輔導紀錄、學生家庭訪問紀錄、各班級導師的個別談話紀錄、輔導室學生認輔紀錄，以便瞭解行為偏差學生之家庭背景、生活環境及同儕之間互動情形，以及相關之輔導資料，加以分析研究。

　　此外為了瞭解行為偏差學生之家庭背景、生活環境及同儕之間之互動情形，研究者前後訪談了學校訓輔人員，包括訓導主任、訓育組長、生教組長（管理組長）、輔導主任、輔導組長、班級導師，以及認輔教師等人員，針對被研究的學生個案進行晤談，晤談的內容包括學生在校學習情形、生活表現、校外生活情形、學生輔導、訓導管理意見。對本研究之相關問題，諸如犯規內容、生活情形、交友狀況及校外生活情形等開放性問題，研究者與違規學生進行晤談，探討學生違規原因與犯規犯錯之心態，聽取學生的心聲，作為問題分析與探討之佐證。

二、紀錄資料的檢討

　　查閱「學生訓導紀錄」，經過仔細探索、分析整理，在「學生訓導紀錄」中發現全校二、三年級學生之八十九學年度下學期及九十學年度上學期（含上下兩學期）曾被記過的檔案資料，該校九十學年度上學期全校二、三年級學生共計1166人（二年級592人，三年級574人），曾受到記過以上之處分者，共計96人次（以人次計算犯規次數，可能一人犯規甚多種類，以人次及犯規種類為研究對象）；被記過者占全校二、三年級學生之8.2％（96/1166）；其中以上網路咖啡廳打電動玩具者為最多，其次為考試作弊者，再其次為逃學逃家者，

再其次則爲打架鬥毆者，其後爲抽煙者，其後則爲欺侮弱小及恐嚇取財者、偷竊者、爬牆者、染髮者、侮辱師長者、騎機車者，詳細數據如**表一**。

以上若僅以犯過的學生人數計算，不計算學生犯規次數，則全校二、三年級學生中犯規學生有76人；犯過學生占全校該年級總學生數之比率爲6.5％（76/1166）。

根據學者曾淑萍的研究，「犯罪青少年之家庭背景以住在住宅區、家中小孩數三個、排行老大、家庭屬低社經地位者居多，犯罪情形以竊盜行爲最多，偷的東西又以機車居多，偷竊的動機在於缺錢用，將偷來的機車變賣換取金錢；第一次偷竊的年齡以十二歲至十五歲之間者居多；青少年犯罪的理由是：『買不起就用偷的』及『覺得刺激好玩』者居多」（曾淑萍，1999）。

本校的各項資料的統計結果也與曾氏的研究結果相呼應，這些違

表一　學生違規行為一覽表

違規原因	人次	百分比	備註欄
上網路咖啡廳打電動玩具者	26	27.1％	
考試作弊者	15	15.6％	
逃學逃家者	10	9.4％	
打架鬥毆者	9	9.4％	
抽煙者	8	8.3％	
欺侮弱小及恐嚇取財者	6	6.3％	
偷竊者	6	6.3％	
爬牆者	6	6.3％	
染髮者	5	5.2％	
侮辱師長者	4	4.2％	
騎機車者	1	1％	
合計	96	100％	

規學生的家長社經地位也並不很高（公教家庭只有四人，其餘為雜工、商或無職），家庭子女數也稍微偏多（兄弟姊妹人數三人者有三十九人，兄弟姊妹人數在四人以上者有七人），與上述青少年犯罪的心態都很相似。問這些違規的學生為什麼要犯規，他們的回答的理由也都很相似，如「在家裡很無聊、好奇心、跟同學去玩、很刺激、很好玩」。國中生生理的變化多端，個性容易急躁，自我控制能力薄弱，自主能力不足，以及家庭的種種因素，諸如父母的離異、家庭的破碎、單親家庭或隔代教養，社區文化等的影響，同時受到物質的引誘「買不起就用偷的」的心態使得一些意志不堅的國中生不能專心讀書，而觸犯校規，受到學校的記過處分。

三、違規理由的剖析

由蒐集的資料加以分析，吾人可知，違規的九十六人次中，以上網路咖啡廳打電動玩具者為最多，其次為考試作弊者，其後為逃學逃家者，再其次則為打架鬥毆者；其餘為抽煙者、欺侮弱小及恐嚇取財者、偷竊者、爬牆者、染髮者、侮辱師長者、騎機車者等共有十一種類型。查閱犯規學生之生活輔導資料與學生之訓導紀錄等相關文件後，再依犯規類型加以抽樣個別晤談，每一犯規類型訪談一至二人，再依犯規類型以小組座談方式，分類進行座談，經過訪談與座談之後，發現犯規學生對於他們的犯規行為，都說了一大堆的理由；茲將違規學生的心聲與共同的理由剖析如後：

1. 上網路咖啡廳打電動玩具者：(1)晚上或假日在家裡很無聊。(2)好奇心，跟同學去玩。(3)很刺激，很好玩。(4)被家人罵，心情不好就和朋友去網咖。

2. 考試作弊者：(1)不會作答。(2)怕考試成績不好。(3)以為老師沒

注意到。(4)同學要讓我看答案。

3.逃學逃家者：(1)家裡沒人在家。(2)讀書沒興趣。作業沒作不敢去學校。(3)和同學去玩，住在同學家裡。(4)和同學去網路咖啡店打電動玩具。

4.打架鬥毆者：(1)對方說我的壞話。(2)對方欺侮我的弟妹。(3)對方破壞我的東西（車子）。(4)欠錢（物）未還。

5.抽煙者：(1)同學叫我抽的。(2)好奇心。(3)無聊想要嘗試一下。(4)到網路咖啡廳打電動玩具時，跟朋友開始學抽煙。

6.欺侮弱小及恐嚇取財者：(1)缺錢，要錢買東西（煙）。(2)朋友叫我要他還錢。(3)他自己答應要把錢借給我的。(4)他很有錢，但很小氣，要教訓他一頓。

7.偷竊者：(1)我很想要這個東西。(2)想拿去賣（偷腳踏車者）。(3)偷來的車子拆開改裝變成自己的。(4)朋友叫我偷的，偷來一起用。

8.染髮者：(1)好奇，好玩。(2)暑假去打工學朋友染髮的。(3)我哥哥教我染的。(4)好看，炫，比較帥。

9.爬牆者：(1)遲到。(2)下課到校外買飲料。(3)翹課怕老師看到，就爬牆出去。(4)爬到牆外去抽煙。

10.侮辱師長者：(1)老師在同學面前要打我。(2)沒給我面子。(3)我恨老師，處分學生太過份。(4)老師偏心不公平。

11.騎機車者：(1)好玩。(2)拉風。(3)看到人家騎，自己想嘗試。(4)載朋友去玩。

上述觸犯校規而被校方記過的學生，對自己的過錯講了一些理由，有一些理由乍聽之下，還覺得有「道理」，但大部分的理由都是學生的一種「辯白」或「理由化」而已，這些過失的產生，均有其犯規誘因及不良的環境背景所使然。

肆、違規情形與原因的討論

一、國中生違規情形

　　若將國中學生違規犯規情形分成「不愛讀書、暴力傾向、考試作弊、行為懶散」四類，不愛讀書類（上網路咖啡廳打電動玩具者二十七人，逃學逃家者十人）占研究樣本人數的38.5％；暴力傾向類（打架鬥毆者九人，欺侮弱小及恐嚇取財者六人，偷竊者六人，該項違規幾乎將觸犯法律）占研究樣本人數的26％；考試作弊者（功課不好或者想要考得更好成績）有十五人，占研究樣本人數的15.5％；行為懶散類（抽煙者八人，染髮者五人，爬牆者六人，侮辱師長者四人，騎機車者一人）約占20％。上述四類違規行為，不愛讀書者較多，幾乎占了學校記過處分學生的四成。吾人可以體會到，今日國中生的求學態度，對功課的厭倦之一斑，學生不能專心求學時，必定找自己的「出路」，自然而然地去找自己的「天地」，因此到網路咖啡廳去打發時間；若學生對學校生活感到厭倦，對課業乏味時，將造成逃學逃家的原因，逃學逃家之後，只好到網路咖啡廳打電動玩具；暴力傾向者，是因為這些青少年學習毅力不足，血氣方剛，體力旺盛，因此結黨成群打架鬥毆，應該是暴力傾向者這一類的常事，這一類的學生，學校實在應多予費心，並且需要特別地予以輔導，改善學生的學習環境，導正他的不良行為，才能使這群學生身心獲得正常的發展，將來成為社會有用的人才。至於考試作弊者與行為懶散者，這一類占了35％，比率很高，這類的學生並不是「罪大惡極」，也不是訓導人最感到棘手的問題，但學生考試作弊、行為懶散者，亦是一種違規行為，

學校若能適時加以適當輔導，使學生有良好的讀書環境，使他的行為正常發展，相信不難使這一批學生導入正軌。

二、國中生行為違規行為之原因

（一）金錢來源太容易是形成行為違規的誘因

學生過失的產生，都有其犯規的背景及誘因，從本研究的訪談中，瞭解了一些學生犯規的背景及其犯規的徵兆；今日社會環境複雜與紊亂，造成國中學生的心神浮動，影響青少年身心的發展甚鉅，再者台灣地區網路咖啡廳林立，亦為造成青少年行為違規犯紀的誘因，也是青少年滋事犯罪的場所，依據本校訓導處的記錄及相關青少年問題的研究資料顯示，國中學生上網路咖啡廳打電動玩具者日漸增加。本研究中國中學生違規行為，被學校記過處分者達27.1％的學生是上網路咖啡廳打電動玩具者，這些學生之所以有錢去網路咖啡廳打電動玩具，是因為他們金錢的來源太容易，而且金錢太充裕，一有錢就去網路咖啡廳打電動玩具。至於逃學逃家者，問他們逃學時去那裡，他們回答的答案都相同──「去同學家住，或到網路咖啡廳打電動玩具」，它的誘因也是「網路咖啡廳」，當然這些學生仍然是有錢可花，所以逃學逃家者去網路咖啡廳打電動坑具，「金錢太充裕」也是誘因之一。由上述的分析吾人可知，金錢來源太容易是形成行為違規的一種誘因。

（二）不良校園風氣及同儕的影響

打架鬥毆者、欺侮弱小及恐嚇取財者、染髮者、偷竊者這幾類的學生，大多數功課不好，生活習慣隨便懶散，喜歡鬥毆滋事，上課的時候不甚專心、吵鬧喧嚷，生活無聊，在校外時常和行為不良的學

生，或已畢業的學長混在一起，有時一些大的學生欺侮弱小的，「大哥大姊」帶著「小弟小妹」一起玩，一起從事不法的勾當；這類學生犯規的原因應是，社會不良的生活環境使然，再者應該是青少年的不良次級文化的慫恿與誘導才是。

（三）國中學生本身意志的不堅定，自主能力的不足

國中學生的特性，就是容易衝動，心志不穩，時常因為社會不當的誘惑而違規犯紀，或許因為功課的壓力，一時無法克服，便去尋求解脫或迴避，諸如在本研究之資料蒐集中，一些行為違規者所說的一些話──「晚上或假日在家裡很無聊、好奇心，跟同學去玩」、「家裡沒人在家、讀書沒興趣、作業沒作不敢去學校就和同學去玩、和同學去到網路咖啡店打電動玩具」。抽煙的學生他的理由是「同學叫我抽的、好奇心、無聊想要嘗試一下、到網路咖啡廳打電動玩具時，跟朋友開始學抽煙的」；由上面這些學生的回話，我們可以肯定地說，今日校園中，國中學生違規犯紀事件的原因，與青少年的心智尚未成熟、思想偏激有關，因為意志不堅，很容易誤入歧途，而不能自拔，因此導致國中學生的行為偏差或違規情形，它的原因亦可歸咎於學生本身意志的不堅定，自主能力的不足之故。

三、國中學生違規行為與家庭背景之分析

經訪問犯規的學生及查閱學生基本資料，發現該七十六名行為偏差學生中之家庭的情況，有一些學生他們的家庭環境較為特殊，父母不在學生身旁者甚多，家長的職業以勞工或雜工者為多，家長社經地位均稍偏低，公教家庭只有四人（公務員三人，教師一人），茲將國中學生違規行為與家庭背景分析如下：

（一）違規行為學生之家庭概況

本項研究發現這些有違規行為之學生，其家庭正常的有五十二人，有二十四人他們的家庭較為特殊：「父母離婚者有八位，父母分居者二人，父親死亡者二人；居住情形：和祖母同住者有十一人，住在親友家者一人」。

（二）違規行為學生父母職業之概況與家庭收入情形

父親的職業（學生七十六人中，已有二人之父已歿）：「商業十五人，工人十八人，服務業（雜工）二十人，無職業十二人，公務員三人，教師一人，農夫三人，司機二人」；母親（七十六人）的職業是「商業二十一人，服務業（雜工）二十五人，無職業（家庭主婦）二十五人，公務員三人，農夫二人」。家庭經濟狀況每月家庭的收入經調查得知：「在二萬元以下十五人，二萬至三萬元者二十七人，在四萬至五萬元者十五人，五萬元以上者五人，不知道者十四人」。

（三）違規行為學生的兄弟姊妹人數

在本研究的樣本七十六個違規行為之國中學生中，他們的兄弟姊妹人數情形如下：「獨生子（女）有七人，兄弟姊妹人數二人者有二十三人，兄弟姊妹人數三人者有三十九人，兄弟姊妹人數在四人以上者有七人」。

由上面所列之資料，得知七十六名行為偏差學生的問卷調查，有關父母的職業內容、工作性質並不很好，社經地位不高，家長的收入亦偏低，至於兄弟姊妹之人數，其中「兄弟姊妹三人者有三十九人，兄弟姊妹人數在四人以上者有七人」，這些數字顯示這些違規學生的兄弟姊妹數較多。綜觀上述「違規行為學生之家庭概況」、「違規行

爲學生父母職業之概況與家庭收入情形」、「違規行爲學生的兄弟姊妹人數」，吾人可知被研究者之家庭環境可能不是很好，父母親的社經地位可能不高，而且家庭中的子女數也不少，這些家庭的因素都會影響青少年的行爲發展，也會造成青少年的違規行爲的發生。

伍、結論與建議

一、結論

（一）學生違規行爲是青少年發展中的必然現象

　　新生國民中學是台東的一所明星國中，學生素質普遍優良，家長的社經地位在台東來說，也是比較高的，本項研究獲得的數據，一年當中該校二、三年級，仍然有6.5％的學生，因爲違規行爲被校方記過處分，這些被記過的學生大部分者都是家庭背景較差或學習的環境較爲不利者，但仍然有一些學生的家庭正常，而且父母的社經地位、職業工作、家庭收入都不錯，但這些學生仍然違規被學校記過處分，由此可見，國中學生違規記過行爲是免不了的現象。

　　國中學生來自不同的家庭與社區，家庭背景與生長環境互異，以及學生與學生之間的校外生活頗爲複雜，學生學習動機與學習成就亦都不相同，而且他們又有課業的壓力，一些對讀書不感興趣的學生，在課堂上一定感到乏味，甚至於厭倦，若家庭缺乏功能，父母對其子女疏於管教，學生本身之毅力不足，又受到不良誘因的引誘，一定會造成一些國中學生違規行爲的產生。「有學生就有學生問題」，必然「有學生一定有違規的行爲」，所以吾人可以肯定，學生違規行爲是青

少年發展中的必然現象。

（二）家庭功能良窳影響國中學生道德教育的推行與學生行為的發展

　　本研究的樣本中，其家庭功能正常，父母能和他的子女一起生活者有五十二人，有二十四人他們的家庭較爲特殊，父母無法與自己的子女過著正常的家庭生活：「父母離婚者有八位，父母分居者二人，父親死亡者二人，與祖母同住者（隔代教養者）有十一人，住在親友家者一人」，尤其隔代教養者及住在親友家者達十二人之多，這些家庭破碎或隔代教養者，它的家庭教育功能多多少少一定會受到影響，家庭功能不彰，一定會影響青少年的發展，國中學生正在發育，思想行爲正處於一種不穩定的時期，很容易受到不良環境的影響，社會是一個大染缸，近朱者赤，近墨者黑，它是必然的現象；家庭功能的式微，是現代國中學生成長的一種隱憂，也是國中推動道德教育的一大困境，國中學生來自不同的家庭與社區，若每一位學生都有美滿的家庭，「父慈子孝兄友弟恭」，學生在學校的生活，那裡會有「違規犯紀」的道理呢？因此吾人可以肯定地說家庭功能的良窳，一定會影響國中學生道德教育的推行，也關係著國中學生在校行爲的發展之成敗。

（三）學生之行爲發展，在學校期間受到同儕的影響最大

　　學生行爲的發展受到家庭教育、學校教育、社會教育三方面的相互影響，學校的教育有一定的教育計畫、施教的方式與內涵，學生從早上上學到下午放學約十個小時的時間與同學相聚在一起，過著學校的生活，學生同儕之間有許多的模仿與相互學習，回到家裡或回到社區，仍然與社區內的青少年聚集在一起，混在一起，諸如本項「學生違規行爲的研究中」，發現學生的一些抽煙的壞習慣是「到網路咖啡

廳打電動玩具時跟朋友開始學抽煙的」，由這個小案例我們可以肯定地說，他們這些不良的行為是向同學學習來的，社會上的惡習及同儕之間行為的相互模仿都會造成國中學生校園生活的衝擊，也使學校的教育面臨著甚多的困擾，一些不良的歪風吹入校園，造成學校訓導困惑及管教上的不便，甚至形成學生行為的不良發展。國中生的「校園的文化」與「社區的文化」往往結合在一起，甚至於合而為一，學生在其學習的過程中，同儕相互模仿，青少年的次級文化誘導國中學生的生活方式，也影響國中學生身心的發展及行為發展；因此國中生在學校期間影響其行為成長最大的因素，應該是學習環境的良窳及同儕之間的相互模仿與彼此的學習。

二、建議

（一）為降低學生犯規行為，學校應加強學生輔導工作

　　國中學生面臨著課業壓力，一些功課較差或學習有困難的學生，常有厭學的行為，若學校有不當的管教方式，就會導致學生犯規行為的發生，為了降低學生犯規行為，學校應加強學生的輔導工作，對於行為偏差的學生給予適當的輔導。

（二）加強親職教育，提高家庭的教育功能

　　破碎的家庭時常造成子女的不幸，及子女的偏差行為的發生；父母親對子女管教態度的失當，或對子女管教的疏忽，均是學生行為不當的源頭，為了導正學生的不良行為，學校應加強親職教育，提高家庭的教育功能，使家庭教育與學校教育結合在一起，共同防止國中學生犯規行為的發生。

（三）淨化社區，使學生有一個良好的求學環境

學生來自社區，社區環境影響學生行為的發展，為促進國中學生身心正常發展，提升道德教育功能，網路咖啡店及電動玩具店應遠離學校，淨化社區，使學生有一個良好的求學環境。

（四）改善國中教育方式，充實國中教育內涵

國中的學生是全民的、是義務的、是未經選擇的、是不可淘汰的，國中教育是一種零拒絕的教育方式。當今社會變遷快速，學生違規誘因日趨複雜，學生課業繁重，家庭結構時有變異，造成國中學生生活教育的諸多問題與不便，為了克服國中教育的困境，減少國中學生在校生活的困擾及犯規行為的發生，學校應改善國中教育方式，使國中生的學習不會產生厭倦，充實國中教育內涵，使國中學生對上課能感到興趣，快樂學習，也快樂成長，自然校園的違規犯紀行為一定會消聲匿跡，甚至降低到最少的層次。

參考文獻

王文科（1995）。教育研究法。台北：五南圖書公司。

朱敬先（1998）。教育心理學。台北：五南圖書公司。

沈翠蓮（2001）。教學原理與設計。台北：五南圖書公司。

吳幸宜（1999）。學習理論與教學應用。台北：心理出版社。

林羿坊（2000）。少年保護管束之探討。國立中正大學碩士論文。

高強華（1988）。社會變遷與教育革新。台北：師大書苑公司。

夏林清（2000）。行動研究方法導論。台北：遠流出版社。

黃光雄（1993）。教學原理。台北：師大書苑公司。

黃俊勳（2000）。國中生與犯罪少年社會支持與刺激忍受力之相關研究。國立彰化師範大學碩士論文。

黃瑞琴（1999）。質的教育研究方法。台北：心理出版社。

張春興（1981）。教育心理學。台北：東華書局。

曾淑萍（1999）。自我控制與青少年竊盜行為：一般性犯罪理論之驗證。國立中正大學碩士論文。

顧英蕙（1999）。影響青少年再次犯罪之因素初探。東海大學碩士論文。

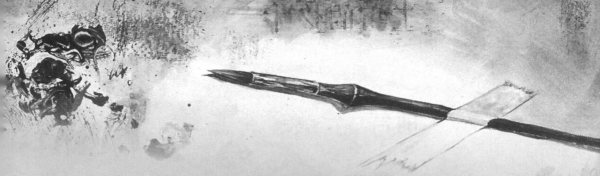

國小學童打球原因與模式的探討
——以馬蘭國小躲避球遊戲為例

林俊賢

臺東縣馬蘭國小教師

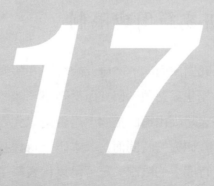

17

壹、前言

一、研究動機與目的

在國小的校園中，體育課、下課時間甚至課餘時間經常可以見到學生在校園中打躲避球，這是大家經驗中的畫面，甚至定義為理所當然的事，是少見多怪、不足為奇的事，好似學校教授的體育課程學生只會這一項或是老師只教這一樣體育課程。躲避球更是學生心目中體育課的代名詞（陳張榮，1996）。學者范春源先生於《體育學報》十八輯發表〈躲避球傳入臺灣國民小學的歷史考源〉一文，引起學界廣泛討論，對於躲避球問題的意識，教育學術研究者才漸漸有人予以探究，但是以比賽制度、課程教法研究居多，少有質化研究去瞭解學生喜歡打躲避球的原因，以及他們是怎麼玩的，以上種種是本研究的動機。所以本研究的目的是要瞭解國小學生喜歡打躲避球的原因，同時瞭解國小學生打躲避球的模式，以及探討國小學生喜歡打躲避球的原因與模式是什麼。

二、研究範圍與限制

就研究對象而言，本研究的場域、報導人與被觀察者係以臺東縣馬蘭國小學生為對象，研究所得結果，無法適用於其他國小學生，訪談的報導人是經由導師推薦，是否足以代表群體，在研究資料來源有其限制。就研究的時間而言，本研究時程甚短，所觀察到的與訪談所得資料因時間上的限制，是否足以代表學生喜歡打躲避球的原因與模

式，有其研究限制。不過研究結果可供學校、教師作爲教學與行政考量之參考。

貳、文獻探討

一、躲避球傳入臺灣國民小學的歷史考源

　　躲避球運動不是源自於中國，而是外來的運動項日，它是如何傳入臺灣的呢？根據學者范春源（1994）考據躲避球運動傳入臺灣國民小學之歷史指出：日據時代躲避球運動的傳入是1913年伴隨著「體操教授要目」的公布而普遍施行於臺灣。傳入之初，作爲國小體育課的教材，而其遊戲規則簡單，場地、用球均是就地取材，以克難的方式進行教學。1917年臺灣總督府明令公布「公學校體操教授要目」，要求各級學校的體操課依據此一要目來授課，要目中亦編訂躲避球教材，不僅各級學校如此，師範學校中也教授躲避球，所有師範生必須學習此一運動，所以在各級學校師生共同從事躲避球運動之下，奠定躲避球在臺灣盛行的基礎。1924年日本政府將「死球」改成「避球」或是「投避球」，當時在臺灣概以「避球」稱之。1926年日本政府修訂公布「體操教授要目」，在國小體育課程中大幅增加球類項目，但是躲避球並非爲主要活動，而是搭配體操運動來實施（范春源，1994）。在日據當時躲避球的規則，根據范春源（1994）指出，當時的用球是足球一個，紅白帽數頂，將學生分爲紅白二組，以猜拳決定攻守，攻擊的一組在圓外以球攻擊圓內的學童，圓內的學童若被球擊中視爲戰死，必須離開到圓外去，待所有人戰死之後，才攻守交換，最後以時間的長短來決定勝負，但亦可在限制時間內，以圓內學童人

數決定勝負。當時躲避球在臺灣國民小學實施方式，中年級以圓形躲避球場為原則，高年級則以方形為主（范春源，1994），如**圖一**及**圖二**。

臺灣在光復後躲避球正式列入體育課程是在民國51年公布的「國民學校課程標準」，民國64年「國民小學課程標準」將躲避球列為體育科球類運動五項必授教材之一，85學年度實施的「國民小學體育課程標準」中，躲避球仍被列為球類運動教學項目（教育部，1997）。九年一貫課程雖無硬性規定課程內容，躲避球運動仍可被教師所選授。

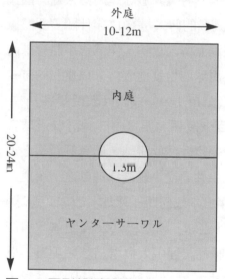

圖一　圓形躲避球場

資料來源：體育研究所，《學校體育解說》，日本東京：日本體育聯盟出版，昭和2年2月，270頁（引自范春源，1994）

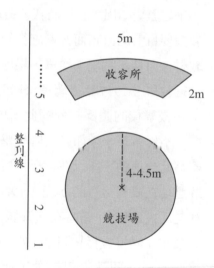

圖二　方形躲避球場

資料來源：體育研究所，《學校體育解說》，日本東京：日本體育聯盟出版，昭和2年2月，273頁（引自范春源，1994）

二、國小學生喜歡打躲避球的原因

　　蔡禎雄（1994）研究探討國小學生喜歡打躲避球的原因，認為躲避球被喜歡的原因有：(1)躲避球的基本動作有跑、跳、擲、傳、接、閃、躲、蹲、臥等，是提高學童基本運動能力和培養隨機應變的能力。(2)方法簡單，動作易學，活動過程緊湊，變化多端而無冷場。(3)遊戲設備簡單，所有兒童同時參與活動，經濟實惠。另外也有相近的研究指出（謝政權，1997），國小學生喜愛躲避球運動主要的原因是：(1)活動依比賽規則進行，合乎公平原則。(2)運動結束可裁判輸贏，具有競爭性。(3)每個人都可為自己的一方努力，爭取勝利。(4)為了使自己得勝，每位球員都必須熱烈參與，隨時提供有效的點子，充分合作，克敵制勝。(5)裁判依比賽規則執法，比賽進行順利。(6)雙方攻守之間，要有策略性應用，所以運動過程非常有戲劇性。(7)躲避球比賽不需要很高的技巧，人人只要加入運動，都能從中得到樂趣。(8)場地器材取得很容易，不需特別場地設備，實施容易。此外也有內在因素研究（陳百川，1990）認為，除外場球員主動攻擊外，內場球員亦應主動攻擊、截球（攔截對方傳球）、擋球（擋接對方擲擊已落地之球）、強接球（強接對方擲擊之球）、走位誘敵（造成對方擲擊失誤或製造我隊擋球機會），這些幾乎全是主動、積極之行動意圖而無消極退縮的意念，因而可說是藉此運動來培養兒童積極進取、敢於冒險的人生觀。Murray（1983）更是將一般參與運動的動機分為十二類心理性動機：(1)建構：組織與建築的需求。(2)成就：克服困難的需求。(3)展示：自我表現。(4)防衛：為自己辯解。(5)支配：控制別人。(6)自主：爭取獨立自主。(7)攻擊：傷害別人。(8)親和：形成友誼或同盟。(9)愛育：幫助他人。(10)遊戲：娛樂自己。(11)認知：滿足好奇。(12)闡釋：指出重點和示範（引自盧俊宏，1994）。

綜合而言，「公平公正、全面參與、競爭激烈、團隊合作、容易實施、冒險精神」是躲避球運動至今仍為課程專家學者、教師、學生所喜愛的主要因素。

三、躲避球的爭議與問題

然而躲避球是以人的身體為攻擊對象，自然藏有許多危機與爭議，例如臺北市曾發生學童遭躲避球擊傷眼睛事件，《北市議會公報》（1995）中記載：北市議員陳學聖等人質詢指出，「因打躲避球而頭部、眼睛、腹部受傷的學童非常多，躲避球是『不健康』的運動」；另一位議員李慶安則說：「躲避球的目的在打人和被打，女生大都怕死了，會有什麼教育意義呢？可能是日本人留下來讓臺灣人打臺灣人的運動，不然就要像躲防空警報一樣消極地應對」；秦慧珠議員等人甚至認為：「在躲避球運動的過程中，有強欺弱的表現，常是男生打女生，表現了男性沙文主義，應該廢除躲避球這種以人為攻擊對象的運動」（引自滕德政，2000）。另外畢恆達（1996）從衝突角度解析球場上的風貌指出：「躲避球雖然是適合多數人參與的運動，但比賽中為求得勝利，常訓練幾位強壯及技巧較佳的選手分占重要的攻擊位置，其他人只作躲避訓練，甚至一些較文弱者及女生在球場只有『逃難』或作『壁上觀』的份。」他在另項專案研究「建立安全與無性別偏見之校園空間指標」中又提到，「對許多女生而言，躲避球並不是一項有趣或好玩的運動，甚至可能是一個痛苦、不愉快的經驗。較不會砸球的人不但無法獲得運動的機會，還可能會遭到排擠或嘲諷，不幸的是這些人往往以女生居多。不喜歡玩躲避球的女生連帶也不喜歡上體育課，開始討厭運動，因為她們會認為運動就是一件如此無趣甚至令人厭惡的事」（引自滕德政，2000）。蔡禎雄（1994）分析躲避球的缺點：(1)安全性考量：躲避球以球擲對方身體為目標，比賽時莫不

以最強、最快、最近距離擊中對方頭部、眼睛、胸部，或是相互推擠，故跌倒或受傷事件時有所聞。(2)有違人道精神：以攻擊人為目標，將成就建立在別人痛苦上。(3)對兒童人格發展有負面影響：兒童崇拜偶像心理，受崇拜者以攻擊別人為榮，崇拜者以英雄行為模仿榜樣，有人格發展上不良的示範作用。(4)淪為少數兒童的專利，無法全面發展運動能力。(5)忽略其他體育教材的學習。(6)規則限制多、裁判執法不易，兒童學習興趣減低。盧俊宏（1994）更是對所有運動產生的攻擊行為分析，認為攻擊的型態分為三種：(1)敵意攻擊：憤怒地故意傷害對方，目標是傷害。(2)工具攻擊：沒有憤怒，故意傷害對方，目標是獲勝。(3)護權行為：不同的努力與力氣付出，無意傷害對方，是合法的力量。

四、以躲避球運動所需能力來看兒童的動作發展

躲避球的基本動作有跑、跳、擲、傳、接、閃、躲、蹲、臥等（蔡禎雄，1994）。嬰兒學會走路之後，行走這項基本動作表現，便成為全身運動的基礎，在幼兒期間，跑、跳、上下樓梯、雙腳跳、單腳跳、立定跳遠、跳遠、跳高、走平衡板、擲球、接球等運動技能相繼出現，五、六歲的幼兒已能將這些運動技能融合於遊戲活動中，影響動作技能的學習因素有（蘇建文等，1992）：(1)體型與體能：中胚型體型具有強壯肌肉與骨骼，力量較大，外胚型體型具有較佳的平衡與彈性，較能促進某些運動技能的表現。(2)智力：動作技能發展與智力發展息息相關，學齡前兒童智力越高，學習動作技能越快、越好。(3)性別：男孩與女孩對於動作技能的選擇與成就各有所不同，主要是男女社會化歷程不同，女生常被禁止從事劇烈運動，男生則較為自由。(4)動機：動機是產生興趣、驅策個體努力學習的原動力。一般而言，學齡兒童身體發展，自低年級起都會達到以下的程度：(1)能自由支配

自己的身體，在跑、跳、投擲等各方面，都能維持身體平衡。(2)在運動方面，學校設置的體操、球類、舞蹈、游泳等項目，都能學習。(3)在動作技巧方面，都能達到手眼協調和從事相當精細的活動。對兒童而言，動作與技能活動本身，就是他的目的，兒童從活動本身獲得滿足（張春興，1999）。江良規（1990）指出，運動能力的發展（Motor Ability）主要是：(1)由一般而專門；(2)運動能力的發展並不規律；(3)運動能力是多方面的；(4)學習和成熟是發展運動能力的雙重因素；(5)運動能力的發展可以影響情緒和社會行為；(6)成人休閒活動的技巧和興趣多半在童年期養成。在有關躲避球所需動作技能方面，李村棋、卓俊伶（1998）研究指出，上臂投擲的發展順序為從雙手投擲到單手投擲，從腰部以下的低手投擲動作發展到上臂單手過肩投擲動作。動作技能的學習分為二階段，即是基本動作階段（國小階段）與動作技能熟練階段（國小以後階段），所以小學的體育課內容應是教導各種基本動作。另外，動作表現受環境、工作、有機體影響，動作者動作表現型式如何從就有層次轉換到穩定且新的動作表現型式。所以，球的重量並不會改變投擲型式，球的直徑增加，投擲動作會由單手改為雙手，動作層次也由高層次轉變為低層次，手掌寬度也會影響投擲動作層次（李村棋、卓俊伶 1998）。而且，接球的動作層次受球體大小影響，球體大小適中難度最小，球體較大者難度次之，球體較小者難度最高（楊梓楣、卓俊伶，1998）。

參、研究的方法

一、報導人與場域描述

　　本研究的場域爲馬蘭國小，是一所臺東市區中心小學，全校共有三十六班，一千多位學生，校地面積不大，學生活動空間大致分爲：教室、一個前院花圃、一座兩百公尺運動場，運動場中劃有一個方形躲避球場、二個排球場、一個露天羽球場。訪談的報導人爲喜歡打躲避球的學生，分別是六年級九位學生（七男二女）、三年級十二位學生（九男三女）、二年級十二位學生（十男二女）。觀察的對象爲全校學生於下課時間打躲避球的模式行爲與班級上躲避球課情形。

二、研究設計與程序

　　本研究以躲避球運動爲研究主軸，輔以兒童動作發展的角度，並透過報導人事後回溯的方式來瞭解第一次打球的時間點，資料蒐集的方式採用文獻分析、觀察法、集體方式半結構訪談，來瞭解躲避球運動的歷史淵源、兒童在躲避球運動的動作發展研究、學生喜歡打躲避球的原因、學生打躲避球的模式、觀察學生在躲避球運動的動作技能、學生第一次打躲避球的時間點。所以本研究的流程圖如圖三。

三、資料蒐集與分析

　　本研究資料蒐集的方式分爲集體方式半結構訪談與觀察下課時間

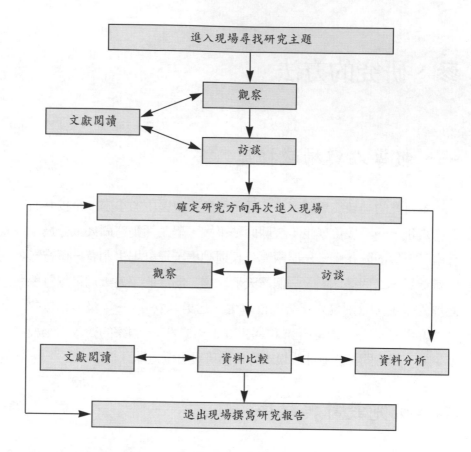

```
                  ┌─────────────────────┐
                  │   進入現場尋找研究主題   │
                  └─────────────────────┘
                           │
                           ▼
                       ┌───────┐
              ┌────────│  觀察  │
    ┌─────────┐◄──────└───────┘
    │  文獻閱讀 │                │
    └─────────┘◄──────┌───────┐
                      │  訪談  │
                      └───────┘
                           │
                           ▼
              ┌─────────────────────────┐
    ┌─────────│   確定研究方向再次進入現場   │─────────┐
    │         └─────────────────────────┘         │
    │              │                              │
    │     ┌───────┐   ┌───────┐                   │
    │     │  觀察  │◄─►│  訪談  │                   │
    │     └───────┘   └───────┘                   │
    │              │                              │
    │  ┌─────────┐ ┌───────┐ ┌───────┐            │
    │  │  文獻閱讀 │◄►│ 資料比較 │◄►│ 資料分析 │◄──────────┘
    │  └─────────┘ └───────┘ └───────┘
    │              │
    │  ┌─────────────────────────┐
    └──│   退出現場撰寫研究報告       │
       └─────────────────────────┘
```

圖三　研究流程圖

小朋友打躲避球以及班級上躲避球課情形。集體方式半結構訪談，先與六年級老師說明研究目的及希望配合的地方，要求四班（甲、乙、丙、丁）老師找出三位熱衷於打躲避球的小朋友，不管男生女生都好，不一定要很會打躲避球的小朋友，以動機取向選擇報導人，於91年10月17日早自習時間進行訪談，但是六年丙班三位學生因故缺席，所以共有九位小朋友進行訪談，訪談期間以錄音方式蒐集資料，訪談完畢，分析資料藉以斷定六年級小朋友最早大約在三年級接觸躲

避球。於是隔天與三年級四班（甲、乙、丙、丁）老師洽談，和六年級模式一樣，於91年10月18日中午午休時間進行訪談，訪談期間以錄音方式蒐集資料，訪談完畢，分析資料藉以斷定三年級小朋友最早大約在二年級接觸躲避球。於是隔天與二年級四班（甲、乙、丙、丁）老師洽談，和六年級模式一樣，於91年10月19日早自習時間進行訪談。有關訪談結構性問題大致上分為：(1)喜歡打躲避球的原因；(2)打球的時間與模式；(3)射擊瞄準的部位；(4)球具；(5)最早打球的時間點。觀察下課時間小朋友打躲避球的部分，研究者採用完全觀察者身分記錄打球學生模式、性別、人數、年級（若是研究者分不清年級，會加以詢問），觀察時間為91年10月17、18、19、22日下課時間與每日早上第三節、下午第三節班級上躲避球而且研究者無課的時候，資料分析部分將文獻分析與訪談、觀察的資料採用歸納方式與溯源方式進行資料分析。

肆、結果與討論

一、訪談

老師為了鬆弛學生緊張的神經，首先和學生聊一聊班級狀況和學生自己的情形，再說明訪談的目的只是為了蒐集一些資料，強調不會影響學生成績、課業，希望學生能盡情發表看法。

當老師問到：為什麼喜歡打躲避球？六年級學生的回答出現：攻擊需求（很有快感、能夠出氣）、遊戲需求（非常好玩、放鬆心情、刺激）、展示需求（被球打到的痛感很舒服）。老師針對不明白的地方問道：

老師：爲什麼被球打到的痛感很舒服？

學生回答：就是很爽，不會痛（一臉很得意的樣子）。

三年級學生的回答出現：攻擊需求（爽，射到別人很舒服、能夠報仇）、遊戲需求（刺激、非常好玩）、展示需求（打到人可以進去的感覺）。老師追問：

老師：爲什麼射到別人很舒服？

學生回答：之前被他射到很痛……

二年級學生的回答出現：遊戲需求（非常好玩）、建構需求（身體健康）。

老師：這麼厲害，知道對身體健康有幫助？

學生回答：……（學生表現害羞的樣子）

當老師問到：通常在什麼時候打球？六年級學生回答：下課十分鐘、放學回家、體育課。老師又問：那你們最喜歡在什麼時候打球？這時候大家搶著說，老師個別問：

老師：爲什麼喜歡下課十分鐘？

學生（絕大部分學生）：因爲時間短較刺激，人數比較多一起
　　　　玩，先建場地很刺激。

老師接著問：爲什麼建場地很刺激？

學生：大家都比誰快，先建到場地有決定權要和誰打。

老師問：有沒有爲了建場地爭吵情形？

學生：有，還會打架。（學生還描述爭吵的情形，同時形容對方
　　　　行爲很賤……）

老師：爲什麼喜歡放學回家？

學生（一位學生）：因爲時間較長，可以和不同的人打球（大

人、國中學學生、中年級學生）。

老師好奇接著問：爲什麼不和低年級打球？

學生（一位學生）：太小了，他們也不會和我們打，被打到還會
　　　哭，不喜歡和他們打。

老師：爲什麼喜歡體育課？

學生（二位學生）：因爲人數較多，場地較大，有裁判較公平，
　　　可以和別班最強的打。

老師問喜歡體育課打球的二位學生：你們都打新制還是舊制？

學生：（……）（學生的描述已經把新舊制混和，不純粹是舊制
　　　或是新制，還彼此辯論誰的說法對）

三年級學生回答在下課十分鐘、放學回家、體育課打躲避球。

學生：放學回家，常在學校、公園打球，而且自己帶球（躲避
　　　球），太小的球不好接，太大的球力量不夠，丟不出去。
　　　體育課老師有教我們打，一年級時也有教（一位學生），
　　　二年級也有教（三位學生），幼稚園中班（一位學生）時
　　　也有。

老師：能不能講一下幼稚園中班怎麼打？

學生：學校有球，拿來丟，而且在家裏哥哥有教，看人家玩，自
　　　己拿石頭練習丟狗，拿網球丟。

老師：能不能講一下一年級的時候怎麼打？

學生：下課時間不敢打，沒有場地，都被大哥哥占走，怕被球丟
　　　到怕痛，有時候用看的，有時候用踢的（躲避球），放學
　　　回家跟哥哥來學校打。

老師：能不能講一下二年級的時候怎麼打？

學生：敢跟高年級打，但是場地會被占走，有時候球也會被搶
　　　走，跟高年級打的時候我們都在外面射高年級，可以報

仇，還可以練習接更強的球。

老師：知不知道規則？

學生：（……）（學生的描述大致上知道被射到就出去，射到別人可以進來，及一些簡單規則，稱不上完全知道。）

二年級學生回答：在下課十分鐘、放學回家有打球、體育課沒有打。

學生：下課十分鐘最常打，放學回家很少來學校打，都是暑假時間才會和哥哥來學校打，一般都在家裏和哥哥打，自己有買球。體育課老師沒有教。

當老師問到：體育課打球有規則和裁判，放學回家或是下課十分鐘是怎麼玩的？六年級學生回答：

學生：一個人就打牆壁，加入別人。

老師問：二個人？

學生：

老師問：三個人？ 輪流

學生：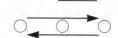 最強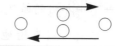

老師問：四個人？

學生：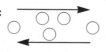

老師問：五個人？

學生：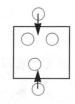

老師問：六個人？

學生：

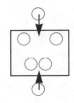　　

老師問：很多人？

學生：外圍都是很強的，一邊可能一個、二個、三個，不會超過
　　　三個。

老師接著問：為什麼一邊不會超過三個？

學生：射球機會較少，第四個都會進入中央練接球。

老師接著問：為什麼只有射向一邊？

學生：不會四個方向射，太累了，四個方向射擊只有在比賽的時
　　　候。

三年級學生回答：

老師問：一個人？

學生：打牆壁。

老師問：二個人？

學生：

老師問：三個人？

學生：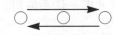

老師問：四個人？

學生：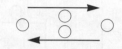

老師問：五個人？

學生：通常很多人，都是在裏面

二年級學生回答：

老師問：一個人？

學生：打牆壁。

老師問：二個人？

學生：

老師問：三個人？

學生：

老師問：四個人？

學生：

老師問：五個人？

學生：很多人都在中間（對數字較沒概念或不在意，印像中就是
很多人）。

老師：有沒有打過大場的？

學生：沒有，大哥哥很兇，會趕我們走。

老師：你們丟得到對面？

學生：（……）（只有一位丟得到）。

當老師針對射擊目標問到：通常你在外面會射誰？六年級學生回
答：

學生：女生、較弱的男生、較強的男生、最近的人。

老師接著問：為什麼會射女生、射較弱的男生？

學生：女生比較不會接球，會亂跑，比較好射，比較不會接球。

老師又問：為什麼會射較強的男生？

學生：臭屁、報仇。

老師問：報什麼仇？

學生：上次被打到……

老師問：通常會射人的哪裏？

學生：腳（多數人）、肚子（二人）、頭（一人）。

老師：為什麼？

學生：射腳不好接，射肚子犯規（抱臂），不小心射到頭，球飄掉，或是人比較高射出去就射到頭。

老師：你們射球是射強的還是射準的？

學生：看情形，弱的（女生、男生）射得較輕，強的射重一點打死他。

老師：為什麼強的射重一點打死他？

學生：很臭屁，會搶球，報仇（我被他打到也很強）。

老師：很強的人被你用強球射到有沒有怎樣？

學生：沒有怎樣，因為很強的人他很會躲、很會接，動作很快。

三年級學生回答：

老師：通常你在外面會射誰？

學生：較弱的人。

老師：會不會射女生？

學生：會，女生較弱，接不到球，把女生打出去剩下和男生拼。

老師：會射人（男生、女生）的哪裏？

學生：腳（多數人）、肚子（一人）、頭（一人）。

老師：爲什麼會射腳？

學生：不好接，容易射，別人比較不注意。

老師：爲什麼會射肚子？

學生：犯規（抱臂）。

老師：爲什麼會射頭？

學生：不小心。

二年級學生回答：

老師：通常你會射誰？

學生：較弱的。

老師：會不會射女生？

學生：女生不一起玩，她們怕被打傷。

老師：通常會射人的哪裏？

學生：手（二人）、肚子（多數人）、頭（一人）。

老師：爲什麼會射手？

學生：……（不能理解什麼意思）

老師：爲什麼會射肚子？

學生：比較多肉。

老師：爲什麼會射頭？

學生：不小心，要不然不敢打，怕腦震盪。

當老師問到：你們通常拿什麼球打躲避球？六年級學生回答：

學生：躲避球，學校的或是自己帶。

老師：有沒有拿更大的球打？

學生：有，籃球、足球，但是不好玩，不好射，射到很痛，沒有
　　　再玩。

老師：有沒有拿較小的球打？

學生：有，網球、小皮球、橡膠球，但是太小不好接，太輕了會亂飛。

三年級學生回答：

學生：躲避球，是自己帶的。

老師：有沒有拿更大的球打？

學生：沒有，太重了。

老師：有沒有拿較小的球打？

學生：有，網球，但是太小不好接。

二年級學生回答：

學生：家裏的躲避球，沒有帶來學校。

老師：有沒有拿更大的球打？

學生：沒有。

老師：有沒有拿較小的球打？

學生：沒有。

當老師問到：你們回想一下，什麼時候第一次玩躲避球？六年級學生回答：

學生：三年級，老師有教，下課的時候拿網球、小皮球亂丟或是丟牆壁，沒有場地（都是大哥哥、大姊姊）。

老師：一、二年級的時候？

學生：沒有，不知道怎麼玩、看別人玩、球太重了、怕被射到、沒有場地（都是大哥哥、大姊姊）。

三年級學生回答：

學生：一年級（一人），老師有教。幼稚園大班（一人）。二年級

（三人），老師沒教，是哥哥教我們的。

二年級學生回答：

學生：一年級（一人），老師有教。幼稚園大班（二人），學校有
　　　球，丟來丟去。二年級（多數人），老師沒教，是哥哥教
　　　我們的。

二、觀察

（一）下課時間的觀察

　　由於高年級教室位置距離操場較近，常常見到高年級學生一下課
就往操場衝，目的是為了占領全校唯一一座標準的躲避球場。六年級
學生若是占領球場，會和六年級其他班級學生使用新式躲避球的玩法
一起玩，不過規則並不是那麼嚴謹，大家充分把握住十分鐘的下課時
間，盡情射擊，男女生的比率將近5：1。一部分六年級的學生會獨
自兩人一組、三人一組、四人一組，在操場其餘的空地進行分組互射
動作。超過五人以上的小組則會在躲避球場旁的排球場以單向的方式
射擊。在空地分組進行的六年級學生由於沒有畫線的限制，常有小幅
度追逐的射擊，射擊的部位以胸、腹部居多，偶爾有受傷的情形，而
且射擊方向不定，常常誤射進出操場的學生，往往這些學生因沒有防
備而受傷。五年級學生若是第一占領躲避球場，常常受到六年級學生
的壓力，甚至肢體動作相向時有耳聞，五年級學生往往識趣地退往排
球場。當然也有五、六年級學生合在一起打躲避球的情形，但是仍然
呈現壁壘分明的局面。五年級學生也有分組的情形，分組人數和六年
級相差不多。但是五年級學生會避開與六年級學生場地的衝突，在男
女生人數比率上將近7：1。四年級學生則是以分組的情形居多，劃

表一　訪談記錄比較表

事件	六年級	三年級	二年級
訪談時間	91 年 10 月 17 日，早自習時間	91 年 10 月 18 日中午午休	91 年 10 月 19 日早自習
人數	9 位學生（七男二女）	12 位學生（九男三女）	12 位學生（十男二女）
為什麼喜歡打躲避球？	攻擊需求（很有快感、能夠出氣）、遊戲需求（非常好玩、放鬆心情、刺激）、展示需求（被球打到的痛感很舒服）	攻擊需求（爽，射到別人很舒服、能夠報仇）、遊戲需求（刺激、非常好玩）、展示需求（打到人可以進去的感覺）	遊戲需求（非常好玩）、建構需求（身體健康）
通常在什麼時候打球？	絕大部分學生喜歡下課十分鐘玩躲避球，因為時間短較刺激，人數比較多，場地爭占很刺激	放學回家，常在學校、公園，而且自己帶球	下課十分鐘最常打
放學回家或是下課十分鐘玩躲避球的模式	五人以下場地未畫線分組追逐方式，五人以上場地畫線集體固定（半場、全場）方式	五人以下場地未畫線分組追逐方式，五人以上場地未畫線集體固定方式	五人以下場地未畫線分組追逐方式，五人以上場地未畫線集體固
定方式射擊目標	女生、較弱的男生、較強的男生、最近的人	較弱的人	較弱的人
射擊部位	腳（多數人）、肚子(二人)、頭（一人）	腳（多數人）、肚子(一人)、頭（一人）	手（二人）、肚子（多數人）、頭（一人）
射擊部位的理由	射腳不好接、射肚子犯規（抱臂）、射頭不小心	射腳不好接，容易射，別人比較不注意；射肚子易犯規（抱臂）；射頭是不小心	射肚子較多肉；射頭是不小心
第一次玩躲避球的時間	絕大部分在三年級時候	絕大部分在二年級時候	絕大部分在二年級時候

線的場地幾乎都被高年級學生占據，分組的模式與高年級相差不多，場地的選擇上則會避開五、六年級學生，男女生人數比率將近10：1。三年級情形則與四年級差不多，場地選擇會與四年級融合一起，男女生人數比與四年級相似。一、二年級學生少有拿著躲避球分組投擲的情形，絕大部分是在操場中追逐遊戲，或是拿著網球、橡膠球往天空中投擲給另一些人接球。整體而言，下課時間學生玩躲避球比玩其他球類或是其他運動更多，六、五年級是其霸主。

（二）課餘時間的觀察

放學後的課餘時間，打躲避球以三、四、五年級居多，六年級學生較多打籃球，而且少有分組情形（二人一組、三人一組、四人一組），以排球場上單向射擊、人數以十人上下爲主流，六、五、四、三年級混和的方式居多。一、二年級學生會在旁邊觀看，或是在校園內追逐遊戲，也有往天空投擲網球再行接住的情形。

（三）體育課時間的觀察

由於三至六年級體育課實施體育循環教學，大致分爲田徑、球類、國術、體操、舞蹈五大項，各單項皆由負責老師授課，課程均有其進度，在球類項目運動少有天天打躲避球情形，不過實施躲避球教學時沒有因應動作技能發展而實施分項動作練習，反而是直接讓學生下場比賽，躲避球規則介紹亦無講解授課。一至二年級體育課，至少觀察期間並無實施躲避球教學。

伍、結論與建議

一、結論

　　本研究探討馬蘭國小學生喜歡打躲避球的原因與打球的模式，以訪談和觀察記錄方式蒐集資料，以歸納、回溯的方式分析資料，得到以下結論：

1. 從動機來看，馬蘭國小學生喜歡打躲避球的原因，由**表二**中可以發現二、三、六年級皆有遊戲需求。攻擊需求由三年級開始產生，二年級建構需求的出現，令研究者感到意外，很有可能是躲避球運動淵源於運動概念，運動概念與健康概念有關，所以二年級學生可能純粹只是老師、家長教導的記憶性知識，與情意目標主動追求健康無關。

2. 文獻探討指出躲避球的基本動作有跑、跳、擲、傳、接、閃、

表二　馬蘭國小學生喜歡打躲避球的原因

	馬蘭國小學生喜歡打躲避球的原因
六年級	攻擊需求——很有快感、能夠出氣 遊戲需求——非常好玩、放鬆心情、刺激 展示需求——被球打到的痛感很舒服
三年級	攻擊需求——爽（射到別人很舒服）能夠報仇 遊戲需求——刺激、非常好玩 展示需求——打到人可以進去的感覺
二年級	遊戲需求——非常好玩 建構需求——身體健康

躲、蹲、臥等，五、六歲的幼兒已能將這些運動技能融合於遊戲活動中，根據事後回溯、訪談、觀察發現，國小學生第一次打躲避球的時間點，確實在五、六歲幼稚園階段，但是因為環境因素、活動區域影響，導致兒童在國小三年級才全面性接觸運動。

3.馬蘭國小學生打躲避球的模式，也有其發展的模式如下：

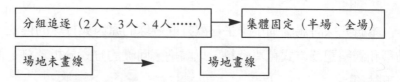

4.男女生在躲避球參與上的比例，在本研究中顯示會隨著成長而縮短，符合生理研究發展，五、六年級女生生理成長幅度超越男生，故拉近男女生能力差距。

5.躲避球運動是以人的身體為目標的一種傷害性運動，雖然觀察期間學生並無敵意攻擊現象，但是在訪談記錄時，學生卻出現敵意攻擊與工具攻擊的想法。

二、建議

1.學生動作技能發展，實受環境因素影響，學校實有必要按年段劃分活動區域，以免相互干擾影響發展。

2.在遊戲發展模式、觀察紀錄提及學生分組追逐方式及場地未劃線易造成學生傷害，學校單位實有必要提供畫線的場地，其形狀與日據時代圓形場地相同亦可。

3.根據訪談紀錄、觀察紀錄與文獻探討，球體直徑大小會影響投擲動作層次，不良的球具設備將影響學生身體發展和動作發展，學校單位實有必要提供適合各年段尺寸大小的躲避球。

4.躲避球運動教學，教師必須講解，讓學生體會躲避球運動的精
　神與內涵，將學生出現敵意攻擊與工具攻擊的想法或行為導向
　護權行為。

參考書目

教育部（1997）。國民小學課程標準（82年版）。臺北：教育部。

陳張榮（1996）。躲避球比賽的探討。國民體育季刊，25卷第3期。

李村棋、卓俊伶 （1998）。十二歲學童單手投擲型式的關鍵因素：手
　掌寬度。中華民國體育學報，第25輯 ，頁259-268 。

范春源 （1994）。躲避球運動傳入臺灣國民小學之歷史考源。中華民
　國體育學報，第18輯 ，頁69-78 。

滕德政（2000）。「黑白ㄅㄟ、！亞當夏娃ㄆㄟ、！」運動文化的性
　別刻板印象——一個國小班級躲避球運動之研究。國立花蓮師範
　學院多元文化教育研究所碩士論文。

蔡禎雄（1994）。國小體育教學研究。臺北：五南。

陳百川 （1990）。國小躲避球運動研究。教師之友，第31輯 ，頁16-
　18 。

蘇建文、林美珍、程小危等（1992）。發展心理學。臺北：心理出版
　社。

張春興（1999）。教育心理學。臺北：東華書局。

江良規（1990）。體育學原理新論。臺北：臺灣商務印書館。

楊梓楣、卓俊伶（1998）。街球動作型式的環境限制變項探討。中華
　民國體育學報，第25輯 ，頁269-278 。

盧俊宏（1994）。運動心理學。臺北：師大書苑。

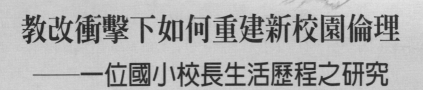

教改衝擊下如何重建新校園倫理
——一位國小校長生活歷程之研究

楊雪眞

三仙國小教導主任

18

壹、前言

　　最近一連串發生數起校園衝突事件，對臺灣教育拉起了警訊，有教師打學生，有家長控告老師，也有教師對學生性騷擾案件，更有教師連署要罷免校長……等，校園倫理蕩然無存，臺灣社會已隱然對於「倫理」、「道德」這些傳統所重視的東西棄如敝屣，將之揚棄。心理學家羅吉斯亦曾說過：「我們當前的文化，越來越以對自然的征服和對人的控制爲基礎，這種時代特徵，代表了人類的道德文化正處於衰微之中。」校園是現代社會的縮影，也是道德、文化的最後防線，校園倫理崩解，絕對是一件嚴重的事，必須謀求因應之道。然而各界說法不一；有將禍首指向「教改人士」者，認爲倡言教改者有許多該先被「教改」，他們強調學生的權利，並涉入學校行政及教學，高姿態地以指導者的角色「君臨」教師，對校園倫理做了最壞的示範；也有人認爲臺灣廿年來打罵式、欺騙式的教育所種下的惡果，致校園倫理破壞殆盡；另有認爲近來少年學生對教師施暴原因在於學生規範意識喪失，導致尊師重道意識淡薄，教師地位日趨沒落，「大衆傳播風行，知識不再定於一尊，老師不再是樣樣都懂的智多星，因此教師的高超形象便逐漸破滅了」（林振春，1987）。種種說法莫衷一是，究竟衝擊校園倫理的因素爲何，重建之道又爲何，值得從事教育的我們關心與探討。

貳、校園倫理與道德教育

　　校園倫理爲教師與家長，教師與學生，學生同儕，行政人員與教

職員這幾種基本關係。歐陽教（1986）指出「『校園倫理』即校園中人與人間適切的關係，也是維繫校內各人倫和諧的良好規範」。而詹棟樑（1997）則認為「學校倫理是一種社會規範，由師生關係、學生同儕關係、教師與家長關係這三種人際關係所形成。為維護適當的師生關係，學生同儕關係，教師與家長關係，有賴學校倫理之倡導與推行」。黃素菲（2001）也贊同校園中師生之間、同儕之間、自我行為及公民角色的規範，有助於校園的安定。

因此，倫理教育在肯定人們具有基本德性，並透過教育，藉以養成現代社會所需要的健全人格。一位健全的教師，既是個經師，也是人師，應當兼有教師與訓導的能力，師資培育的過程中，學科教學方面，大致不會有問題，但是因為缺乏倫理教育，所以在輔導學生時，缺乏師生之間解決問題與處理危機的能力，同時教師也因為缺乏國民應有的基本道德觀念和倫理行為，不能以和諧、圓融的態度去面對學生，要養成專業精神及實施倫理教育談何容易。根據席家玉（1998）指出，家庭背景因素與本人教育對個人道德判斷的發展，自有相當程度的影響，所以父母親有責任負起兒童的道德教育。

在學校方面應多利用團體活動培養兒童在公德上建立自律。此外，不論公德或私德，價值或道德觀會因族群文化而有差異，也會因為出生在城市或鄉村在個人道德的判斷和價值觀有所不同，越城市的人思想行為越開放。從這裏我們也可以發現校園倫理將因學校師生背景、居住地區、族群不同而互有差異。

我國傳統的校園倫理，教師有崇高的地位，師生關係以情感為主軸，行政部門主導權力運作，社區、家長、教師對校務無置喙空間，此為其特色，但是今日校園倫理已遭受社會進化或者外來思潮的衝擊，約可歸納為四個主軸：

1.師生情感聯繫的斷裂。

2.上下權力關係的解組。

3.校園人際關係的物化。

4.教育價值判斷的虛無。

此與過去傳統的校園倫理有很大的不同；過去教師有崇高的地位，師生關係以情感為主軸，顯然功利思想已侵入校園，校園倫理正面臨空前的變革。邱慧玲（2000）在〈中日小學道德教育課程標準之比較研究〉一文中指出，我國在課程標準的目標中雖有明示以品德教育為中心，培養德、智、體、群、美均衡發展的健全國民為目的，設道德與健康科以指導生活規範與道德行為，且「應與其他科目聯絡教學，期發揮同時學習的作用」，但並未明示與哪些科目聯絡教學。因此，在升學主義、尚智主義的影響下，又未能與其他學科的教學結合，遂無法確立為教育的核心地位，故喪失原有課程目標的立意。

「現代社會中師生關係變化，最主要的特徵是師生間的感情趨於疏淡，接觸趨於單純，無論社會如何變遷，教育必須出於愛心，所謂教育愛，並不是縱容學生，盲目的溺愛；是包括理智的同情、關懷、瞭解和適當的輔導」（陳奎熹，1982）。其次民主的生活方式，已成為人類共同肯定與嚮往追求的恩物，校園倫理對於一切違反民主精神的經營策略、領導方式、權威措施……均應檢討改進。「自由民主都需付出代價，面對校園民主的浪潮，在重振校園倫理的行動中，無論採取教育、感化、激勵、制約或談判、妥協等任何方式，學校教育者的基本立場不可放棄」（熊智銳，1992）。民主自由的精神和基本理論更不可輕易動搖，這也正是學校教育的職責所在。他必須教導學生學習自制自律、合作容忍、尊重、理性等做人做事的基本教養。傳統的校園倫理是家長式的校園倫理，其關係是單向的、疏離的、屈從的，已禁不起社會變遷新情勢的考驗，我們需要一種全新的校園倫理來因應目前的校園生態。

歷屆教育部長對於學校的倫理與道德教育的發展與變化多少都有述及，例如已故教育部長林清江對於當時我國教育的發展，做了綜合性的觀察（林清江，1994）：

1. 教育已由特定的社會目標發展，轉移到個人尊嚴價值及學習需求的充分尊重，健全進步的個人取代恪守傳統規範的個人。
2. 建立學習社會成為必然的趨勢，這將引起整個教育體系的重組。
3. 市場機制取代部分政府責任，兩者之間的調節成為急迫的要務。
4. 政府對於教育體系的責任由管理者變成監督者。
5. 在教育機構中，經營的理念普遍為人接受，經營的成敗成為發揮機構教育功能的重要因素。

現任教育部長黃榮村（2002）則主張「教育本身的目的必須回歸教育本質」，所以「推動過程要加強互動溝通，注意問題解決的程序，以清除對教育不利的阻力」，追求卓越與履行社會公平正義，是我們教育發展的二大主軸；家長的角色與教育政策的制訂絕不可忽視，家長的異質性很高，想法都不同，所以要設計正式的溝通機制。

近年媒體已逐漸喪失其針砭是非、彰顯公平正義的理想與機制，極度泛政治化、極度世俗化，報導趨附時尚，就校園倫理而言，忽略「師」、「生」的切身感受，往往成為流行言論或觀點的推波助瀾者，加上近年在接連幾次的教改之後，衝擊校園倫理的因素，大約可以分成下列幾項來探討：

1. 制度改變，形成權力重組：教師法公布後教師會林立，教師們有正式的組織可以發聲、爭取權益。教師進修制度建立後，許多教師學歷往往高於行政主管。教師及主任自86年改為聘任制

度後，同僚之間競爭更形劇烈，許多學校年輕教師未經層層歷練，便一躍而爲行政人員，打亂原有的倫理次序。校長任期制及遴選制度剷除萬年校長，校長不再是絕對權威的表徵，有可能因爲一點校務瑕疵或人際衝突就回任教師。家長依「教育基本法」享有參與校務會議、插手校內各項事務的機會，如果與校方無法取得共識，家長有社區的力量做後盾，對校園的行政裁量權及教學專業權，都是極大的阻力。

2.民主意識高漲，不同的意見造成更多的紛爭：許多年輕的教師一味高喊民主，極端個人主義，有時幾乎到了「爲反對而反對」的地步，各種意見均以自我爲中心，就很難形成共識，因此大大地減緩、降低工作效率。

3.媒體傳播迅速，大家有樣學樣，形成不良風氣：好人好事的正面報導沒有什麼聳動效果，所以校園裏負面的新聞反而成爲媒體的最愛，於是有一陣子就流行家長告老師體罰學生，又有一陣子就流行老師想罷免校長，有一陣子又流行校園暴力、恐嚇事件。

4.成員異質化，師資培育多元後，背景不同，想法也不同：依照「師資培育法」規定，一般大學生修畢教育學程，也可取得教師資格，再通過教師甄試，就能受聘爲學校教師，學校成員不再是單純的、同一個模子的機構——師範院校體系培養出來的，學校教師甚至有學法律的、學工程的、學保育的、學美工的……學校變成一個大雜燴，百家爭鳴、各顯神通，思維當然各自不同。圍牆內的校園被打破了，這種情況有好有壞，但可以確定的是，校園倫理肯定要面臨巨大的衝擊了。

5.社區遷移，家庭功能失調，學生更難管教：知識經濟時代來臨，產業科技化，許多工人階層、農民、年輕人找不到謀生的工作，只好離鄉背景，導致人口外移，社區沒落，只有子女和

老人留下，形成單親家庭或隔代教養問題，學生在沒有良好的家庭教育下，顯得更加難以管教。

以近年發生之實例報導來看，加以整理、舉證，獲得幾項結論如下：

1. 師生關係疏離：時下一些父母一味放縱子女、袒護子女。子女在校有偏差行為，不知自我管束，動輒赴校興師問罪，責備老師，而校方、教育主管單位經常遭遇此類事情，久而久之，澆熄教師熱情、理想，師生倫理乃越形疏離。「91年3月間據某報載：民風純樸的東部，有一位學生不滿教師平時管教，竟然趁老師寫黑板之際，拿起一把椅子，擲向教師，幸因另一位學生警告，老師僅受輕微擦傷」（引自《中國時報》）。

2. 同僚關係惡化：其原因有二，一為「上樑不正下樑歪」，何寄澎指出，「身負倫理教育表率的領導人反而最無倫理，舉例言之，大部分中小學教育主管，本身就不尊重教師，視教師為其可以隨意使喚的部屬，而大學中教師亦鮮有全神貫注於研究教學及輔導者，上既不正，下何以正？」二為教師會成立後，專業自主意識抬頭，且在校內形成次級團體，聲勢日漸壯大，凡事不再服從行政主管。「91年4月間據某報載：某校教師檢舉校長利用公款喝花酒，經查並無其事，起因是校內派系鬥爭，及私人恩怨故意誣陷……」（引自《中國時報》）。

3. 親師關係對立：教改制度賦予家長教育選擇權及參與校務的權力，舉凡校務會議、校長遴選、教評會委員……等，家長都可參與，尤其現在又是「多數暴力」的時代，家長的勢力逐漸侵入校園，他們不再像過去那樣尊重老師了，對於孩子的管教方式，更容易與教師形成歧見和衝突。

綜合以上所述，約略可瞭解校園倫理的現況及影響校園倫理的幾個重要因素，重建校園倫理所涉及的層面較之以往複雜，包括媒體、家長、社區、親師關係、師生互動、組織氣氛、同僚關係、專業自主、文化、族群差異、課程改革⋯⋯等。特別學校是一個社群機構，但師生又是活生生的個人，行政人員一方面要維護學校的秩序，一方面又要尊重教師的自主性，在處理師生紛爭的正當程序、教師的課表安排、課程與教學目標、考試與評鑑、教科書的選擇等等問題，經常要面對個人與群體正義矛盾衝突的兩難局面，學校行政人員在處理時，應兼顧個人與團體正義。

到底這些脈絡如何使之環環相扣，紛爭如何取得共識，和諧的契機在哪兒，均值得再深入探討。

參、校園倫理問題的探索

針對我國校園之倫理問題的探討，如前所述可用統計學之量化的研究來突顯出問題的現況，也可用比較研究的方法找出我國與國外的問題的差異性。本研究針對一位擔任多年國小校長做深度訪談，企圖將其親身歷經傳統校園倫理時代及教育改革衝擊的變革做比較、歸納，以試圖發現重建新校園倫理的策略，做爲探討本文主題「重建新校園倫理」的建議。

爲實際瞭解校園倫理演變的歷程，研究者乃以臺東縣一位任滿四十年、歷經各式學校（偏遠→郊區→市內）、辦學績效獲肯定的資深校長，做爲訪談的對象，研究者分別於四月上旬初次訪問，整理文字資料稿後，又繼續於五月上旬、中旬追蹤訪問兩次。由於研究者與受訪者熟識多年，彼此頗爲信任，加上受訪者熱心於教育，很願意把四十年來的歷練、見聞做一個回饋和見證，所以知無不言，言無不盡，

對於校園倫理種種更是侃侃而談，十分有助於研究者對於本文主題的澄清。

本文試圖將我國教改由醞釀期（約1987－1994）到教改開始（1995）、興盛期（1995－1997）、逐步執行期（1997－迄今），以1995年作一個區隔（教改前、後），透過一位資深校長的訪談，將校園倫理的改變做一個探討和分析，希望能從研究中尋得一些主要因應策略。

從訪談記錄，研究者發現了幾個重點，整理歸納如下：

1.注意組織內外溝通的重要性：隨著教育環境的開放多元，校園內各種依法成立的教育團體便陸續成立，行政決策模式與傳統思維相差甚遠，人人皆有表達意見的權力，每個人的意見皆應受到尊重，因此「要注重組織內外的溝通，避免產生誤會，誤會將造成衝突，唯有瞭解才會產生支持」（林玉體，1998）。

2.將家長教育選擇權的賦予及家長教育全納入學校的運作內：依現行法令，教師會、教評會及家長會雖屬諮詢性質，但是學校行政人員不可為所欲為，仍須具備民主胸襟，廣納雅言，使學校運作更周延健全。

3.調和各組織的合作關係：當學校產生質變時，人際之間的互動，應不是「單向」或「上對下」，而應視為「促進學校發展」的合作關係。

4.建立一個符合現代人的道德規準：把過去的倫理傳統如「作之君」、「作之師」修正為「做學生的良師益友」。把過去的「孝順」修正為「多培養親情」（彼此有感情還怕他不孝順嗎？）。

5.校園倫理應回歸教育的本質：有些行政單位視教師會為毒蛇猛獸，教評會功能不彰，校長遴選紛擾不斷，派系林立，家長會干涉校務，這些均對學生的學習產生負面的影響；我們回應現

任教育部長黃榮村的呼籲——「讓教育歸教育」，免受意識型態或系統化扭曲了溝通的管道，還給校園一個寧靜純淨的環境。

6.塑造主動積極及和諧的組織氣氛：良好的組織氣氛是需要培養的，行政人員支持並鼓勵教師，教師之間真誠友善相處，能尊重、包容彼此不同的意見。如本訪談資料中所提及，透過共同學習、聯誼活動促進同僚情誼，因為越和諧的組織，溝通恐懼感越低，使得溝通暢行無阻。

7.化阻力為助力：家長會由社區家長組成，透過家長會可提供學校發展的興革意見，提供學校與教學人力資源、活動經費（如本訪談中之學校文教基金會、義工媽媽服務隊），協助與排解學校與家長之間的衝突。

肆、重建新校園倫理的策略

由於人們長久以來對於理想教育的殷切期待與對於現實教育的極度不滿，造成今日期盼與疑懼交織的局面，近十年來，我國教育改革深受歐美歸國學者的影響，然而歐美國家人民有較高的民主素養及法令認知，在民主素養尚未普遍成熟的本土，驟然引進這些措施，難免衝擊校園生態。除此之外，社會變遷，個人主義盛行，各項衝突不斷產生，校園倫理不得不尋求重建的途徑，茲提供幾項策略如下：

1.籌劃各種有力的配合條件：
　(1)充分瞭解民主真諦的教師。
　(2)主動學習的學生。
　(3)合作支持的家長。
　(4)與學校結為一體的社區。

(5)設定全校規範的標準。

(6)強調紀律的必要性。

2.建立「學校行政－教師會－家長會」三合一的校務運作，共創校園三贏局面，塑造教育願景（李錫津，2001）。

3.展開學校行政科層體制與教師專業自主權、家長教育參與權（家長教育選擇權）之間的對話，共同形成夥伴關係（鄭宏財，民2002）。

4.教師評鑑應加入「教育愛」的項目，以激勵工作熱忱（陳伯璋，1999）。

5.傳統人倫之間關係還是要保持，但必須重新強調其平等互惠原則，要維護個人主義道德的基本原則，也要兼顧社群公義的底線。

6.設立正式的溝通機制；以便組織內外均能透過此一機制尋求共識及合作的契機。

伍、結論

總而言之，新校園倫理雖沒有一定的形式可依循，但可以預見的是，它是人性化的、民主的、合作的、具人文主義色彩及教育愛的和諧關係。教育可以說是一種有目的、有價值判斷的活動，即是價值引導及創造的過程與活動。而其目的是在謀求個人的發展與社會的進步。前者是指人性的養成、人格的培養與改善人生，而後者則是指保存文化、傳遞文化與創新文化。因為「人文主義教育之基本信念則是強調個性的養成與群性的培養，不但重視個人的發展，亦注意社會的進步、發展」（裘學賢，1998）。另一方面，學校應加強道德教育以因應未來化、國際化、生活化的轉變（邱慧玲，2001），並充實道德教

育的內容，指導基本的禮貌及養成判斷善惡的能力，如此校園倫理才可從根救起，重整到和諧安定的局面。

參考書目

林清江（1994）。教育社會學新論。臺北：五南。

陳伯璋（1999）。意識型態與教育。臺北：師苑。

林玉體主編（1998）。跨世紀的教育演變。臺北：文景。

陳奎憙（1982）。教育社會學。臺北：三民。

歐陽教（1992）。德育原理。臺北：文景。

詹棟樑（1997）。教育倫理學導論。臺北：五南。

熊智銳（1992）。中小學教育情境研究。臺北：五南。

裘學賢（1998）。人文主義哲學及其在教育上的意義。高雄：復文。

楊深坑、林振春等（1987）。學校倫理研究。臺北：臺灣書店。

席家玉（1998）。倫理教育與教師涵養。社教雜誌，238期，頁10-11。

黃榮村（2002）。談施政理念。教育資料與研究，45期，頁1-3。

李錫津（2001）。實施關懷教育營造安全校園。教師天地，111期，頁4-6。

鄭宏財（2002）。良好的學校行政溝通。教育資料與研究，45期，92-95。

黃素菲（2001）。校園人際新倫理。教師天地，111期，頁7-11。

邱慧玲（2001）。中日小學道德教育課程標準之比較研究。
http://www.nttttc.edu.tw/2002/12/12

訪談記錄（一）

時間：91、4、25

地點：某退休校長家中

p.s.：以下以「問」代表研究者；「答」代表受訪者。

問：校長，您好！因為感覺近年來校園倫理有很大的轉變，想要借重您的經歷，對校園倫理改變的過程做個瞭解，不知道會不會有點冒昧？

答：不會！不會！楊老師您太客氣了。只要是我知道的，我很樂意告訴妳。

問：校長擔任這個職務有幾年了？

答：哇！時間過得真快，我任校長有四十年了。現在我是無官一身輕啦！（註：他已退休。）

問：校長當時是屆齡退休嗎？

答：不！我提前了兩年。

問：您是因為健康狀況嗎？

答：（他哈哈一笑）妳看我老了嗎？當時我都做了阿公囉！想想也該讓年輕人有發揮的空間，免得成為老賊呀！

問：哪裏，您氣色越來越好了，看起來，簡直只有五十歲的模樣呢，您退休後，不是又擔任「總督」（榮譽總督學）嗎？

答：（顯然開心）是啊！人在江湖身不由己，局裏的長官說需要幫忙，我哪敢推辭啊！直到今年二月才真正退下來；不過妳今天是問對人了，這二、三年來教育界的變化很大，我擔任「總督」的時候，可看盡校園百態呢。

問：您印象比較深刻的是哪幾件事？

答：有一天，暑假結束，剛好開學第一天，我想去看看一些學校準備的狀況，就不預告地抽訪學校，結果發現有一個學校竟然鬧空城計，詢問之後，才知道校長帶著全校師生到外縣市做城鄉交流去了。雖然他們是事先向教育局報備過的，但我總以爲學校剛開學，應該趕快進入教學狀況，假城鄉交流之名行旅遊之實，畢竟教人詬病。這樣對學生是很不良的示範（大人都懂得巧立名目、投機取巧），也無形中剝奪了學生的受教權。

問：如果他們利用暑假期間進行，就比較合理吧？

答：是啊！

問：還有其他比較特殊的案例嗎？

答：有啊！有兩所學校的教師連署向教育局陳情要罷免他們的校長呢！

問：我想起來了，報紙登得很大，連電視都播出來了。後來呢？

答：其中一位調局服務，另一位申請退休了。

問：這麼說；老師們抗爭的都是事實囉？

答：雙方爭論很久，很難說誰是誰非，校園的和諧是很重要的，所以到最後，一定要調動，才能平息紛爭。

問：以前也發生過這類事件嗎？

答：好像80年、81年間也發生過學校主任、教師跟校長不合的事件，但都是個案，很少集體抗爭，最後調走的都是部屬；那時候倫理觀念還是很強的，老師們不論對錯，都比較弱勢。

問：這麼說來，倫理好像有好也有壞。您的看法如何呢？

答：時代不同了，「倫理」在人倫次序方面還是要維持，但是溝通卻要用民主的方式，否則校園裏的紛爭會越來越多。

問：您能不能舉個例子說明？

答：像我曾經擔任多年的省教育會理事，有一次有個年輕的理事
　　來拜票，希望我能支持他擔任理事長。在他的想法，認為只
　　要運用點關係，攏絡一下，就不成問題，我當時毫不客氣地
　　對他說：「你不可能當選的，因為你的對手無論在年齡、資
　　歷、聲望方面都比你老到，我們教育界是很注重倫理的。」
　　後來他果然落選了。

問：可是最近這種情況好像不同了，很多年輕主任老早就到市內
　　來服務了，校長也比以往年輕化。您認為原因在哪呢？

答：自84年教育改革的聲浪日漸高漲後，教育制度做了大幅的修
　　改，像國小校長遴選制、主任聘任制，就是打破校園倫理的
　　因素之一。因為這樣一來校長及主任的任用不再依據具體的
　　年資、績效來評比，政策面的影響、社會背景人際關係都可
　　介入。簡單地說，比較缺少公平正義了。你想想，有一天，
　　常常跟你唱反調的部屬，突然變成你的頭頂上司，這還會有
　　「倫理」嗎？

問：聽您說得這麼慷慨激昂，似乎對教改制度蠻憂心的？

答：教改是呼應時代的趨勢，不能說不好，但是要越改越好才值
　　得，方向不能走偏，妳看看西方國家、鄰國日本都在強調道
　　德重整，但看我們的課程改革卻偏偏忽視了道德領域，倫理
　　觀念不彰。九年一貫課程正在如火如荼地進行，但是從前國
　　小晨間必定實施的生活與倫理課程卻無聲無息地不見了
　　（唉！果真是道德的沉淪？），在一個極端講究功利的現代社
　　會，怎麼會忽略這麼「精神」的層面呢？難道人類光只有物
　　質就能生存嗎？那些課程專家都忘了自己也需要倫理道德的
　　維繫吧？等到下一代道德淪喪之際，誰要負起這項責任呢？
　　教育是百年樹人的大業，是一件很沉重很嚴肅的工作，可不
　　是誰上臺、下臺就能解決問題的。你看以前很明確地規定：

國訓就是禮、義、廉、恥,校訓就是忠孝、仁愛、信義、和平,目標很清楚嘛!

問:不過,時代不同了,是否該做一些更動?

答:可以更改啊!但核心目標不能空在那兒,沒有個依據。

問:校長對教育問題果然是很深入啊!

答:還有一項也是我所憂心的,像語文政策最近不都強調什麼雙語教學、母語教學嗎?人家新加坡從二次戰後推行雙語教學五十年,現在連他們政府自己都承認失敗,因為反而弄得學生中文、英文都不行,到現在不曾出過一位「諾貝爾級」的文學家呢!尤其現在又流行打電腦,中文學習的機會又更少了,前陣子我到各校去訪視,順便看看學生的簿本,簡直是詞不達意、錯字連篇,國字醜得不像話,再這樣下去,還談什麼人文、藝術?連本國基礎語文都搞不好。

問:喔!原來您去新加坡考察過。剛才所說的學校教師想罷免校長的事,如果發生在您校內呢?

答:我校內的同僚氣氛一直是很和諧的,連我退休後,都還保持聯繫呢。

問:(開玩笑地)偶爾會喝兩杯吧?

答:哈,那是當然,學校當然會有異議份子,不過平時就要運用私下溝通,免得他在大場合鼓動群眾,形成集體抗爭。

問:萬一全校老師都反對你呢?

答:那表示我並不適合他們,得自己捲舖蓋走路啦!

問:沒想到校長您竟然這麼開通,這大概也是您跨越新舊兩代還能生存的原因吧!您服務過不同的學校,校園倫理會有什麼不同嗎?

答:是啊,每所學校成員、家長、學生都不同,當然呈現不同的校園倫理。大致說來都會區比郊區的學校教師、家長自主性

較強，民主式溝通很重要，你非得懂「教學領導」才行。

問：以前學校裏的校務會議和現在有什麼不同嗎？

答：以前開校務會議，校長、主任是絕對的權威啦，多半是下達上級的命令，及要求教師們該做的事。

問：那老師們不會有意見嗎？

答：很少會有意見啦，那時候，多數教師都是師範體系培訓出來的，比較有使命感，也比較服從上級。有些校長很強勢，老師們反對也沒用。

問：那校長您是屬於「強勢」的嗎？

答：我看情況啦，我認爲如果是依法一定要執行的，就不能讓步；如果是有彈性空間的，就要盡量尊重老師。

問：這樣說有點抽象，您能不能說得明白一點？

答：我舉個實例好了，像最近有一次我服務的學校的教務處宣布要抽查作業，卻引起軒然大波，部分老師有不受尊重的感覺，他們所持的理由是：「什麼時代了還要抽查，簡直是官僚心態。」另一部分老師所持的理由則是「行事曆上又沒記載，怎麼可以說抽查就抽查？」結果校務會議足足開了兩小時，還不能決議怎麼辦，結果我說：「批改作業是我們每位老師職責所在，督導各位也是教務處的職責所在，教師法保障各位的權益，但也強調教學評鑑，沒有評鑑，怎知道誰比較認眞？將來教師分級才有依據。再說學校行事曆只是編一些大活動，無法一一登錄，怎能說行事曆沒有編，就反對教務處抽查呢？」

問：哇！校長口才眞是一流。

答：光是靠口才還不行，還得於法有據讓他們心服口服才行。有趣的事還在後頭呢。我們那位聰明的教務居然想出一個點子，他宣布：不到各班去「抽查」，老師們可以「自由送

件」，教務處只做時間、日期的登錄而已，結果效率奇佳；每位老師都爭先恐後把簿本送到教務處來。那位帶頭反對的還跑第一呢。

問：方才說的是必須「依法執行」的部分，那有彈性的呢？

答：有啊。像以前一般學校分配職務的做法都是行政人員怎麼編排，老師就怎麼做，才不管你是否適才適用、勞逸平均，我校內的做法就民主多了，通常在前學期快結束就會做職務意願調查，我還開玩笑說過：「有沒有人想當校長啊？」

問：有沒有教師對工作抱怨或抗爭過？

答：有啊！我從前在鄉下學校時，老師們經常輪值導護，每天把學生送到家門口都過了十二點半，也沒聽誰抱怨過，一調到市內學校，碰到一些 e 世代的，才不管你什麼校園倫理，多擔任一天導護就抗議「不公平」。

問：那您是怎麼處理的？

答：只好擬幾個方案讓也們去表決了，結果決議全校教師編排成若干小組，由小組依序輪值下去。但我對於五十歲以上的老師特別提出「豁免權」，總要敬老尊賢，有點校園倫理嘛。

　　（校長說到這兒，正好電話響起……研究者便就此打住。）

問：眞是太有趣了，今天聽校長說這些，叫我增不少見識，打擾您不少時間，改天再來拜訪您。

答：別客氣！歡迎再來，再見！

訪談記錄（二）

時間：91、5、9

地點：某退休校長家中

p.s.：以下以「問」代表研究者；「答」代表受訪者。

問：您好！上次到府上訪談後，回去整理文稿後，發現有一些問題需要澄清，想再請教校長您，些知會不會太叨擾了？

答：叨擾？怎麼會呢？我還巴不得熱鬧一點喲，待會兒在這兒用個便飯，妳○媽媽的手藝不錯哩，只有妳肯捧場，包管她樂翻天。

問：校長真幸福啊！有賢內助又有口福。

答：妳今天也是要談校園倫理的事情嗎？湊巧前幾天，市區一所學校的女校長來我家，說為了校務問題，氣呼呼的，直說：「全無校園倫理，退休算了！」

問：也是教師們的抗爭嗎？

答：是的，據說是校內部分教師擅自決議比照公務人員，早上七點四十分改成八點到校就行。校長認為學區多數為農工階層，學生很早上學，安全堪慮，因此反對；教師們竟說：「這是大家的決議，妳再反對，我們就罷免妳。」

問：那您怎麼建議她呢？

答：我告訴她：老師不是公務員，社會賦予我們比較崇高的地位，是因為我們有職業以外的道德責任，我告訴她，這方面要堅持，但是手段要迂迴、柔軟，否則學生在校出了問題，老師難逃其咎。

問：為什麼最近會有這麼多教師與行政主管對立的事發生？

答：唉！教改後一些制度走向民主化、自由化，對於教師的職責沒有很明確的規定，難免導致校園的衝突，尤其現代人價值觀偏向功利現實，他們把教書當做「職業」而不是「志業」，自然不願付出上班以外的時間及心力。

問：這有改善的方法嗎？

答：整體環境要能造成風氣才行，例如，日本國民為什麼很守法？第一、法令要設計得周延，第二、誰要是不守法，輿論就群起而攻之。

問：聽說除了老師與校長之間的對立，家長的權力也擴大了？

答：有啊，現在校務會議、教育審議委員會、教評會、里校運動會……等都有家長參與了。

問：你們學校跟家長會的互動如何？

答：我們學校是最早成立文教基金會的學校，這全靠家長會大力的支持，尤其是愛心義工團對學校更是犧牲奉獻。

問：他們會干涉校務嗎？

答：學生編班時，家長難免有一些關說，但我們已建立一套公開、公平的方式，可以避免困擾。以前聽說有介入人事問題，但新任的家長會長是很開明的人，平常大家溝通得很順利，也沒什麼問題。

問：但是聽說有一位新任明星國中校長，因為執行學生髮禁，差點被家長轟下臺。

答：妳說的報上也有登，不過後來這位校長舉行家長說明會；他說這是為了整頓散漫的校園風氣，提高升學率，反而獲得多數家長的支持。這就證明現在學校種種措施也要注意家長的感受，如果先取得共識再實施，就可以減少許多紛爭。

問：您說的很有道理。我有個親戚在臺北任教多年，就是不願去考主任校長，因為有一次運動會，半途突然下起大雨，家長

不忍孩子淋雨，一湧而上司令臺，校長差點招架不住。他說：「現在哪還有什麼尊師重道？簡直是暴民。」

答：有時候也不只是單方面的問題，少數不適任校長不認真經營校務；教師汲汲營營於補習或個人進修，對學生缺少愛心，教學敷衍了事，也是師道不尊的主要原因，關於這點，我認為也是「師資培育多元化」後的後遺症，這批教師的使命感、敬業程度比較不夠。

問：一項制度推行起來畢竟無法十全十美，關於這點，有沒有補救的方法？

答：我認為「優良教師」的評鑑不能光看他指導比賽的獎狀，而是要看他的「教育愛」有多少。這種評鑑是比較難，但也要試辦看看，因為我們需要「人師」比「經師」更迫切。學生也是一樣，要讓他知道品德比什麼都重要。

問：聽校長說話，我好比讀了好幾年的書，這些都是您多年的歷鍊、觀察，才有這麼精闢的見解，很感謝您傾囊相授，今天就訪問到這兒，謝謝您，再見！

答：再見！慢走。

訪談記錄（三）

時間：91、5、16

地點：某退休校長家中

p.s.：以下以「問」代表研究者；「答」代表受訪者。

問：今天很碰巧，校長到學校來看老同事嗎？

答：也可以說是啦！因爲我的小孩子就讀這裏的幼稚園，他爸爸
　　今天出差，我來接他回去啦。

問：來，小弟弟，這本畫本給你，看你想畫什麼。老師跟爺爺說
　　話，待一會兒再載你回家喔。

　　（小孩很乖拿了彩色筆開始畫。）

答：妳的校園倫理報告還沒好嗎？

問：是啊！今天又要「審問」您了。

答：儘管問吧，別客氣。

問：每個學校都有開晨會的規定吧？如果教師在晨會公然與學校
　　政策唱反調，您會變臉嗎？

答：當然不會，變臉又不能解決事情，找出他反對的理由，聽聽
　　他的意見比較重要，講學術一點，就是現在常說的「參與管
　　理」。不過如果領導者還抱著過去那種官僚心態，是無法容
　　忍年輕一代的挑釁的，有時候就會越鬧越僵。

問：同僚之間會不會有紛爭？

答：團體間難免啦。平常要注意經營「組織氣氛」就好。

問：您有什麼訣竅嗎？

答：我校內常辦一些他們感興趣的研習；一旦他們由同事變成同
　　學，大家的感情就好多了。

問：對於同僚之間的相處有沒有比較棘手的？

答：這個情況比較常出現在大型學校，學校成員分成老、中、青三代，各有各的立場和想法。這個時候就更需要有一套新的校園倫理來規範，否則很難面面俱到，做到大家都滿意。

問：上一次您提到教師、主任派任改聘任後，打破校園倫理次序，既然如此，為什麼要改呢？

答：這是從校園本位來考量，一位教師是否優秀、能不能配合校長、他的能力是否足以勝任，校長或學校同僚一定最清楚的了，所以由校方來聘任，是一種比較開明的做法，只不過有少數學校偏重私人情誼或背景關係而已。基本上我不認為校長會去聘任一個能力低的人，那不是自尋苦吃嗎？

問：現代家庭比較忙碌，疏忽家庭教育，學生是不是越來越難管教，師生之間的問題也比較多？

答：不只是家庭教育，整個社會教育也有問題，現在的學生的確較二十年前難管教。

問：那會有體罰的問題嗎？

答：我學校是嚴禁體罰學生的，不過如果逼不得已處罰了孩子，一定要趕緊通知家長，和他取得溝通，免得產生誤會。

問：對於增進師生關係、親師關係，您有沒有什麼好辦法？

答：我常要求學校教師利用週三下午做家庭訪問，這對於親師的聯繫有很大的作用。

問：老師們會聽你的嗎？

答：哈！妳問得好！老同事是沒問題啦，你如果剛換一個學校，那可得服人才行。有一次，幾位老師說我當了那麼多年校長，恐怕只會當校長，不會當老師了。於是我就當場教給他們看，他們就沒話說了。這就是「教學領導」，當校長還得有實力才行（校長露出有點得意的微笑）。

問：那平常如何使氣氛和諧融洽呢？

答：我們學校都有一些定期的聯誼活動，主任、校長都不能擺架子，要跟他們打成一片。我平常也愛開玩笑；幽默是萬靈丹。例如，有一次老師們為編班的事爭論不休，有人說：「中年級的老師最倒楣，高年級功課不好就怪中年級老師沒教好。」我說：「那中年級只好怪低年級沒教好，低年級只好怪幼稚園沒教好，怪到最後只能怪他媽媽沒把他生好……」我說到這兒，老師們都發出會心的笑容，無形中就化解了尷尬的場面。

問：嘩！小弟弟已經畫了好幾張圖，都是飛機呢，有各式各樣的造型，真厲害，有其爺爺就有其孫呀！（看樣子，小孩子快要不耐煩了……）謝謝！我看今天就訪談到此。

答：回家了！阿嬤煮了好吃的在等你呢。再見，楊老師。

問：再見！○校長！再見！小弟弟。

教育替代役實施狀況與問題之探討

——以臺東縣為例

胡齊望

國立臺東師院軍訓教官

19

壹、前言

一、研究動機

　　教育替代役緣起於役政的改革，在國軍精實專案下，役男人數多於國軍實際需求人數，於是有了兵役替代役的立法。一位教育替代役役男侯見明，在以「我是替代役的一顆種子」為題的網路文章中（侯見明，2002）這樣寫著：「入伍前，我曾在選擇正統軍旅生涯或替代役制度之間猶豫。但學習教育及輔導的我最後相信，同樣是兩年的奉獻，或許可以藉由我的專長，以不同的方式達到服務的目的，於是我決定給自己一個嶄新的機會。」這激起我對教育替代役的好奇，試想如果同樣是服役，能在學校校園中服役，這種感覺一定和在軍營中生活的感覺完全不同，瞭解他們的真實服役狀況與存在的問題，是本研究動機之一。

　　基於筆者置身於高中職學校十數年，深知學校校長及相關主管，對教育替代役者在校園中所能產生的機能與貢獻均有極大的期待，認為教育替代役應該可以解決一些校園中的問題，如值夜、校門警衛、校安維護等；而具教師資格的教育代替役，則可以協助教具製作、臨時代課、協辦活動等。但是因為校園中一般行政人員對教育替代役並沒有相關的經驗，對於第一次領導教育替代役男，有不知如何下手的感覺。目前教育替代役包括校門警衛役與教育服務役，其投入於校園中能產生相同的效果嗎？學校目前的組織對於教育替代役的管理與輔導，是否具備足夠的能力？此外，教育替代役者在工作現場中存在的一些相關問題，例如，教育替代役者對學校工作的認知，與學校主管

對教育替代役者的工作期待是否有落差？教育替代役者在選擇教育替代役之後，在實際工作場所中是否滿意？學校管理者對教育替代役者是否滿意呢？瞭解相關各方對教育替代役的主觀認知與感受是本研究動機之二。

二、研究目的

　　本研究基於上述研究動機，認為教育替代役有探討的價值與必要。因此先就臺東縣內實施教育替代役之單位以及人員，以文件分析與問卷調查及訪談的方法來探討教育替代役實施之狀況與問題，企圖對教育替代役做一實徵的探討，並針對以下兩個目的：

1. 臺東縣教育替代役男目前在學校工作的真實情形。
2. 探討校園中教育替代役男之管理者與工作同仁對教育替代役者之工作滿意，並在釐清以上的問題之後，提出具體改進意見提供相關單位參考。

貳、教育替代役實施之經緯探討

一、教育替代役的緣起

　　自民國86年7月1日起實施國軍精實案後，肇致兵員需求逐年降低，因常備兵兵員過剩，役男無法如期徵集入營服役，等待徵集時間過長，造成社會問題，引起各界對我國現行徵兵制度的廣泛討論，前內政部長黃主文於87年9月16日政策宣布：我國將於民國89年實施

兵役替代役，內政部即成立規劃兵役替代役專案小組，積極推動此次役政改革方案。行政院院會完成內政部所送「兵役替代役實施條例草案」之審查後，旋即送立法院審查，案經三讀於89年1月15日完成審查（立法院公報，2000）。並修訂我國兵役法第一條：中華民國男子依法皆有服兵役之義務。民國89年修正後的兵役法在第二條中規定兵役法所稱之兵役為軍官、士官役、士兵役、替代役（兵役法，2000），將替代役定位為為之兵役之一種。在國防軍事無妨礙時，以不影響兵員補充、不降低兵員素質、不違背兵役公平前提下，得實施替代役（兵役法第二十四條）。替代役服役期間無現役軍人身分（兵役法第二十五條）。「替代役」制度於是產生。自民國89年2月2日總統華總一義字第8900028460號令公布「替代役實施條例」後，替代役實施條例業經行政院核定自89年5月1日施行，89年9月22日首批役男分發撥交各市、縣（市）政府，投入全國近二百所學校服務，至90年度止合計2388人，91年度預估各單位對教育替代役男之需求數為四千人。

二、教育替代役的類別、訓練與管理

（一）替代役之類別區分

依據替代役實施條例第四條及替代役實施條例施行細則規定，其類別區分如下：

1.社會治安類：警察役、消防役。
2.社會服務類：社會役、環保役、醫療役、教育服務役。
3.其他經行政院指定之類別。

其中「教育服務役」包括在「社會服務類」之中。替代役實施條

例施行細則第三條對各類替代役的勤務有所規定，社會治安類的警察役擔任機動保安警力、守望相助社區巡守、交通助理、刑事鑑識、矯正機關警衛、收容處所警衛及駐校警衛等輔助勤務；而在社會服務類之教育服務役，擔任山地、離島、偏遠地區國民中小學教育輔助勤務（替代役實施條例施行細則，2000）。由此可知教育替代役包括社會治安類之警察役中的駐校警衛，及社會服務類中的教育服務役。

（二）教育替代役的訓練與管理

替代役訓練區分為軍事基礎訓練及專業訓練，軍事基礎訓練由主管機關會同國防部辦理，但是專業訓練由需用之機關各自辦理（替代役實施條例第十三條）。而替代役實施條例施行細則中明定，所稱需用機關，係指替代役役男服勤單位之中央各該主管機關；所稱服勤單位，係指替代役役男擔任輔助勤務處所之主管單位。教育部是為教育替代役之需用機關，教育替代役所服務的學校即為為其服勤單位。因此教育替代役的軍事訓練係由教育部會同國防部辦理；專業訓練由教育部自行辦理。

三、教育替代役相關論述

我們常會拿理論來解釋一切，以理論來將生活經驗意義化，並假設一個框架。教育替代役的實施在教育環境的影響，目前並無直接、有力的理論或「框架」可供運用；況且教育替代役實施至今不過二年餘，第一期之教育替代役者尚未退役，本研究僅就國內學者對替代役的看法以及輿論對教育替代役的意見做一探究。

國內學者劉定基（1997）以宗教自由、良心自由為內容，在替代役的論述中指出：現行兵役制度既然如此有礙於人民的宗教自由、良心自由，則適當地建立一個兵役替代的制度恐怕已是當務之急。鍾臺

利（1999）認為配合國防改革建立替代役新制，其可預期的效果及影響有：

1.將常備兵溢額兵員及替代役體位者，合理規範轉入社會治安及社會服務工作，杜絕關說及逃避兵役管道，符合公平正義原則。
2.關懷社會獨居老人及殘障等弱勢族群，強化社區治安與互助，提高民眾生活品質，改善社會風氣。
3.大幅節省政府公帑，增進政府公共服務效能，促使國軍保持精壯，役男專長能學以致用，創造政府、國軍、社會及役男「四贏」局面。

曾碧淵（1999）綜合歐洲各國實施兵役替代役（或稱社會役）經驗，歸納其特質有：

1.實施替代役的前提是不影響國家安全和兵員的補充。
2.推動替代役之目的在彌補政府執行公共利益能力的不足。
3.基於公平與正義原則，服替代役之役期均較兵役期為長，且原則上不得排擠到一般社會大眾的就業機會。
4.規劃妥善的替代役制度，可使役男更適才適所地發揮其專長。
5.替代役的基本訓練、待遇、權利義務及相關管理措施，大多另訂替代役法及替代役專責機關執行。
6.替代役能在歐洲國家盛行，這主要和各國社會環境和具有完整配套的社會福利措施相結合有關。

許修豪（1996）以德國實施兵役替代役制度之成功經驗，觸及女子加入服役行列的議題，認為當兵役、替代役等類型若統合為一個廣泛的人民勞動義務概念，不再以兵役為唯一主角，女子納入服役行列更成為必然的建制結果。他也認為社會役係兵役之替代役，工作性

質、環境壓力等等，都和兵役不可同日而語，倘管理不嚴，不但造成對服二種役別者之不平等，更可能迅速崩壞制度（許修豪，1996）。陳正烈（1999）在替代役實施條例之研究論文中整理各方對替代役的看法，列出正反兩方面的意見，詳見**表一**。

表一　替代役正反兩意見表

正面肯定的觀點	反面保留的觀點
1.兵役替代役的實施，將有助於落實「服役正義」，如採行兵役替代役制度，不符合兵役體位者，仍須服替代役，對服役平等理念的貫徹，有正面的意義。 2.社會役可使具有宗教信仰，或基於良知理由拒絕服役之役男，投入其他法定公役務以代替兵役的履行，避免國家因處罰此等「良心犯」而動搖刑罰權力的正當性。 3.兵役替代役之實施，乃是解決因國軍精實案實施後所產生之兵員溢額問題的方案中，最具正面積極效果的，將過剩的軍中人力投入社會公共事務中，將可提升政府執行公務的能力。 4.民生法治國是我國立國的基本原則之一，政府能利用人數眾多的役男來完成社會福利的工作，並且經由社會工作的參與，將可喚醒役男鄉土意識，增進其道德情操。 5.兵役替代役之實施，將使具備特殊專長的役男，能夠透過較為多元的服務方式，展現所長，回饋社會，報效國家，以增強兵役義務履行之正面價值。	1.由於我國目前仍隨時面臨中共武力犯臺的威脅，臺海形勢在可見的未來並非處於長期穩定的狀態，未經軍事訓練之替代役役男，無法立即執行捍衛勤務，將來不免有兵員不足之虞。 2.學有專長及學歷較高者集中於替代役，對常備兵素質產生排擠作用，不利於國軍整體人力素質之提升。再者，對於不具專業技能，而無法充服替代役之役男來說，兵役制度的公平性也會遭受質疑。 3.由規劃的替代役服役種類來說，許多工作如警察、消防、社會服務等，都具備高度專業性質，縱使他們有充服替代役的熱誠，但也不一定能夠勝任工作。 4.接受替代役役男的非軍方單位，能否有效管理役男，並公正考評其工作表現，這對喜歡講人情、靠關係的中國社會，容易產生弊端。 5.外島和本島生活條件差距過大，替代役是否亦有赴外島服役的機會，若有，遴選方式為何，若沒有，對於教育程度較低或不符專長需求，而無法服替代役之役男，亦形成不公平的情事。

資料來源：整理自陳正烈（1999）。

從以上各專家學者看法可以瞭解，在國軍實施精實案後，對於多餘的役男員額，政府運用其專長及能力或考慮其性向，將其投入於社會之科技、社會福利、環保、警消、教育等領域中，以多元的服務方式回饋社會、報效國家，是現階段我國役男總體人力規劃所必然要實施的替代役政策；除了兵役替代之必然性外，也得以解決因宗教、良心自由等因素拒服兵役者，其服役類別之選擇，使服役的公平性更周延；然替代役實施成功與否，其細部的規劃與執行確實是成敗的關鍵。研究者自民國86年替代役討論期間到民國89年替代役之立法階段各報紙有關替代役的論述，歸納整理出輿論對實施兵役替代役持正面肯定者認為：

1.替代役立意佳，能為宗教因素不執武器之良心犯，提供服役機會。
2.替代役是跨世紀的役政改革，使服役的概念更為寬廣。
3.替代役能解決偏遠、離島、山地鄉教師荒的問題。
4.替代役能使役男的專長獲得發揮。

一般民眾對實施替代役，其持保留態度或擔心可能產生的問題計有：

1.公平性的質疑；哪些人可以服替代役？可以服哪些替代役？
2.擔心兵員不足，影響國防安全。
3.替代役將助長關說請託之風。
4.替代役之役期應比兵役役期為長。

由這些從報紙上所反應出來的看法，可以知道民眾最擔心的是替代役的公平性，尤其是在重人情的中國人社會中。如果制度設計有漏失，可能更會助長因替代役所衍生之關說、走後門情形；然而替代役的施行，在目前國防所需兵員減少的情形下，多餘役男的服役安排，

是勢在必行的措施，若能兼顧服役的公平，及發揮役男專長，補足政府施政照顧不足之處，更是有益於社會，亦有助於服役的公平及正義。

教育替代役是兵役替代役的一種，將兵役溢額之役男，其中具教育專長或願擔任校園警衛之役男，使其擔任教育替代役；一則解決偏遠地區教師不足的問題，一則解決校園警衛不足所衍生的校園安全問題。而對役男本身，亦因其具有教育專長，而在服役期間能在校園發揮所長，不致因服兵役而荒廢專業；或擔任校園警衛，提供校園安全的服務，在兵役之外，另闢一條貢獻自己能力服務社會的途徑。

參、研究方法

本研究以問卷調查法瞭解教育替代役在學校中的實際工作狀況，而以半結構式訪談方式探討學校中的管理階層及教職員工對教育替代役的感受，以及教育替代役者本身在工作環境中的感受及是否滿意。

一、研究流程設計與實施

臺東縣的教育替代役分散在南北狹長一百六十公里的縣境及綠島和蘭嶼兩離島上，為瞭解教育替代役目前工作的一般狀況，首先製作調查問卷。問卷的內容為：能否勝任目前的工作、是否喜歡所服務的學校、是否滿意學校提供的生活設施、是否以服教育替代役為榮、服勤及生活的狀況如何、和學校行政人員相處的情形、服替代役前後對工作內容的認知是否一致、是否認為對學校有貢獻等。經試測後分寄縣內所有教育替代役實施普測。研究問卷製發及運用流程如圖一。

製作「臺東縣教育替代役校園工作狀況問卷調查表」發送臺東縣

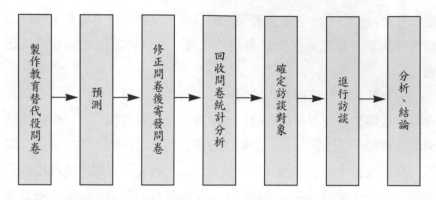

圖一　問卷製發及運用流程

所有的教育替代役者。回收之問卷以算術統計找出相關之資料，並據以確立訪談的對象。

二、問卷回收與統計

　　截至90年10月15日止，臺東縣之教育替代役役男共五十二位，寄發「臺東縣教育替代役校園工作狀況問卷調查表」給所有臺東縣之教育替代役役男。整理回收之問卷資料後，發現同屬教育替代役之教育服務役與駐校警衛役，其對各項問題所呈現的答案，表現截然不同的認知與態度。分析其間最大的差異在於教師證的有無。教育服務役者具備教師證，而駐校警衛役沒有教師證。因此，本研究將教育替代役可分為有教師證的教育替代役與無教師證的教育替代役，以利研究進行。

　　回收「臺東縣教育替代役校園工作狀況問卷調查表」，共計發出問卷五十二份，有效回收問卷四十二份，問卷回收率為80.8％。其中有教師證之教育替代役計回收二十五份，無教師證之教育替代役計回收十七份。由於樣本可說就是母體、因而沒有必要作統計考驗（章英

華等人，1998）。

肆、研究結果

一、問卷結果

統計調查問卷結果如**表二**。茲分述如下：

1. 教育替代役在能否勝任學校派任之工作、是否喜歡所服務之學校、是否以服教育替代役為榮、是否樂於與學校教職員一同工作、學校所提供之生活設施、服勤時間管制、生活管理要求及是否願意再次選擇教育替代役等問題中，均為六成以上的正面肯定答案；但在服教育替代役前後的工作認知上有47.6％認為吻合，且有21.4％認為不吻合；而在自認為對學校的貢獻程度問題中，有57.1％認為對學校有貢獻；惟若將有教師證之教育替代役與無教師證之教育替代役對各項問題之看法分別統計，則有很大的不同。

2. 有教師證之教育替代役者對能否勝任學校所派任的工作，持肯定答案者為88％，遠高於無教師證之教育替代役的47.1％。

3. 有教師證之教育替代役者對目前所服務的學校是否喜歡，持肯定答案者為84％，遠高於無教師證之教育替代役者的47.1％；無教師證之教育替代役者持負面看法的有29.4％。

4. 有教師證之教育替代役者對是否以服教育服務育為榮，持肯定答案者為88％，遠高於無教師證之教育替代役者的35.3％；有47.1％的無教師證之教育替代役者不表示意見；甚至有17.6％

表二　臺東縣教育替代役校園工作狀況問卷調查表統計結果

問題	表達意見	有教師證之教育替代役	無教師證之教育替代役	合計
1.能否勝任學校所派任之工作？	正面肯定態度	22/25=88％	8/17=47.1％	30/42=71.4％
	中立態度或沒意見	3/25=12％	9/17=52.9％	12/42=28.6％
	負面否定態度	0/25=0％	0/17=0％	0/42=0％
2.喜歡目前所服務的學校嗎？	正面肯定態度	21/25=84％	8/17=47.1％	29/42=69％
	中立態度或沒意見	4/25=16％	4/17=23.5％	8/42=19％
	負面否定態度	0/25=0％	5/17=29.4％	5/42=11.9％
3.以服教育替代役為榮嗎？	正面肯定態度	22/25=88％	6/17=35.3％	28/42=66.7％
	中立態度或沒意見	3/25=12％	8/17=47.1％	11/42=26.2％
	負面否定態度	0/25=0％	3/17=17.6％	3/42=7.1％
4.樂意和學校教職員工們一同在校園中工作嗎？	正面肯定態度	21/25=84％	8/17=47.1％	29/42=69％
	中立態度或沒意見	4/25=16％	8/17=47.1％	12/42=28.6％
	負面否定態度	0/25=0％	1/17=5.9％	1/42=2.4％
5.滿意學校所提供的生活設施嗎？	正面肯定態度	21/25=84％	6/17=35.3％	27/42=64.3％
	中立態度或沒意見	2/25=8％	5/17=29.4％	7/42=16.7％
	負面否定態度	2/25=8％	6/17=35.3％	8/42=19％
6.學校的服勤時間管制合理嗎？	正面肯定態度	22/25=88％	7/17=41.2％	29/42=69％
	中立態度或沒意見	3/25=12％	8/17=47.1％	11/42=26.2％
	負面否定態度	0/25=0％	2/17=11.8％	2/42=4.8％
7.學校對教育替代役的生活管理合理嗎？	正面肯定態度	23/25=92％	10/17=58.8％	33/42=78.6％
	中立態度或沒意見	2/25=8％	7/17=41.2％	9/42=21.4％
	負面否定態度	0/25=0％	0/17=0％	0/42=0％
8.服役前及服役後對工作範圍的認知吻合嗎？	正面肯定態度	17/25=68％	3/17=17.6％	20/42=47.6％
	中立態度或沒意見	7/25=28％	6/17=35.3％	13/42=31％
	負面否定態度	1/25=4％	8/17=47.1％	9/42=21.4％
9.自認對學校的貢獻程度？	正面肯定態度	16/25=64％	8/17=47.1％	24/42=57.1％
	中立態度或沒意見	9/25=36％	7/17=41.2％	16/42=38.1％
	負面否定態度	0/25=0％	2/17=11.8％	2/42=4.8％
10.若能再次選擇，願意再選擇教育替代役嗎？	正面肯定態度	19/25=76％	7/17=41.2％	26/42=61.9％
	難以決定	4/25=16％	7/17=41.2％	11/42=26.2％
	負面否定態度	2/25=8％	3/17=17.6％	5/42=11.9％

的無教師證之教育替代役者不以教育替代役為榮。

5. 在與學校教職員工工作相處情境之問題中，有教師證之教育替代役者，持肯定答案者為84％，遠高於無教師證之教育替代役者的47.1％。

6. 在是否滿意學校所提供的生活設施問題中，有教師證之教育替代役者持肯定答案者為88％，遠高於無教師證之教育替代役者的35.3％，並且有35.3％之無教師證之教育替代役者不滿意學校提供的生活設施，亦高於有教師證之教育替代役者8％不滿意的比例。

7. 有教師證之教育替代役者對服勤時間的管制，持肯定答案者為88％，遠高於無教師證之教育替代役者的41.2％。

8. 關於學校對教育替代役者之生活管理要求，有教師證之教育替代役者，持肯定答案者為92％，高於無教師證之教育替代役者的58.8％。

9. 全縣教育替代役役男認為目前在學校中的工作，與服教育替代役之前所認知將從事的工作相吻合者僅47.6％；其中無教師證之教育替代役者僅17.6％認為吻合，有高達47.1％認為不吻合。

10. 關於自認對學校的貢獻程度問題，有教師證之教育替代役者持肯定答案者為64％，高於無教師證之教育替代役者的47.1％。

11. 對於若有再次選擇機會時，是否會再選擇服教育替代役的問題，有教師證之教育替代役者有76％持肯定答案；無教師證之教育替代役者則為41.2％持肯定答案。

12. 整理問卷最後，由答卷者所寫的工作項目，如**表三**發現，有教師證的教育替代役者總計其工作項目計二十八項，無教師證的教育替代役者其工作項目共計十五項；其中兩者共同的項目計

表三　答卷者所列之工作項目整理

	編號	教育替代役工作細目	有教師證	無教師證
教務處	1.	臨時代課	★	
	2.	補救教學	★	
	3.	學生課業輔導	★	
	4.	協辦教師研習	★	
	5.	圖書管理、分類、建檔	★	
	6.	社區化成人教育活動	★	
	7.	教務資料處理	★	
	8.	資訊教育	★	
	9.	電腦教室之軟硬體維修	★	
	10.	合唱團管理	★	
	11.	網路管理	★	
訓導處	12.	學生資料處理	★	
	13.	支援一般行政工作	★	★
	14.	認輔學生	★	
	15.	校園安全巡視	★	★
	16.	路隊導護	★	★
	17.	學生輔導	★	
	18.	學生秩序管理	★	★
	19.	住校生生活管理	★	
	20.	意外事件處理	★	★
	21.	管理營養午餐	★	★
	22.	中輟生輔導	★	★
總務處	23.	整理校園環境（包括除草）	★	★
	24.	校門警衛	★	★
	25.	資源回收工作	★	★
	26.	公文製作	★	
	27.	繕寫支出、收入傳票及付款憑單	★	
	28.	門窗維修、牆壁粉刷、路面維修		★
	29.	廁所清掃		★
	30.	校內相關設施的開關管制		★
其他	31.	臨時交辦事項	★	★
	32.	實習旅館值班		★

十一項；扣除掉共同的工作項目後，有教師證的教育替代役者特有之工作項目計十四項；而無教師證的教育替代役者特有工作項目計有四項。

從以上之分析中得知，有教師證的教育替代役者在對學校派任工作之勝任、對學校的認同、與教職員工的相處、對生活設施的滿意，均有極高的滿意度，並自認對學校有貢獻，而且絕大多數表示若能再次選擇，還是會選擇服教育替代役；而無教師證之教育替代役者，滿意程度則不高，在生活設施及對工作範圍的認知尤其不滿意。這應該是有教師證的教育替代役者多半從事與教學工作直接相關的工作，如臨時代課、擔任補救教學、協辦教學活動等；而無教師證之教育替代役者的工作項目多半為校安維護、校園清潔及維修工作等有關。

二、個案訪談結果

從上述的問卷調查發現，無教師證的教育替役者對工作的狀況持較多負面的看法；又對照工作項目發現，有教師證的教育替代役工作項目遠多於無教師證的教育替代役，應該是工作負擔較重，但卻有較高的工作滿意度，因此決定挑選無教師證的教育替代役者作為訪談的對象。○○國小的教育替代役者均無教師證，且有多次反應工作環境不良的情形，所以就以○○國小呂○○為訪談對象，採半結構式訪談方式，並行三角檢測法，期能瞭解教育替代役在學校的實際狀況。

（一）訪談對象

主要訪談呂○○，是因為呂○○是該校三位無教師證之教育替代役者中表達能力最強的，對教育替代役在學校的工作也最有意見，其他兩位教育替代役葉○及蕭○○也樂於由呂○○代替他們表達意見。

■**教育替代没没男呂○○小檔案**

臺灣省彰化縣人，已婚，育有一女（十個月大）。妻現就讀夜校三年級。曾因車禍傷及脊椎及聽力，以替代役體位服教育替代役，無教師證。九十年十一月廿一日下午三時三十分於○○國小警衛室進行訪談。

■**訪談臺東縣○○國小工友賴小組**

賴小姐目前在工作上負責指導呂○○，年紀約莫四十出頭，育有二子，上班時著長褲、穿球鞋，行動敏捷，動作俐落，首次和研究者見面即主動親切招呼。

■**訪談臺東縣○○國小林校長**

林校長九十年暑假期間開始接任該校校長，是臺東縣少數的女性國小校長之一，身高約一七○公分，和學校教師站在一起時，有鶴立雞群的感覺，態度親切，眉宇間隱約露出堅毅的神情。

（二）教育替代役者、學校主管及行政人員進行訪談之紀錄作三角檢測

■**○○國小教育替代没的生活環境與設施**

研究者和呂○○相約90年11月21日下午三時進行訪談。當研究者到時，葉○○告訴研究者：「呂○○還在睡覺，他常常午睡叫不醒。」研究者問葉○○是否因為呂○○聽力不好，所以聽不到叫門聲。葉○○說：「大聲一點還是聽得到，是他每天晚上跑出去，太晚回來了啦──」葉○○表情憨厚，講話有些大舌頭，常在說話時用手抓他已修剪成平頭的短髮。

該宿舍是一棟日式建築，外觀頗為老舊，屋瓦還算完整。一棟隔成三戶，呂○○和葉○○住同一戶內相鄰的兩個房間，中間間隔一空戶儲藏雜物，蕭○○自住一戶。研究者和葉○○拍打門板十多分鐘，呂○○才開門。觀察其房內除固定式衣櫥及地板上的床墊外，沒有其

他家具陳設，各種生活用品及空寶特瓶散放於地板上，房間內隱約可聞到一股異味；隔房葉○○的房間內生活用品收理整齊，棉被整齊疊放於床墊上。

宿舍內水電設施完整，但水是取自地下水井，每戶有一套衛浴設備。宿舍位於校園之北邊角落，東鄰一片稻田，學校另有單身老師宿舍，位於學校校門之斜對街。據悉教育替代役役男們與住學校單身老師宿舍之教師，課餘並無交流活動；三位教育替代役役男自成一生活團體。宿舍後方有數戶民宅，教育替代役役男們常於晚間到民宅內看電視。從宿舍步行五分鐘可到市區，三位教育替代役役男中有二位自備機車。宿舍內沒有廚房設施，早晚餐須自行外食解決，而中餐則配合值勤，在學校搭伙吃營養午餐。因為採積假輪休方式（一次八天），宿舍內只經常保持二人，一人值勤，一人待勤。

■進行三角檢測

表列呂○○、工友賴小姐及林校長間對同一問題看法上的差異，如**表四**。

從表四中可得知，教育替代役中駐校警衛役的設置，其主要的任務就是負責學校安全維護工作，包括夜間值勤；但學校在獲得教育替代役後，卻因為輔助勤務如環境清潔（割草）的不能配合，以及教育替代役對生活設施的不滿意，造成教育替代役役男與學校間彼此的怨懟，如此工作環境必然妨礙正常工作的推展，及教育替代役功能的發揮。

（三）小結

綜合呂○○、林校長及工友賴小姐之間的看法，得到以下幾點看法：

1.工作內容的認知不同：呂○○認為除了校園警衛工作之外，其

表四　呂○○、林校長和工友賴小姐看法上的差異

呂○○的看法	林校長的看法	工友賴小姐的看法
學校提供的住宿環境不佳。宿舍很熱，連電扇都沒有。	雖然學校住宿環境不佳，已盡力改善教育替代役的住宿環境。但因經費預算的關係，無法於短期間內改善。	現在的年輕人不能吃苦。
剛到學校服務時，學校要我們繳電費，是在作弄我們。	按照學校宿舍規定，電費是要由住宿者繳交，但學校也因教育替代役所得微薄，又是服役期間，也沒向他們收取。	浪費學校資源（打電話、吹冷氣）。
除了校門警衛工作外，其餘的工作都是協助性質，例如割草。協助校園環境打掃工作只是讓工友的工作更輕鬆。	除了校園警衛工作外，學校主要希望教育替代役能協助割草工作，但該校教育替代役的配合度不佳。	對校園環境維護工作不認真。教育替代役的加入並沒有減少工友的工作份量，因為會有新工作增加。
學校認為我們是別的學校挑剩下的，所以一開始就對我們有成見。	教育替代役的分派應該公開，不能由某些學校先選，以免不公平。	電腦也不會，粗重的也做不來，又會計較，動不動就和你講權益。不要出事就很好了。
如果能選擇，還是會當教育替代役，但不希望是這所學校。	三位教育替代役各有優缺點，如果目前的三位不能調換的話，那留下葉○○一位也就可以了。	要叫他們做事情，不如自己做一做比較乾脆。
學校負責人未善盡輔導照顧之責。	但是學校已經盡力改善，但仍不能獲得學校教育替代役的體諒。請總務主任買油漆和刷子，我想他們有空的時候，自己把房子油漆一下，這樣看起來至少不會有那麼老舊的感覺，應該會住得舒服一些；但是，他們到目前為止並沒有做。	不能吃苦。

（續）表四　呂○○、林校長和工友賴小姐看法上的差異

呂○○的看法	林校長的看法	工友賴小姐的看法
替代體位所以才服教育替代役。	素質不良的教育替代役會影響校譽，造成學校困擾。人格特質不適合在校園工作者，不應該服教育替代役。	教育替代役對校園安全之維護功效不大。
我們是人家「挑剩下」不要的。	應該各校共同挑選才對，要不然變成誰先到先選，那對後到的學校不是很不公平嗎？	別的學校教育替代役好勤快呢！
已經很努力配合學校的要求，但是學校似乎永遠不滿意。	學校教職員對教育替代役的整體表現持負面看法。缺乏服務熱忱。服從性不高。	對工作推託，會爭權益而不盡義務。

他的是協助性質；林校長及賴小姐都認為環境維護工作是教育替代役的工作項目之一，和校園警衛工作一樣重要。

2.對工作的熱忱度：呂○○認為反正是服替代役，時間到了就離開，無所謂工作熱忱的問題；林校長及賴小姐則認為其缺乏服務熱忱，而服務熱忱在校園中是很重要的，因此林校長認為應該篩選人格特質相符的人擔任教育替代役。

3.學校提供的生活設施：呂○○認為既然提出教育替代役的需求，就應該提供必須的生活設施；林校長認為學校宿舍只是老舊，而且也已盡力修繕，教育替代役自己本身也應該為自己的生活環境付出一點力量；賴小姐則認為是其要求太高，年輕人不能吃苦。

4.對校園安全的維護：呂○○認為已經盡力了；林校長認為和以前沒什麼不同；賴小姐認為抓不到入侵校園的歹徒就是沒有功效。

5.對教育替代役的看法：林校長及工友賴小姐均認為既然是服替

代役，就必須服從命令、盡忠職守；但教育替代役役男卻認為能平安度過服役時間即可。

6.教育替代役分派到校的問題：呂○○等人因被「挑剩下」而認為受到學校的輕視；工友賴小姐也羨慕別校的教育替代役役男比較勤快；林校長亦認為對沒有享有挑選教育替役役男權利的學校不公平。

從以上各方對教育替代役的看法，研究者於訪談中得到以下五點結論：

1.教育替代役役男呂○○，不具教師資格，在校園中服替代役，所能擔任的工作就是校門警衛及環境維護，而其不能安於工作是教育訓練不足及管理機制不彰的結果。

2.提供教育替代役役男一個妥善的生活設施，是提出教育替代役需求單位必須具備的條件，無關教育替代役者能否吃苦；而盡力修繕與已完成修繕是兩件事，不可因已盡力修繕而規避未完成修繕的問題。

3.服役就是依法令提供自己的時間、能力、智力及體力等，貢獻國家社會。教育替代役役男服勤管理實施要點是教育替代役工作管理的法令依據，依法而行，無關工作熱忱、盡忠與否的道德要求。

4.學校警衛役設置的目的是為維護校園安全，一如國家設置警察以維護社會治安；不能因為沒有抓到入侵校園的歹徒而否定教育替代役維護校園安全的功能，一如不能因為破案率不高而否定警察維護治安的功能。

5.教育替代役役男分派到校服務，表現不佳時，原因有很多；分派來的素質不良只是其中因素之一；分發作業的不當是有可能造成不良素質集中一校的狀況，但良好的分派作業，只會改善

分配的情況，並不會改變教育替代役者的素質。

伍、討論與建議

一、結論

綜合問卷調查呈現的結果，以及實際的訪談的發現，本研究得到以下幾點結論：

（一）有教師證的教育替代役滿足於校園中的工作狀況

從回收的教育替代役問卷中可以清楚地發現，無教師證的教育替代役和有教師證的教育替代役呈現兩種不同的答案；有教師證的教育替代役對於校園工作的狀況表示滿意、和教職員工工作融洽、喜歡工作的環境、滿意學校提供的生活設施、能以當教育替代役爲榮，並自認爲對學校是有貢獻的；而無教師證的教育替代役則對於校園工作的狀況、和教職員工工作情形、工作的環境、生活設施等滿意程度不高，且較少以服教育替代役爲榮，並且認爲對學校的貢獻不多。

（二）無教師證的教育替代役（駐校警衛役）對校園工作的認知有差距

從訪談中可以瞭解到，無教師證的教育替代役（駐校警衛）認爲其任務就是擔任學校校園警衛工作，而校園清潔維護等勤務工作，只是協助性質，從問卷統計及訪談中，均可感受到無教師證教育替代役者不願意從事校園清潔的工作，正確地說應該是不願從事像割草、清掃廁所等較辛苦的工作。

（三）學校組織成員對無教師證的教育替代役（駐校警衛役）持較負面看法

當無教師證的教育替代役（駐校警衛役）對校園工作不滿意，表現在外的工作狀況勢必不良，這種不良的工作狀況必然不被學校其他工作同仁接受，而無教師證的教育替代役（駐校警衛役）又是服役性質，雖不具現役軍人身分，但也不受公務員之考績考核。因此，一般教職員工除了對他們採取消極的抵制、不理之外，學校主管亦不忍心依教育替代役管理要點實施懲處措施。

（四）分發作業程序會影響教育替代役在學校工作的情形

從訪談中知道，個案中的教育替代役從分發到該校開始，因為分發作業的疏失，引發其被輕視的感覺。雖然只是個案資料，但本研究可以體會這種被人認為是「挑剩下」的這種不愉快的感覺。如果這種粗糙的分發作業不予改善，則必將會再有「挑剩下」教育替代役男，帶著不愉快的心情進入校園服務，而學校亦將帶著倒楣的心情迎接被「挑剩下」的教育替代役。

二、值得討論的問題

教育替代役若能提供人力不足的校園適當的人力支援，為何申請的學校單位不多呢？以臺東縣教育替代役的人數為例，民國91年度為止，不過五十二人。分發到申請學校後，最多的一校是三人，其餘大多一人服務一校。在學校教職員工組織結構中，教育替代役男是一新加入的組織成員，但他既非教師，亦非職員，有自成一套的法令規定，其在學校行政組織的環境中，對學校的教學及行政運作必然造成或多或少的影響。

再就教育替代役男本身而言，相較於一般役男在軍中的集體生活，他像是在陌生環境中孤軍奮鬥，尤其是放學後，在遍遠山區的國小校園中，只有教育替代役役男在漆黑的校園中度過漫漫長夜。因為制度本身尚屬實施的初期，加上配屬各單位主管的認知有極大的不同，因此產生諸多始料未及的問題。教育替代役在學校中，存在著管理不落實、教育替代役役男權益未獲充分保障及役男專長未有效發揮等缺失。

　　有教師證之教育替代役工作項目較無教師證之教育替代役為多，所服務的幅度較廣，其工作項目多為較具專業性質的工作，如電腦、網路管理、學生課業、學生輔導、住校生輔導等；而無教師證之教育替代役即校門警衛，所擔任的工作為交通管制、校園環境維護及校門警衛等。有教師證之教育替代役較無教師證之教育替代役功能多，而且較滿意於學校的服務工作。一位有教師證之教育替代役的看法頗值得重視：楊○○是一位有教師證的教育替代役，目前正在臺東市郊的一所國小服教育替代役，在一次未經安排的會面中，談到他所瞭解的教育替代役在學校的工作情形。以下摘錄他的說法：

　　　現在有教師證的教育替代役都是合格的教師。要拿到教師證除了要盡力修足教育學分外，還必須實習一年；為了拿到好的成績，實習教師莫不戰戰兢兢全力以赴，就算有再多委屈，大家也都忍耐度過；和現在服教育替代役相比，現在的工作環境和以前（實習時）相差不多，又沒有實習成績的壓力，工作的性質和所學一致，正好學以致用；更何況有那麼多學長學姐照顧，大家以後在教育界又都是同事，我們再怎麼混，也不可能砸壞自己的招牌；如果把自己的名聲搞壞了，服完替代役後，要參加各學校的教師甄試，那誰還敢錄取你呢？
　　　服役是國民應盡的義務，現在有教育替代役的選擇，可以不用服

兵役，我已經很高興了。要是和千辛萬苦考上預官的學長、同學相比，服教育替代役對我們這些具有國小教師資格的人來說更是有利；我們在學校服教育替代役，二年的時間打好人際關係，將來學校出缺，那最理想；就算學校沒有出缺，在教育界的圈子裏，資訊蒐集也比較快速、正確，所以我很喜歡當教育替代役。

三、建議

（一）教育替代役一律以有教師證者為登記條件

學校是教育單位，有其獨特的校園文化，有教師證的教育替代役已適應校園的作息、瞭解教育的內涵、清楚組織的運作，而且校園就是他未來的職場，在這樣的環境中工作，不僅對教育替代役是一種幸福，更能為學校提供最佳的服務。

（二）督考單位直接分發教育替代役服務單位

目前教育替代役的分發由教育部分發至縣（市），各教育替代役役男的派令只寫明分派縣（市），造成各學校挑選人的情形；若能直接由縣政府教育局分派服務學校，則因挑選人所造成的「挑剩下」的教育替代役役男及沒得挑的學校之困擾，當可獲得解決。

（三）加強督考教育替代役在學校服勤狀況

教育替代役在服役時，不具軍人身分，亦非正式公務人員。臺東縣政府雖訂頒「臺東縣各級學校教育替代役役男服勤管理實施計畫」，且辦理過學校教育替代役相關主管的講習，然而因職務的更替及不具備類似的經驗，對表現欠佳之教育替役役男鮮少懲處的案例。

（四）學校能提供良好的生活設施才撥派教育替代役

有良好的生活設施才能讓教育替代役安心工作，畢竟學校提出教育替代役的需求，是希望其能爲學校服務，而非檢驗教育替代役是否能刻苦耐勞。

參考書目

立法院公報（1999）。兵役替代役實施條例草案（委員會審查），89卷3期，頁181-208。

立法院公報（1999）。兵役替代役實施條例草案（委員會審查），89卷3期，頁3-160。

立法院公報（1999）。兵役替代役實施條例草案（委員會審查），89卷5期，頁241-286。

立法院公報（1999）。兵役替代役實施條例草案（委員會審查），89卷7期，頁25-42。

立法院公報（2000）。兵役替代役實施條例草案（三讀），89卷9期，頁1-517。

秦修好（民72）。中外兵役制度。中央文物供應社。

許修豪（民85）。兵役替代役可能性之初探。國防管理學院學報，第I7卷第2期。

陳正烈（民88）。替代役實施條例之研究。國防管理學院法律研究所碩士論文。

陳定中（I992）。我國現階段實施警察役、社會役之可行性分析。役政特刊，2期。

國防部（民89）。中華民國八十九年國防報告書。

章英華、呂寶靜、黃毅志（1998）。國內社會學、社會福利與社會工作專業期刊排序。國科會專題報告。

曾碧淵（民88）。對我國實施兵役替代役之評議（一）（二）。勞工論壇，577-578期。

劉定基（民86）。宗教自由、良心自由與替代役──從釋字第490號解釋談起。律師雜誌，第242期，11月號。

鍾臺利（民88）。配合國防改革建立替代役新制。政策月刊，49期。

侯見明（2002）。http://home.pchome.com.tw/home/t2t2b2c/index.htm 2002/7/20

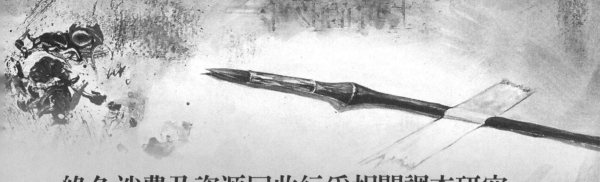

綠色消費及資源回收行為相關調查研究
——以台東市國中一年級為例

吳定哲

台東縣介達國小幹事

20

壹、前言

　　自1992年的地球高峰會議正式提出「永續發展」之主題以來，具永續性之生產與消費型態就受到全球各國之重視，綠色消費亦是被視為達成全球永續發展目的之重要工作。在各國紛紛提出永續發展策略、綠色採購、環保標章、環保稅等措施，來推動綠色消費工作（于寧，2000）。而台灣也於民國82年正式推動環保標章，並以「可回收、低污染、省資源」為其環保理念，促使民眾改變原有消費模式，鼓勵民眾推動資源回收再利用，以降低垃圾處理的壓力，對環境減少污染負擔，並促使政府將綠色消費、垃圾減量、資源回收的觀念與做法納入各級學校教育體系中（程仁宏，1998）。

　　而隨著台灣經濟發展的迅速，國人的消費能力也隨之提升，相關生活物質的提供也相對增加，也因而導致垃圾量也逐年增加。根據統計，台灣地區從民國77年度至87年度十年間，平均每年垃圾成長率為6％，而台灣地區垃圾中可以回收再利用部分，約占其總量40％以上（行政院環境保護署，2001）。

　　台灣土地有限，人口眾多，資源物質若能加以妥善分類回收，不但可降低環境負荷，而且減少垃圾清理費用，並且增加可再利用之資源（行政院環保署，2001）。而在政府推動綠色消費及資源回收上，學校在環保及教育單位的鼓勵下，大多數國民中小學中，又以資源回收方面各有不同程度的表現，以台東市為例，於88年7月全面實施資源回收，其回收率為16％，89年回收率為19％（台東市公所，2001），成效尚可，其餘鄉鎮可由台東縣從90年12月全面強制垃圾分類資源回收實施情形得知效果不佳。台東縣位屬於台灣東部，地廣人稀，地方居民及相關教育單位對於環境品質負荷的感受是否會造成程

度上差異，值得探究。因此本研究擬探討國內和各國綠色消費、資源回收實施現況，以及瞭解學校實施綠色消費、資源回收的現況，故研究係針對台東市國中一年級學生進行調查，以瞭解學生的綠色消費認知程度、資源回收行為，有哪些因素會影響學生綠色消費及資源回收行為，進而瞭解推動綠色消費和資源回收有哪些問題待解決，最後將研究結果歸納，作為教育單位、環保機關推動綠色消費、資源回收行為上的參考。

貳、綠色消費及資源回收相關文獻探討

一、綠色消費的源起

1972年，聯合國召開「聯合國人類環境會議」，即已開始關心全球環境保護與發展的問題，聯合國並於1983年成立世界環境與發展委員會，1987年於環境與發展報告中首度提出「永續發展」的觀念。報告中要求對於人類活動與科技對環境產生之衝擊予以限制，並且兼顧開發中國家與未來世代之需求。因此如何減少工業化國家過度生產與消費型態之衝擊，便成為各國環保人士關心的重點。隨著「永續發展」名詞的被提出後，「綠色消費」也被賦予改變人們原有的消費行為模式，其最終目的就是為達地球的永續發展，故綠色消費又被稱為「永續消費」。

而全球綠色消費運動之興起，始於德國政府在1977年推動的藍天使環保標章計畫，德國政府想藉此計畫的執行，能教導與提升德國民眾的環保意識，並且改變一般消費者的消費型態。1988年加拿大的環境選擇標章計畫也成立，1989年日本的環境標章與北歐國家之天鵝環

保標章計畫先後推出，此後各國紛紛跟進，環保標章計畫亦成為全球綠色消費運動之主流活動。聯合國於1992年6月在巴西里約熱內盧召開環境與發展高峰會議（UNCED），在會議中永續生產與消費被視為是達成全球永續發展的重要工作。

而1994年1月在挪威舉行的首次國際「永續消費討論會」，提出了永續消費之基本定義為：「在不致危害未來世代需求條件下，使用在其生命週期中能降低天然資源與毒性物質使用及污染物排放之產品與服務，以維持人類之基本需求並追求更佳的生活品質。」（于寧，2000）

經由相關國際活動與會議，確定相關團體應扮演的推動角色、執行措施與工作計畫後，於是以OECD（經濟合作開發組織）國家為首，各國紛紛推出各項鼓勵綠色消費之法規、經濟工具、社會工具等措施，例如修改能源效率標準、取消對於水電費的津貼、推動綠色政府採購等，以符合綠色消費的基本要求。

二、綠色消費原則及政府角色

參酌美國《綠色消費指南》（陳陵援，1994）及英國環保組織Sustain Ability出版的《綠色消費指南》後（胡憲倫，1999），可得知綠色消費的原則是消費者在進行消費時應盡量選擇天然物為主，若非天然物時也要儘可能選購高回收率的產品，使產品能夠再生使用，以符合低污染、可回收、省資源之原則。而綠色消費並非個人行動，應該擴大個人的影響力，使得家人朋友都能夠一起採購綠色產品，使得產品製造商因為消費者消費型態的改變，轉而生產綠色的產品。以往消費者在選購買物品時，並不會特別注意物品的製造過程及使用完後會不會造成嚴重的污染，是否符合廢棄物減量的原則，以及產品本身是否因製造商過度包裝造成資源過度被浪費。隨著地球人口的持續增

加、經濟的蓬勃發展，但地球資源逐漸被耗盡時，必須由人類轉變原有消費型態以避免環境污染日益嚴重。

綠色消費是全民的運動，政府單位應扮演主導的角色，綠色消費已經是國際的潮流，先進國家為鼓勵綠色消費，已採取各種措施，其中最重要者即為政府機構的「綠色採購」（Green Procurement）制度。以加拿大政府為例，政府機構每年之採購金額約占全國採購金額的三分之一，可說是相當十分龐大，並且有帶頭示範的效果。因此在中央與地方政府方面，已陸續推動綠色採購制度，並且將其推動至公共事業（如醫療機構、學校等）與大型企業之中。

而政府應扮演的角色則有以下幾項（董德波，1999）：

1.鼓勵回收資源的使用及產品生命的延長，並重視公共採購中的綠色產品所占的比例。
2.公共政策應提供彈性及鼓勵創新的低耗源的經濟工具為優先考慮。
3.政府應負起提升民眾環境意識的責任，並獎勵生產綠色產品。
4.政府應積極推動資源回收及再利用，並修訂不合時宜的相關法規。
5.每年設定具體綠色採購目標，並執行成效的追蹤及考評。

由上述可知政府若能夠積極扮演綠色消費中其應有的正面角色，必有其示範效果，進而使得一般的消費者也能效法，當然也就能促使製造商為迎合一般消費者的需要，跟著調整產品的走向。

三、我國資源回收之演進及綠色消費現況

（一）資源回收之演進

在民國78年以前資源回收制度尚未建立，民間早已有拾荒業者或小販自行回收有價垃圾，販售給中間商人，再進行第二次資源再利用的製造，雖然當時社會並無資源回收的觀念，但傳統拾荒系統卻已顯現出資源回收再利用的精神。而政府也於民國77年11月修正「廢棄物清理法」，正式將資源回收納入法令中，以期能從垃圾中回收有用物質再加以利用，以減輕垃圾清除的問題，又能達到廢棄物減量及資源再利用的目的。

故自民國78年至今，我國資源回收制度之演進約可分為以下幾個時期（吳南明、張志誠，2000）：

1. 民辦民營時期（民國78年1月至民國83年4月）：此時期的資源回收工作，是環保署公告回收相關規定及辦法，逐步執行資源回收工作，再由業者以合組共同回收清除處理組織的方式自主進行，政府則扮演監督、管理者的角色。

2. 公辦（間接式）民營時期（民國83年4月至民國85年12月）：此時期亦稱做整合時期，其資源回收除由業者合組共同回收清除處理組織的自主進行外，政府亦試圖介入資源回收的執行。

3. 公辦（直接式）民營時期（民國86年1月至民國87年6月）：此時期是資源回收轉型時期，環保署推動資源回收「四合一」改革計畫，改由政府直接成立資源回收管理基金，強制業者加入，並分別設置八個基金管理委員會，由其負責推動資源回收工作，並對基金負保管運用之責。

4.公辦公營時期（民國87年7月以後）：將資源回收管理基金會納入政府預算，並接受國會監督，並於民國87年7月起統籌納入環保署所成立的「資源回收管理基金管理委員會」下，轉型爲「公辦公營」的型態。

（二）綠色消費現況

國內推動綠色消費最不遺餘力的首推主婦聯盟，其於民國81年推動綠色消費意識——綠色生活廣場，教導民眾如何在日常生活中儘量使用「少包裝、能回收、少污染」的綠色產品（楊悠慧，1991）。而民國81年8月，環保署進行綠色市場行銷調查研究，指出約有七成的消費者表示會主動購買綠色商品，但只有約四成的企業主認爲消費者會主動購買綠色商品。由於推動綠色消費的效果不佳，因此綠色消費教育宣導計畫被列爲89年環保署的重要環保宣導工作之一（李佳蓉，2001）。

目前我國推動綠色消費參照世界已開發國家推動之經驗與教訓，其推動及執行現況如下：

■環保標章制度之實施

環保標章的產生主要是鼓勵廠商生產具有環保概念的商品，並經由具有公信力的機關頒發此標章以鼓勵其綠色生產，當然環保標章的目的也是要讓消費者能清楚辨識，以選購對環境污染最少的產品。我國爲了順應國際間重視永續生產與消費之潮流，在地球高峰會議之後便積極展開推動綠色消費運動的相關事宜。因此環保署於民國81年8月訂頒「環保標章推動使用作業要點」，並於民國82年2月由環保署正式推出國內環保標章制度（董德波，1999），使得國內綠色消費運動邁入一個新的紀元。目前共計約有一千多件產品獲頒環保標章，標章的總使用枚數則超過24億枚，遠遠超過89年的862件。爲使民眾能認識環保標章，從民國87年起，政府開始投入部分經費用於民眾宣導

教育，方式包括簡訊、電腦網站、園遊會、展示會及座談會等。一般民眾對環保標章的認知雖已達55％（87年度調查），但實際會選購標章產品的比例仍低，因此這仍是未來值得努力的方向。

■政府機關綠色採購方面

政府機關若能優先推動綠色採購及其他環保化措施，將能發揮極大的影響力與示範作用。目前有許多國家均紛紛推出「政府機關環保化」活動，我國環保署也已積極促成在88年5月公告的政府採購法中，納入綠色採購的條款（第96條），使我國成為全球第一個完成此項立法的國家。由於行政機關領先倡導綠色採購行為，因此具有極大的政策宣示作用。此條款使政府機構得優先採購具「低污染、可回收、再生材質、省資源」特性的綠色產品，並享有價格優惠。

四、各國綠色消費與資源回收實施現況

世界各先進國家積極落實綠色消費及資源回收政策比我國還早，可由各國相關立法及實施成效看出其成果。

（一）德國方面

德國於1986年公告實施廢棄物管理法，以避免產生垃圾為主要目的；其次才是資源回收再利用；德國並於1991年公告實施「包裝廢棄物減量命令」（吳南明，2000），該命令主要目的是以永續發展為原則，要求包裝廢棄物減量及回收，由於嚴格規範包裝的回收再利用，不僅提高了資源回收的比例，也使得垃圾量減少一半以上。而且除了規定國內製造商必須回收本身的產品包裝外，包含進口產品，進口商也必須擔負包裝回收的義務。德國從1998年10月起也規定業者有針對電池產品執行回收、處理再利用的義務。

而在綠色消費方面，德國早於1977年就推行藍天使的環保標天計

畫，隨著相關法案的立法及企業的配合，以及民眾對於綠色產品認同，德國「綠色產品」由1984年的五百種產品，到1998年時已增加到四千五百種產品，數量增加了九倍之多（董德波，1999）。民眾平時購物通常使用綿質的環保袋作爲購物袋來重複使用，以減少對環境造成的污染，民間機構大型企業也是採用節能設計，減少對資源的耗損（張兆平，2000）。所以在德國不管是政府機關或是民間機構，對於資源再利用、廢棄物減量或是綠色消費等行爲，都有相當程度的投入。

（二）日本方面

日本資源回收的觀念起源很早，於1970年日本政府已將生產者責任的觀念導入廢棄物清理法中，規定企業必須透過回收方式減少其產生的廢棄物（吳南明，2000）。日本對於綠色消費及資源回收相關法案也是積極推動和立法，如1991年修正「廢棄物處理及清掃相關法律」，並制定「促進利用再生資源相關法律」來規範執行資源之回收利用；1993年制訂「省能回收支援法」及「環境基本法」，支援企業自主性執行回收行動，以達成減輕地球環境負荷的終極目的；在1995年制定「容器包裝回收法」，並於1997年開始施行；2001年制定「家電回收法」規範業者擔負產品回收及回收再利用等義務；而爲減輕垃圾的壓力，於1996年對業者採取垃圾付費處理的措施。

在綠色消費方面，日本於1989年實施環保標章計畫，日本的「綠色產品」也由1989年的二六五種產品，到1999年已增加到兩千四百種產品，數量增加將近十倍之多（董德波，1999a）。此乃是結合居民、企業及政府機關共組資源回收循環及綠色消費的社會體系，以減少購物慾少購買（Reduce），循環使用不丟棄（Reuse），資源回收再利用（Recycle），來達成節能環保的共識。

表一是先進國家推動有關綠色消費及資源回收等相關法案之說

表一　先進國家綠色消費及資源回收相關法案推動時程表

國別	時間	推動項目摘要
美國	1965年	制訂固體廢棄物處置法。
	1970年	制訂「資源回收法」。
	1976年	聯邦政府制訂「資源保育暨回收法」。
	1984年	修訂資源回收相關法令。
	1990年	制訂「污染預防法」。
	1998年	發布13101號行政命令規定政府綠色採購事宜。
日本	1970年	規範企業必須資源回收減少廢棄物。
	1989年	實施環境標章計畫。
	1991年	訂定「促進資源再生利用法」。
	1993年	制訂「環境基本法」。
	2001年	制訂「家電回收法」。
德國	1978年	實施藍天使計畫（環保標章）。
	1980年	制訂「廢棄物避免及管理法」。
	1991年	建立回收的雙軌制。
	1994年	制訂「循環及廢棄物管理法」。

資料來源：吳南明、張志誠、薛宏欣（2000）；張兆平（2000）；董德波（1999）。

明。

　　雖然上述各先進國對於綠色消費及資源回收其管理的功能及目標或許不一，但可以看出各國對綠色消費及資源回收等工作上都有不同程度的立法，並可得知先進國家對於相關措施早已行之多年。

五、資源回收及綠色消費在教育上的功能

　　教育下一代培養其對於環境保育的觀念是必須的，而且必須從小就往下紮根，使其認知和行為能夠相互結合，進而影響家庭、社會，共同建立環境保育的共識。

　　而資源回收及綠色消費在教育上應有下列的功能（朱朗陽，

1991）：

1.達到垃圾減量之目的。

2.資源回收所獲得的資源回收金，可作爲學校環境的維護與充實
教學設備用。

3.學生可藉由實際的行動參與，建立知行合一，以培養正確的環
保觀念。

4.減少對可用資源的耗損，資源再利用，使地球能夠永續發展。

5.親子間經由資源回收及綠色消費，可增進彼此的感情融洽。

6.強化學生生活教育，培養勤儉、節約的美德，使學生愛家、愛
社區、愛社會及關心環境生態。

六、綠色消費及資源回收相關研究

劉潔心（2000）針對台北市文山區萬和社區十八歲以上之居民，
調查社區居民綠色消費行爲現況及相關影響因素，以作爲進行綠色消
費訊息傳播介入研究之參考。研究結果發現社區居民對環境的價值觀
整體而言較傾向環境保護，對環境保護應重於經濟成長的看法則較爲
中立。大專以上教育程度者較小學程度者環境價值觀的平均值大，民
衆對綠色消費行爲中個人阻力方面以較高價購買綠色產品爲最高，個
人支持因素是能爲環保盡分心力及購買資源回收可減少污染和資源回
收的使用。從事綠色消費參考團體的支持度方面，約一半的受訪者認
爲子女、配偶及政府環保單位對其綠色消費行爲會予以支持，一半民
衆認爲鄰居、親戚及朋友對其從事綠色消費行爲沒有影響。民衆綠色
消費行爲中以「資源回收」的情形最佳，其次爲減量、拒用及重複使
用。回收方面以「塑膠瓶」及「重複使用塑膠袋、紙袋」爲最高，其
次是「回收紙類」、「回收鐵罐或鋁罐」，而不同性別對於綠色消費行

為沒有影響。

　　葉國樑（2000）在台北地區居民資源回收信念與行為意圖研究中，針對台北市及中和市地區居民為研究對象，結果發現民眾獲取資源回收知識的來源是從電視最多，其次報章雜誌，再者為宣傳單，受訪民眾環境認知率在台北市為78.71％，在中和市為75.93％，資源回收態度持正向者高達九成五，回收物品中以寶特瓶的回收意圖87.1％最高，其次舊衣服84.2％，紙張83.7％，外在變項方面只有資源回收經驗和家中有就學人口，能夠直接些許影響行為意圖。

　　葉國樑、柯惠珍（1999）在針對台北市國中一年級2502位學生進行環境保護認知與資源回收信念行為意圖之關係研究，發現學生一般環境認知率為76.9％，資源回收的特殊環境認知率為75.7％，資源回收持正向態度者有88％，資源回收的信念也是正向，表示都有正向的行為意念。研究發現提升金錢報酬可維持高資源回收率，八成以上學生認為重要。個人或團體應該從事資源回收行為依序為師長96.6％最高，其次為學校、環保機關、清潔隊員和環保團體、父母等。自我效能越高，資源回收意圖也越高，但有自信從事家中資源回收的只有39.8％，而回收物中以寶特瓶的回收意圖最高（73.2％）。

　　葉國樑（1998）在一項城鄉地區國中學生資源回收信念、行為意圖差異的研究中，發現在家庭配合方面，彰化縣家庭沒有從事回收的比率高於台北市，在學校配合方面，則是彰化縣學校顯著高於台北市學校，在回收意圖上也是如此。在回收經驗方面，台北市學生顯著高於彰化縣學生。台北市及彰化縣學生對資源回收都有正向信念，資源回收可獲金錢報酬方面沒有顯著差異，且平均值很低。彰化縣學生在資源回收行為上，師長、學校、同學等重要參考對象高於台北市學生。

　　葉國樑（1996）在鹿谷地區國中學生紙張資源回收行為意圖之研究中發現，94.8％學生對從事紙張回收是持正向態度，79％學生認為

師長、環保機關、父母、同學爲重要參考人物，且發現國中女生較男生願意從事紙張回收的工作。

在車參賢、葉國樑（1996）對台北市國中生資源回收的知識、態度、行爲相關研究中發現，82％學生表示學校有辦理過資源回收活動，90.3％學生表示學校有提供回收設備，58.7％認爲學校提供的回收設備使用方便，76.1％學生由學校接受資源回收訊息，且資訊管道以週會、演講最多（32.7％）。有七成以上學生對資源回收有正確認知與正向態度，但部分認知仍有待加強。資源回收行爲的重要參考對象平均值依序爲環保機關最高，其次爲師長、學校行政人員、父母。在校資源回收行爲良好時，尚無法影響校外及家庭的回收行爲。家庭社經地位較高者資源回收知識及態度也較正向，資源回收知識、態度及行爲有顯著正相關，但相關性並不強。

林致信（1995）針對一千一百七十位大仁藥專學生進行資源回收垃圾減量研究，發現有47.1％學生無資源回收習慣，57.8％學生認爲資源回收站要設計顯眼清楚，53.2％學生認爲師長應以身作則，34％學生認爲資源回收要持續宣導才有其成效，而願意參加環保義工的學生只有10％。

綜合上述有關綠色消費及資源回收的相關研究資料，整理如**表二**。

由表二的研究結果整理出影響綠色消費及資源回收的因素如下：

1.性別方面：有研究指出女性比男性較會採取環境行動，但也相關研究結果指出性別與環境行動間的關係並不明顯，因此性別和資源回收、綠色消費行爲間是否有關聯並無定論。

2.態度方面：研究發現研究對象對於環境保護及資源回收大都持正向態度，在綠色消費上相關研究也發現某部分的態度持正向，但有些態度則待加強。研究對象通常是利用電視及傳單等

表二　綠色消費及資源回收的相關研究資料表

研究者	研究相關內容	研究結果
謝欣佐 (2001)	師院學生的綠色消費態度與綠色消費行為之研究	1.師院學生的綠色消費態度，以「綠色產品」、「消費者保育」、「需求評估」的態度為正向，而「資源回收重複使用」及「反應與影響」的態度則需要加強。 2.師院學生的綠色消費行為，以「資源回收、重複使用」、「消費者保育」、「需求評估」行為較明顯，而「綠色產品」及「反應與影響」行為師院學生比較少做到。 3.師院學生的綠色消費態度與綠色消費行為間有顯著相關。
劉潔心、晏涵文、劉貴雲、邱詩揚、李佳容 (2000)	社區居民綠色消費行為現況及其相關影響因素	1.綠色消費行為以「資源回收」的情形最佳，其次為減量、拒用及重複使用行為。 2.環境價值觀，整體較傾向環境保護。 3.從事綠色消費行為，可以為後代留下美好環境為最有力的助力。 4.綠色消費的參考團體方面，重要支持對象依序為子女、配偶及政府的環保單位。
葉國樑、趙洪邦、唐眲怡 (2000)	台北地區居民資源回收信念與行為意圖研究	1.民眾獲取資源回收知識的來源是從電視來為最多。 2.民眾環境保護認知率為七成多，資源回收態度持正向高達九成五，回收物中以寶特瓶的回收意圖87.1％為最高。 3.有資源回收經驗和家中有就學人口，能夠直接些許影響行為意圖。
黃齡儀 (2000)	國小學童綠色消費行為及媒體使用習慣之調查研究	1.父母社經地位會影響學生的綠色消費行為。
葉國樑、柯惠珍 (1999)	台北市國中一年級學生環境保護認知與資源回收信念行為意圖之關係研究	1.學生對資源回收持正向態度（88％），資源回收的行為意念也是正向，學生對寶特瓶的回收意圖最高（73.2％）。 2.自我效能與回收意圖之間成正相關，但家中資源回收自我效能偏負向。 3.八成以上學生認為重要個人或團體應該從事資源回收行為。

（續）表二　綠色消費及資源回收的相關研究資料表

研究者	研究相關內容	研究結果
葉國樑 (1998)	城鄉地區國中學生資源回收信念、行為意圖差異研究	1.台北市和彰化縣學生有資源回收意圖者均達75％。 2.彰化縣家庭沒有從事資源回收高於台北市。 3.彰化縣學生在資源回收行為上師長、學校、同學等重要參考對象高於台北市學生。
詹益臨、陳王昆 (1998)	校園資源回收教育及其心理動力分析個案研究	1.資源回收態度與資源回收行為之間關係不明顯。
葉國樑 (1996)	鹿谷地區國中學生紙張資源回收行為意圖之研究	1.79％學生認為師長、環保機關、父母、同學為重要參考對象。 2.國中女生較男生願意從事紙張回收的工作。
車參賢、葉國樑 (1996)	台北市國中生資源回收的知識、態度與行為及相關性	1.有82.0％學生表示學校有辦理過資源回收活動，90.3％學生表示學校有提供回收設備，而58.7％學生認為學校提供的回收設備使用方便。 2.有76.1％學生是由學校接受資源回收知識及訊息。 3.資源回收行為的重要參考對象依序為環保機關、師長、學校行政人員、父母。 4.大部分學生對資源回收有正確認知及正向態度，但部分認知有待加強。 5.校內資源回收行為良好，但校外及家庭回收行為不理想。 6.資源回收知識、態度以及行為有顯著正相關，但相關性不強。 7.家庭社經地位較高者資源回收知識及態度也較正向。
蔡佳伶 (1994)	師範學院學生紙張回收行為意圖之研究	1.性別與紙張回收行為意圖無顯著相關。 2.紙張回收態度顯著影響紙張回收意圖。

（續）表二　綠色消費及資源回收的相關研究資料表

研究者	研究相關內容	研究結果
晏涵文、 劉潔心、 陳富莉 （1991）	台灣地區高級職業學校環境現況調查研究學生之環境知識態度、行爲意向及需求調查	1.高職女生環境行動意向高於男生。 2.環境知識與環境行爲之間關係並不明顯。 3.具正向環境態度者卻只有少數人能確實採取環境行動。
黃乾全 （1990）	五專學生環境保護意識調查研究	1.大專以上教育程度者最支持垃圾分類，學生較工人支持垃圾分類。
黃乾全 （1989）	台北市民垃圾分類收集之知識、態度及行爲的研究	1.垃圾分類收集知識越高，其表現出的垃圾分類行爲越好。

　　　　大眾媒體獲得綠色消費及資源回收的知識及態度取向，而學生則是以學校宣導或師長爲主要訊息來源。

　3.行爲方面：研究發現資源回收態度與資源回收行爲之間有正相關但是不明確，也有相關研究發現綠色消費的行爲與綠色消費認知之間有顯著相關。

　4.參考團體方面：研究發現師長、同學、家長、環保機關等都是重要參考對象會影響學生的態度及行爲，也有相關研究發現家中在學人口也會些許影響家庭資源回收行爲。

　5.綠色消費和資源回收相關性方面：研究發現研究對象的資源回收及綠色消費行爲上，綠色消費中通常只有進行資源回收，其他綠色消費相關行爲如拒用或重複使用行爲較少出現，且資源

回收行為對於綠色消費行為上聯結性似乎不強。

6.居住地區方面：研究發現居住地區對於資源回收行為及環保意識似乎有一定程度的影響，會造成回收行為及綠色消費等行為有所不同，如研究對象的環境負荷量、環保機關的相關措施等都可能會造成有不同程度的影響。

參、研究方法

研究方法是採問卷調查法，並參考潘怡如（2000）的資源回收知識、態度及行為調查表，設計出國中一年級學生綠色消費及資源回收調查表，以作為研究的工具；並針對台東市國中一年級學生進行綠色消費及資源回收調查，共發出兩百份問卷，回收一九七份，可用問卷一九四份，無效問卷三份，而回收的問卷利用SPSS套裝軟體進行百分比統計分析，得出台東市國中一年級學生綠色消費認知與資源回收行為相關研究結果。

肆、研究結果分析與討論

1.學生未曾聽說過綠色消費者有41.8％，而43.2％學生表示學校不曾實施過綠色消費的教育宣導，學校曾經實施過資源回收教育課程或宣導的有75.9％，研究結果發現學生綠色消費認知不足，可能原因是學校將大部分的環保教育重點放在資源回收，而忽略了綠色消費的教育宣導。

2.學生認為綠色消費中最重要目的以資源回收（41.8％）最高，其次為資源再利用（26％）。

3. 促使學生想進行資源回收的動機中，配合環保機關規定爲最高（44％），其次是家長鼓勵（17.6％），出於自發性（11.9％），受同學影響（11.4％），迫於學校規定（8.3％），師長鼓勵（6.7％），由研究發現學生自發性行爲比例偏低，反而是環保機關的規範有一定之約束力，可促使學生進行資源回收行爲。

4. 有57.7％學生會對於相同用途物品，選擇購買低污染的綠色產品，而29.9％以便利爲主要考量，由此可知時下青少年在購物時，有不少是以物品取得的便利性來進行購物，並不會在意購買物品是否有達到綠色消費的原則。

5. 環保標章及資源回收標誌的識別率達94％，明顯高於其他相關研究，但對於台東市近期實施的全面進行資源回收強制垃圾分類措施，只有42％的學生清楚，這表示學生對環境關心度有待改善。

6. 學生最喜歡的資源回收物，以寶特瓶47.4％最高，廢紙張40.2％，這與葉國樑（1998）和劉潔心（2000）等人的研究結果相同，學生最喜歡進行的資源回收物還是以寶特瓶爲最高，其次爲廢紙張，其原因應該是寶特瓶本身有押瓶費可退錢，而回收紙張也可能是可與回收商兌換物品，故能提高學生願意回收的意願，再者或許是學校進行資源分類時，也是以這兩種資源物爲主要的回收標的，才會產生此結果。

7. 能影響學生資源回收者以師長23.7％最高，同學21.1％，父母20.1％，環保機關19.6％。影響學生綠色消費以父母26.4％最高，同學21.8％，環保機關17.1％，師長15％，研究結果與葉國樑（1998）的發現類似，師長、同學、父母等都是重要的參考團體。而能影響綠色消費以父母最高，其原因可能是父母爲子女金錢上的主要提供者，所以學生會認爲父母是最能影響他們綠色消費的對象。

8.會根據環保標章來購買物品的有59.3％，其餘表示不會。

9.在學校進行資源回收方面有15.5％表示回收設備太少，另外
　11.9％表示不清楚如何進行資源回收，其餘六成並無困擾的問
　題產生。

10.喜歡從事資源回收工作為69.6％，而有28.4％表示不喜歡資源
　回收工作，而研究發現不喜歡資源回收工作的原因以時間不夠
　最高，其次是沒有獎賞，再者是覺得很骯髒，因此學校應盡量
　提供充裕時間及獎勵方式，提高學生資源回收的意願。

11.不清楚學校回收資源物變賣後所得的最後用途者高達61.3％，
　不清楚的學生當中有30.1％認為會影響資源回收行為，由研究
　發現學校應該說明資源物變賣後的用途，以避免影響學生回收
　的意願。

12.有72.4％學生喜歡從事綠色消費，對於不喜歡從事綠色消費的
　原因中，以同學不都做綠色消費高達26.8％，其次是綠色產品
　標示不清楚（21.4％），綠色產品不易購買和購買綠色產品沒
　有任何益處各為16.1％。研究發現同學間行為及商品標示不清
　楚都會影響學生進行綠色消費的意願。

13.資源回收正向態度達80％，資源回收正向行為上學生表現達
　75％，而在綠色消費正向認知達85％，綠色消費正向行為表
　現只達53％。可由研究發現學生資源回收正向態度及綠色消
　費正向認知都相當高，學生在資源回收態度和資源回收行為之
　間有正相關，此發現與詹益臨（1998）的研究資料不盡相同。
　而綠色消費認知與綠色消費行為表現之間的相關性並不明顯，
　此發現與謝欣佐（2001）的研究結果不同，可能原因是兩者研
　究的對象不一樣，因而產生研究的結果不同。研究也同時發現
　居住在台東市的學生其環境保護認知和資源回收行為都有七成
　多，表示學生並沒有因為居住在東部，環境品質負荷較低，而

表現出對環保及資源回收漠不關心的行為。另外對男女生進行分析比較，發現女生表現的資源回收和綠色消費行為約高於男生6％，此研究結果與晏涵文等（1991）和葉國樑（1998）的發現相近，但不是非常明顯。

14. 有43.3％學生從未在買東西時自備購物袋，偶爾會的有21.1％，另外研究發現有45％學生購物時會偏好包裝精美的商品，這表示青少年還是會偏好外觀顯眼亮麗的物品，來作為選購物品的參考依據。

15. 購物時不會要求老闆少用塑膠袋的有22.2％，另外27.8％是偶爾會要求少用，這表示學生的行動表現力仍有待增強。

16. 父母購物時會提醒父母物品是否符合環保的有67.4％，而21.1％是偶爾為之，11.3％是從未提醒。

伍、結論與建議

一、結論

1. 學生在綠色消費認知及相關資訊方面，仍有待學校及相關單位加強教育。

2. 學生對於資源回收的自發性行為仍稍嫌不足，應該培養學生自動自發的良好習慣。

3. 提升市售綠色產品的普及率，教育單位也應藉各種場合積極鼓勵學生選擇綠色商品，以達到珍惜資源、愛護環境的最終目的。

4. 學生對於環保標章及資源回收標誌的識別率很高，但對於身旁

週遭環境保育的關心度仍有不足，有加強之必要。

5.資源回收物還是以寶特瓶為最高，再者為廢紙張，回收物中價值高者仍是資源回收者的最愛。

6.影響資源回收的參考對象依序為師長、同學、父母、環保機關，而綠色消費的參考對象依序為父母、同學，環保機關、師長。最值得注意的是，同學及朋友在影響資源回收及綠色消費中都位居前面，學校推動或執行資源回收與綠色消費時應考慮同儕間的行為會有相互影響性。

7.整體上學生資源回收態度和綠色消費認知的正向達80％以上，其中以資源回收的態度與行為之間的聯結性較強，綠色消費認知與行為之間的聯結性不高，且資源回收與綠色消費行為之間的聯結性也不是很明確。

二、建議

1.學生對物品之購得以方便為主，並不會考量是否符合綠色消費，所以未來應增加綠色商品的多樣化以迎合消費者，並多鼓勵廠商開發新的綠色商品，以刺激消費者購買並給予適當的優惠措施或獎勵，而環保機關應定期選拔績優綠色廠商及優良綠色商品加以表揚，並且提高市售綠色產品標示的辨識性，使購買者能夠馬上知道產品的特性，以方便其購買。

2.一半以上學生對於台東市於90年12月全面實施的資源回收及強制垃圾分類措施並不是很清楚，所以未來應加強學生對於自身生長環境的關懷心與敏感度，當然也有可能是台東市對於何時實施全面進行資源回收和強制垃圾分類的宣導措施做得並不完善，以致造成學生不是很清楚，因此建議相關單位可與學校聯繫舉辦宣導教育，才能使相關環保措施能更加落實且為多數人

所能配合，以達預期的目標。

3.學校實施綠色消費及資源回收宣導教育時應多考量同儕間的互動及意向，利用同儕間相互影響的力量，設計相關教學活動以融入生活中，並將學生引導至正向的發展，以達預期的效果。

4.建議學校應該將資源物變賣後的所得用途作詳細清楚的公告，使學生清楚明白，並且能將變賣後所得用於增加學校資源回收設備、教具或學生身上，以增強其資源回收與綠色消費的信念或行為。

5.參考對象對於學生資源回收及綠色消費有其一定的影響力，故在推動時應一併考慮對參考對象實施教育與宣導，促使其能相互配合並且鼓勵學生從事資源回收及綠色消費，或是要求參考對象本身也應以身作則，能與學生共同參與，以獲致更佳成效。

6.綠色消費的行為與認知之間聯結性並不強，此項則有待教育機關及相關單位做適當宣導及獎勵，以增強兩者之間的聯結性。

7.學校和環保機關對資源回收與綠色消費的教育及宣導仍有不足之處，尤其是在綠色消費方面，所以建議學校及相關單位應加強對學生及民眾進行資源回收與綠色消費等教育宣導，促使學生和民眾愛惜資源，並能夠妥善運用地球上現有資源，以達到節能、省資源、再利用，以使我們生存的環境能夠永續發展，生生不息。

參考書目

于　寧（2000）。綠色消費運動之緣起、現況及未來。環境工程會刊，11期（3），頁6-15。

台東市公所（2001）。台東市公所辦理資源回收成果報告書。

朱朗陽（1991）。垃圾資源回收在教育上的功能與推行概要。國教月刊，37期，頁14-17。

行政院環境保護署（2001）。環境白皮書（八十九年版）。台北：行政院環境保護署編印。

吳南明、張志誠、薛宏欣（2000）。我國資源回收法制之演進與評估。環境工程會刊，11期（4），頁29-37。

李佳容（2001）。運用網際網路促進國小高年級學生綠色消費行為之介入研究。國立台灣師範大學衛生教育研究所碩士論文。

車參賢、葉國樑（1996）。台北市國中生資源回收的知識、態度與行為相關研究。學校衛生，29期，頁62-73。

林致信（1995）。校園實施「資源回收垃圾減量」之盲點與因應之道。大仁學報，13期，頁59-72。

胡憲倫（1999）。以綠色行銷做法因應綠色消費的潮流──企業永續經營不可或缺的要素。清潔生產資訊，23期，頁1-14。

晏涵文、劉潔心、陳富莉（1991）。台灣地區高級職業學校環境現況調查研究學生之環境知識態度、行為意向及需求調查。行政院國家科學委員會專題研究計畫成果報告。

張兆平（1999）。化腐朽為神奇（法日篇）。環環相扣電子報，49期。

張兆平（1999）。化腐朽為神奇（德國篇）。環環相扣電子報，48期。

陳陵援（1994）。環保標章與綠色消費。思與言，32期（4），頁101-114。

程仁宏（1998）。垃圾資源回收與綠色消費。環境工程會刊，9期（3），頁54-63。

黃乾全（1989）。台北市民垃圾分類收集之知識、態度及行為的研究。台北市政府環境保護局。

黃乾全（1990）。五專學生環境保護意識調查研究。衛生教育論文集

刊，4期，頁1-37。

黃齡儀（2000）。國小學童綠色消費行為及媒體使用習慣之調查研究。行政院國家科學委員會八十九年大專學生參加專題研究計畫。

楊悠慧（1991）。以綠色消費為談判籌碼。環境與經濟，32期，頁30-32。

葉國樑（1996）。鹿谷地區國中學生紙張資源回收行為意圖之研究。衛生教育論文集刊，9期，頁81-95。

葉國樑（1998）。城鄉地區國中學生資源回收信念、行為意圖差異研究。學生衛生，33期，頁16-41。

葉國樑、柯惠珍（1999）。台北市國中一年級學生環境保護認知與資源回收信念行為意圖之關係研究。衛生教育學報，12期，頁49-74。

葉國樑、趙洪邦、唐貺怡（2000）。台北地區居民資源回收信念與行為意圖研究。衛生教育學報，13期，頁53-72。

董德波（1999）。環保標章與綠色消費。生物資源生物技術，1期（2），頁109-112。

董德波（1999a）。我國環保標章執行成果與綠色消費。環保標章簡訊，15期，頁1-5。

詹益臨、陳王昆（1998）。校園資源回收教育及其心理動力分析個案研究。中華民國八十七年度環境教育研討會論文集。

劉潔心、晏涵文、劉貴雲、邱詩揚、李佳容（2000）。社區居民綠色消費行為及相關之訊息傳播調查研究。衛生教育學報，13期，頁189-212。

潘怡如（2000）。實作學習網頁教學對國小學童資源回收學習之實驗研究。國立新竹師範學院國民教育研究所碩士論文。

蔡佳伶（1994）。師範學院學生紙張回收行為意圖之研究。國立台灣

師範大學衛生教育研究所碩士論文。

謝欣佐（2001）。師院學生的綠色消費態度與綠色消費行為之研究。
台中師範學院環境教育研究所碩士論文。

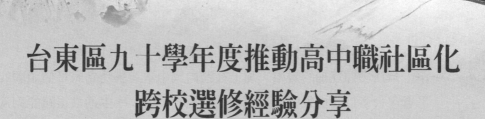

台東區九十學年度推動高中職社區化跨校選修經驗分享

林光輝

國立台東高中校長

21

壹、前言

　　目前台灣因為學校教育與社區生活脫節，導致資源難以互通、共享，無法發揮互補的效果，加上社區內國中畢業生受到家長價值觀的影響，大多以學校聲望作為選讀高中職的標準，學生通常很難能夠適性學習（陳鎰斌，2002）；再加上台灣地區城鄉教育發展的不均，明星高中集中在城市精華地區，廣大鄉鎮或偏遠地區只有少數二流學校，這些地區的菁英學生只得在城鄉之間長途奔波（文軒，2001年），又因為實施多年大區域聯招，依聯考分數選填志願分發入學，也是造成國中畢業生無法在居家鄰近之高中職就學的原因，學生每天花費在通車的時間與體力甚巨，同時也浪費了不少的車資，增加了不少教育成本。如果能夠實施高中職社區化政策，讓這些時值就讀高中階段的學齡學生能夠就近入學，不但可以減輕學生舟車勞頓之苦，也可以減少家長經費負擔，更可以增加學生學習、休閒及家庭親情互動的時間。

　　教育部有鑑以此，技職司在民國88年7月左右開始規劃「高中職社區化」政策，規劃小組的架構包括：方案規劃小組、統計分析小組、策略研擬小組、辦理規劃小組及私校評估小組等，共花費約一年時間，將方案內容相關問題加以探討，並到各地辦理公聽會，再擬出具體方案及實施策略。方案內容有：(1)均衡中等教育之地區資源差距，建立具競爭力之中等教育機構，全面提升中等教育品質。(2)充分整合教育資源，強化學校與社區之合作關係，以建構學生認同社區適性發展的學習環境。(3)鼓勵學生就近入學，以節省社會成本，為十二年國民教育奠定堅實之基礎。逐於89年學年度9月開始正式試辦。首先參與試辦學校計有大安高工等十三所高中職校，經過一年試辦後，

立即將實施情形加以檢討，並重新修訂實施方案（教育部，2001）。

　　90年社區化方案規劃的目標，是要社區內不同類型的高中職校、大專院校及企業界，透過師資、課程及設備等資源之整合，提供多元適性的課程，營造符合學生性向發展的學習環境，使學生能就近入學。因此社區化方案的具體做法，是在於鼓勵學生能就近入學，強化學校與社區之間的合作關係，以及提高後期中等教育的品質。該方案共有「改善教學設備」、「課程區域整合」、「社區資源整合」及「社區招生整合」等計畫。本社區化方案中，是以高級中等學校為實施對象，90學年度以申請辦理為原則，辦理方式分為一般學校及專案學校。所謂的專案學校，就是以一個學校群的結構，由兩所以上的學校專案組合而成，需要同時辦理教育部頒行之90年社區化方案中所規劃的四項計畫。一般學校是單由一所學校申請辦理，可以僅申請辦理「改善教學設備」或「課程區域整合」計畫，或同時申請辦理兩項計畫（葉文芳，2001）。

　　台東縣各公私立高級中等學校，為配合教育部高中職社區化方案的推動，議決全數高中職校共同參與試辦，並將整個台東縣畫為一個合作社區，依教育部「社區合作專案學校申辦及審查原則」之規定，研訂台東區專案計畫報部申請辦理，經教育部審查核准後，於90學年度起開始試辦，辦理社區合作專案工作迄今已一年餘，茲將台東區90學年度辦理跨校選修的情形及心得，提供出來和大家分享，可做為爾後各個合作社區辦理跨校選修之參考。

貳、辦理情形

　　台東縣境內共有兩所高中及六所公私立高職參與試辦，分別是國立台東女中、國立台東高中、國立台東商校、國立台東農工、國立關

山工商、國立台東體中、國立成功商水及私立公東高工。教育部中部辦公室指定國立台東女中為東區輔導學校，由國立台東女中召集台東縣各高中職校校長、教務主任及業務承辦組長，召開「台東區推動高中職社區化」工作協調會，與會各學校代表一致同意參加試辦，推舉國立台東農工為本縣推動高中職社區方案之召集學校，各校開始研擬推動工作計畫，並約定時程將各校所擬定之計畫繳交國立台東農工彙整，再召開協調會修正各校訂定的推動計畫，再進一步共同研定台東縣推動高中職社區化方案計畫，計畫中包括「改善教學設備」、「課程區域整合」及「社區招生整合」，計畫議決後由國立台東農工負責提報教育部申請辦理，經教育部核准後立即開始實施，因此台東區高中職社區化之課程區域整合跨校選修，就從90學年度正式開始啓動。

一、開課前準備情形

「台東區推動高中職社區化」工作協調會議決，由台東區各公私立高中職校之高二學生參與「課程區域整合」跨校選修計畫，規定每一位高二學生在每週有四節課得以跨他校修習，並推舉國立台東女中為課程區域整合推動中心學校，來推展跨校選課工作。各個參與課程區域合作學校，事先於89學年度下學期開出各校能夠提供給他校選修的學科，交由國立台東女中彙整並設計選課調查表，再交回各校進行選課調查。選課的工作規定各校必須在89學年度課程結束前辦理完成，由於各校間的充分配合，選課工作也按預定的計畫日期如期完成。台東區90學年度第一學期參與跨校選課的總人次共有二八九人次，而實際參與跨校選課的總人數有一八三人，各校開課科目及學生選修情形，如**表一**所載。

表一　90學年度第一學期台東區跨校選課各校學生人數統計表

開課學校	課程代碼	課程名稱	各校選修人次								合計	備註
			台東女中	台東高中	台東農工	台東高商	公東高工	成功商水	關山工商	台東體中		
台東女中	21	藥物學＋基礎護理									0	
	22	繪畫技巧＋手繪POP									0	
關山工商	51	家電檢修(2)									0	
	52	原住民手工藝(4)									0	
		英文							24		24	
		數學							24		24	
台東農工	61	畜產加工(3)								3	3	
	62	基礎園藝(3)									0	
成功商水	71	休閒與旅遊(3)	2								2	
公東高工	337	建築藝術欣賞(1)	1								1	
	357	美術欣賞A班(1)						1			1	
	358	美術欣賞B班(1)									0	
	388	設計鑑賞(1)	8			1				5	14	
	3056	體育休閒媒體欣賞A班(2)				12					12	
	3078	體育休閒媒體欣賞B班(2)				3		8		3	14	
	3156	鄉土藝術(2)	2								2	
	3178	薄片拼花(2)	5								5	
	3256	電器修護(2)									0	
	3478	影像處理(2)	11			1					12	

（續）表一　90學年度第一學期台東區跨校選課各校學生人數統計表

開課學校	課程代碼	課程名稱	各校選修人次								合計	備註
			台東女中	台東高中	台東農工	台東高商	公東高工	成功商水	關山工商	台東體中		
	3656	多媒體製作A班(2)	20			5				3	28	
	3678	多媒體製作B班(2)									0	
	3956	撞球A班(2)									0	
	3978	撞球B班(2)	5			21		28			54	
	37567	室內設計電腦繪圖(3)	12			1				5	18	
台東高中	1156	數學A(2)							12		12	
	1178	化學(2)									0	
	1256	物理(2)									0	
	1278	數學B(2)									0	
	1356	英文A(2)							12		12	
	1456	生物(2)									0	
	1478	英文(2)									0	
台東高商	4156	商業禮儀(2)								7	7	
	4178	商業美術(2)									0	
	4256	旅遊解說(2)		1							1	
	4278	觀光日語(2)		1				1		7	9	
	4356	商業心理學(2)		3							3	
	4378	人際關係(2)		2				4			6	
	4456	文書處理(2)									0	
	4478	商業電腦繪圖(2)		1							1	
	4556	電子試算表(2)									0	

（續）表一　90學年度第一學期台東區跨校選課各校學生人數統計表

開課學校	課程代碼	課程名稱	各校選修人次								合計	備註
			台東女中	台東高中	台東農工	台東高商	公東高工	成功商水	關山工商	台東體中		
台東體中	8156	運動傷害防護學(含體適能)(2)				9					9	
	8178	自衛防身術(2)				9					9	
	8256	桌球(2)	11								11	
	8278	射箭(2)									0	
	8356	慢速壘球(2)									0	
	8378	跆拳道(2)	11								11	
跨校選課總人次			88	8	0	62	0	42	72	33	305	
跨校選課人數總計			47	4	0	36	0	42	36	18	183	

資料來源：高中職社區化東區輔導學校國立台東女中提供。

二、學生選課情形

1. 台東縣「課程區域整合」共同參與跨校選修的合作高中職校，總共開出了四十六門不同的課程，提供給全縣高中職校高二的學生選修，結果僅有二十七門課程有學生修，其他的十九門課程沒有學生選修。

2. 在有學生選修的二十七門課程中，學生選修人數最多的課程是撞球課，共有四十二位學生選修，其次為多媒體製作課，有二十八位學生選修。

3. 藥物學＋基礎護理、繪畫技巧＋手繪POP、家電檢修、原住民手工藝、基礎園藝、電器修護、化學、物理、生物商業美術、

文書處理、電子試算表、射箭、慢速壘球等都沒有學生選修，此外尚有些學科如商業禮儀、人際關係等等選修學生的人數不到十人。

三、學校開課情形

學生選課人數達到十五人以上之科目單獨開班授課，選課人數未達十五人之科目與原開課學校的學生併班上課。跨校學生由各校自行租專車接送，並有一名老師帶隊前往。跨校學生應該遵守其所跨修學校之生活及作習規定。

四、各高中職校跨他校選課情形

90學年度第一學期台東區實施之跨校選課，各個高中職校跨他校選課情形以台東女中四十七人為最多，其次依序為關山工商三十七人、台東高商三十五人、成功商水三十二人、台東體中十八人、台東高中四人，而台東農工及公東高工無人外跨。然而接受他校跨修人數最多的是公東高工八十五人，其次依序為台東女中二十六人、台東體中二十人、台東高商十五人、台東高中十二人、成功商水十二人、台東農工四人，關山工商無人選修。台東區各高中職校，跨他校及接受他校學生選課情形，詳細如**表二**。

五、行政工作配合情形

1.台東區各公私立高中職共同約定，每週星期五下午的四節課為跨校修課時間，各校應該自行調整行事曆，以配合跨校選課之實施，若遇到特殊情況未能正常上課時，合作學校應該提早通

表二　90學年度第一學期台東區各高中職跨他校選課人數統計表

編號	學校名稱	跨他校選課情形
1	台東高商	公東高工十五名、台東女中一名、台東體中九名、成功商水十名
2	台東農工	無人外跨
3	台東高中	台東高商四名
4	公東高工	無人外跨
5	成功商水	公東高工二十八名、台東高商四名
6	關山工商	台東女中二十五名、台東高中十二名
7	台東體中	台東農工三名、公東高工八名、台東高商七名
8	台東女中	公東高工三十四名、台東體中十一名、成功商水二名

資料來源：高中職社區化東區輔導學校國立台東女中提供。

知原學校，以利妥善安置學生。各校遇到任課老師臨時請假而來不及通知原學校時，開課學校一定要維持課程之正常實施，各校必須自行安排代課老師授課。

2.跨校選課學生之學習評量，採用隨堂考試方式，於跨校選修之時間（星期五下午的四節課）內舉行完畢。學生成績由開課學校於期末學期結束後，函送學生總成績並附學生成績考核詳細資料，送交原校登錄存查。為了不影響跨校選修課程的實施，各參與合作學校之定期考查時間（期中考、期末考），應該傳送到課程區域整合推動中心學校國立台東女中以利彙整，各校盡可能將定期考查時間不要安排在星期五舉行，以利跨校選課業務的推動。

3.為了使各校之行政工作能夠互相配合，跨校選課學生之點名單，統一使用台東女中設計之跨校選修點名單格式。參與跨校選修缺課的學生經由開課學校點名察覺後，必須立即通知原學校處理。而各開課學校在每週課程實施後，必須立即將點名單

回傳原學校。

4.台東區高中職社區化課程區域整合推動中心學校（國立台東女中）製發跨校選修聯合上課證、聯合借書證，發給參與跨校選課學生，各參與試辦學校准許跨校選課學生使用選課學校之圖書館並准予借閱書籍。

5.爲了使社區化課程區域整合跨校選修工作能夠順利地推展，台東區每個月由推動中心學校國立台東女中召開一次「台東區高中職社區合作專案課程區域合作跨校選課協調會」，以溝通觀念及研討解決在推動工作執行時所衍生的問題。

參、檢討及建議

台東區推動高中職社區化跨校選修從90年9月起開始實施至今已超過了一個學年，在嘗試摸索的這一段時間當中，爲了使學生能夠順利學習，台東區總共召開了五次「台東區高中職社區合作專案課程區域合作跨校選課協調會」，綜合各次會議及工作推展的情形，提出一些檢討與建議，分述於下，僅供參考。

一、實施檢討

（一）課程設計方面

■學生偏向於選修娛樂休閒性的課程

跨校開課之課程若設計得太過艱難或太過理論性，如開授藥理學、化學、物理等學術性的學科，學生選修的意願不高。大多數學生選修之課程較爲偏向娛樂休閒性的課程，如撞球、體育休閒、媒體欣

賞、多媒體製作等等，此類領域課程的教育價值、教學目標、課程大要，應該給予明確定位。

■教師不易選用適當的教材與教法授課

選修同一學科之不同學校學生，因為程度相差太遠，教師為了要因材施教，使學生能適性發展，進而減少學習的挫折感，應該按照學生程度採用不同的教材與使用不同的教法，然而選修同一科目的學生必須在同一班級上課，常常致使教師不容易選定較為適當的教材與教法予以授課。

■開課缺乏社區特色及各校辦學特色

所開設的課程並未包含社區特色及各校辦學特色，各校開課都以教師開課意願、各校本身之現有的師資及設備做考量，實在難以達到社區化、發展社區特色的既定教育目標，宜召集各參與試辦的合作學校，就各校之設備、師資條件較佳之科目開設出來供他校選修，以達到跨校選修資源分享的目的。

■教師自編之教材未經審核是否得宜有待探討

合作學校所開設的部分學科，坊間無法採購到教科書，教學的內容及教學大要均由開課教師自行編輯，教師所編之教材並未經過國立編譯館審核，是否能達成教學目標有待探討。

（二）行政運作方面

■行政配套措施不足

目前尚無研訂跨校選修學生在開課學校的生活輔導辦法，造成開課學校對於跨校學生輔導的困難，再加上各校作息不同，影響學生上下學時間，造成接送學生之困擾。又各校帶領學生跨校之帶隊老師，其基本授課時數是否需要減少，要減少幾節，又帶隊的時間可否支付鐘點費，尚無明確規定。

■課程區域合作區域太大影響學生跨選

　　由於部分合作學校相距太遠，學生會因為往返交通不便的考量，而導致學生不願選修與原校相距太遠的他校所開設的課程。

■台東區跨校選修並未全年級試辦

　　目前台東區跨校選修，僅允許高二學生參與試辦，而且每週只規定星期五下午的四節課，尚未全校試辦，已偏離教育部所訂的高中職社區化課程區域合作之既定目標甚遠。

■學校行政運作模式辦理跨校選修有實際上的困難

　　要達成國中畢業生就近入學其居家鄰近之高中職校，再依照其性向、興趣、能力，以跨校方式選修他校開課的學科之社區化目標，依照試辦目前的學校行政運作模式，欲達成此目標尚有實際上的困難。

（三）學生輔導方面

■方案內容宣導不足

　　部分參與試辦的學校，對本方案的宣導不足，學校教師、學生及學生家長不瞭解跨校選課的真正內涵及其規定，影響到本方案的推動成效。

■學生參與意願不高

　　學生參與跨校選修的意願不高，是否是課程設計的問題，抑或學生課業負擔太重的問題……等等，應該進一步探討。

二、建議事項

（一）課程設計方面

■各區應該組成「高中職社區化跨校選修課程規劃委員會」

　　為了開設符合社區特色和需要及適合整區學生選修的課程，各區

應該組成「高中職社區化跨校選修課程規劃委員會」，依照學生的能力、性向、生涯發展、各校背景、社區特色、人力資源，協調各校規劃出具有社區特色及能適合各種不同程度學生選修的課程，以滿足學生需求及社區發展的需要。

■成立「高中職校社區化課程與教材審查單位」

建請教育部成立「高中職校社區化課程與教材審查單位」，負責審查坊間無法提供教科書之各校開課科目的教學綱要、教材內容，以確保教學品質。

■教育部應該明確規範選修科目開設的方向

爲了使課程區域整合跨校選修方案能順利發展，教育部應該明確規範開設課程合作選修科目的方向，使開設的課程是有系列性的，而不是只有娛樂性的、社團活動性質的課程。

■設立課程銜接發展小組

建請在「課程區域整合推動中心學校」設立一課程銜接發展小組，專司與大專院校及企業界聯繫並研究開課事宜。目前台東區課程區域整合跨校選修，尚未與大專院校及企業界接軌，社區資源未有效利用。

（二）行政運作方面

■教育部應該統籌推動

目前高中職社區化之實施均交由各縣市高中職自行推動，造成各縣市做法不同，易引起社會大眾的誤解，若要有效實施，建請教育部能統籌推動。

■研定相關辦法以利行政工作之推動

盡快研定跨校選課學生生活輔導管理辦法，以便參與高中職社區化各合作學校遵行。負責帶領學生跨校之帶隊老師，其基本授課時數是否需要減少，要減少幾節，又帶隊的時間可否支付鐘點費，應該盡

快訂定辦法以便遵行。

■各合作區成立一研究中心

　　爲了使「高中職社區合作專案課程區域合作跨校選課」能順利推展，教育部宜在試辦高中職社區化專案之各區中，指定一所高中或高職，針對課程設計、學生對課程的需求、開設課程學生不予選修……等等有礙課程區域合作跨校選課推展之原因做實際上的研究。

（三）學生輔導方面

■教育主管機關多舉辦宣導說明會

　　請教育主管機關多舉辦有關高中職社區化之宣導說明會，讓國、高中教師及學生家長能瞭解推動高中職社區化的精神、意義與目的，進而能認同支持本方案。

■課程區域整合推動中心學校應該統籌開課事宜

　　爲了滿足學生的興趣、能力及需求，設計出能夠適合學生學習的課程，在規劃開設跨校課程時，「課程區域整合推動中心學校」應該先設計問卷實施普查，彙整資料後再研擬開課計畫，請各合作學校配合開課。

肆、結論

　　跨校選修帶給學生不僅是學習上的改變，也是教育制度的一大突破，目前正開始試辦當中，難免會遭遇到某些困難，但是只要大家集思廣益，全力以赴，一定能衝破困境，進而得以順利推展。實施課程區域合作跨校選修，不但可藉由校際間彈性課程的安排，開拓出適合學生選修的課程，讓學生能依照自己的能力、性向、興趣，選修到適當的課程，以充分地發展潛能，而且能使參與合作學校的硬軟體設施

及設備等資源得以共享。實施課程區域合作跨校選修，若能辦得成功，則國中畢業學生即可在其居家鄰近之高中職校就學，再依其生涯發展的需求，跨校選修適合的課程，以完成其學業，實現自我。故課程區域合作跨校選修是推動高中職社區化的基礎。

我國的後期中等教育由於政府多年來的努力，國中畢業生升學高中、高職及五專的比例，已占同年齡層的93％，可說已達到普及化的程度。國中畢業生按理可以透過多元入學管道，依照自己的性向、興趣與能力，選擇高中、綜合高中或各類科的高職就讀，但並非所有學生都能進入第一志願的校科，或因性向未定盲目以學測成績登記分發，進入個別學校之後，由於學校類型、課程、師資、設備、資源的限制，即使是綜合高中，也恐怕難以提供讓所有學生適性發展的環境。社區化課程區域合作，社區內各高中高職能跨越藩籬，聯合辦理課程區域合作，學生可以在特定時段，跨校選修自己有興趣而本校無法開設的課程；有些課程由於開課班數較少，不足以聘請一位教師，或學校間距離較遠，實施跨校選課有困難的科目，則可邀請（參與課程區域合作）夥伴學校的教師支援跨校開課，故高中職社區化跨校選修有助於教改的成功。

參考書目

文軒（2001）。高中職社區化之我見。師友月刊，1期，頁21-23。

教育部（2001）。高中職社區化推動方案。

葉文芳（2001）。高中職社區化方案的實施。教育研究月刊，7期，頁5-8。

陳鎰斌（2002）。高中職社區化之內涵與對策。內湖高工學報，13期，頁38-44。

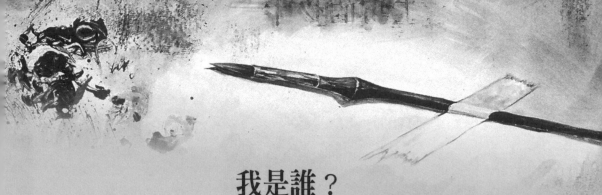

我是誰？
——原住民教師Nikar的生命故事

林春香

台東縣馬蘭國小教務主任

22

壹、緒論

一、研究背景

　　87年參加全國兩性平等教育資源中心學校研討會，憲法第七條規定「中華民國人民無分男女、宗教、種族、階級、黨派，在法律上一律平等」，大家關心的是兩性地位在父權意識下並未達到真正的平等，而我對族群平等的關心遠勝於兩性平等。對原住民來說，平等的定義是什麼？同化？孫大川（2000）痛心「同化政策」造成原住民傳統文化遭到空前的大破壞，如國語推行運動、罔顧民族文化差異的教育體制、教材內容，使原住民新生代無法延續母體文化的生命，形成嚴重的斷層現象，加上姓氏的讓渡、母語能力的喪失、傳統祭典的廢弛、文化風俗的遺忘、社會制度的瓦解，以及都市化後「錢幣邏輯」的誘惑、外來宗教的介入，七〇年代以後的原住民幾乎失去了他們所有「民族認同」的線索和文化象徵，「內我」完全崩解。整個原住民八〇年代最深的焦慮，就是不斷追問自己：「我是誰？」

　　污名化下大部分的原住民到民國75年以前都還處在一種「自我否定」的焦慮中。掩飾自己的民族身分、腔調、語言、膚色，原住民變得無法面對自己，更無法將自己向別人敞開（孫大川，2000）。直到最近原住民精英覺醒與不斷抗爭下，九〇年代終於獲得原住民正名、成立原住民委員會及原住民族教育法立法通過。

　　而台灣女性主義在短短二十年快速成長，除因世界潮流趨勢、民主的政治、女性主義意識抬頭外，加上不斷透過媒體發聲，書籍一本一本出版，以及目前正盛行女性主義之質性研究，著眼於強調和突顯

「女性經驗」（woamen's experience）之視角。認同後現代主義所認定
──沒有「事實眞理」這回事，女性的故事不再僅是反映女性被壓迫
的事實。「故事」之敘說（narrative）本身也被視爲整合權力和被壓
迫的建構力量（胡幼慧，1996）。

　　邊陲文化的原住民在主流文化族群是弱勢者，加上長達將近一個
世紀的「自我認同」的失落（孫大川，2000），提升原住民主體意
識，利用媒體在報導世界原住民權利法的訊息時，台灣原住民以遊行
抗議高喊還我土地，換來的卻是殖民意識「如果沒有政府的德政，原
住民會有今天的生活嗎？」再如大眾媒體對原住民的報導較偏向於豐
年祭等活動，好像原住民的文化只有唱歌跳舞似的；又如選舉時原住
民又變成政治人物的道具，象徵著原住民受其恩典，必須用選票來回
饋，候選人選前冠冕堂皇的政見，選後又有多少實現？每到選舉一而
再、再而三出現原住民依附在主流社會政治人物上的畫面，令人寒
心。Davis（1996）指出多元文化已成爲一種流行的、政治裝飾的、虛
幻的口號和粗俗論述，多元文化讓「弱勢文化（族群）」成爲「優勢
族群」在政治場合中玩弄權力遊戲的最佳展現工具（轉引自李文富，
1999）。

　　在一個社會中，每個人都在爭著表達自己的存在，或者是自己的
社會重要性，不過卻不是人人能受到注意或留下紀錄，經由對生命的
書寫，弱勢團體的聲音與社會觀能夠表達出來（王明珂，1996；江文
瑜，1996）。孫大川（2000）也迫切呼籲現階段原住民「個人生命史」
的重要性。

　　而 Burr（1995）認爲「知識是透過人們在日常社會生活的互動中
捏造出來的」。「知識」是存在於個人生命歷程的主觀經驗，也存在
於個人對這些經驗所賦予的意義之中（轉引自蕭昭君，1996）。因
此，「經驗」就是個人擁有的「知識」（轉引自周聖珍，2001），個人
的生命經驗也都值得被書寫成故事。

二、研究目的

本研究的目的是探求研究者童年、求學及工作在面臨文化認同衝突時如何轉化尋求出口。

三、研究方法

本研究以自傳方式書寫研究者的生命故事，回憶與反省交互呈現研究者童年、求學與工作在面臨文化認同衝突時的轉化，並與理論相互驗證。

貳、文獻探討

一、自傳的意義

自傳是一種自我描述，是自我生命的書寫，是一個人將自己生命史中的一些過去寫成文字，編輯成書，並由自己或他人流通的文獻（王明珂，1996；王麗雲，2000）。Becker（1970）指出自傳作者所描述的個人歷史只是其生命史的一部分，而且是選擇性的部分（王明珂，1996；轉引自王麗雲，2000）。自傳是以敘說故事的方式，為自我辯解的活動。在自傳中的自我辯解，其實是自我對社會生活的想像，以解釋他所理解的社會是什麼，以及他認為社會是如何變遷的。作者透過質疑自身的所作所為，解釋並演繹事情的始末，以釐清自我定位（轉引自許傳德，1999）。自傳是自我呈現個人的生命歷史與時

代背景，並在社會脈絡中尋求自我位置。

二、自傳式研究與書寫

Pinar（1995）認為現存的知識教育使我們越來越遠離自己的主體，因此，我們相當需要探索內在的經驗，以尋回自身的主體性。Pinar 認為方法就是自我反省循環──"currere"。所謂"currere"的意思是一個反躬自省的圓圈。他認為思想有如跑道會不斷地環繞，而這種循環的概念，使自己可以體會、重新找到自己的方向、意志、意念，越前進越清楚自己在作什麼，經過這一趟，將使個人更清楚自己的主體位置。

而currere有四步驟：(1)回溯（regressive）：就是把過去的記憶、過去的經驗喚起，並加以呈現、描述，把真正活過的經驗描述出來。(2)往前看（progressive）：述及尚未實現的東西、所欲達到的目標。(3)分析（analytical）：開始尋找過去的記憶與瞻望未來之間的關係，此時要從自己的經驗跳出來看自己：為何過去如此？而這樣的過去形成今日的我，使我會想到有如何的未來？站在一個具體上的形式去審視自己、瞭解自己。(4)綜合（synthetical）：把所有東西放在一起，重新進入自己所經驗的現在（轉引自黃燕萍，2000）。

Hooks（1989）認為「自傳」是一種非常個人式的說故事方式──一種獨特的細訴事件的方式，不是就事件實際發生的經驗說出來，而是就我們回憶與創造的樣子說出來，因而更能說明心理層面或無意識慾望的創造性（轉引自黃燕萍，2000）。

王明珂（1996）也指出個人記憶中有相當一部分是從社會生活中獲得，在與他人的社會活動中被共同憶起，並且在特定社會背景中重建，以符合個人的社會身分認同。雖然自傳出於作者自己的回憶，但是自傳中所陳述的過去，是作者與社會間互動的結果，是個人經歷、

記憶與社會之間的一種對話。

　　從Bourdieu提出的觀點來看，個人的主體性亦無法完全跳脫社會結構而獨立存在，他反對傳記中主體的存在，認為生命書寫只是一種幻覺（biological illusion），不論是理論上或日常生活中，個人都是被巨觀的結構所決定，而所謂傳記只是代表著社會的結構，而非是個人的生命。藉由此觀點，個人的主體性既然不可能獨立存在於社會結構之外，因此在傳記的書寫與閱讀中都必然存在結構意識，必須將個人置入社會脈絡中書寫才有意義（轉引自王麗雲，2000）。

　　王麗雲（2000）認為透過傳記的書寫，可以瞭解個人主體形成的結構性因素，瞭解自己的生命受到哪一些知識或權力關係的影響，經由這種生活回顧、傳記書寫的解構過程，個人重新認識自己，瞭解自己今日處境的形成原因，肯定自我生命價值，表達自己的意見，挑戰被視為理所當然的知識觀點與思維模式，在生命回顧的過程中重新獲得力量，不再是被動地由結構所擺布，而能夠積極改變自己的命運。因而生命書寫被當作一種以協助個人建立自我主體性的工具，其促成個人自我價值的肯定，進而解放自我。

　　本研究是研究者重新回顧自己的生命經驗，瞭解自己今日處境形成的原因，探就出自己在社會脈絡中的位置，進而挑戰被視為理所當然的體制，去尋求有利於發展自我生存的策略，開拓更遼闊、更自在的生活世界。

參、Nikar的故事

一、童年經驗

　　小時候聽到「番仔」時，只知道它是指我們山胞的意思，不覺得有什麼不好，懂事之後發現不是那麼單純。每當我們在馬路上玩，不小心打到路過的漢人，他們都會用鄙視的態度罵一句「番仔」，然後趕快跑走，深怕被我們吃掉似的。與漢人小孩玩耍時，他們一旦輸了，心不甘情不願，走時不忘罵一句「番仔」。遊戲場地我們先占有，又不願跟我們一起玩，我們也當仁不讓時，他們就會很生氣地罵「番仔」就走人。有一回，他們罵個不停，我們火大了，就跟他們大打出手，第一次打群架，就把對方打得落花流水，個個抱頭鼠竄，總算報了一箭之仇。對方家長跑到我家來告狀，我心想慘了，鐵定會被父親打，結果父親只說了一句話：「下次不准再跟人家打架。」知女莫若父，感謝父親的明理。

　　「山胞」一稱，只是漢族視少數民族為一種次要族群的表現，因為漢族可以稱蒙古人為「蒙胞」，西藏人為「藏胞」，回族為「回胞」，或台灣原住民為「山胞」，但卻未稱自己或某一少數民族稱作「漢胞」。所以，在他們看來，「X胞」是具有貶抑與歧視的意味（謝世忠，1997）。

二、求學情形

　　入小學前先就讀馬蘭山地活動中心的一所幼稚園，上學第一天很

興奮，早早起床，高高興興去上學。由於是第一次接觸所謂的「國語」，老師上課有如鴨子聽雷，完全聽不懂，只知道老師手拿搖鈴代表上下課，一下課兒時玩伴又聚在一起，大家共同的話題是問「老師說什麼？」，你看我，我看你，笑成一團。上了一學期的幼稚園，對上課一面倒的情況，羨慕漢人會聽、會說國語，也質疑為什麼他們會而我們卻不會。

任秀媚（1986）的研究指出，台灣土著民族之語言與漢語分屬不同語系，原住民兒童在使用兩種相互獨立的語言時，會因轉錄的困難，常對思考與回憶產生混淆及干擾作用，導致學業成績低落，甚至社會適應不良。其次，由於少數民族學生在問問題、回答問題、說故事、識字及語言表達的型態上，與主流文化不盡一致，文化矛盾或溝通失調的結果，造成兒童認知發展的障礙。而種族文化與社經地位的差別，也使師生的溝通發生誤解。相較於一般的漢人學生，國語乃是漢語系中的一支，其轉換、溝通及思考的運用上自然比原住民學生更順暢容易，也就能在學習上及人際相處上有較佳的表現（譚光鼎、湯仁燕，1998）。

國小三年級的導師是男性，有個很奇怪的習慣，上第一節課總是姍姍來遲，數學課模式千篇一律，範例講解完畢就出例題，指定每一排的一個小朋友上台演算，做錯的那一組採連坐法處分，第一次被打理所當然，誰叫我們上台的人做錯，用粗藤條打手心是又痛又麻，一回家就立刻找生薑搓揉，感覺舒服多了。日復一復，記得每次上課我舉手自願要上台，老師從來都不叫我，然後發現到第四組都是原住民，只要上數學課就挨打，加上又被第三排漢人的男生欺負，嘲笑我們「番仔」真笨，每天都被老師打，還罵我們活該，甚至有時候踢我，身心受創下，變得不喜歡上學，又不敢告訴父母。直到有一次回家找不到生薑，手又痛又腫，難過地哭了，看到父親又得趕快擦乾眼淚，但雙手的疼痛讓我受不了，不停地將雙手摩擦，父親抓著我的手

一看，二話不說就趕緊拔了後院不知名的草藥幫我搓揉，我好感動。經過了好久好久，父親要我把事情的原委說一遍，我一五一十地說了，父親決定明天到校找老師和欺負我的同學談一談，我懇求父親不要去，我怕往後會被打得更悽慘。隔天早上父親真的到校，欺負我的同學很害怕，但父親不會說國語，只好跟他比手畫腳，並將兩手的食指併在一起，意思是說同學應該相親相愛，之後他就不敢再欺負我。老師終於來了，父親和老師在室外用日語交談，不久父親走了，我無心上課，也不敢抬頭看老師，擔心老師下一步怎麼對待我。結果老師什麼也沒說，總算放心了，只是老師上課模式不變，唯一改變的是叫我上台演算，做對了，我們第四組就少了皮肉之痛，為了拯救第四組的雙手，回家勤於做數學，數學變成我的最愛，我也樂於數學課上台演算，相對地他們也非常依賴我。

　　有關兒童認知發展的研究指出，九至十歲的兒童正處於批判思考的發展階段，開始瞭解和認識到偏見、固執和怨恨。他們對教師或同學任何事之差別待遇的反應變得非常敏感，階級觀念也已經發展出來，並能認知到個人所在的位置階層，這種理解與其自我評價與自尊有相當緊密的關聯（轉引自譚光鼎，1996）。學校中存在的刻板印象和偏見，使那些認同自己文化與價值信念越強的少數民族學生，在學校中所感受的內在衝突也越強烈（同上）。難怪第四組同學不與漢人同學打交道，即使有事寧可由我這個中間人傳達。

　　第一次注意到自己身分特殊時，是國小四年暑假新搬來的鄰居所發生的事。原住民的父親娶個本省太太就放棄自己的族籍，有一天父親的親戚來找他，太太不願承認先生和他們的關係，將他們趕出去，遠來的親戚不甘心，和他太太大吵一架，我們是被吵架聲給吸引過來，才得知事情的來龍去脈。新鄰居最小的女兒和我同年級，但不同校，因投緣變成無話不談的好朋友，她也承認父親是原住民，只是大人的事情小孩子管不了，但是她並沒有說她也是原住民。有一次大夥

給我的感觸。

在玩，意見不和發生口角，她竟然罵我們「番仔」，我很生氣。別人罵「番仔」我們習以為常，唯獨她不可以這樣罵，因為她也是，可見，打從心裡她就一直不願承認自己的身分，根本看不起我們，我也發個重誓，從此絕不學閩南語。從這件事之後，我告訴自己，月考成績只能贏不能輸她，否則永遠會被她瞧不起，憑著這股氣讓我一直往前衝。

所謂「認同的污名感」（stigmatized identity）是指一個族群，特別是少數民族，具有某種確實的、虛構的或想像出來的特質，而這種特質不僅為該族群所厭惡，其他族群也敬而遠之。這些特質通常與貧窮、依賴、低劣等連結在一起，使族群成員因這些特質而表現出強烈的自卑或誇張的自尊，產生畏縮與防衛兼具的矛盾情結（謝世忠，1987；轉引自譚光鼎，2000）。

原住民嚴重的自卑感，甚至意圖拋棄原住民的身分，這些情境均發生在與漢人的接觸過程上，也就是說，族群接觸是使原住民認同產生變化的主要原因。那些被漢人認為原住民所具有的負面特質，事實上也被原住民本身所承認，只是他們企圖避免承受這種認同的羞辱，惟恐公開承認會招來更多的羞辱。在社交場合避免承認自己是原住民，只有在自己的族群社區中才敢放心講母語，可見原住民的意識中，由於漢人主觀偏見的影響，使其普遍存在著自己屬於低劣民族的想法，因而逐漸對本族形成負面的族群意識和認同感（謝世忠，1987；牟中原、汪幼絨，1987；譚光鼎，2000）。

國三寒假母親的突然過世，對我的打擊相當大，一心想讀女中，然後保送師大英文系，將來當英文老師，這是我的夢想，如今夢已碎，人生變得沒有目標，國三下學期第一次月考成績一落千丈，導師每天找我談話，我卻像個行屍走肉的人，得過且過是我的生活寫照，我真的對什麼都提不起勁，我不知道我還能做什麼，我覺得自己是個沒有用的人。我很自責，母親住院三天未曾去探望，只因我無法面對

出門前好端端的，突然間變成半身不遂、不省人事的母親，我不想破壞印象中母親的模樣，故無法接受眼前的事實，卻造成我終生的遺憾，覺得活著毫無意義，心中之痛無法言喻。這樣的日子持續好長一段時間，直到父親接到成績單的那天，晚上我正在作功課，父親拿成績單給我看，我難過地哭了，然後父親跪下來哭著求我振作精神，母親雖然死了，可是還有他，並保證不會離開我們。這突如其來的動作，讓我更難過地嚎啕大哭，看著因母親的死承受著外面不實謠言的父親，想想父親比我更可憐。為了替父親爭一口氣，讓別人知道沒有母親我們依然可以活得有骨氣，告訴自己從今以後不可以再掉一滴眼淚，振作起來，恢復過去的鬥志。

感謝國三導師陪著我走過來，畢業前還為我分析前途。當我決定要讀師專時，導師要我先報考國師科的山地保送生，另一個報考體師科，畢業後到台北縣服務，然後插班考大學。由於二者考試時間不衝突，故考師專我有兩次機會。初試放榜兩者都考上，好興奮，但我只想讀體師科，只因可以完成我的夢，父親正好相反，執意要我讀保送生，畢業後好留在台東。為了不讓父親失望，我答應兩邊都去參加口試。一進入試場，口試官恭喜我又考上體師科，並鼓勵我去讀，正高興遇到知音，誰知道接著他就開始抱怨，說山地保送生讀國師科非常辛苦，程度跟不上別人，一學期下來，不是英文補考，就是數學重修，還反問我怕不怕，而且一直不斷敘述原住民學生的不是，我在那裏如坐針氈，很不是滋味，原先的害怕已拋到九霄雲外，繼之而起的是憤慨，心中吶喊著：「這是口試嗎？簡直是在侮辱人！」此時此刻我好想跳起來拿出體師科成績單給他瞧一瞧，我的英文、數學都考高分，英文、數學是我的最愛，如果舉別的科目我還相信，偏偏拿英、數做例子，而且考上體師科全憑我的實力，成績單上未加分。試問原住民的人格到底值多少錢？走出會場，外面的人一窩蜂急著問我口試官問什麼問題，我說不出話來，只有猛搖頭，然後趕快離開現場。我

能告訴他們我在裡面受的恥辱嗎？複試成績單又是兩者都上，並要我擇一就讀，為了實現我的夢想，最後還是決定讀體師科。由於山地保送生沒有備取生，我一個人霸占兩個名額，剝奪了他人就學機會，實在很慚愧，但是我有錯嗎？這是行政疏失。

學校教育是一種意義創造的歷程，師生的互動關係就呈現出權力和強勢文化的支配關係。如果教師認為學生是無知的，或是其文化背景是低劣的，就會要求學生放棄自己的觀點，轉而接受教師的意義系統。這樣的師生關係將使得「教室的知識幾乎都不是磋商的結果，卻是學校強加其所認定的意義予學生，指定學生表現出特定行為方式」（轉引自譚光鼎，1996）。師生間價值或文化認同的差異，極可能因觀點上的不同而形成溝通的不良和理解上的分歧，甚至出現強制接受教師意義架構的情形。因此，學校系統中存在的偏見將對弱勢族群學生的人際互動有不良的影響（譚光鼎，1996）。

三、工作狀況

師專畢業如願到北部服務，該地區組織女教師組排球隊，利用假日練球。有一回大家邀約聚餐，一看到桌上的酒，我在猶豫，同學從後面推我一把，要我安心，他們會幫我擋酒，師專同學知道我不喝酒，看在他們的份上，我留下來。第一道菜後，大家舉杯喊「乾杯」，我的天啊！這不是要我的命嗎？正左右為難時，他們的酒喝光了，我沾了一小口趕快把杯子放下來，教練發現我的酒沒有喝，用懷疑的眼光問我：「妳不會喝酒？妳不是原住民？」我說：「我是原住民，但從小到大不曾喝過酒，今天是第一次，讓我隨意就好。」除了同學之外，每個人都張大嘴很驚訝地看我！我知道說了他們也不會相信，因為大家對原住民的刻板印象就是愛喝酒，這是很悲哀的事情，一旦不會喝，反而變成異類。

在北部服務滿五年，師大也畢業了，就返鄉服務，實現對父親生前的承諾，調到一個小型市郊學校。學校雖小，同事感情融洽，常常有聚餐，第一次我就堅持只喝果汁，我不想為了顧大局委屈自己，不去理會他們的冷嘲熱諷，久而久之，大家就習以為常。五年後又調到離家近的大型學校，有一次教師節前夕聚餐，我參加的意願不是很高，礙於自己是新老師，只好硬著頭皮參加。聚餐中有位家長來敬酒，並幫每位教師倒杯啤酒，看得出來在座女教師不是很樂意，又莫可奈何。這位家長一一向老師敬酒，輪到我時卻要我乾杯，我楞了一下，他說乾杯對我是小意思！原住民的臉上好像寫著「會喝酒」三個字。同事看我在掙扎，要我委屈一下，喝了吧！如果是過去，我掉頭就走人，根本不去理會他是何許人物，但想想算了，既來之，則安之。我乾了這杯酒，我就走了，以後就不再參加聚餐。

目前在學校當主任，瞭解往後應酬會增加，我也調整自己心態，最多喝一杯啤酒，人算不如天算，面對貪杯的人，一杯又一杯，已超出我的極限，下回自願當貪杯人之酒保，專門幫他倒酒，可免喝酒之苦，這是我的求生之道，而進修也省了許多應酬。

譚光鼎（2000）認為「刻板印象」是把一種固執、不正確、長期不變的特質，強加於某一族群，否定了文化個別差異、複雜和多元性。以喝酒為例，一般人的刻板印象就是原住民愛喝酒，這不但抹煞了族群的個別差異，也模糊了對族群文化實況的瞭解。

79年服務學校與另一所學校被指定表演奧瑞岡辯論賽給全縣師生觀摩，學校要我指導班上學生，我連何謂「奧瑞岡辯論賽」都不知道，如何談指導？迫在眉梢，顧不了那麼多，趕快到圖書館找資料、請教有經驗的人，然後跟學生討論、找資料、沙盤演練，兩個禮拜後終於大功告成，表演前主辦單位想瞭解兩校準備狀況，安排了第一次的彩排，學生的表現引以為傲，辛苦總算沒有白費，結束後對方兩位帶隊老師要求既然是表演賽就要精采，希望兩校交換資料帶回去配對

背熟，當天表演必能對答如流。我們都傻眼了，不知如何是好，但長字輩的對方這樣要求我能說不嗎？回校後我把情況向校長說明，校長卻說對方世故、奸詐，我鐵定被騙了，我還替他們辯駁，校長不死心，又說他們認為妳是「原住民」，單純好欺負，加上我的學生有一半也是原住民。在當時我並不把校長的話當一回事。表演當天我們向對方打招呼，他們態度非常冷漠，好像不認識我們似的，趕快把學生帶到另一方向。開始表演時，台下的我覺得有一種不祥的徵兆，開始冒冷汗、不安、心情浮躁，尤其聽到對方質詢我方內容時，我知道校長的一席話全都應驗了，我們真的被騙了。我回頭看指導老師如何看待此事，他面有難色、非常尷尬。想到彩排時的一面倒是因對方準備不夠，理所當然，表演時的一面倒卻是因相信對方的人格反遭人陷害，多麼諷刺的教育。很想奪門而出，一想到受害最大的台上學生，怎麼忍心丟下他們，何況今天的局面也是因我的愚蠢造成。此時此刻，覺得自己在這麼寬敞、人又那麼多的禮堂，是那麼的無助、孤寂。真不知待會兒該如何面對學生，又該如何說明這一切。表演一結束，我立刻跑到台前，擁抱我可憐無辜的學生，學生哭著說：「老師！他們騙人，他們為什麼要騙人？當初是他們提出來……」，我的心在滴血，我不知道如何答覆這一連串的為什麼。回到學校，面對校長時我無言以對，只想好好痛哭一場。

　　法國的鮑迪厄和派色倫兩位學者指出，學校的合法性來自統治權威，也由統治階層所控制，因此課程知識的內容實際上是反映上層社會的文化資本（cultural capital），也就是從社會主流文化中所採擷來的文化財。教育的功能是透過課程與教學，再製上層社會、統治階層、強勢族群的文化資本。少數民族由於文化差異及低社經地位之故，其文化資本較少，因此在學習過程中處於十分不利的地位。換言之，由於學校教育的功能是維護統治族群的利益，在其文化資本主導下，少數民族的文化被漠視、貶抑，並且族群的描述也受到扭曲。這就是強

勢族群強制的文化獨斷（cultural arbitrary）、符號暴力（symbolic violence）和教學暴力（pedagogical violence）。因此，在獨斷和強權控制之中，學校之中對少數民族的偏見、刻板印象和蔑視，沒有受到太多的關懷與檢討。學校教育不斷在製造既有的社會文化，再製族群宰制的權力，也再製族群間不平等的社會關係（轉引自譚光鼎，2000）。

81年考上輔導室主任，83年某校缺輔導主任，那一年四月中某天下午放學前，文書收到縣政府派令要我去接該校輔導主任，公文都還沒有登記，隔天一大早，學校接到教育局來電將我的派令收回，文書也莫名其妙地將公文交給行政主管，並交代此事不要宣揚，立刻請人送到教育局。隔幾天後文書覺得有必要告知我這檔事，並說當初接到公文還替我高興，也懊惱當天沒有即時登記作為證據，事後傳出我的派令收回是因該校校長到教育局跳腳，他是縣長的紅人，沒有人敢得罪他。最可惡的是拒絕我的理由正如他在外應酬所言：「我為什麼要找『原住民』當我的輔導主任，任何人都比她能力強。」把原住民和沒有能力畫為等號對我來說是不公平的，試問原住民身分有罪嗎？天底下誰有權力選擇其父母與種族？原住民和有無能力是兩碼事，這分明是藉口，只是有必要非把我這個毫無背景的人置於死地嗎？曾幾何時我變得那麼「重要」，我告訴自己我以身為原住民為榮。當時身懷六甲的我，同事擔心我是否能承受得了這些不實的謠傳，整個事件我不曾說過一句話，惡意中傷的謠言卻滿天飛，令人哭笑不得，也讓我體會教育圈真的很可怕。故在事情未定案前同事鼓勵我去該校拜訪校長，中國人見面三分情，再給自己一個機會，即使希望落空，我們也盡力了，就死了這條心，再規劃往後怎麼走。感激同事的關懷，我自己也在掙扎、思考：「如何面對只因我是原住民就判我死刑的校長？目前『大腹便便』的樣子如何討好人？再次受到刺激我能承受嗎？……」煎熬幾天後，我願意面對最冷酷的審判，好杜絕心中的疑惑。當

天一位同事陪我去，見面寒喧之後，該校長得知我不曾做過行政工作，便一再強調沒有行政經驗如何帶領學校輔導工作，從頭到尾未曾問過我的輔導理念，只在行政經驗裡打轉，沒有讓我說話的機會，顯得我很無能。我真是自尋其辱，雖然是志願找上門，心理早有準備，但真正面對時，內心還是不好受，外表看似平靜，心中卻在沸騰，而肚子裡的小寶寶也不斷地踢我，表示他的憤慨，替媽媽抱不平，此時此刻小寶寶讓我體會生命的意義，不當主任當導師也無妨，我應該把重心放在即將出生的小生命，豁然開朗使我能夠抬頭挺胸地走出校長室，回程中一想起那一幕，不聽話的眼淚就兵敗如山倒地流下來……。

許多研究顯示，即便在強調多元文化的今天，原住民仍必須面對主流社會所投射的貶抑，也就是一位原住民求職者已經命定式的必須先承受「先入為主」的刻板印象檢驗一番，如果又沒有更好的背景作保證與象徵，很清楚地，求職的機會自然受到更大的壓縮與限制（李文富，1999）。

布爾迪厄與巴斯宏指出「排除（exclusion）構造」有四種行程（轉引自邱天助，民87）：

1. 自我排除（self-elimiation）：一是個人依照其自己感受到的成功機會而調整其抱負，若客觀環境顯示其成功機會並不大，極容易放棄這份企圖，將自己排除在外；二是個人會因對於環境文化的不熟悉，而感覺到不自在而將自己排除。

2. 過度選擇（overseleetion）：擁有低價值文化資源的人，雖然有其文化障礙，但仍與具有文化特權的人一樣是依相同形式與標準來選擇，這意味他們被要求表現比其他人好，付出比他人更多，因為兩者並非立基於同一條起跑線。

3. 驅逐（relegation）：擁有低價值文化資源的人因此會停留在較

低位置，並且減少其教育投資。他們的文化不利在「接力機制」之下顯現出來，例如訊息錯誤、被迫的抉擇、喪失良機等。

4.直接淘汰（direct exclusion）：直接淘汰意味著基於品味類似而造成的「選擇性親近」效果所引起。

李文富（1999）認爲原住民正處在這樣的排除構造中。一方面主流文化往往以一種拯救者的道德姿態發言，認爲原住民當老師就很了不起，然而據上述分析，其背後卻可能潛藏著的是對原住民的貶抑與不信任；另一方面原住民老師在此社會空間中被養出的「生存心態」也強化這樣的社會集體意識，自動將自己排除，認爲我們原住民能夠當老師就不錯了。試問在這樣情況下，我該做的都做了，我不退而求其次，又能如何？

詭異的是83學年度新接五年級，開學日當天升旗時，那位校長的夫人跑來找我，說她的外孫女正好編在我班上，請我多多照顧。我笑著說：「我對學生向來一視同仁。」我覺得老天爺的安排好諷刺，而他們也太不瞭解我了，他的外孫女和我的事情毫無相關，難道說他們擔心我會向他的外孫女報復？太荒唐了吧！過去的傷痛好不容易癒合，如今又浮出檯面，說不難過是騙人的，也許說者無心，聽者有意，心理很不舒服，加上學校在新學年度年段編班時總是會發生一些事：導師嫌班上原住民學生多，成績不但是班上啦啦隊，而且調皮搗蛋、不寫功課……好似原住民學生集所有缺點在一身。我也曾經表明我願意班上都是原住民，行政人員礙於行政考量不同意。大家不能接受原住民學生，又覺得原住民學生很可憐，先天不良，後天失調，如果原住民學生因而爭氣還好，反之則成爲班上的邊緣人。想想每學年都在重複一樣的把戲，原住民老師的心痛誰人知？我們只有祈求原住民學生爭口氣，令人刮目相看。

譚光鼎（1996）綜觀當前原住民族群主要教育問題，主要集中於

學校適應困難方面，其中包括學童學習能力不足、學習動機低落、學業成就偏低等。但是這些問題的產生，乃是社會、經濟、文化、政治等因素綜合互動的結果。在部落經濟發展困難、教育成就不高的狀況下，原住民同胞在社會競爭中趨於弱勢。而學校制度、課程教學、教育經費、師資素質之問題，益使原住民學童在學習過程中處於不利，而教育機會不均等和其家庭社經地位的不利，更形成週期性循環，成爲當前原住民教育問題之基本癥結。

在學校中教師對原住民有負面的刻板印象和成見的情況相當普遍（許木柱，1992），我之所以願意嘗試讓原住民學生集中一班，是相信原住民教師對原住民學生具有某種角色示範與鼓舞作用（周聖珍，2001）。如同國外資料，少數族群／原住民教師能提供異於主流族群的單一文化價值之教學與知識內涵，並使少數族群學童能跨越異文化學習的障礙，同時更提供少數族群學童某種正向的角色範型（role models）（轉引自周聖珍，2001）。

86年某校缺輔導主任，同事鼓勵我爭取這最後一次機會（81年辦法規定考上主任五年內必須分派，否則視同放棄，我今年再不派，主任資格將被取消），動作要快。上回經驗獲得的教訓是：人才資本（與工作有關之專業知識與技能）抵不過社會資本（存在於人際間的社會關係中，能動員起來以實現目標者）。偏偏我對靠關係獲得職務又不認同，何況我也沒有良好的家世背景可依靠。曾想過丟給算命先生來處理，也曾在算命師門口徘徊，最後鼓足了最大勇氣走進去，又縮頭烏龜地衝出來，只因煞那間覺醒命運應該由自己掌握。隔天打電話給原住民立法委員，也親自拜訪原住民省議員，助理給我的答案都是「提錢來」，我好失望也好難過，我不知道我們選出來的民意代表到底是做什麼的，事情辦成沒話說，事情都還沒有結果就提錢來，原住民還有什麼指望嗎？真是換了位置，換了腦袋，亦或是我真的不瞭解所謂的政治生態。

孫大川（2000）的研究發現，原住民有「自我膨脹」的誘惑。民國七〇年代開始，台灣社會有更鬆軌的歷史環境，原住民議題因而逐漸浮上檯面。「主體意識」的覺醒，使一些原住民很快地從極度的「自我否定」、「自卑」，一變而成為情緒性的「自我膨脹」。自我膨脹無法幫助我們原住民認清現實、面對自己。

同事為此事語重心長地說：如果妳是漢人，一切OK！只因為妳是原住民，單純的一件事變得複雜化，搞得大家團團轉累死人，這分明是種族歧視嘛！最後就去拜訪一位原住民校長，請他幫忙想個對策，他要我直接寫申請書給民意代表，透過他們的公權力請教育局執行，由於未曾寫過申請書，不知如何下筆，又去請一位原住民主任幫忙騰稿，再請同事幫忙打字，最後透過同事幫忙交給「漢人」的省議員，於省議會質詢。兩週後得到的消息是省議員利用他的人脈請某一位縣議員於縣議會再次質詢，不久之後得到的消息是一切OK，但是一朝被蛇咬，十年怕草繩，沒有看到派令前，我認為都不算數，加上86年教師法成立，如今聘任制度與過去派令制度不同，任何風吹草動就令我做立難安，加上外面的傳言一直打壓我，擔心半路殺出個程咬金，故生活一直很焦慮，直到7月22日收到聘書才鬆了一口氣，總算告一個段落。民國81年5月考上輔導主任，直到86年7月才聘任，破全國之冠，老天爺做這樣的安排真會捉弄人。對於素昧平生的漢人省議員，心存感激，從頭到尾未花一文錢，有恩於我，當他參加任何選舉時必定向族群拉票，「赴湯蹈火，在所不辭」，即使對手是原住民候選人依然如此。

感激目前服務學校前任校長接受原住民及未曾當過行政人員的「菜鳥」當輔導主任，我當盡力把事情做好，而且要更好，故拿到派令後便利用暑假到台北參觀幾個大型學校的輔導室與資源班，之後趕快買部電腦，邊摸索邊看書邊打電話請教人，開學前終於完成了輔導年度計畫及整個學年的各項實施計畫。學期中學校被指派擔任台東縣

國民小學兩性平等教育資源中心學校，並且要辦理全縣性的研習會，對於一位「菜鳥」主任是一大考驗。教育局負責人又沒有資料可以參考。在苦無資源下好洩氣，可是我不能被這件事擊倒，那豈不是應驗過去某位校長所言原住民能力不足，我不能辜負接納我的校長對我的期望，最後回頭去找師專的老師，老師替我解決了這燙手山芋。

　　當了行政人員後深刻體會到「做事容易，做人眞難！」團隊如果因理念不合可用溝通來達成共識，如果是因種族歧視，靠溝通是不能解決的，得視對方心胸開放與否，勉強同在一個辦公室實在是很痛苦的事。我自認自己是很隨和的人，面對這樣的事我也很無奈，只有抱著家和萬世興、家醜不可外揚的心態。無奈人算不如天算，有人竟在背後扯我後腿，反咬我一口，還好大家關係好又明辨是非，謠言止於智者。只是看不慣的人無法接受我的低調，我又能怎樣？大吵一場？事情可以解決嗎？如此委曲求全爲的只是圖個「和」字，即使是個假象，我也認了。想想當菜鳥凡事請教長者得到的只是「不」字，試問被拒絕多次之後，誰還有本事再去領教，只好全攬在身上盡力而爲，這樣做也有事。

　　從小到大除了小學及目前就讀的研究所班上有原住民同學外，我在國中、師專、師大，甚至在北部服務的大型學校中都是唯一的原住民，面對複雜的人際關係，退避或壓抑是我的人生哲學，我喜歡凡事單純化，但是整個大環境卻是詭譎多端。而孫大川（民89）明白指出：人生的種種基本失調，有如一波又一波的潮水，不斷沖垮原住民好不容易築起的精神長堤。

肆、結論

一、多元文化教育的精神

原住民族教育亦是多元文化教育的一環，Goodenough（1976）指出我們每個人都是生活在多元文化的環境裡，和一些我們在各方面有一些差異的人生活在一起。因此，「多元文化」根本就是人類的日常生活經驗，故要隨時檢視自己的思想言行，再配合各種課程、教學、領導等作法，以營造多元文化教育的環境，這是爲人師表應該把握的原則（單文經，1993）。因此在「原住民族教育法」的立法宗旨中即明確指出：「政府應依原住民之民族意願，保障原住民之民族教育權，提升原住民之民族文化。」其目的即是希望在學習的過程中，讓原住民得以增加民族之自信心，提振民族認同，並透過民族文化的學習與傳承，來鞏固對民族的認同（張如慧，2002）。而多元文化教育之結構中，原住民教育應同時兼顧「保存優良文化傳統」與「適應現代化生化」（黃森泉，2000）。

二、原住民族教學的落實

在民族教育的課程與教材設計上，母語應是民族教育中的基礎（陳伯璋、李瑛，1999）。在國語政策推行下，原住民語言遭受破壞，原住民有強烈的認同污名感。正如孫大川（2000）所言：原住民在失去了自己的語言之後，便如斷了線的風箏，漂浮在二十世紀末的黃昏裡。⋯⋯對許多原住民朋友來講，母文化、母語已經不算是天生、自

然的存在，它反而需要重新釐清、重新學習。那麼到底是什麼或哪一個才是他的母體呢？認同上的分裂情緒，定然深深地困惑著每一個原住民的心靈，消耗其精力，影響其回應外在挑戰的靈活和專注力。因此，落實原住民族語的保存和學習是迫不急待的課題。

三、廣開社會資源以拓展階層流動

社會生活的適應，一方面固然需要在基礎上強化競爭能力，另一方面則應該公平合理地分配社會資源，使原住民學生能消除其不利的地位，享有受教育的均等機會。各級各類學校與社教機關，除了在入學機會上應給予積極性的差別待遇之外，入學之後亦應針對原住民學生，提供充分的學習輔導和生涯規劃輔導，以增強其升學能力，提高就業技能，進而達到促進其向上流動的目的（譚光鼎，2000）。而就業者除了提升工作能力，亦要把握升遷機會。

研究者回顧過去的生活經驗，有歡笑，有痛苦，有悲傷，有眼淚，回憶雖然是一件令人痛苦的事，卻又一步一步地逼著研究者去面對、去思考自己的文化。省思中，首先深刻的體會到唯有多元文化觀的社會，尊重文化的差異性，原住民文化才會被尊重，在多元文化教育下的原住民學生才會活得有尊嚴、學得有成就，期望多元文化教育不是流於形式、口號，而是確實執行；其次原住民教師自己要意識到外力是無法持久的，唯有靠自己想辦法動起來，主動向學校爭取教母語，文化傳承即邁向成功的一步，請不要再猶豫了，心動不如馬上行動；最後希望原住民教師為了提升原住民向上流動，不要抱著當老師即可的心態，有機會就去考主任、校長。

參考書目

一、中文部分

王明珂（1996）。誰的歷史：自傳、傳記與口述歷史的社會記憶本
　　質。思與言，34卷3期，頁147-184。

王麗雲（2000）。自傳／傳記／生命史在教育研究上的應用。載於國
　　立中正大學教育學研究所主編，質的研究方法，頁265-306。高
　　雄：麗文。

牟中原、汪幼絨（1997）。原住民教育。台北：師苑。

江文瑜（1996）。口述史法。載於胡幼慧主編，質性研究──理論、方
　　法及本土化女性研究實例。頁249-270。台北：巨流。

李有成（1990）。論自傳（上）。當代，55期，頁20 -29。

李文富（1999）。台灣原住民教育改革的分析──一個批判教育學的觀
　　點。國立東華大學教育研究所碩士論文。

周聖珍（2001）。呼喚祖靈──原住民青年教師之生命追尋。國立花蓮
　　師範學院多元文化研究所碩士論文。

邱天助（1998）。布爾迪厄文化再製理論。台北：桂冠。

胡幼慧（1996）。轉型中的質性研究：演變、批判和女性主義研究觀
　　點。載於胡幼慧主編，質性研究──理論、方法及本土化女性研
　　究實例。頁7-26。台北：巨流。

孫大川（2000）。台灣原住民的語言、文化與政治──夾縫中的族群建
　　構。台北：聯合文學。

夏傳位譯，Patricia Ticineto Clough 著（1997）。女性主義思想：慾

望、權力及學術論述。台北：巨流。

許木柱（1992）。山胞輔導措施績效之檢討。台北：行政院研考會。

許傳德（1999）。一位國小校長的生命史。國立台東師範學院教育研究所碩士論文。

單文經（1993）。在班級中營造多元文化教育環境的策略。載於中國教育學會主編，多元文化教育，頁427-457。台北：台灣書店。

黃宣衛（1991）。阿美族社會文化之調查研究。台東：交通部觀光局東部海岸風景特定區管理處。

黃森泉（2000）。原住民教育之理論與實際。台北：揚智。

黃燕萍（2000）。我是誰？———一個準女教師性別主體意識的啟蒙過程。國立新竹師範學院教育研究所碩士論文。

張如慧（2002）。都市原住民族與教學之理想與實踐。原住民教育季刊，26期，頁69-87。

蕭昭君（1996）。質性教育研究中的主觀———坦然面對與監控。載於國立花蓮師院八十四學年度研討會論文集，頁1-39。

譚光鼎、湯仁燕（1998）。台灣原住民青少年文化認同與學校教育關係之探討。載於中國教育學會主編，多元文化教育。台北：台灣書店。

譚光鼎（2000）。原住民教育研究。台北：五南。

謝世忠（1987）。認同的污名———台灣原住民的族群變遷。台北：自立晚報社。

二、英文部分

Robert V. Bullough, Jr. & Stefinee Pinnegar (2001). Guidelines for Quality in Autobiograhical Forms of Self-Study Research. *Educational Researcher*, Vol. 30. No. 3, pp. 13-21.

教育實踐與研究

Classroom 系列 17

編 著 者／梁忠銘、侯松茂、黃毅志、熊同鑫、胡齊望

出 版 者／揚智文化事業股份有限公司

發 行 人／葉忠賢

總 編 輯／林新倫

登 記 證／局版北市業字第1117號

地　　　址／台北市新生南路三段88號5樓之6

電　　　話／(02)2366-0309

傳　　　真／(02)2366-0310

E-mail／book3@ycrc.com.tw

網　　　址／http://www.ycrc.com.tw

郵撥帳號／19735365

戶　　　名／葉忠賢

印　　　刷／鼎易印刷事業股份有限公司

法律顧問／北辰著作權事務所　蕭雄淋律師

初版一刷／2003年6月

定　　　價／新台幣550元

ISBN／957-818-500-6

國家圖書館出版品預行編目資料

教育實踐與研究 / 梁忠銘等編著. -- 初版. -- 台北市：
揚智文化, 2003[民92]
　　面： 公分. --（Classroom 系列；17）

ISBN 957-818-500-6（平裝）

1. 教育 - 研究方法

520.31　　　　　　　　　　　　　92004521